U0730205

RENSHEN BAOXIAN SHIWU

人身保险实务

梁　涛◎编著

中国金融出版社

责任编辑：王　君
责任校对：张志文
责任印制：陈晓川

图书在版编目（CIP）数据

人身保险实务（Renshen Baoxian Shiwu）/梁涛编著 . —北京：中国金融出版社，
2018. 3
高职高专金融类创新型"十三五"规划系列教材
ISBN 978 - 7 - 5049 - 9353 - 3

Ⅰ. ①人…　Ⅱ. ①梁…　Ⅲ. ①人身保险—高等职业教育—教材　Ⅳ. ①F840. 62

中国版本图书馆 CIP 数据核字（2017）第 308819 号

出版
发行　**中国金融出版社**

社址　北京市丰台区益泽路 2 号
市场开发部　（010）63266347，63805472，63439533（传真）
网 上 书 店　http：//www. chinafph. com
　　　　　　（010）63286832，63365686（传真）
读者服务部　（010）66070833，62568380
邮编　100071
经销　新华书店
印刷　保利达印务有限公司
装订　平阳装订厂
尺寸　185 毫米×260 毫米
印张　18. 25
字数　412 千
版次　2018 年 3 月第 1 版
印次　2018 年 3 月第 1 次印刷
定价　38. 00 元
ISBN 978 - 7 - 5049 - 9353 - 3
如出现印装错误本社负责调换　联系电话（010）63263947

辽宁省职业教育改革发展
示范校建设成果系列教材编审委员会

主　任：王　冠　白广申
副主任：安　刚　孙迎春　商学来
委　员：(以姓氏笔画为序)
　　　　于　舒　白玉刚　孙德才　李晓红
　　　　杨古今　时武略　张红玲　张述平
　　　　张嘉惠　郑祎华　赵　杰

前　　言

教育部于 2012 年 12 月颁布了《高等职业学校专业教学标准（试行）》。根据其中规定的高等职业学校保险实务专业教学标准的要求和以培养职业能力为主线构建课程体系，以工作岗位实际为导向创新教学模式，主动适应国家产业发展战略以促进中高职衔接和技术技能人才系统培养的宗旨，我们编写了这本《人身保险实务》。本教材始终遵循着这样的理念：以高职学生为主体，以行业就业为导向，以能力素质为本位，以科学发展为宗旨；既要满足学生首岗就业的基本需求，又能奠定将来可持续发展的基础。

在编写模式与教学理念上，本教材使用理论与实践相结合的一体化编写模式，概括和凝聚示范校建设和精品课建设教学改革的最新成果，反映产业升级、技术进步和职业岗位变化的最新要求，注重学生的自主学习、师生的合作学习和课程的个性化教学，体现了对高职学生能力素质与职业素养培养并重的教、学、做一体化的教学理念。

在内容设置上，本教材按照高职高专保险专业学生就业的基本需求来设定教学内容，承载的内容深入浅出，教学素材易教易学，体现了反映新知识、新技术、新工艺和新方法的"四新"要求；以对问题解决的实践为纽带，实现理论与实践、知识与技能以及职业素养的有机整合，同时嵌入行业标准、职业标准和企业标准，使学生能更好地跟随新趋势、掌握新动态。

在体例设置上，本教材具有以下特色：

1. 将【学习目标】部分细化为"能力目标""知识目标"和"素质目标"三个部分，明确说明哪些是需要掌握的基本理论知识、哪些是需要达到的就业能力标准、哪些是期望达到的未来发展结果。"素质目标"在此处应理解为保险从业人员可以达到的能力标准，属于行业实践的应用层次，是对高职高专学生在日常学习基础上提出的更高要求。

2.【项目导入】运用各种案例进行分析说明，符合学生从感性到理性、从实践到理论的认知模式，增加了与现实的贴近感，让学生带着问题更有目的性地开始本项目的学习，增加学生的主动性和参与性。

3. 【知识结构图】以逻辑框架图的形式总结表达该教学项目的知识框架，使学生能够更加明确学习任务、掌握学习要点，便于学生构建自身合理的知识体系。

4. 各教学项目均在理论知识的讲解中穿插了【拓展阅读】【营销工具】【案例分析】【实务技能】【知识链接】和【情景模拟】等小型篇章，从不同方面、不同角度来丰富相关知识，立体化地呈现教学项目。

5. 每个任务开始前都有情境引入，通过【情境描述】【业务问题】说明本部分任务的应用情境，带着问题和任务开始学习内容。每个任务完成后都有【知识小结】【考核】【拓展】和【专业词汇】等部分，方便及时总结、随时复习。

6. 在项目任务完成后，跟随有【项目测试题】（单选题、多选题、判断题、名词解释、简答题和论述题）【综合案例分析】【实训活动设计】【职业技能训练】（情景模拟、实务技能等）和【进阶阅读】，为学生提供多种形式的实训练习，突出针对性和实用性，加强学生对知识点和基本技能的理解和掌握。

教材的作者从事保险教学和职业培训工作多年，具有丰富的教学实践经验；同时在保险业内工作多年，具有丰富的工作实践经验。本教材既可作为高职高专保险专业及财政金融类各专业的教学用书，也可以作为保险从业人员、经济管理工作者的学习和参考用书。为方便教学与自学，本教材同时配有电子课件和习题答案供读者下载使用。

本教材在编写过程中参考了业内外有关专家的研究成果和相关报纸、杂志及网站的文献资料。由于编者水平和时间有限，如有疏漏、错误之处，恳请读者提出宝贵意见。

编者

2017 年 12 月

目 录

项目一
初步认识人身保险

知识结构图

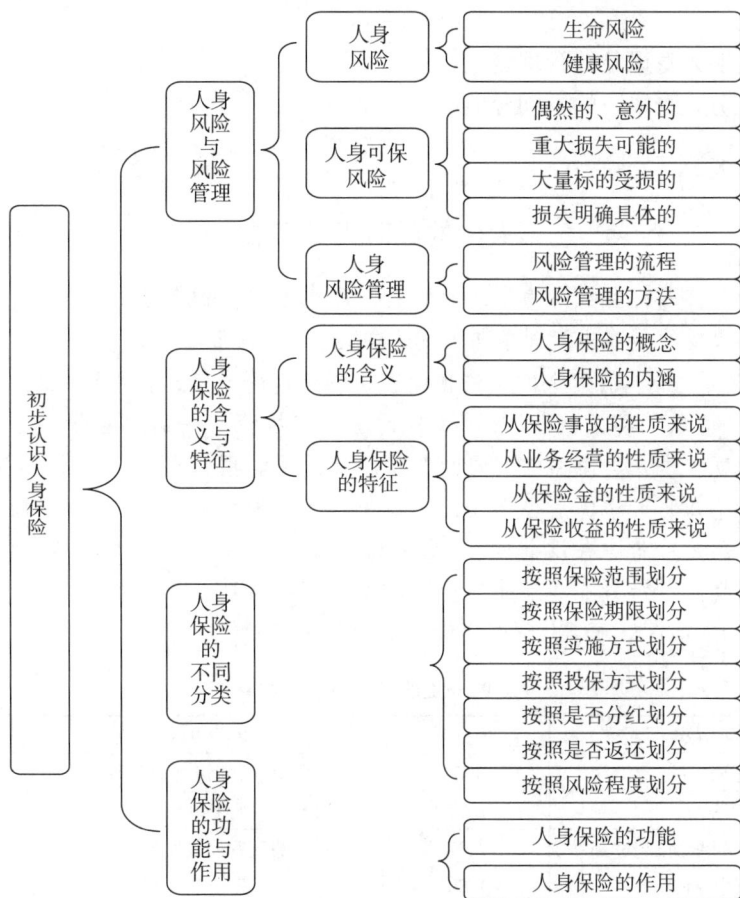

图 1-1　人身保险的知识结构

学习目标

【能力目标】：能够大体分析人生当中遭遇不同风险的大小；能够识别和列举日常基本的人身可保风险；能够理解人身风险管理的基本操作流程；能够运用通俗语言解释人身保险的概念和内涵；能够了解人身保险按照不同标准进行的划分；能够掌握人身保险的功能和作用。

【知识目标】：理解并能解释风险的含义和人生都能遇到哪些风险；掌握可保风险的

含义并能列举哪些人身风险是可保的；掌握并能举例说明人身风险管理的流程和步骤；理解并能牢固掌握人身保险的概念和内涵；了解并能对比说明人身保险的比较特征；了解并能掌握人身保险按照不同标准进行的分类；解释并能掌握人身保险针对不同主体的不同作用。

【素质目标】：能够在错综复杂的社会现象中识别人身可保风险；能够解释人身保险在人身风险管理中的地位和作用；能够从保险产品的名称上基本判断出人身保险的类别；能够运用通俗的语言向客户解释人身保险的含义和特征；能够举例说明人身保险的功能和作用。

📄 **工作任务**

➢ 画图说明人身风险的管理流程；
➢ 画图区分人身风险的不同分类。

✍ **项目导入**

人生的风险无处不在

在远古时期，以打鱼捕捞为生的渔民们，每次出海前都要祈祷，祈求神灵保佑自己平安归来，最重要的是在出海时能够风平浪静、满载而归。他们在长期的捕捞实践中，深深体会到"风"给他们带来的无法预测、无法确定的危险，他们认识到，在出海捕捞打鱼的生活中，"风"即意味着"险"，因此有了"风险"一词的由来。

从某种程度上讲人类面临的共同的悲哀，就是不能预知自己的未来，不知自己的考试是否会过，不知明天学费是否上涨，不知毕业后是否失业，不知谁会和我结婚，不知结婚的时间，不知一胎会有几个孩子，不知是否会离婚，不知家人会不会患病，不知是否会有交通事故，不知会不会意外死亡或残疾，不知明日是否会加薪或失去饭碗……表1-1的资料中揭示了人的一生所面临的风险的经验指数。

表 1-1 人的一生的经验风险指数①

风险事故	发生概率	风险事故	发生概率
受伤	1/5	家中成员死于突发事件	1/1700
车祸	1/12	死于中风	1/1700
心脏病突然发作（如果您已超过35岁）	1/77	患乳腺癌（女性）	1/2500
在家中受伤	1/80	死于车祸	1/5000
受到致命武器的攻击	1/260	染上艾滋病	1/5700
死于心脏病	1/340	自杀：女性/男性	1/20000 / 1/5000

【启示】

面对各种风险，我们应该给自己提供怎样的经济安全保障才能没有后顾之忧，才能安心地生活和工作呢？投保人身保险就是我们明智的选择。

---

① 梁涛，南沈卫. 保险实务［M］. 北京：中国金融出版社，2012.

任务 1-1　认识人身风险与风险管理

📖 情境引入

梁鑫燃是保安寿险公司的一名寿险营销业务员，刚刚加入公司不久。在经过公司岗前的业务培训之后，梁鑫燃准备到市场上去开发客户，与客户接洽并进行沟通展业，走好自己光辉灿烂的职业生涯的第一步。

（1）梁鑫燃怎样才能引发客户的注意，激发客户的人身保险需求呢？

（2）梁鑫燃怎样才能为客户提供有价值的建议，与客户建立起真诚信任的良好关系，为成功展业奠定坚实的基础？

📖 学习任务

一、人身风险的含义

所谓风险，是指人们在从事某种活动或决策的过程中，预期未来结果的随机不确定性，即出现正面效应和负面效应的不确定性。从经济学的角度讲，正面效应就是收益，负面效应就是损失。保险是通过其特有的处理风险的方法，对被保险人提供保险经济保障的，即当被保险人由于偶然事件的发生而遭受经济损失时，由保险人给予保险赔偿或给付保险金。因此，保险理论上的风险是指偶然事件的发生引起损失的不确定性。

人身风险是特指在人的生命、身体或者健康等方面遭受损害的风险，人身风险的载体是人的身体、生命、健康和生活，风险或损失发生时承载的主体，既可以是自然人，也可以是自然人所属的组织。简单归纳起来，人身风险不外乎就是：死得太早或者活得太久，及其伴随产生的伤害、疾病、残疾、衰老、失业或退休等。

1. 生命风险。生命，在此我们可以简单地理解成生存或者死亡两种状态，谈到生命风险，一个人会面临两种截然不同的情况：早逝或者年老。

（1）早逝风险。早逝，就是"死得太早"，早逝之所以会造成风险，首要原因就是那些由于死者死亡而承受损失的人还活着。具体来说，死亡可以导致两方面的经济损失：第一种是与死亡本身相关的费用，主要包括丧葬费用、偿还死者所欠债务，以及死亡传递成本（如遗嘱查验费用和遗产税）；第二种损失是死者生前所获收入的丧失，这是一种潜在损失。此外，还有相关人员精神和心理上的伤害，这种损失是无法用金钱来衡量的。

（2）年老风险。这类风险是有关老有所养方面的问题。人们年老以后，就要面临退休问题，从某种意义上说，这也就是所谓"活得太长"的风险，它意味着人们收入来源的中断，并且随着人们逐渐地趋向衰老，身患疾病或遭受伤残的风险程度也在不断提高。年老风险主要表现在两个方面：一是个人到退休时没有积蓄，从而负担不起个人及其家庭的生活开支；二是虽有积蓄但不够维持余生，即退休积蓄不足的风险。

2. 健康风险。健康风险包括伤害风险、疾病风险和残疾风险，这类风险对个人或家庭经济方面的影响主要表现在两个方面：一方面是医疗费用增加风险，意想不到的伤害和疾病都可能会给个人及其家庭带来灾难性的医疗费用负担；另一方面是收入损失风险，由于伤害、疾病或残疾，非但不会减少人们对收入来源的需要，而且病人在生病期间、残疾者在残疾期间对收入的需求可能还会提高。

（1）伤害风险。这里的伤害风险一般指的是外来的、突发性的、非本意的因素导致人的身体部分及其内部器官受到的创伤，比如车祸、火灾、空中物体坠落导致身体或者内脏的创伤。一般性质的伤害在一定期限内可以痊愈，严重的伤害则有可能导致残疾或者死亡。

（2）疾病风险。疾病风险可以分为狭义疾病风险和广义疾病风险两个层次。狭义的疾病风险是指由于人体内部患染疾病的风险；广义的疾病风险是指除了疾病引起的风险外，还包括生育及意外伤害事故等方面引起的人身风险。

（3）残疾风险。残疾风险是指由于疾病、伤害事故等导致机体损伤、组织器官缺损或功能障碍等的风险。从经济角度上讲，残疾这种"活死亡"所带来的问题可能比真正的死亡要更为严峻。因为如果是家庭中的主要赚取收入者死亡，那么其结局仅仅是家庭一部分收入来源的终止；但如果其残疾，那么其家庭的部分收入来源不仅终止，而且由于家庭总体消费水平未变，同时家庭的收入需求通常还要增加（如残疾者的医疗费用、生活自理辅助设备的购置等），残疾给残疾者家庭所带来的经济问题显然会比前者严重。

☞ 【扩展阅读】

"风险"的含义

统计学、精算学、保险学等学科把风险定义为一个事件造成破坏或伤害程度的可能性或概率。通用的公式是风险（R）＝伤害程度（H）×发生的可能性（P）。这个定义带有明显的经济学色彩，采用的是成本－收益的逻辑。但有意思的是，人们通常只从伤害的可能性角度来了解"风险"，因此疏忽了风险所带来的潜在收益。这些学科从各自的角度对风险进行了定义，其中有代表性的有：

人类学者、文化学者玛丽·道格拉斯认为："知识是不断变化的社会活动的产物，并总处于建构过程中。因此，尽管风险在本质上有其客观依据，但必然是通过社会过程形成的。风险是社会产物，是集体建构物。而由于环境的不同，每一种社会生活形态都有自身特定的风险列表。"

比较而言，贝克的定义似乎更具有洞察力和学理性，揭示了风险的现代性本质。他认为风险是"一种应对现代化本身诱致和带来的灾难与不安全的系统方法。与以前的危险不同的是，风险是具有威胁性的现代化力量以及现代化造成的怀疑全球化所引发的结果。他们在政治上具有反思性"。贝克与玛丽等人一样，把风险视为一种认知，但承认其也是客观存在的，是一种辩证的统一。他说，风险是一种"虚拟的现实，现实的虚拟"。

二、人身可保风险

人身保险是应对人身风险的一种行之有效的手段。但在人身保险发展过程中，人身风险的普遍性、复杂性往往会与保险的商业性、营利性发生冲突，也就是说，如果保险人不加选择地满足各种人身风险转嫁的要求，就可能使自己陷入风险的境地。因此，保险人通常将风险划分为可保风险与不可保风险，其中，可保风险才是保险客户可以转嫁和保险人可以接受承保的风险。换句话来说，就是并非所有的人身风险都可以通过人身保险的方式来应对，具体来说，人身可保风险必须具备下述条件。

1. 人身风险的发生是偶然的、意外的。保险保障的是风险，而并非危险。人身风险发生的偶然性是针对单个风险主体来讲的，是指风险的发生与损失程度是不可预知的、偶然的、意外的，具有随机性质。人身风险成为可保风险的首要条件是它的发生与否具有偶然性。同时，人身风险的发生应该是由不可预料的事件所导致，或者是由被保险人非故意引发的事件所导致的。比如，重大疾病的发生往往是难以预料的，人的死亡虽然是必然事件，但由于一个人的死亡时间是不受自己控制的，因而死亡风险的发生时间通常是偶然的。

2. 人身风险有发生重大损失的可能性。人身保险承保的人身风险通常是可能会给个人带来重大损失的风险。如果可能的损失程度是轻微的，客观实际上就不需要通过保险来获得保障，一方面风险主体可以应对这样的损失，即使自己承担也不会受到太大的影响；另一方面承保轻微损失风险的管理费用很高，使得保险成本与风险的潜在损失存在严重的不对称，不具备经济可行性。因此，只有那些会导致个人、家庭或团体遭受比较严重财务困难的人身风险才会被大家认为是可保的。

3. 必须有大量标的均有遭受损失的可能性。保险是以大数法则作为保险人建立与经营保险基金的数理基础。保险人通过收集大量资料，掌握特定人群以往的人身风险损失规律。因此，单个被保险人的风险发生是无法预测的，我们不可能知道某个人何时死亡、何时残疾或何时需要住院。但对于一组人数足够多的被保险人，保险人就可以在大量标的的基础上，通过大数法则较精确地预测死亡概率、伤残概率或住院概率、损失率，并在此基础上进行保险经营，确定保费。

4. 人身风险导致的损失必须明确具体。对于大多数险种而言，可保风险损失在时间和金额上都要求是可以明确界定的，也就是说，保险人必须明确规定保险金的给付数额和保险金的给付时间。死亡、疾病、残疾和年老等状态通常是易于识别的，但由此所导致的经济损失却难以用金钱来衡量。在人身保险中，保险人对此是通过与被保险人协商、在所订立的保险合同中规定承保风险发生后保险人负责给付的保险金数额来确定的。

三、人身风险的风险管理

风险管理是人类为了生存必然要采取的措施之一，古已有之。但是真正现代意义的风险管理起源于 20 世纪 50 年代的美国。随着社会的发展和科技的进步，现实生活中的风险因素越来越多，无论企业还是家庭，都日益认识到进行风险管理的必要性和迫切性。因此，经过半个多世纪的实践和理论探索，风险管理已经被公认为是管理领域内的一项重要职能，并在此基础上形成了一门新的学科，即风险管理学。在 20 世纪 70 年代，风险管理学这门新兴学科开始在世界范围内得到广泛传播。

由于风险的客观存在，必然要求经济单位和个人承担风险成本，特别是在市场经济条件下更是如此。因此，每一个经济单位和个人都需要系统地认识、识别自己所面临的各种风险，并力求尽可能地降低风险成本，以实现经济利益的最大化。这就要求各个经济单位和个人必须对所面临的风险进行系统分析，并进行有效的管理，这就是风险管理。所谓风险管理，是指经济单位和个人通过风险识别、风险估测、风险评价，对风险实施有效的控制，妥善处理风险所致损失，期望达到以最小的成本获得最大安全保障的管理活动。

1. 风险管理的流程。在某种程度上，风险管理是一种决策过程，需要通过几个步骤和环节来对风险进行分析和处理，各环节相辅相成，循环往复。风险管理的流程如图1－2所示，通常包括以下几个主要环节。

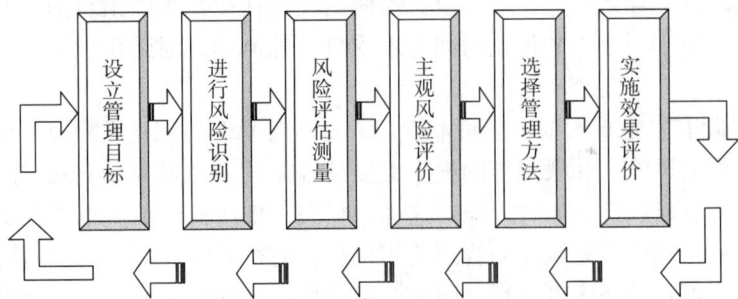

图1－2　风险管理的流程

（1）设立管理目标。风险管理的基本目标是以最小的风险管理成本获得最大的安全保障效益，即风险管理就是要以最少的费用支出达到最大限度地分散、转移、消除风险，以实现保障人们经济利益和社会稳定的基本目的。所谓风险管理成本就是在开展风险管理过程中，投入的人力、物力、财力，以及放弃一定收益机会的机会成本。安全保障则是指风险管理的效果，是预期损失的减少和实际损失的及时有效的经济补偿。最大安全保障就是要使预期损失减少到最低限度和实际损失能够得到最大的经济补偿。

对于人身风险而言，风险管理的目标应该是以最小的支付成本和合理的支付期间，获得最大的风险保障，即在意外伤害、疾病或者伤残的情况下，获得充分的治疗保障和经济补偿；在不幸身故的情况下，给家人留有足够的货币资金使得生活可以继续。

（2）进行风险识别。所谓风险识别，就是经济单位和个人对所面临的以及潜在的风险加以判断、归类整理，并对风险的性质进行鉴定的过程。其内容主要包括感知风险和分析风险两个方面。感知风险就是通过对风险的调查、了解，对风险进行判断；分析风险是指通过对风险的类别进行归纳、区分，认识风险产生的原因和条件，掌握风险所具有的性质。风险识别是一个连续的、不间断的过程，只有使风险的识别经常化、制度化，才能使风险管理顺畅地进行。

人身风险的识别，更多的是依赖于以往的历史经验数据，例如各种意外事故的伤害情况，各种疾病的患病情况，不同职业和群体的伤残情况等。

（3）风险评估测量。风险评估测量是指在风险识别的基础上，通过对所收集的大量详细损失资料加以分析，运用概率论和数理统计，估计和预测风险发生的概率和损失程度。风险估测不仅使风险管理建立在科学的基础上，而且使风险分析定量化，为风险管理者进行风险决策、选择最佳管理方法提供了可靠的科学依据。风险估测的内容包括估测损失频率和损失程度两个方面。损失频率是指一定时期内损失可能发生的次数，取决于风险单位数目、损失形态和风险事故；损失程度是指每次损失可能造成的规模，即损失金额的大小。

人身风险的评估测量，是对人身风险的一种客观评价，各个医疗机构、社会保险部门、商业保险公司和国家管理部门的统计数据都可以对各种各样的风险进行详细的说明，并为后续的决策提供有力的支持。

（4）主观风险评价。主观风险评价是在风险识别和风险估测的基础上，结合其他因素对风险发生的概率、损失程度进行全面考虑，评估风险发生的可能性及其危害程度，并与公认的安全指标相比较，以衡量风险的程度，并决定是否需要采取相应的措施。通过对风险性质的定性、定量分析和比较处理风险所支出的费用，来确定风险是否需要处理和处理的程度。风险评价可以分为定性风险评价、定量风险评价和综合风险评价。

人身风险的主观评价，与评价主体所处的地位、对于风险的认识程度、应对风险的决心和愿意为处理风险付出多大的代价都有一定的关系，所以面临着同样的人身风险的主体，对同一风险的主观评价很有可能并不相同。

（5）选择管理方法。为实现风险管理目标，根据风险评价结果，选择最佳风险管理技术与实施方法是风险管理中最为重要的环节，风险管理方法的选择也就是风险管理的决策过程。风险管理方法分为控制型和财务型两大类，前者的目的是降低损失频率和减少损失程度，重点在于改变引起意外事故和扩大损失的各种条件；后者的目的是以提供基金的方式，降低发生损失的成本，即对无法控制的风险所做的财务安排。这些方法将在下面的内容中详述。

人身风险的管理方法，在某种程度上而言存在一些特殊性，即某些类别的人身风险是无法应用固定的风险管理方法，即疾病和死亡的风险，从根本上说只能自己承担，做一些财务安排，是无法通过风险控制和风险转移的方法避免其发生的。

（6）实施效果评价。实施风险管理的决策是将风险管理的各个方面贯彻落实。比如，如果决定实施损失控制，就需要购买防灾设施和安全装置等；如果决定购买保险来转移风险，就需要选择保险公司、保险险种、考虑保险费的合理性等。风险管理效果的好坏，取决于是否能以最小的风险成本取得最大的安全保障，在实务中还要考虑风险管理与经济主体风险管理目标是否一致等。

风险管理的实施及效果评价是风险管理的最后一步，也是至关重要的一步。这是因为：第一，风险管理不是发生在真空中的。而在这个世界上，情况总是不断地发生变化，新的风险因素会不断出现，旧的风险因素则会由于存在环境发生变化而消失。在去年使用的对付风险的有效方法，在今年也许就不是那么有效了。第二，任何人都是有可能犯错误的。通过检查和评估，可以使风险管理者及时发现错误、纠正错误，减少成本；控制计划的执行，调整工作方法；总结经验，改进风险管理。

2. 风险管理的方法。风险管理的方法分为控制型风险管理方法和财务型风险管理方法两大类。

（1）控制型风险管理方法。控制型风险管理方法的实施是指在风险分析的基础上，针对经济主体所存在的风险因素采取控制方法以消除风险因素，或减少风险因素的危险性。主要表现为在事故发生前降低事故发生的频率，在事故发生时将损失减少到最低限度。控制型风险管理方法主要包括风险回避和风险控制。

①风险回避。风险回避是指回避风险发生的可能性，设法排除风险，并将损失发生的可能性降到零。它是一种处理风险的消极的方法。例如，一个人为了避免离婚而选择不结婚等。但是，并不是所有的风险都可以回避，回避某一类风险，可能面临另一类风险。例如，为了避免飞机失事造成的死亡或残疾而选择不坐飞机，但选择其他的方法比如自己开车、坐火车和乘公交车等也存在着相应的风险。而且，在很多情况下，风险回避虽然有可能性，但不一定具有可行性。比如，为了避免吃饭时被噎死而选择根本就不吃饭，这是不可行的。另外，风险回避可能会造成利益受损。

②风险控制。风险控制是指在风险损失发生之前、发生时或发生之后，有针对性地采取具体有效的措施，消除或减少可能引起损失的各种因素、减少损失程度的一种风险处理方法。风险控制主要适用于风险所致损失频率较高且损失程度较低的风险类型，主要包括损失预防和损失抑制两种方式，两者都是较为积极的方法。损失预防是指在风险事故发生前，采取处理风险的具体措施，其目的在于通过消除与减少风险因素而达到降低损失发生频率的目的。损失抑制是指在风险事故发生时或发生之后，采取的各种防止损失扩大的措施。

（2）财务型风险管理方法。财务型风险管理方法是指通过事故发生前所做的财务安排，来解除事故发生后给人们造成的经济困难和精神忧虑，为生产自救、恢复企业经济、维持正常生活等提供财务基础。其主要方法包括风险自留和风险转移。

①风险自留，指风险自我承担，比如我们普通感冒发热，到药店买一些常用药，发生频率高，但负担小，我们就可以不用透过保险而自己解决。自留风险的最大好处是成本低、方便有效，但在个人及家庭财务管理方面，自留风险一定要有度，否则可能给我们带来巨大损失。比如重大疾病，一旦发生，可能带来几十万的医疗费用，对普通老百姓来说就是非常沉重的负担，也就必须转移风险。

②风险转移，包括财务型非保险转移风险和保险转移风险。非保险转移风险指将风险转移给另外的一些个人或单位去承担，如保证互助、基金会等，但会受到规模、信誉等各方面影响；保险转移风险，指将家庭及个人面临的财务风险转移给社会保险机构或商业保险公司承担，主要包括社会保险和商业保险。投保人缴纳保费，社保机构或商业保险公司在合同规定的范围内承担补偿或给付责任。社会保险和人身保险虽然存在着明显的差别，但两者在保障人们生活安定、保证社会再生产顺利进行、促进社会经济繁荣等方面是一致的，且存在相互作用、相互补充的关系。社会保险的待遇标准一般只能满足劳动者的基本生活需要，享受社会保险的公民，也可以投保人身保险，同时享受社会保险和人身保险双重保障，提高保障水平。

📖 知识小结

人身风险是特指在人的生命、身体或者健康等方面遭受损害的风险，指的是死得太早或者活得太久，及其伴随产生的伤害、疾病、残疾、衰老、失业或退休等。并非所有的人身风险都可以转移给保险公司，可保的人身风险必须是偶然的、意外的，有发生重大损失的可能性，有大量标的遭受损失的可能性，以及损失必须明确具体。人身风险管理主要有设立管理目标、进行风险识别、风险评估测量、主观风险评价、选择管理方法和实施效果评价六个步骤，有风险回避、风险控制、自留风险和转移风险大类风险管理方法。

考核

1. 人寿保险公司愿意接受的人身可保风险有哪些条件？
2. 人身风险的风险管理有哪些流程和步骤？
3. 对照风险管理流程图举例说明人身风险如何管理。
4. 举例说明人身保险属于哪类风险管理方法。

拓展

【知识链接】

风险管理的产生

第一次世界大战时期及战后，德国出现了近乎天文数字的恶性通货膨胀，发生了严重的经济危机，因此，提出了包括风险管理在内的企业经营管理问题。在这种情况下，德国开始研究企业风险，并制定了若干经营政策，以保护企业为目的。德国的风险政策，基本上是经营学者研究的对象，1930年开始在一些德语国家有过讨论，后来逐渐失去了影响力。随着美国风险管理引入德国，便形成了德国风险政策与美国风险管理的折中性学术观点。

与德国的防止通货膨胀、保护企业这一出发点不同，美国最初是在第一次世界大战期间的通货紧缩情况下，从费用管理的角度出发，把风险管理作为经营合理化的手段提出来的，即以如何节约保险费的支出，并获得合理的经济补偿为出发点。美国于1929—1933年陷入了严重的经济危机，面对经济衰退、工厂倒闭、工人失业、社会财富遭到巨大损失的灾难，人们开始思索能否采取措施来减少或消除风险给人们带来的种种灾难性后果，能否采取科学的方法，对风险实施有效的控制和处理。于是，20世纪30年代在美国产生了风险管理的基本构思，风险管理作为一门新兴管理学科便形成了。

【专业词汇】：人身风险 personal risks　可保风险 insurable risks　风险管理 risk management

任务1-2　了解人身保险的含义与特征

情境引入

1. 当客户问及什么是人身保险时，身为寿险营销员的梁鑫燃怎样回答才算是既专业又通俗呢？
2. 储蓄和社保也有为人身风险提供保障的功能，梁鑫燃怎样解释才能让客户既明白又满意呢?

📖 **学习任务**

一、人身保险的含义

(一) 人身保险的概念

人身保险是以人的生命或身体作为保险标的、以人的生(生育)、老(衰老)、病(疾病)、残(残疾)、亡(死亡)等为保险事故的一种保险。其基本内容是:投保人与保险人订立保险合同,确立各自的权利义务,投保人向保险人缴纳一定数量的保险费;在保险期限内,当被保险人发生死亡、残疾、疾病等保险事故,或被保险人生存到期满时,保险人向被保险人或其受益人给付一定数量的保险金。因此,凡是与人的生命延续或终结以及人的身体健康或健全程度有直接关系的商业保险形式均可称为人身保险。

(二) 人身保险的内涵

1. 人身保险的保险标的是人的生命或身体。人的生命,是一个抽象概念,当其作为保险保障的对象时,是以生存和死亡两种状态存在的。人的身体作为保险保障的对象时,特指人的健康和生理机能、劳动能力(即人们赖以谋生的手段)等程度。人身保险就是将这些作为衡量风险事故发生后受侵害程度的标准,进而确定给付的保险金额,以达到"保险"的目的。

2. 人身保险的保障范围涵盖整个人生历程。从风险范围看,人身保险所承保的责任涵盖了人生历程中几乎所能遭遇的各种风险,大到人的生死存亡,小到人的疾病伤害。这些看似纷繁复杂、杂乱无章的风险集合事实上存在着内在规律性,人的生死概率、疾病率、伤残率、生育率等都是可以测度的,在大量观察的基础上会呈现一定的数量规律性,这就是人身保险经营中至关重要的大数法则。人寿保险公司也正是运用这一原理设计出各种各样的人身保险产品与品种,满足不同层次人群的保险保障需要。

3. 人身保险的保险责任涉及生活的各个方面。人身保险的保险责任包括生、老、病、死、伤、残等各个方面,即人们在日常生活中可能遭受的意外伤害、疾病、衰老、死亡等各种不幸事故。人身保险的给付条件是当被保险人遭受保险合同范围内的保险事故,以致死亡、伤害、残疾、丧失工作能力或于保险期满、年老退休时,由保险人依据保险合同的有关条文,向被保险人或其受益人给付保险金。

4. 人身保险的保险金额是由双方协商确定的。由于人身保险权利义务关系所指向的是人的生命或身体(即保险标的),而人的生命和身体是无价的,不能以货币加以度量,因此,除个别情况外,人身保险的保险金额不能像财产保险那样有确定的标准,仅是就理论而言,是由保险双方当事人在保险合同订立之初按照投保方的需求度与可能性相一致的原则协商确定的。

5. 人身保险的保险合同具有给付而非赔偿性质。人身保险合同的履行除个别情况外,由于标的的无价性,人身保险的责任履行一般不能称为补偿或赔付,而只能称为给付。同时,也正是由于这个原因,人身保险中除医疗等伤害性保险外,一般不存在重复保险、超额赔付以及代位求偿等问题。

☞ 【扩展阅读】

社会保险与人身保险的比较

社会保险是一种为丧失劳动能力、暂时失去劳动岗位或因健康原因造成损失的人口提供收入或补偿的一种社会和经济制度。社会保险计划由政府举办，强制某一群体将其收入的一部分作为社会保险税（费）形成社会保险基金，在满足一定条件的情况下，被保险人可从基金获得固定的收入或损失的补偿，它是一种再分配制度，它的目标是保证物质及劳动力的再生产和社会的稳定。社会保险的主要项目包括养老社会保险、医疗社会保险、失业保险、工伤保险、生育保险等。社会保险与商业人身保险的区别主要体现在以下几个方面：

1. 实施目的不同。社会保险是为社会成员提供必要时的基本保障，不以营利为目的；商业人身保险则是保险公司的商业化运作，以利润为目的。

2. 实施方式不同。社会保险是根据国家立法强制实施，商业人身保险是遵循"契约自由"原则，由企业和个人自愿投保。

3. 实施主体和对象不同。社会保险由国家成立的专门性机构进行基金的筹集、管理及发放，其对象是法定范围内的社会成员；商业人身保险是保险公司来经营管理的，被保险人可以是符合承保条件的任何人。

4. 保障水平不同。社会保险为被保险人提供的保障是最基本的，其水平高于社会贫困线，低于社会平均工资的50%，保障程度较低；商业人身保险提供的保障水平完全取决于保险双方当事人的约定和投保人所缴保费的多少，只要符合投保条件并有一定的缴费能力，被保险人可以获得高水平的保障。

二、人身保险的特征

（一）从保险事故的性质来说

1. 从保险事故发生的概率看，人身保险要远大于财产保险。由于人的寿命是有限的，因此对于某一个人来说，非生即死，非死即生。如果人身保险只是将生存或者死亡的某一个方面作为保险事故，保险人是否给付保险金就具有两种可能性，可能给付也可能不给付；但若同时将生存和死亡作为保险事故如两全寿，那么保险人给付保险金就只具有一种可能性，即必然给付。对于终身寿险而言更是如此。而财产保险具有很强的射幸性，所以，人身保险单的给付率大大超过财产保险中赔款支付率，人身保险费率厘定的原理也就不同于财产保险的费率厘定原理。

2. 从保险事故的集聚程度看，人身保险事故具有较大的分散性。人身保险中除极少数特殊情况如空难、沉船外，一般不大可能出现大量被保险人同时出险的情况，相对来说其保险事故是小额的，而且比较分散。因此人身保险在业务经营上具有相对稳定性，其中尤以年金保险的业务经营最为稳定。而财产保险的情况就有所不同。在财产保险中，由于大量的保险标的是不动产，因此，一旦发生巨灾事故，所造成的损失常常为保险人所难以承受的。

3. 从保险期间风险的变化情况看，人身保险的被保险人发生保险事故的概率随其年龄的增长而增加。这是由于随着被保险人年龄的增长其身体的各项机能逐渐老化，身体的协调性、柔韧性及抗病性日益减退，因此发生疾病的可能性和死亡的概率逐年增加。不同年龄的人死亡率是不相同的，如果用数学方法表示，则死亡风险是年龄的函数。

（二）从业务经营的性质来说

1. 人身保险多为长期性业务，采取均衡费率。由于人的死亡风险随着人的年龄逐年增加，这样，如果按当年死亡率水平来确定保险费率，那么保险费率就会年年变动。被保险人年龄越大，保费越高。大多数被保险人在晚年最需要保险保障的时候会因无力缴纳高额保费而退出保险，这样就使人寿保险失去了存在的意义，而且还可能出现身体健康的人考虑费率上升而退出保险，体弱多病者考虑危险程度增大而坚持投保的"逆向选择"现象，对保险人的经营十分不利。为了避免费率频繁变动，使人到晚年仍可获得保险保障，保证保险人的正常经营，一般人身保险采用均衡费率，与根据当年的死亡率确定保险费率的自然保费不同，均衡费率与当年的实际死亡率相分离，在保险期内按同一金额收取保险费。采用均衡费率，保险交费前期的均衡保费均高于自然保费，表明投保人所交的保费多于应交的保费，保险交费后期则均低于自然保费，表明投保人所交的保费少于应交的保费，前期多交的保费恰好用来弥补后期少交的保费。

2. 人身保险保费所形成的资金可进行长期投资。一方面，由于人身保险期限较长，有些保单从交费到领取保险金有长达三四十年的间隔，保险人可以从长期稳定的保费收入中获得一笔长期稳定的资金，这笔资金可以用来投资，从而为寿险公司和社会产生经济效益。另一方面，由于人身保险合同的保险费率、应交保费及保险金额等都是在订立契约时规定的，在长达几十年的保险期内，客观情况会发生很大变化，如通货膨胀问题。由于考虑到货币贬值，投保人就不愿购买长期性寿险，或即使购买，一旦发生通货膨胀，就会发生大范围的退保。要想使保险金保值，保险公司就必须搞好投资，并将投资的收益以各种方式分给被保险人。通过投资可以在一定程度上抵消物价上涨对被保险人利益的影响。目前，保险投资已成为国内外寿险公司一项重要而且专门的业务。我国保险市场上热销的投资性产品、分红产品也正是适应这一潮流而出现的。

3. 人身保险保险费核算的科学性和精确性。在人身保险中，不同年龄被保险人的死亡率是不同的，这种风险的特殊性，形成了保险费计算和责任准备金确定上的一整套科学完备的体系，被人们称为寿险精算。在人寿保险中，根据被保险人签订合同时的年龄、经济状况、健康情况、投保期限和保证利率等多种因素，经过经验的测算，以及数学、统计学方法的应用来确定保险费和责任准备金。这种确定方法由于有着科学的计算过程和可靠的统计资料，因而预测的准确性较高。

4. 人身保险的保险业务一般不需要分保。人身保险的保险事故具有小额分散的特点，大部分保单的给付具有必然性，而且给付率的计算可以做到比较精确，财务稳定性比较强，多数情况下不需要办理再保险。

（三）从保险金的性质来说

1. 人身保险是给付性保险。由于人的生命价值不可以用货币计量，因此，当被保险人发生保险责任范围内的保险事故时，不能像财产保险那样根据事故发生时财产损失的实际程度支付保险赔款，只能按照保险合同规定的保险金额支付保险金。人身保险的保险金额是根据被保险人对风险保障的需求程度和在经济上的交费能力来确定的。

2. 人身保险可以重复购买。从某个角度来说，人的生命和健康都是无价的，所以人的生命和健康作为保险标的，应对某种人身风险的人身保险，就不存在是否足额和重复购买的问题，在人身保险中一般没有重复投保、超额投保和不足额投保的问题。即使投保人就某一人身保险险种同时购买多份，发生保险责任范围内的保险事故时，保险公司也要按照多份保险的总金额进行给付。

3. 人身保险不存在追偿的问题。既然人的生命和健康都是无价的，所以怎样的弥补都不过分。若发生的保险事故是由第三者（保险合同之外的任何人）造成的，保险公司根据保险合同需要向保险人或者受益人进行支付，肇事方根据侵权责任也要向受害方进行支付，保险公司不可以对肇事方进行追偿。

（四）从保险收益的性质来说

1. 人身保险具有储蓄性质。由于在人身保险中采取的是均衡保费，因此在保险合同的前期，保险人每年收取的保费要超过其当时需要承担的义务。这个超过的部分是投保人提前交给保险人的用于履行未来义务的资金。它相当于投保人存在保险人处的长期性的储蓄存款，这笔存款由保险人投资或存储于银行并产生利息。这部分多交的保费连同其产生的利息，每年滚存累积起来，就是保单的现金价值，相当于投保人在保险合同的一种储蓄。

2. 人身保险享有纳税方面的优惠。世界上许多国家都对人身保险给予税收优惠。许多国家对人身保险金还免征或少征遗产税，但在不同的产品类型上，各国存在一定的差异。《中华人民共和国个人所得税法》也明确规定保险赔款免纳个人所得税。

📖 **知识小结**

人身保险是以人的生命或身体作为保险标的、以人的生（生育）、老（衰老）、病（疾病）、残（残疾）、亡（死亡）等为保险事故的一种保险。人身保险的保险标的是人的生命或身体，保障范围涵盖整个人生历程，保险责任涉及生活的各个方面，保险金额是由双方协商确定的，保险合同具有给付而非赔偿性质。人身保险从保险事故的性质，业务经营的性质，保险金的性质和保险收益的性质等方面都有自身独有的特征。

📖 **考核**

1. 人身保险的含义有哪些？
2. 人身保险有哪些独有的特征？
3. 对比说明人身保险和储蓄的相互关系。
4. 对比说明人身保险和社会保险的相互关系。

📖 **拓展**

【知识链接】

买保险和遗产税赛跑①

2007 年 4 月，台湾"监察院"公布：陈水扁首度申报四笔储蓄寿险，5 年后领回 150 万新台币；另一笔是利率变动型寿险，15 年后领回 3 000 万新台币。"监察院"官员分析，若受保人是其子女，陈水扁此举可避交遗产税。据台湾税率，3 000 万新台币约需交纳上千万新台币遗产税。

遗产税于 1598 年起源于荷兰，目前世界上已有 100 多个国家和地区征收遗产税。1940 年民国政府第一次开征遗产税，1946 年通过了我国第一部遗产税法。新中国成立后，1950 年通过的《全国税政实施要则》将遗产税作为拟开征的税种之一，但限于当时条件未予开征。1994 年的新税制改革就已将遗产税列为国家可能开征的税种之一。1996 年全国人大批准了《国民经济和社会发展"九五"计划和 2010 年远景目标纲要》，其中明确提出将"逐步开征遗产税和赠与税"。而随着我国储蓄实名制的实施和《物权法》的颁布，无疑已为征收遗产税做好了铺垫，开征已成必然。根据草案，遗产超过 80 万元以上需征税，越多税率就越高，最高可达 50%。子女继承遗产之前，必须先筹一笔遗产税款把税款交清。

投资保险合理规避遗产税。选择适当的保险品种，有意识地用巨额资金购买投资型保险，以子女为保险受益人，身后就能留下一大笔不用交税的遗产。事实上，投资保险已成为目前最佳的合理避税方式之一。

【专业词汇】：人身保险 personal insurance　储蓄 deposit　社会保险 social insurance

任务 1–3　区别人身保险的不同分类

📖 **情境引入**

1. 随着问题的深入，客户的问题也越来越多，寿险营销员梁鑫燃怎样为客户通俗地解释人身保险最基本的分类？

2. 梁鑫燃怎样才能为客户提供有价值的建议，为客户推介最适合客户的几类人身保险？

📖 **学习任务**

人身保险是人们处理在日常生活中所面临的生、老、病、死、残等风险的有效途径之一。它起源于早期的互助团体，迄今已有几千年的历史，随着商品经济的发展逐渐演化为现代意义上的比较完善的人身保险制度，按照不同的标准，人身保险可以划分成不同的类别。

---

① 郑祎华，辛桂华. 人身保险理论与实务［M］. 大连：东北财经大学出版社，2011.

```
                    ┌─ 人寿保险 ──┐  ┌─ 生存保险 ┐
          ┌ 按照保障 ┤ 意外伤害保险 ├  ┤ 死亡保险 │
          │ 范围划分 └─ 健康保险 ──┘  └─ 两全保险 ┘
          │
          │ 按照保险 ┌─ 长期保险 ─┐
          ┤ 期限划分 ┤ 一年期保险 │
          │          └─ 短期保险 ─┘
          │
          │ 按照实施 ┌─ 强制保险 ─┐
          ┤ 方式划分 └─ 自愿保险 ─┘
 人身保险  │
 的不同分类 ┤ 按照投保 ┌─ 个人人身保险 ┐
          │ 方式划分 └─ 团体人身保险 ┘
          │
          │ 按照是否 ┌─ 分红保险 ──┐
          ┤ 分红划分 └─ 不分红保险 ─┘
          │
          │ 按照是否 ┌─ 返还型保险 ┐
          ┤ 返还划分 └─ 消费型保险 ┘
          │
          │ 按照风险 ┌─ 标准体保险 ──┐
          └ 程度划分 └─ 次标准体保险 ─┘
```

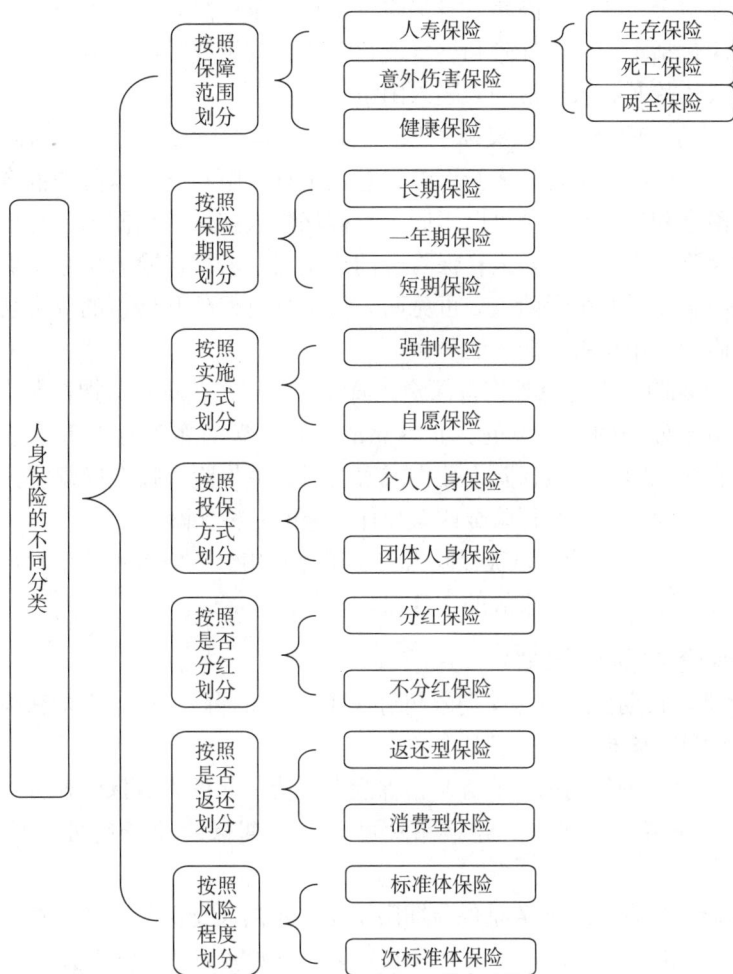

图1-3　人身保险的分类结构

一、人身保险按保障范围划分

1. 人寿保险。人寿保险是以被保险人生存或死亡为保险事故（即给付保险金条件）的一种人身保险业务，在全部人身保险业务中，人寿保险占绝大部分。由于人寿保险是以人的生存或死亡为给付条件的，因此，市场上各种寿险品种可分为生存保险、死亡保险和两全保险三大类。

（1）生存保险。生存保险是指被保险人在一定的保险期限届满时，若还生存于世，即由保险人给付保险金；若被保险人在保险合同期限内死亡，保险人不再给付保险金的人身保险。生存保险包括定期生存保险和年金保险。其主要目的是一定期限之后，被保险人可以领取一笔保险金，以满足其生活上的需要，保障经济收入的稳定和生活水准不致因收入水平的降低而下降。

（2）死亡保险。死亡保险是指以被保险人在规定的期间内死亡为给付保险金条件的人身保险。当死亡保险的被保险人在合同期间内死亡时，由保险人对保险受益人给付合同规定的死亡保险金。死亡保险是人身保险中出现最早的险种，是人身保险的重要组成部分。死亡保险包括定期死亡保险和终身死亡保险，其主要目的是避免由于被保险人死亡而使其家属或依赖其收入生活的人陷入困境。

（3）两全保险。两全保险，又称"生死合险"，是指以被保险人在保险期间死亡或生存至期满为保险金给付条件的人身保险，它是生存保险与死亡保险的混合保险。两全保险的死亡保险金和生存保险金可以不同：若被保险人在保险期间内死亡，保险人按合同规定将死亡保险金支付给受益人；保险合同终止时，若被保险人生存至保险期满，保险人将生存保险金支付给被保险人。可见两全保险具有保障和储蓄的双重功能，在世界各国的人寿保险业务中均占有较大的份额。

2. 意外伤害保险。人身意外伤害保险，简称意外伤害保险，是指在保险合同有效期内，被保险人由于外来的、突发的、非本意的、非疾病的客观意外事故造成身体的伤害，并以此为直接原因致使被保险人死亡或残废时，由保险人按合同规定向被保险人或受益人给付死亡保险金、残废保险金或医疗保险金的一种保险。

3. 健康保险。健康保险是以被保险人支出医疗费用、疾病致残、生育或因疾病、伤害不能工作而收入减少为保险事故的人身保险。

二、人身保险按保险期限划分

1. 长期保险。长期保险是保险期限超过一年的人身保险业务。人寿保险一般属于长期业务，有些健康保险也属于长期保险。

2. 一年期保险。一年期保险业务是指保险期限为一年的人身保险业务。该类保险业务中以人身意外伤害保险居多。健康保险可以是长期保险业务也可以是一年期保险业务。

3. 短期保险。短期保险业务是保险期限不足一年的人身保险业务。短期保险业务通常是那些只保一次航程、一次旅游的旅客或公共场所游客的意外伤害保险。

☞ 【扩展阅读】

人身保险的起源

在人类社会的早期，人们以血缘关系组成氏族公社作为劳动和生活的共同体，以实现互助互济的目的。随着生产力的发展，剩余产品开始出现，产生了私有制和家庭，人们的个人消费和风险分担绝大部分在家庭内部实现。但是如果在积蓄起足够的后备之前发生人身风险，则后备不敷支用，甚至是无济于事。由于人身风险是人们普遍面临的风险，为了使保障更可靠，在经济上更合理，就有必要以互助形式建立社会化的应付人身风险的后备组织。

早在古代，人们就自发地组织了各种应付人身风险的互助团体。据史料记载，早在公元前4 500年的古埃及，由于大规模地修建金字塔，许多石匠死、伤于施工过程中，为了给予死伤者及其家属以适当的经济补偿，石匠们就曾组织过互助团体。到了中世纪的欧洲，行会很盛行，如工匠行会、商人行会、宗教行会等。这些行会除按其成立的目的进行活动以外，大都还具有互助的性质，由全体会员缴纳会费，扶助遭受不幸事故的会员，扶助的范围比较广泛，包括成员的死亡、伤残、疾病、衰老、贫困、房屋损坏及丧失家畜等。这就是人身保险最初的起源。

三、人身保险按实施方式划分

1. 强制保险。强制保险也称为法定保险，是根据法律规定而自行生效的，不论被保险人是否愿意投保，或保险人是否愿意承保，依照法律必须成立的保险关系。目前在我国，社会保险中的养老保险、医疗保险、工伤保险等都属于这种情况。

2. 自愿保险。自愿保险是保险双方当事人依照平等互利的原则，通过订立契约关系，自愿签订保险合同的保险。投保人是否投保，投保哪一险种，保险金额的高低都根据投保人的需求而定。保险人根据投保人的请求可以承保，也可以拒绝承保。

四、人身保险按投保方式划分

1. 个人人身保险。个人人身保险是以个人为投保人，一张保险单只承保一个被保险人的人身风险的保险。个人人身保险又分为普通人身保险和简易人身保险两大类。普通人身保险的保险金额高于简易人身保险。在人身保险的实务当中，大多数情况下，我们将家庭的人身和意外伤害等的保险也归为个人人身保险这一类别。

2. 团体人身保险。团体人身保险是以法人为投保人，一张保险单承保一个法人单位的全部或大部分成员（一般要求至少为总人数的75%）的人身风险的保险。团体人身保险又分为团体人寿保险、团体意外伤害保险和团体健康保险等。团体人身保险的主要优点：一是团体成员中身体大多比较健康；二是一张保险单承保多人，保险金额相对较低，并且无须逐一体检，可以简化投保、承保手续；三是保险人承担的风险相对稳定。

【案例】

四川汶川大地震

2008年5月12日14时28分，中国发生了震惊世界的四川汶川特大地震灾害，这是新中国成立以来破坏性最强、波及范围最广、救灾难度最大的一次地震。震级是自昆仑山大地震（8.1级）后的第二大地震，达里氏8级，最大烈度达11度，余震3万多次，涉及四川、甘肃、陕西、重庆等10个省区市417个县（市、区）、4 667个乡（镇）、48 810个村庄。

灾区总面积约50万平方公里，受灾群众4 625万多人，其中极重灾区、重灾区面积13万平方公里，造成69 227名同胞遇难、17 923名同胞失踪，需要紧急转移安置受灾群众1 510万人，房屋大量倒塌损坏，基础设施大面积损毁，工农业生产遭受重大损失，生态环境遭到严重破坏，直接经济损失达8 451多亿元，引起的崩塌、滑坡、泥石流、堰塞湖等次生灾害举世罕见。这次地震使受灾地区人民生命财产和经济社会发展蒙受了巨大损失。

【分析】

自古以来，自然灾害一直是人类社会和每个个体面临的主要风险之一，每个人在大自然的面前都会显得渺小而无力。如何应对自然灾害已经成为人类面临的难题，在我们还没有找到行之有效的方法阻止自然灾害发生的情况下，采取适当的措施与步骤减少灾害带给我们的损失就是目前最好的选择，人身保险就是很好的处理自然风险的方式。

五、人身保险按是否分红划分

1. 分红保险。分红保险是保险人将其经营成果的一部分，每隔一段时间（通常为一年）以一定的形式分配给被保险人的人身保险。分红保险的保费高于不分红保险的保费。这里的分红具有一定的风险性，即如果保险公司经营的不好甚至亏损，有可能被保险人是得不到分红的。

2. 不分红保险。不分红保险是被保险人在保险费交付后没有盈利分配的人身保险，即投保人不分享保险人经营的成果。被保险人所获得的保险利益是在保险合同签订时就已经确定下来的，不随未来保险公司经营业绩和利率等因素的变化而变化。不分红保险的费率低于分红保险的费率。

六、人身保险按是否返还划分

1. 返还型保险。返还型保险是指兼具储蓄和保障功能的人身保险，客户缴纳的保险费，在尚未发生保险事故没有保险金给付的前提下，保险期限届满或者约定期限届满后，可以全部足额的得到返还，并且还可以享有一定的利息。个别少数寿险公司的人身保险产品，即使发生了保险金的给付，也可以返还客户缴纳的保险费。

2. 消费型保险。消费型保险也叫非返还型保险，是指客户缴纳的保险费，随着保险合同的履行而逐渐地消费掉，全部用于保险保障，没有储蓄返还的功能，在保险期限届满或者约定期限届满后，人身保险合同关系自行解除，没有任何款项返还给客户。

七、人身保险按风险程度划分

1. 标准体保险。标准体保险是指被保险人的风险程度属于正常标准范围，可以按标准费率承保的人身保险。标准体又称为健体或强体，是指被保险人在身体、职业、道德等方面没有明显的缺陷。大部分人身保险业务都是标准体保险。

2. 次标准体保险。次标准体保险是指由于被保险人风险程度较高不能按标准费率承保，但可附加条件承保的人身保险。次标准体又称次健体或弱体，是指被保险人所含有的风险程度超过了标准体的风险程度，因而只能用特殊条件进行承保的被保险人。

📖 **知识小结**

人身保险按照保障范围、保险期限、实施方式、投保方式、是否分红、是否返还和风险程度等不同的分类标准可以进行不同的种类划分，但是最为基本的分类方式就是按照保险保障范围分为人寿保险、意外伤害保险和健康保险三大类。而客户更为关心或者感兴趣的是分红保险和返还型保险。

📖 **考核**

1. 人身保险有哪些不同的分类方式？
2. 人身保险最为基本的分类方式是什么？
3. 举例说明人身保险最为基本的险种险别划分。
4. 解释说明客户感兴趣的人身保险的险种的原因。

拓展

【知识链接】

人身保险的发展

近代保险是从海上保险发展而来的，海上保险的主要保障对象是船舶和货物。在 15 世纪，欧洲殖民主义者进行奴隶买卖，把经海上贩运的奴隶也作为货物投保"人身保险"，后来发展为对船长和船员投保人身保险，但是，这些"人身保险"的运作都是附属于海上保险的。在英国，迄今发现最早的一张人寿保险单是 1583 年 6 月 18 日签发的承保威廉·吉本斯的短期寿险单。1653 年，意大利银行家洛伦佐·佟蒂提出一种为国库募集国债的计划，被称为联合养老保险法，也被称为"佟蒂法"。"佟蒂法"于 1689 年在法国实施，1726 年全部认购人死亡后，"佟蒂法"宣告结束。

人身保险制度伴随着资本主义经济的发展而日渐成熟。1699 年，英国出现了世界上第一家人寿保险组织——孤寡保险社。到 1720 年，类似的组织在英国有 50 多家。英国天文学家埃德蒙·哈雷根据德国布勒斯劳市 1687—1691 年按年龄分类的居民死亡统计资料，在 1693 年编制了第一张完整的生命表，为现代人寿保险的发展奠定了数理基础。1756 年，詹姆斯·道德森认为应制定一种更为科学的人寿保险费率，在哈雷编制的生命表基础上提出了"均衡保险费"的理论。1762 年成立的人寿和遗嘱保险社首次根据道德森的设计方案计算保险费，使用均衡保险费法计算了终身寿险的保险率。

到 19 世纪中期，随着生产力水平的提高和人口的增长，人们对人身保险的需求日益旺盛，出现了许多新的险种和新的组织形式。1854 年，英国下议院经过社会调查，建议为低薪阶层解决保险问题。在 1864 年又开办了邮政简易保险。到 19 世纪后期，简易人寿保险吸引了数以百万计的低薪阶层的人投保，并且流传到其他国家。人身意外伤害保险也于 19 世纪中期出现，1848 年，英国铁路旅客保险公司开始办理旅客人身意外伤害保险。承保雇员的团体人身保险计划出现于美国。美国谨慎保险公司还于 1928 年首创了信用人寿保险业务。第二次世界大战以后，主要资本主义国家的经济恢复发展很快，人身保险业务出现了持续高速增长局面，其增长率超过了非寿险业务和国民生产总值的增长率。

【专业词汇】

人寿保险 life insurance　意外伤害保险 accident insurance　健康保险 health insurance

任务 1-4　了解人身保险的功能与作用

情境引入

寿险营销员梁某与客户的沟通十分愉快，客户也逐渐深入了解了人身保险的分类方式和险种险别，但是对于人身保险对自己来说是否真的有用还存在些怀疑，梁某对此进行耐心说明。

（1）对于自然人的客户梁某将哪些内容作为说明的重点比较适合？

（2）对于法人单位组织的客户梁某将哪些内容作为说明的重点比较适合？

📖 **学习任务**

一、人身保险的功能

社会经济补偿制度由自保、集中、保险三种经济补偿制度构成。随着商品经济的发展，保险日益成为三种经济补偿制度的主导，自保和集中处于辅助地位。人身保险作为保险的一种，自然具有保险的一般功能。

1. 保险保障功能。人身保险的保障功能具体体现为人身保险的给付功能，而财产保险的保障功能体现为经济赔偿功能。给付与赔偿并不同义。需要赔偿的损失可以通过价值形式明确计量，保险金给付项目则很难用一个固定金额去计量。给付是人身保险支付保险费的特定说法，有时是一次性的，有时则分期进行。人的生存、年老、死亡、伤残等均不能用货币估值，保险人只能根据被保险人生、老、病、残、伤、亡的一般特征和具体情况确定投保费率，征收保险费，建立保险基金。保险当事人双方事先要对保险的条件、期限和金额标准达成协议，保险人按照协定一次或分期付给被保险人保险金。

☞ **【扩展阅读】**

伊春空难的赔偿方法

2010 年 8 月 24 日 21 时 40 分许，河南航空公司一架航班号为 VD8387 的 E190 型客机在黑龙江伊春机场降落前失事，共造成 42 人遇难 54 人受伤，其中 7 人为重伤。截至 8 月 26 日 15 时，"8·24"坠机事故遇难人员中已确认有 35 人在 20 家保险公司投保了人身险，预计赔付 2 543.98 万元。到 8 月 28 日，与之相关的保险公司已向 13 位遇难人员家属支付赔款 431.95 万元。

对幸存者的投保排查也已开始，已确认 21 人在 9 家保险公司投保了 27 份保单。投保的险种主要有航意险、终身寿险和企业团险。其中部分遇难者在多家公司投保。此外，河南航空公司对"8·24"飞机坠毁事故每位遇难旅客的赔偿标准总共为 96 万元人民币。并且承运人对遇难旅客支付的全部最终赔偿，均不影响遇难旅客在原单位按照国家和所在单位应当享受的抚恤、劳保等待遇，以及其他社会人身保险。

2. 资金融通功能。人身保险机构利用保险基金的长期性、集中规模的特点，积极运用保险资金，按照一定渠道投放，进行投资活动，并预期收回增值资金的活动。一般方式是存款生息，购买债券、股票或不动产，进行期货交易，还可以直接投资经济领域，扩大社会再生产规模，促进经济增长。

3. 社会管理功能。保险的社会管理功能是在保险业逐步发展并在社会发展中的地位不断提高和增强之后衍生出来的一项功能。人身保险的社会管理功能主要体现在：社会保障管理、社会风险管理、社会关系管理、社会信用管理。人身保险作为社会保障体系的有效组成部分，在完善社会保障体系方面发挥着重要作用，为维护良好的社会关系创造了有利条件。人身保险合同履行的过程实际上就为社会信用体系的建立和管理提供了大量重要的信息来源，实现社会信息资源的共享。

二、人身保险的作用

人身保险的主要目的在于确保经济生活的安定，一方面要根据合理的计算来测定风险，同时做好充分的准备；另一方面在保险事故发生时，要力使原有经济生活所遭受的负面影响迅速得到恢复。因而人身保险在整个经济体系中有其特殊的作用，可以从以下三个角度进行考察。

1. 对个人和家庭的作用。保险作为一种化解风险的手段，其作用正日益为人们所重视，因为现代人对生命中的不可预知性越来越有体会。人们会担心过早地离开亲人，而使整个家庭陷入困境；会担心万一身染重病，不仅要支付巨额的医疗费用，而且还要影响收入，给家庭经济造成困难。随着人们寿命的不断延长，养老的时间也随着加长，于是老有所养成为人们关心的问题。凡此种种，如不提早筹划就成为人们的后顾之忧。人身保险正是从这几方面给人们提供了保障。人身保险可以减轻个人和家庭对人身风险的忧虑，为个人和家庭提供经济保障，另外也是一种个人投资手段。

（1）经济保障。保险最重要的功能是保障，人身风险时时伴随在人的左右。人身保险可以把个人、家庭的人身风险转嫁给保险公司，投保人缴纳确定金额的保险费以后，在被保险人发生死亡、伤残、疾病、衰老等人身风险时，从保险公司领取一笔保险金可以保证家庭生活的稳定，避免因家庭主要劳动力发生保险事故造成家庭收入减少或支出增加，甚至使生活陷入困境等情况的发生。

（2）投资手段。由于长期人寿保险中保险公司要对投保缴纳的保险费计算利息，满期给付的保险金大大高于缴纳的保险费，所以投保长期人寿保险往往被作为一种投资手段。由于寿险具有经济保障作用，不具有投机性，无风险，收益稳定，因而往往被人们选择。投保人可以将寿险保单作为抵押向保险公司借款，也可以随时请求解除合同，领取退保金，所以说人寿保险单具有现金价值，往往被视为个人金融资产。

（3）税收减免。一般税法规定，在被保险人死亡时给付的人寿保险金可以免交所得税。付给受益人的保险金还可以全部或部分免交遗产税。给保险单所有人的所有支付，如退保金、红利、两全保险期满生存的给付金，免交所得税的金额相当于所交付的保险费金额。对年金收入也只征收适量的所得税，即只对其中的利息收入部分征税。

2. 对企业和单位的作用。现代社会中，随着工业化进程加快，越来越多的人在企业中工作。企业作为投保人，缴纳保费为员工投保人身保险，当员工发生死亡、伤残、疾病等事故时或年老退休后可以从保险公司领取一笔保险金，从而稳定企业支出，提高员工福利，增强企业凝聚力。而且不少国家还对此采取鼓励措施，规定企业为员工投保人身保险支出的保险费，在一定金额以内的部分，可以列入成本，作为税前支出。当然，通过投保人身保险，尤其是人寿保险，可以使企业经营不受重要职员突然死亡的影响，可以使合伙事业不因任何一个合伙人的死亡而解散，可以使职工安居乐业；同时可以提高企业信用，使企业的证券发行工作顺利进行。

3. 对整个社会的作用。人身保险资金的投资运用，实际是把部分个人消费在一定时期内投入生产领域或其他经济领域，发挥促进经济发展的作用。发展中国家需要资金，可以采用发展储蓄、引进外资、发行国债、借外债等手段，发展人身保险也可作为筹集资金的一种手段。即使在发达国家，人身保险也是提供经济发展所需资金的一条重要渠道。保险公司作为金融机构的一种，其经营也具有调节金融的作用，保险业与银行业、证券业是同等重要的金融活动，对一国金融事业的稳定有较大责任。此外，人身保险对社会的效用还表现在以下几个方面：

（1）有助于稳定社会生活。人身保险是社会保障体系的重要组成部分，并且世界各国都把建立和健全社会保障体系作为现代化国家的重要标志之一。社会保险和商业保险是社会保障体系中居于重要地位的两个保障系统，但由于社会保险无法完全提供个人和家庭的经济保障，所以需要由商业保险作为重要补充。也正因如此，美国学者把社会保险、企业保险和个人保险比喻为"三条腿的椅子"。因此，人身保险作为构建社会的"稳定器"与"安全网"的重要部分之一，可以为社会成员提供多层次风险保障的经济补偿。人们通过平等自愿地参与人身保险，能够在很大程度上消除后顾之忧，或者补偿因人身风险所遭受的经济损失，从而促进全社会的持续发展。

（2）有助于扩大社会就业。人身保险实质上实行的是以人为本的行销策略，增员管理是人身保险行业的一个重要经营理念，表现为整个行业的人员流动量很大，不断有许多素质欠缺或缺乏适应性的员工被淘汰出局，但同时又会有更多吃苦耐劳、素质较高的新员工加盟进来，使得人身保险行业可以容纳数量极大的社会富余劳动力，从而可以为社会解决一定的就业问题。近年来，我国人身保险行业的从业人员总数也有较大幅度的增加。从某种程度上说，人身保险行业是全社会劳动力的蓄水池，它的发展对整个社会稳定发展的作用是不容忽视的。

（3）有助于解决老龄化问题。人口老龄化问题正在成为当前世界各国政府急于解决的一个十分棘手的问题，并被列为21世纪妨碍人类顺利发展的十大难题之一。根据联合国制定的划分标准，当一国总人口中60岁以上的老年人达到10%时，即被认为是进入了老龄化社会。根据世界银行的统计，到2026年，中国60岁以上的老年人口将占总人口数的18%。面对如此严峻的形势，探索一条有效解决老龄化问题的途径，使得老年人能够老有所养，已是迫在眉睫。虽然社会保险、社会保障体系在处理这个问题上也有其独到之处，但由于其保障范围、保障程度等因素的限制，单靠社会保险来解决养老问题是远远不够的。而人身保险与社会保险相比，有着后者所无法比拟的优势。因此将二者有机地结合起来，取长补短，互为补充，构建起一个全面、有效的社会保障体系，可以更好地解决人类社会面临的老龄化问题。

📖 知识小结

人身保险的功能包括保险保障功能、资金融通功能和社会管理功能三个主要方面。人身保险的作用根据主体的不同分为对个人和家庭的作用，对企业和单位的作用，对整个社会的作用三个方面。

📖 考核

1. 人身保险的功能有哪些？
2. 人身保险对于不同主体的作用有哪些？
3. 自然人客户在不同的情况下更关注人身保险的哪些作用？
4. 法人单位组织在不同的情况下更关注人身保险的哪些作用？

📖 **拓展**

【知识链接】

人身保险与理财规划

理财规划是指运用科学的方法和特定的程序为客户制订切合实际、具有可操作性的现金规划、消费支出规划、教育规划风险管理与保险规划、税收筹划、投资规划、退休养老规划、财产分配与传承规划等某方面或者综合性的方案，使客户不断提高生活品质，最终达到终身的财务安全、自主和自由的过程。所谓的财务自由包括两方面的含义：其一，通过理财获得的现金流收入持续稳定，且远大于个人或家庭年总支出；其二，个人或家庭财务独立，安全，并且具备持续实现理财年现金流远大于个人或家庭年总支出的能力。理财规划与人身保险的关系体现在两个方面：

1. 人身保险是实现理财规划的重要工具。对于解决家庭主要收入者不幸死亡给家庭造成的经济困难和财务损失，人身保险具有不可替代的作用；对于应付由于疾病所造成的经济损失和失能所带来的收入损失，健康保险在众多金融工具中占有重要的地位；人寿保险可以作为筹集教育金的工具、积累基金的工具、养老的工具等。

2. 理财规划是保险促销的重要手段。保险公司的理财规划师帮助客户制定理财规划，一般是先分析客户风险偏好和保障缺口，在此基础上向客户提出理财建议，比如重新分配金融资产，调整股票、债券、存款比例，并用不同的保险产品为客户量身定做人身保险计划，与客户建立长期的合作关系。

总之，制订理财规划要采用包括人身保险在内的众多金融工具实现理财目标，所以有利于人身保险功能的发挥；制订财务规划又有利于人身保险作用的发挥。

【专业词汇】

保险保障 insurance cover　　资金融通 financial intermediation　　税收减免 tax deduction and exemption

📄 **项目测试题**

（一）单选题

1. 人身风险管理的起点是（　　　）

　A. 设立目标　　　　B. 风险识别　　　　C. 风险测量　　　　D. 风险评价

2. 人身保险的保险金额是（　　）

　A. 账面价值　　　　B. 重置价值　　　　C. 市场价值　　　　D. 协商确定

3. 人身保险的特征不包括（　　）

　A. 需要分保　　　　B. 给付保险　　　　C. 现金价值　　　　D. 减免税收

4. 人身保险的功能不包括（　　）

　A. 保险保障　　　　B. 增加税收　　　　C. 社会管理　　　　D. 融通资金

5. 人身保险对于个人和家庭的作用不包括（　　　）

　A. 经济保障　　　　B. 投资手段　　　　C. 税收减免　　　　D. 社会管理

（二）多选题

1. 人身的风险包括（　　　）

A. 死得太早　　　　　B. 伤害风险　　　　　C. 疾病风险　　　　　D. 残疾风险

2. 构成人身可保风险的条件包括（　　　）

A. 偶然意外　　　　　B. 重大损失　　　　　C. 大量标的　　　　　D. 明确具体

3. 人身风险管理的流程步骤包括（　　　）

A. 设立目标　　　　　B. 风险识别　　　　　C. 风险估测　　　　　D. 效果评价

4. 人身保险按照保险范围划分可以分为（　　　）

A. 人寿保险　　　　　B. 责任保险　　　　　C. 健康保险　　　　　D. 意外保险

5. 人身保险的功能包括（　　　）

A. 保险保障　　　　　B. 融通资金　　　　　C. 社会管理　　　　　D. 增加税收

（三）判断题

1. 保险理论上的风险是指引起损失的不确定性。　　　　　　　　　　　（　　　）

2. 活得太久对自然人而言也是一种风险。　　　　　　　　　　　　　　（　　　）

3. 保险属于风险管理方法中的控制型风险管理方法。　　　　　　　　　（　　　）

4. 相对而言人身保险多为长期性业务，采取均衡费率。　　　　　　　　（　　　）

5. 人身保险可以重复购买，不存在代位追偿的问题。　　　　　　　　　（　　　）

（四）名词解释

人身风险　人身保险　人寿保险　两全保险　健康保险

（五）简答题

1. 人身风险管理的流程与步骤。

2. 人身保险的内涵包括哪些方面？

3. 人身保险具有哪些特征？

4. 人身保险按照不同的标准如何进行分类？

5. 人身保险有哪些作用？

（六）论述题

1. 如何理解人身保险的含义和特征。

2. 举例说明人身保险的功能和作用。

综合案例分析

同样的遭遇和不同的境遇

【案例背景】

2016年6月，一场车祸过后，同样是家境并不富裕的两个农民，经抢救无效死亡后，他们各自的家人却有着不同的遭遇，而导致两个不幸家庭不同境遇的正是一份保费仅仅一百元的意外保险。

2015年7月，山东农民王某购买某人寿保险公司的团险产品"一帆风顺"100元保费即可获得8万元的保障，保险期限为一年。意外车祸发生后，保险公司赔付王某家人

8 万元的身故金、最高 5 千元的意外医疗费和每日 30 元的意外住院医疗津贴，共计 85 030 元。而另一村民李某生前没有参加任何社会或商业保障，肇事司机虽已拘留，却表示无力偿还死者家属提出的赔款。家属在悲伤之余不禁感叹，剩下的日子将会"很难过"。

【本案分析】

面临同样的不幸遭遇却有着不一样的境遇，这正是商业保险对现代生活中最为直接也是最为有效的帮助。在现代社会，意外伤害已经成为对健康和生命的最大危害。失去亲人原本是人生最大的不幸，如果离开的亲人又恰好是家庭生活主要的经济来源，那么对家庭的打击将是毁灭性的。购买保险不仅是对自己负责，更多的是对家人负责。

实训活动设计

邀请行业内的专家或者人身保险公司的资深在职人员，与同学们一起举行座谈会，或者到课堂上为同学们讲解人身风险的客观存在和人身保险的重要作用，通过案例让同学们明白人身保险的特征和功能。同学们根据座谈会或者报告的内容，以小组为单位进行讨论，分别撰写不少于 800 字的座谈或者会议报告。

职业技能训练

让人又喜又悲的传说故事

【模拟场景】

传说当中三个骑士在黑夜的戈壁中行走，依稀的月光让他们仅能看到眼前的路。忽然远处的天边传来一个苍老的声音，让他们每人捡一些石头装在口袋里。三个骑士都认为遇到了神灵，都照办了。那个声音接着说："明天太阳升起的时候，你们会又喜又悲。"随后就消失了。三个骑士继续前行。天亮了，他们去看那些石头，他们真的是又喜又悲，喜的是——他们拿起来放在口袋里的石头都变成了钻石；悲的是——当时他们担心负重赶路，而没有多拿一些。

【情景分析】

这显然是一则传说中的故事，这个故事当然是假的，我们关注的重点不应该是故事本身，而应该是这样一个故事给我们带来了什么。很多人应该都会认为，这三个骑士真是的，当初为什么不多拿一些呢？有很多购买了保险的人，在发生保险事故领取保险金时，也有这种又喜又悲的感觉。

【实务操作】

这是一则很容易引起人们思考的小故事，也很容易让人们联想到保险。保险为我们提供的是"不时之需"，是"人生的备胎"，只有用到保险时，我们才能真正体会到保险的可贵之处，庆幸我们当初没有因为这样那样的原因而没有购买保险；而与此同时，我们也会不禁暗暗责备自己，早知道这样，当初为什么不多买一些保险。

与在保险公司的培训一样，你要为读到这篇小故事写一篇感想，内容当然要与保险相关。与这样的哲理小故事相类似，同样的故事还有很多，你要收集整理一些这样的小故事，讲给自己，也说给别人听，让大家都能从中感受到深深的哲理。

📄 **进阶阅读**

　　1. http：//www. doc88. com/p – 185619713485. html 人身保险的发展历史，道客巴巴。

　　2. http：//baike. so. com/doc/history/id/230126，人身保险，360 百科。

　　3. http：//zlk. qzr. cn/vip/544621. shtml，人身保险的发展历程，圈中人保险资料库。

　　4. http：//wenku. baidu. com/view/42da7a2d7375a417866f8fe8. html，保险小故事，百度文库。

项目二
了解掌握人身保险合同

🖱 知识结构图

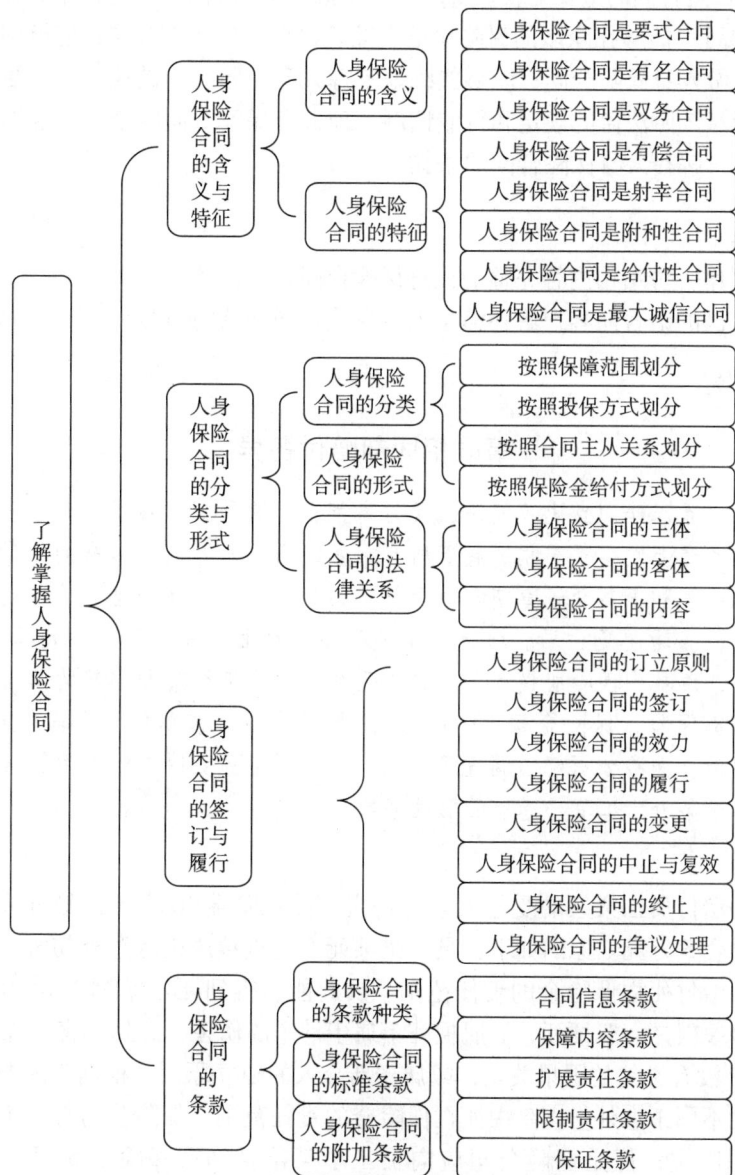

图 2-1　人身保险合同的知识结构

📄 **学习目标**

【能力目标】：能够分析阐述人身保险合同的特征；能够识别并区分不同的人身保险合同类别；能够运用图例说明人身保险合同的法律关系；能够分析比较人身保险合同与其他合同订立的区别；能够识记掌握人身保险合同的具体内容事项；能够理解并解释人身保险合同的各项条款。

【知识目标】：理解并能解释人身保险合同的含义和特征；了解并能举例说明人身保险合同的不同分类和表现形式；理解并能解释人身保险合同的各种法律关系；了解并能掌握人身保险合同的订立原则和签订过程；理解并能说明人身保险合同的各种履行情况；解释并能掌握人身保险合同的重要记载事项；理解并能解释人身保险合同的各项条款。

【素质目标】：能够在众多的保险单证中准确识别人身保险合同；能够向客户解释如何正式签订一份人身保险合同；能够熟练地掌握人身保险合同的履行、变更、中止、复效和终止；能够按照法律的规定和行业惯例处理人身保险合同的争议；能够熟记并用通俗的语言向客户解释人身保险合同的条款。

📄 **工作任务**

➤ 独立制作一份结构内容完整的人身保险合同；
➤ 运用自己的语言向客户解释清楚人身保险合同条款的内容。

✍ **项目导入**

事故相同却赔付各异

一家单位由于工作地点比较偏僻，便为离家较远的员工配备了通勤巴士。某天上班途中在城郊的省道上发生了车祸，载着所有乘客的面包车与迎面而来的大货车相撞，坐在前面的员工梁某和李某受了重伤。由于员工梁某所坐的驾驶副座就是与大货车冲撞的直接碰撞部位，当场便死亡了。而员工李某坐在他后面，失去了一条大腿，失血很多，送往医院抢救，急救中因心肌梗死，于第二天死亡。员工梁某和李某的单位为他们购买了人身意外伤害保险，保险金额 10 万元，意外发生后，该单位立即向保险公司报案，并提出理赔申请。保险公司经过调查了解到：员工梁某死亡时二十七岁，身体一向非常健康，而员工李某五十二岁，患有心脏病多年。

【启示】

保险公司赔付员工梁某的受益人意外伤害身故保险金 10 万元；赔付员工李某意外伤害伤残保险金 5 万元。原因如下：员工梁某死亡的直接原因是意外伤害，属于人身意外伤害保险中给付死亡保险金的责任范围。因此能够得到死亡保险金 10 万元；员工李某死亡的直接原因是心肌梗死，心肌梗死不属于外来的伤害，意外伤害（车祸）与心肌梗死（疾病）没有必然的因果关系，故属于新介入的独立原因，根据近因原则可知，被保险人的死亡不属于意外伤害险中死亡保险金的责任范围，保险公司有权拒绝向员工李某给付死亡保险金；但是保险公司应向员工李某给付伤残保险金 5 万元，即保额的 50%，因为员工李某在车祸事故中失去一条大腿，其丧失大腿的近因是车祸，属于意外伤害保险中给付伤残保险金的责任范围。

任务 2-1　理解人身保险合同的含义与特征

📖 **情境引入**

在沟通展业的过程中，与客户建立了良好的联系与关系，在成功激发了客户的人身保险需求之后，客户向寿险营销员梁某进一步了解人身保险合同的相关事项。

（1）梁某怎样用通俗的语言向客户解释人身保险合同的射幸性？

（2）人身保险合同是金融服务合同的一种，梁某怎样才能向客户解释清楚人身保险合同独特的含义与特征？

📖 **学习任务**

合同也称契约，指当事人之间确定、变更、终止民事法律关系的协议。合同一经订立，双方当事人必须受其约束，任何一方不得擅自变更或解除。保险合同也称保险契约，保险所体现的经济保障关系是通过订立保险合同的方式实现的。

一、人身保险合同的含义

人身保险合同是保险合同的一种，是以人的生命、身体和健康作为保险标的，投保人按照合同的约定向保险人支付一定数额的保险费，当被保险人死亡、疾病、伤残或达到合同约定的年龄、期限时，保险人按照合同约定向被保险人或受益人支付约定数额的保险金的协议。人身保险合同作为保险双方法律关系的凭证，是规范人身保险双方行为的直接依据。人身保险活动的全过程，实际上就是保险双方订立、履行保险合同的过程。

保险合同订立、履行的法律依据，主要是我国《保险法》《合同法》中有关合同的一般规范及对保险合同的专门规范。海上保险合同由《海商法》进行规范，该法中未规范的才适用《保险法》等法律。《保险法》第十条规定："保险合同是投保人与保险人约定保险权利义务关系的协议。"保险合同作为保险关系确立的正式文本和书面凭证，体现了合同双方的意愿和平等互利的关系。

☞ 【扩展阅读】

《保险法》的再次修订

十一届全国人大常委会第七次会议表决通过了修订后最新的《保险法》，并于2009年10月1日起实施。据统计，修订后的《保险法》共八章一百八十七条，较之原《保险法》的一百五十八条增加了许多新的内容。业内人士评价，修订后的《保险法》更注重对投保人权益的保护。

这是我国第二次修订《保险法》，新《保险法》与第一次修订的《保险法》相比，这次的《保险法》修订是比较全面的。新《保险法》注重保护被保险人利益的修订原则贯穿于整部法律，除了一直为社会各界所广泛关注的明确理赔程序、理赔时限以解决

"理赔难"问题，引入不可抗辩、弃权和禁止反言规则以防范"销售误导"问题等重要修订内容外，新《保险法》还对很多保险合同履行环节进行了细化和完善，以最大限度维护被保险人利益，稳定保险合同关系，促进保险业的长期健康发展。新《保险法》的实施，对人身保险合同的内容及人身保险合同订立、履行、变更、终止等内容都产生了较大的影响。

二、人身保险合同的特征

1. 人身保险合同是要式合同。要式合同是指采用特定形式订立的合同，比如必须以书面形式订立的合同就是一种要式合同。根据我国《保险法》的相关规定：我国保险合同应当以"书面协议形式"订立。这种书面形式既可以详细记载双方当事人的权利义务，有利于合同的履行，同时又对人身保险合同的成立起到证明作用。

在人身保险的实务当中，这种"书面协议形式"有时所指的并不仅仅是纸质的人身保险合同文本，在人寿保险公司电脑业务系统内存储的有关人身保险合同的各种信息，也被认为是属于书面形式的要式合同。即有一些人寿保险公司在短期意外伤害保险产品中，根据保险服务营销的需要，赠送给客户这些保险保障，客户并没有收到纸质的保险合同，但是在人寿保险公司内部的电脑业务系统内，这些人身保险合同是真实存在的。

2. 人身保险合同是有名合同。所谓有名合同是指法律直接赋予某种合同以特定的名称，并以相应的法律制度调整的合同。法律尚未为其确定名称和特定规范的合同是无名合同。人身保险合同是法律直接赋予名称的合同，即在《合同法》和《保险法》中对人身保险合同进行了规定和调整。

3. 人身保险合同是双务合同。双务合同是指合同当事人双方相互享有权利，同时也承担义务的合同。在绝大多数的人身保险合同当中，保险人享有收取保险费的权利，同时承担约定事故发生时给付保险金或补偿被保险人实际损失的义务；人身保险合同的投保人承担支付保险费的义务的同时，被保险人或受益人在保险事故发生时依据人身保险合同享有请求保险人赔付保险金的权利。

4. 人身保险合同是有偿合同。有偿合同是指享有权利同时必须承担义务，即需要支付一定的对价的合同。订立人身保险合同是双方当事人有偿的法律行为。一方要享有合同的权利，就必须对另一方付出一定的代价，这种相互补偿的关系，称为对价。投保人与保险人的对价是相互的。投保人的对价是支付保险费，保险人的对价是承担给付保险金的责任，但这种对价并不意味着保险人对投保人付出对等的代价，即一定要给付保险金或赔偿损失。只是当被保险人死亡、伤残、疾病或者达到合同约定的年龄、期限时，才承担给付保险金的责任，这也正是人身保险合同的本质所在。

5. 人身保险合同是射幸合同。与等价交换的交换合同不同，人身保险合同双方支付的是对价，即人身保险合同具有射幸性。射幸合同的当事人一方付出代价所获得的只是一个机会，既可能"一本万利"，也可能"一无所获"。从总体上讲，保险人收取的纯保险费与被保险人索赔总额是大致相等的，但危险事故的不确定性决定了单个保险合同的射幸性，决定了单个被保险人与保险人之间的保险费与保险金的不对等性。

6. 人身保险合同是附和性合同。附和性合同又称为格式合同、范式合同，是指合同的条款事先由当事人的一方拟定，另一方只有接受或不接受该条款的选择，而不能就该条款进行修改或变更。人身保险合同就属于附和性合同。人身保险合同的条款事先由保险人拟定，经监管部门审批或报备。投保人购买保险，要么附和保险人的合同，即同意合同条款并购买该合同；要么拒绝购买该保险，一般没有修改合同内容的权利。即使要变更某项内容，一般情况下也只能采纳保险人事先准备的附加条款。

7. 人身保险合同是给付性合同。人身保险合同是以人的寿命和身体为保险标的的保险合同，人的寿命和身体是无法用金钱来衡量的，只能由投保人和保险人相互协商确定保险金额，在保险事故发生时，直接以它作为赔偿额加以支付，显然，人身保险往往被称为定额保险或给付性保险。因而，人身保险合同属于给付性质的保险合同。

8. 人身保险合同是最大诚信合同。在我国的《保险法》中明确规定：从事保险活动必须遵守最大诚信的原则。最大诚信原则是保险的基本原则，每个人身保险合同的订立、履行都应当遵守最大诚信原则。所以人身保险合同也是最大诚信的合同。

📖 **知识小结**

人身保险合同是保险合同的一种，是以人的生命、身体和健康作为保险标的，投保人按照合同的约定向保险人支付一定数额的保险费，当被保险人死亡、疾病、伤残或达到合同约定的年龄、期限时，保险人按照合同约定向被保险人或受益人支付约定数额的保险金的协议。人身保险合同是要式合同、有名合同、双务合同、有偿合同、射幸合同、附和性合同、给付性合同、最大诚信合同。

📖 **考核**

1. 人身保险合同的具体含义是什么？
2. 人身保险合同具有哪些独有的特征？
3. 对照说明人身保险合同与一般商务合同的区别。
4. 举例说明人身保险合同的射幸性。

📖 **拓展**

【知识链接】

保险合同的射幸性

保险合同法律特征之一的射幸性的含义是指：虽然投保人签订了保险合同并且缴纳了保险费，但是保险人并不必然履行赔偿或者给付义务。射幸合同以不确定性事项为合同标的，有些类似于人们所常说的撞大运，这与人们平常生活中订立合同以确定性事件为标的的原则不同，因而常容易激发人们的投机心理，带来道德风险，所以许多人一般都会认为射幸合同为不正当的。

由于风险具有不确定性，因此保险事故的发生具有不确定性，所以导致了保险人履行赔偿或者给付义务的不确定性。也就是说，就某一份具体的保险合同而言，虽然投保人很确定地缴纳了保险费，但是保险人是否承担责任，何时承担责任，承担多少责任，这些事项在签订保险合同的时候都是不确定的，投保人获得的只是一个"机会"，保险人承担的只是一个不一定履行的"承诺"。

【专业词汇】

人身保险合同 personal insurance contract　射幸性 aleatory　要式合同 formal contract

任务 2 - 2　区别人身保险合同的分类与形式

📖 情境引入

1. 梁某怎样用通俗的语言向客户解释人身保险合同的不同种类?

2. 在人身保险合同与保险单关系的问题上, 梁某怎样才能向客户解释清楚人身保险合同的有效构成形式?

📖 学习任务

一、人身保险合同的分类

1. 按照保障范围划分。按保障范围分类, 人身保险合同分为人寿保险合同、意外伤害保险合同和健康保险合同。人寿保险合同又称生命保险合同、寿险合同, 它是以被保险人的身体和寿命为保险标的, 以被保险人的生存或死亡为保险条件而订立的保险合同, 一般分为死亡保险、定期生存保险、两全保险和年金保险合同四种。意外伤害保险合同是以被保险人的身体利益为保险标的、以被保险人遭受意外伤害造成伤残或死亡为保险责任而与保险人订立的合同。健康保险合同是指投保人以被保险人的分娩、疾病, 或因分娩、疾病以致残废、死亡为保险责任, 而与保险人订立的合同。该合同既可作为独立的合同存在, 如大病保险、住院保险等, 也可以作为一种从合同附加于人寿保险合同中, 如附加住院医疗保险、附加住院医疗生活津贴保险等, 保险期限一般为一年。

2. 按照投保方式划分。按投保方式分类, 人身保险合同分为个人人身保险合同与团体人身保险合同。个人人身保险合同是指投保人以个人名义与保险人订立的人身保险合同, 又可分为普通人寿保险合同和简易人身保险合同。个人人身保险合同, 被保险人只能是一个人, 一张保单只能为一个人提供保障。团体人身保险合同是指以单位名义与保险人订立的人身保险合同, 以一张总保单为某一单位的全体或大多数成员提供保障, 被保险人只能得到一张保险凭证 (小保单) 以证明自己的身份。团体险合同可分为团体人寿、团体年金、团体人身意外伤害和团体健康保险四种。

3. 按照合同主从关系划分。按照合同的主从关系分类, 人身保险合同分为主险合同和附加险合同。主险合同又称基本险合同, 是指不需附加在其他险种之下的、可以独立承保的保险合同, 如人寿保险合同便是此类。附加险合同是相对于主险而言的, 顾名思义是指附加在主险合同下的附加合同, 它不可以单独投保, 要购买附加险必须先购买主险。一般来说, 附加险所交的保险费比较少, 但它的存在是以主险存在为前提的, 不能脱离主险而单独存在。例如, 一般个人人寿保险可以附加意外伤害保险和医疗保险。

4. 按照保险金给付方式划分。按保险金给付方式分类, 人身保险合同分为一次性给付保险金合同和年金保险合同。一次性给付保险金合同是指保险人在向投保人收取保险费后，于被保险人因意外事故、疾病、衰老以致丧失工作能力、伤残、死亡或年老退休等情况出现时，一次性给付被保险人或其受益人约定的保险金的合同。年金保险合同是指在被保险人的生存期间，保险人承诺每年、每季或每月给付一定金额给年金受领人的保险合同。

二、人身保险合同的形式

我国《合同法》第十条规定，当事人订立合同，有书面形式、口头形式和其他形式；法律、行政法规规定采用书面形式的，应当采用书面形式。根据我国《保险法》第十三条的规定，投保人提出保险要求，经保险人同意承保，保险合同成立。保险人应当及时向投保人签发保险单或者其他保险凭证。保险单或者其他保险凭证应当载明当事人双方约定的合同内容。当事人也可以约定采用其他书面形式载明合同内容。

在长期的保险实践活动中，保险合同主要采取书面形式，体现为保险单证。这是因为保险合同条款比较复杂，无法用口头简洁表达。一些保险合同期限较长，日后恐有"空口无凭"的麻烦，采用书面形式有利于规范保险合同，敦促双方当事人信守合同义务，也便于合同管理机关对保险合同的监督管理，因此书面形式的保险合同为常用形式。人身保险合同的书面形式主要有投保单、保险单、保险凭证、暂保单、保险批单和其他的书面协议形式。

1. 投保单。投保单是投保人向保险人提出保险要求和订立人身保险合同的书面要约。投保单又称"要保书"或"投保申请书"，是保险人出具保险单的依据和前提。投保单一般由保险人事先根据险种需要设计内容格式，投保人投保时依投保单所列的内容逐一填写，保险人再据此核实情况，决定是否承保。投保单一经保险人签章承保，合同即成立。

人身保险投保单上所列明的主要项目内容如下：①投保人或被保险人名称和地址；②被保险人的自然状况和身体状况；③投保的险别；④保险金额；⑤保险起讫日期；⑥投保人签章；⑦投保日期等。

2. 保险单。保险单是保险人和被保险人签订保险合同后的正式书面文件。保险单将保险合同中的所有内容都详细地予以列明，并将被保险人和保险人之间的权利和义务以条款的形式印制在背面，作为被保险人缴纳保险费，保险人提供保险金支付的法律依据。所以保险单被认为是保险合同最为主要的形式。

3. 保险凭证。保险凭证也是一种人身保险合同的书面形式。它具有与保险单相同的效力，但在条款的列举上较为简单，只在少数业务中使用此类形式，例如团体保险中的每个被保险人和一些短期意外伤害保险产品中会使用保险凭证，通常用于方便携带保险证明的场合。还有如下情况也使用保险凭证：保险人为简化单证手续，在订立运输意外保险合同时，保险人与外贸公司合作，直接在发票上印就保险凭证，并事先加印签章，当保险公司编制发票时，保险凭证也随即办妥。

4. 暂保单。暂保单是保险人，或者保险代理人、经纪人，在正式保险单尚未签发前出具给被保险人的一种临时性的保险凭证，表明保险代理人或经纪人已接受被保险人的投保要求，并办理了有关的保险手续。虽然暂保单只载明保险合同的主要内容，但在正式的保险单签发前，暂保单具有与之同等的效力。暂保单未载明的事项，以当事人事先商定的内容为准。

暂保单的有效期短，一般为 30 天，实务中保险人针对同一保险业务一般情况下最多可以出具两次暂保单。因此，在取得暂保单后，被保险人还应及时取得正式保险单，正式保险单一经签发，暂保单即告失效。保险人在签发保险单前，可以终止暂保单，但应提前通知被保险人。

5. 保险批单。批单是人身保险合同双方就保险单内容进行修改和变更的证明文件。通常用于对已经印制好的保险单的内容作部分修改，或对已经生效的保险单的某些项目进行变更。批单一经签发，就自动成为人身保险合同的组成部分。批单的法律效力优于保险单，当批单内容与保险单不相一致时，以批单内容为准。

三、人身保险合同的法律关系

人身保险合同作为保险法律关系的表现形式，与一般的经济法律关系一样，是由主体、客体和内容三个要素构成的。

（一）人身保险合同的主体

人身保险合同的主体是指参与到保险合同法律关系当中的自然人或者法人，包括保险合同的当事人、关系人和辅助人。各个主体之间的结构关系如图 2 - 2 所示。

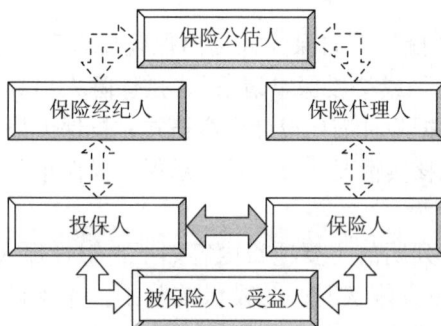

图 2 - 2　人身保险合同主体间关系结构

直接参与保险合同的订立与履行的是保险合同的当事人；没有直接参与保险合同的订立与履行，但是与保险合同发生重要关系的是保险合同的关系人；只为保险合同的订立与履行提供机会、创造条件，或者提供各种附加服务的是保险合同的辅助人。

1. 人身保险合同的当事人。

（1）投保人。投保人也称要保人，是提出投保要求，同保险人订立保险合同，并负有缴纳保险费义务的人。投保人可以是自然人，也可以是法人，但应当具有权利能力和行为能力。同时对保险标的具有保险利益。投保人可以为自己的利益，也可以为第三人的利益或包括自身利益在内的众人的利益，与保险人订立保险合同。投保人负有缴纳保险费的义务，但就其法律地位来讲，并不享有发生保险事故时请求赔偿的权利。保险事故发生后，被保险人或者受益人享有赔偿请求权。在人身保险合同中，投保人与被保险人可以是同一人，也可以是不同人。

（2）保险人。保险人是收取保险费并按照保险合同的规定负责赔偿损失的保险公司。为了保障被保险人以及社会的利益，几乎所有的国家都有专门管理保险人的法律，保险人必须是经过国家有关部门审查认可而准许专门经营保险业务的法人。在英国，自然人也可以获准经营保险业务，如劳合社的保险人。在我国，保险人必须是经过中国保险监督管理委员会审查认可并准许经营保险业务的人寿保险公司、健康保险公司和年金保险公司。根据保险法的相关规定，有的财产保险公司也可以经营短期的意外伤害保险业务。

2. 人身保险合同的关系人。

（1）被保险人。被保险人是受保险合同保障的人。在保险合同中，被保险人应当是保险标的的所有人或其他具有利益的人。在保险事故发生，其保险标的受到损害时，被保险人享有请求保险人赔偿的权利。

被保险人与投保人的关系通常有两种情况：第一，投保人为自身的利益签订的保险合同，合同一经订立，投保人即为被保险人；第二，投保人为第三人利益签订的保险合同，合同一经成立，投保人与被保险人分属两人。

（2）受益人。受益人是指根据保险合同的规定，有权向保险人主张保险赔偿，获得保险赔款，但是却区别于被保险人的人。受益人的概念在人身保险合同中较为普遍，仅在比较特殊的财产保险合同（比如抵押贷款房屋保险、抵押贷款车辆保险）中才会出现。人身保险合同中受益人的制定，一般需要被保险人的书面同意。

3. 人身保险合同的辅助人。人身保险合同的辅助人是保险代理人、保险经纪人和保险公估人，他们是专门招揽保险业务，赚取佣金或对保险标的进行评估的中间人。

（1）保险代理人。保险代理人一般代理保险人展业、接受业务、出具暂保单、代收保险费，有的还代理检验损失或代理保险人理算赔案等。

（2）保险经纪人。保险经纪人一般情况下向投保人提供保险专业方面的咨询服务，为投保人选择保险人和设计最佳保险保障方案，并可以代其与保险人接洽订立保险合同。这时保险经纪人向保险人收取佣金。如果保险经纪人还为被保险人代办索赔、取证等事宜，则由被保险人支付手续费。

☞ 【扩展阅读】

保险代理人和保险经纪人的区别

一般而言，保险代理人是与保险公司（保险人）签订委托代理合同，是保险人的利益代表，在保险合同中处于投保人相对方的地位。保险代理人作出的各种行为，最终由保险人承担相应的法律责任。我国的保险代理人既有机构代理人（代理公司），又有个人代理人（自然人）。

保险经纪人是与投保人（客户）一方签订委托合同，就有关保险的相关事项代表投保人与保险合同的另一方进行沟通与磋商，代表的是投保人的利益。但是保险经纪人在保险合同的签订和履行当中，有着相对的独立性，仅就委托事项独立承担法律责任，投保人要对自己的行为负责。我国的保险经纪人只有机构经纪人。

（3）保险公估人。保险公估人一般是接受保险当事人委托，专门从事保险标的的评估、勘验、鉴定、估损、理算等业务的单位。

（二）人身保险合同的客体

合同的客体是指合同的双方当事人权利义务共同指向的对象。人身保险合同是一种保障合同，投保人交付保险费及保险人提供保险保障是保险合同主体的权利义务的核心，是权利义务本身，而非保险合同主体的权利义务所指向的对象，不是保险合同的客体。保险合同所保障的也不是保险标的本身，而是基于保险标的所产生的保险利益。换句话说，保险人并不保证保险标的不发生损失，而是在损失发生之后提供经济补偿。而且，在保险标的照常存在的情况下，保险合同会因保险利益的丧失而失去效力。

所以，保险合同的客体是保险合同的双方当事人权利义务共同指向的对象，是保险利益，而不是保险标的。保险标的是保险合同保险保障的对象，是保险利益（即保险合同的客体）的物质载体。

（三）人身保险合同的内容

人身保险合同的内容，即以保险双方的权利义务为核心的全部事项，主要是通过各种记载事项和具体保险条款来具体反映的，它们也可以统称为保险条款。保险条款有法定条款和任选条款之分，法定条款是根据法律规定必须具备的条款，任选条款则是当事人根据需要协商订立的条款。

📖 **知识小结**

人身保险合同可以按照保障范围、投保方式、合同主从关系和保险金给付方式划分成不同的类别。人身保险合同的形式包括投保单、保险单、保险凭证、暂保单和保险批单几种。人身保险合同法律关系包括人身保险合同的主体、人身保险合同的客体和人身保险合同的内容。

📖 **考核**

1. 人身保险合同的表现形式有哪些？
2. 人身保险合同法律关系的主要内容有哪些？
3. 对照识别与说明不同的人身保险合同的表现形式。
4. 举例说明人身保险合同关系中的不同主体。

📖 **拓展**

【知识链接】

投保人拥有的十项权利

第一，当业务员拜访你时，有权要求业务员出示其所在保险公司的有效工作证件。

第二，有权要求业务员依据保险条款如实讲解险种的有关内容。当决定投保时，请认真阅读保险条款。

第三，在填写保单时，必须如实填写有关内容并亲笔签名；被保险人签名一栏应由被保险人亲笔签署（少儿险除外）。

第四，当你付款时，业务员必须当场开具保险费暂收收据，并在此收据上签署姓名和业务员代码；也可要求业务员带你到保险公司付款。

　　第五，投保一个月后，如果未收到正式保险单，请向保险公司查询。收到保险单后，应当场审核，如发现错漏之处，有权要求保险公司及时更正。

　　第六，投保后一定期限内，享有合同撤回请求权，具体情况视各公司规定而定。

　　第七，如因为工作变动或其他原因导致居住地发生变迁，请及时通知保险公司，申请办理保单迁移，以确保能享有持续服务。

　　第八，对于退保、减保可能带来的经济损失，请在投保时予以关注。

　　第九，保险事故发生后，请参照保险条款的有关规定，及时与保险公司或业务员取得联系。

　　第十，对投保过程中有任何疑问或意见，可向保险公司的有关部门咨询、反映或向保险行业协会投诉。

【专业词汇】

　　投保单 proposal form　投保人 applicant　保险单 insurance policy　保险人 insurer　保险批单 insured endorsement　被保险人 the insured　保险代理人 insurance agent　受益人 beneficiary　保险经纪人 insurance broker　保险公估人 insurance assessor

任务 2-3　了解人身保险合同的签订与履行

情境引入

　　1. 人身保险合同在签订过程中有哪些注意事项是梁某需要提示客户特别注意的？

　　2. 人身保险合同签订生效以后在履行的过程中，梁某需要向客户解释清楚客户有哪些义务需要履行？

学习任务

一、人身保险合同的订立原则

　　1. 最大诚信原则。最大诚信原则是保险的四大基本原则之一，同样也是人身保险合同签订过程中必须要遵循的原则。由于在保险活动中参与双方的信息不对称性，保险双方必须做到最大程度的诚实守信，这是人身保险合同成立的基础。特别是在人身保险中关于自身健康状况和既往病史的陈述，如违反最大诚信原则极有可能导致人身保险合同无效。

　　2. 公平互利原则。公平互利原则是指在平等的民事主体之间订立的合同，应当使合同双方当事人享在的权利与义务是对等的，对合同双方都应是有利的。公平原则是衡量合同是否有效的标准之一。公平互利原则要求保险合同的订立，要对双方当事人有利；要求当事人双方权利义务对等，互相享有权利，承担义务。

　　3. 协商一致原则。协商一致原则是指在保险合同订立过程中，合同主体双方在法律、行政法规允许范围内，在对合同内容充分协商、充分表达各自意思的前提下达成一致，订立协议。由于保险合同的专业性及复杂性，订立的保险合同在一般情况下，往往以保险人制作的保险单为基础。但是，保险单双方当事人对其内容完全同意以前，不是合同，投保人完全可以要求对保险单的内容加以批注。虽然保险合同具有附和性，但这并不妨碍保险双方就有关事项进行平等协商。双方可以对标准保险单中的保险条款进行修改、批注，可以附加特约条款，也可以使用其他合同形式，这样才能使合同体现双方的真实意思。

4. 自愿订立原则。自愿订立原则是指保险合同订立时，合同双方当事人的意志完全独立，不受他人干涉，有权在法律允许的范围内自主决定合同的订立。投保人可以自主选择保险人、自主选择保险险种，自主决定是否订立合同等；保险人亦可决定是否承保，而不受任何单位和个人非法干预。商业保险是一种自愿行为，双方当事人不能将自己的单方意愿强加给对方，强制对方投保或承保，任何第三方也不得强制他人订立保险合同。当然，法律、行政法规规定必须保险的除外。

5. 境内投保原则。根据我国《保险法》的相关规定，在中华人民共和国境内的法人和其他组织需要办理境内保险的，应当向中华人民共和国境内的保险公司投保。从法律的角度来理解，在中国境内注册经营的合资和外资的保险公司都属于中国境内的保险公司。

6. 公共利益原则。公共利益是指社会公众的共同利益和根本利益。按照公共利益原则的要求，保险合同的订立、履行、变更和解除，应当遵守法律、行政法规，不得违反社会公共道德和损害社会公共利益，否则，该合同不具有法律效力，并应视具体情形加以处理。

二、人身保险合同的签订

与一般的民商事合同的签订程序相类似，保险合同的订立也经过投保人提出保险要求和保险人同意承保两个阶段，也称为要约与承诺两个阶段。

1. 投保人的要约。要约是一方当事人向另一方当事人提出订立合同建议的法律行为，是签订保险合同的重要程序。理论上讲，要约应该具备两个要件：其一，是要约人订立合同的愿望；其二，是要约人对订立合同提出的基本条款。

根据我国《保险法》第十三条规定："投保人提出保险要求，经保险人同意承保，保险合同成立。保险人应当及时向投保人签发保险单或者其他保险凭证。"在签订保险合同的过程中，通常保险合同的要约是由投保人提出的。

虽然在保险实务中，保险公司及其代理人进行展业时是主动开展业务，希望与潜在客户订立保险合同，但是这些不是法律意义上的要约，对于保险营销员的展业与推销，只能称为要约的邀请。只有在投保人提出投保申请，即填写好投保单，并交给保险公司或其代理人时，才构成要约。此后，该投保单经保险人审核同意承保，并在所出立的正式保险单上签字、盖章，保险合同才告成立。

由于保险业务专业性较强，保险合同的要约内容明确、具体，而且在我国要约要求必须为书面形式。因此，在保险实务中多由保险公司以投保单的形式事先制定、印制好，并提供给投保人供投保人投保时填写。投保人如有特殊要求的，也可与保险公司协商，约定特约条款，所以保险合同的要约一般表现为投保单或其他书面形式。虽然在保险人印制的投保单中并不附有保险条款，但是根据保险习惯，投保单仍然构成一个完整的要约。

2. 保险人的承诺。承诺又称"接受订约提议"，是要约受领人对要约人提出的要约表示完全接受，是要约受领人向要约人表示同意与其缔结合同的意思表示。作出承诺的人称为承诺人。承诺人对于要约人提出的主要条款内容表示同意后，合同即告成立，并开始承担履行合同的义务。

要约受领人对要约不能完全赞同，只能部分同意或附有条件接受的，则不能认为是承诺。此时，承诺人可提出新要约，由原要约人选择承诺。因此，承诺需要满足下列条件才可以生效：第一，承诺不能附带任何条件，是无条件的；第二，承诺须由承诺人本人或其合法代理人作出；第三，承诺须在要约的有效期内作出。

保险合同的承诺也叫承保，通常由保险人作出。当投保人递交填好的投保单后，经保险人审查认为符合要求的，一般都予以接受，即承保。一般而言，保险合同经过保险人的承保之后即告成立，而保险人承保的表现形式即向投保人出具保险单或者保险凭证。

☞　【扩展阅读】

人身保险合同签订的独特性

从一般合同签订的过程来看，最多会经过四个步骤：（1）要约的邀请；（2）要约；（3）反要约；（4）承诺。要约的邀请是希望对方向自己发出要约的意思表示，比如说邮寄产品目录，部分媒体广告。反要约就是对原来要约的修改，并提出新的要约。在要约与反要约之间可以往返多次，合同主体双方的地位可以不断变化，就是我们经常说的"讨价还价"。

人身保险合同签订的独特性体现在，无论保险公司的营销业务人员和潜在的保险客户就任何有关保险的问题沟通多少次，都属于要约的邀请，保险合同的要约都要由投保人发出，标志性的行为是填写投保单并签章；而保险合同的承诺只能由保险人作出，标志性的行为是出具保险单。

三、人身保险合同的效力

1. 人身保险合同的生效。根据我国《保险法》第十三条规定："投保人提出保险要求，经保险人同意承保，保险合同成立。保险人应当及时向投保人签发保险单或者其他保险凭证。依法成立的保险合同，自成立时生效。投保人和保险人可以对合同的效力约定附条件或者附期限。"《保险法》第十四条规定："保险合同成立后，投保人按照约定交付保险费，保险人按照约定的时间开始承担保险责任。"

由此可见，保险合同的成立与保险合同的生效并不是同一概念。如前所述，保险合同经过保险人的承诺（承保）即告成立，而保险合同的生效是指合同内容开始对保险双方实际产生约束力，一般是在合同成立时或合同成立后的某一时间。人身保险合同中，投保人按照约定交付保险费，保险人则按照约定的时间开始承担保险责任。

2. 人身保险合同的无效。反法律、法规所签订的、无法律效力的保险合同，称之为无效保险合同。如保险公司超出核准的业务范围签订的合同，以及其他欺诈性投保、欺诈性承保（包括因保险人的失察而助长被保险人的欺诈）、胁迫保险、非法代理签订的保险合同等。要注意的是，保险合同的无效与人身保险中的合同失效不同。

我国《合同法》规定的无效合同有：一方以欺诈、胁迫的手段订立合同，损害国家利益的；恶意串通，损害国家、集体或者第三人利益的；以合法形式掩盖非法目的的；损害社会公共利益的；违反法律、行政法规的强制性规定的。

无效的保险合同从订立的时候起即不产生法律效力，但如果是部分无效，则并不影响其余部分的效力。如超额保险合同，仅超过保险价值的部分保险金额无效；订立合同时保险人向投保人未作提示或未明确说明免责条款的，仅该免责条款无效等。

保险合同经人民法院或仲裁机构确认为无效后，正在履行中的应终止履行，尚未履行的不得履行。如其订立和履行中有违法行为或已产生损失后果，应进行相应处理。

四、人身保险合同的履行

人身保险合同的履行是指保险合同双方当事人依照合同规定全面履行自己的义务。主要包括投保人义务的履行和保险人义务的履行。

1. 投保人义务的履行。投保人在合同履行过程中的义务主要有，如实告知的义务、支付保险费的义务、出险通知的义务、积极施救的义务、提供单证的义务、危险程度增加通知的义务等。

（1）如实告知的义务。我国《保险法》第十六条规定，保险人可以就保险标的或被保险人的有关情况提出询问，投保人应当如实告知。投保人故意隐瞒事实，不履行如实告知义务的，或者因过失未履行如实告知义务，足以影响保险人决定是否同意承保或者提高保险费率的，保险人有权解除保险合同。投保人故意不履行如实告知义务的，保险人对于保险合同解除前发生的保险事故不承担给付保险金的责任，并不退还保险费。

一般来说，投保人不负有无限告知的义务。告知事项以保险人在投保书中列明或者在订立保险合同时询问的内容为限。且所告知事项限于投保人或被保险人所知晓为限。

（2）支付保险费的义务。支付保险费是投保人的基本义务，也是保险合同生效的条件，按时缴纳应引起客户重视，否则会引起保险合同的失效。

（3）出险通知的义务。出险通知的义务是指投保人、被保险人在发生保险事故时及时通知保险人。出险通知义务目的在于使保险人得以迅速调查事实真相、确定责任、采取措施处理保险事故，防止损失进一步扩大，使保险人有处理赔案、准备赔偿的时间。履行该义务是被保险人或受益人获得保险给付的必要程序。

（4）积极施救的义务。《保险法》第五十七条规定："保险事故发生时，被保险人在责任尽力采取必要的措施，防止或者减少损失。""保险事故发生后，被保险人为防止或者减少保险标的的损失所支付的必要的、合理的费用，由保险人承担；保险人所承担的费用数额在保险标的的损失赔偿金额以外另行计算，最高不超过保险金额的数额。"出险施救的规定是为了鼓励被保险人积极履行施救义务，防止或减少保险标的的损失，避免损失的扩大。

（5）提供单证的义务。提供单证是指向保险人索赔时被保险人或受益人应当提供与确认保险事故的性质、原因等有关的证明和资料，这些证明和资料既是索赔的依据，也是保险人判断责任范围和赔付保险金的依据。

（6）危险程度增加通知的义务。危险程度增加通知义务是指被保险人在保险合同有效期内，或续保时对于其风险发生变化的情况，尤其是危险程度增加要及时通知保险人，否则的话，则会导致保险人对于危险程度增加致使的事故损失拒绝赔付。

2. 保险人义务的履行。保险人在合同履行过程中的义务主要有承担保险责任；向投保人说明条款；及时签发保险单证；为投保人等其他保险合同的主体保密等。

（1）给付保险金的义务。这是保险人履行的基本义务，也是最重要的义务。保险人在保险事故发生后，履行保险金给付义务，这也是投保人的基本要求。该义务的履行以保险事故的发生为前提。从投保人角度来讲，是一个索赔的过程。保险人主要通过理赔来承担相应的保险责任。

（2）说明保险条款的义务。保险人的说明义务是法定义务，保险人不能够通过合同条款的方式予以限制或者免除说明义务。不论在何种情况下，保险人均有义务在订立保险合同的时候主动、详细地说明保险合同的各项条款，并且对投保人提出的有关问题作出直接、真实的回答。对于免责条款，保险人不仅要履行说明义务，而且还要明确说明或者作出特别提示，否则该条款无效。

（3）签发保险单证的义务。在保险合同成立后，保险人应当及时向投保人或者被保险人签发保险单证，作为合同成立的有效证明。而签发的保险单证也是被保险人在发生保险事故时，向保险人索赔的必要有效证明文件。

（4）保守商业保密的义务。保险人或者再保险接受人在办理保险业务中，对投保人、被保险人或者再保险分出人的业务和财产情况，负有保密的义务。因此，为投保人、被保险人或者再保险分出人保密是保险人或者再保险接受人的一项法定义务。

（5）退还保险费或保险单现金价值的义务。人身保险合同发生解除、被确认无效或者可以撤销的时候，保险人应当退还已经收取的保险费或保险单现金价值。

【知识链接】

保险人退还保险费或保险单现金价值的情形

1. 投保人解除保险合同。投保人解除合同，已交足 2 年以上保险费的，保险人应当自接到解除合同通知之日起 30 日内，退还保险单的现金价值；未交足 2 年保险费的，保险人按照合同约定在扣除手续费后，退还保险费。

2. 保险人解除保险合同。自合同效力中止之日起 2 年内双方未达成协议的，保险人有权解除合同。投保人已交足 2 年以上保险费的，保险人应当按照合同约定退还保险单的现金价值；投保人未交足 2 年保险费的，保险人应当在扣除手续费后，退还保险费。

3. 投保人违反如实告知义务。投保人故意不履行如实告知义务的，保险人对于保险合同解除前发生的保险事故，不承担赔偿或者给付保险金的责任，并不退还保险费。投保人因过失未履行如实告知义务，对保险事故的发生有严重影响的，保险人对于保险合同解除前发生的保险事故，不承担赔偿或者给付保险金的责任，但可以退还保险费。

4. 投保人申报的被保险人年龄不真实。投保人申报的被保险人年龄不真实，并且其真实年龄不符合合同约定的年龄限制的，保险人可以解除合同，并在扣除手续费后，向投保人退还保险费，但是自合同成立之日起逾 2 年的除外。投保人申报的被保险人年龄不真实，致使投保人实付保险费多于应付保险费的，保险人应当将多收的保险费退还投保人。

5. 故意制造保险事故。投保人、受益人故意造成被保险人死亡、伤残或者疾病的，保险人不承担给付保险金的责任。投保人已交足 2 年以上保险费的，保险人应当按照合同约定向其他享有权利的受益人退还保险单的现金价值。

6. 被保险人在合同成立 2 年内自杀。以死亡为给付保险金条件的合同，被保险人在合同成立 2 年内自杀的，保险人不承担给付保险金的责任，但对投保人已支付的保险费，保险人应按照保险单退还其现金价值。自成立之日起满 2 年后，如果被保险人自杀的，保险人可以按照合同给付保险金。

7. 被保险人故意犯罪。被保险人故意犯罪导致其自身伤残或者死亡的，保险人不承担给付保险金的责任。投保人已交足 2 年以上保险费的，保险人应当按照保险单退还其现金价值。

五、人身保险合同的变更

人身保险合同的变更是指在保险合同有效期间，当事人依法对合同条款所作的修改或补充。我国《保险法》第二十条规定："投保人和保险人可以协商变更合同内容。""变更保险合同的，应当由保险人在原保险单或者其他保险凭证上批注或者附贴批单，或者由投保人和保险人订立变更的书面协议。"保险合同的变更或修改，一般情况下须经保险人审批同意，并出立批单或进行批注。

保险合同变更的基本程序如下：首先，由投保人向保险人提出变更申请，告知有关保险合同变更的情况。其次，保险人对变更申请进行审核，并重新核算保险费。最后，若保险人同意变更，则签发批单或附加条款；若拒绝变更，保险人也需通知投保人。

1. 人身保险合同主体的变更。

（1）保险人的变更。在一般的保险合同中，作为保险人的一方是不允许变更的，投保人只能选择退保来变更保险人。保险人变更的情况是极为少见的，可能的原因包括：保险人破产，合同责任由其他保险人或政府或有关基金组织承担；保险人违法经营保险业务，根据政府方面的行政命令，将保险转让给其他保险人等特殊情况。

（2）被保险人或受益人的变更。保险合同的主体变更，主要是被保险人或者受益人的变更，人身保险合同当中更为普遍的是受益人的变更。一般认为，保险合同以诚信原则为基础，原则上其主体不得随意更换，并且受益人的变更，必须要征得被保险人的同意。

2. 人身保险合同客体的变更。保险合同客体变更是指投保人或被保险人的保险利益关系发生了变化。在人身保险合同领域，保险合同客体的变更情况很少见。

3. 人身保险合同内容的变更。保险合同内容的变更主要是指主体权利和义务的变更，即合同条款变更。如保险标的的改变、保险标的风险程度的改变、保险责任和责任免除、保险金额及其变化、保险费缴付方式、保险期间和保险责任开始时间、保险金给付、违约责任和争议处理等内容的变更。

六、人身保险合同的中止与复效

1. 人身保险合同的中止。人身保险合同的中止，是指在人身保险合同存续期间内，由于某种原因的发生而使人身保险合同的效力暂时归于停止。在合同中止期间，发生的保险事故，保险人不承担赔付责任。人身保险合同的中止，在人寿保险中最为突出。人寿保险的责任起讫期限较长，由数年至数十年不等，故其保险费的交付大部分不是趸交，而是分期缴纳。如果投保人在约定的保费交付时间内没有按时交付保险费，且在宽限期内仍未缴纳的，人身保险合同中止。

2. 人身保险合同的复效。根据有关规定，被中止的人身保险合同可以在合同中止后的 2 年时间内，申请复效，同时需要补交保险费及其利息。复效后的合同与原人身保险合同具有同样的效力，可继续履行。被中止的人身保险合同也可能因投保人的不再申请复效，或保险人不能接受已发生变化的保险标的（如被保险人在合同中止期间患有保险人不能承保的疾病），或其他原因而被解除，不再有效。因此，被中止的人身保险合同是可撤销的人身保险合同：该合同可以继续履行，也可能不再继续履行。

七、人身保险合同的终止

人身保险合同的终止是指在保险期限内，由于某种法定原因或者约定事由的出现，致使人身保险合同当事人双方的权利义务归于消灭。保险合同终止的原因可分为两类，自然终止与提前终止。

1. 人身保险合同的自然终止。自然终止是指发生下列情形时，无须当事人行使终止权的意思表示，保险合同的效力当然归于终止：

（1）保险期限届满。保险合同订立后，虽然未发生保险事故，但是如果保险合同的有效期已届满，则保险人的保险责任自然终止。这种自然终止，是保险合同终止的最常见、最普遍、最基本的原因。在人身保险领域以消费性的意外伤害保险和商业医疗保险为常见。

（2）合同履行完毕。保险事故发生后，保险人完成全部保险金额的赔偿义务之后，保险责任即告终止。最常见的如被保险人发生保险事故，被保险人或者受益人领取了全部保险金后，保险合同终止。

（3）被保险人死亡。在保险合同的有效期间内，如果发生被保险人死亡，则保险合同自然终止。这种情况更多地发生在年金保险当中，而在一般的商业人身保险当中，会归属到上述第二种情况。

2. 人身保险合同的提前终止。提前终止是由于当事人的意思表示而使合同效力终止，即合同的解除。合同的解除分为协议解除和法定解除。协议解除是指双方当事人通过协商达成一致，在不损害国家、公共利益时终止合同的行为。法定解除是指按法律规定可以进行的合同解除。

在我国，除货物运输保险和运输工具航程保险外，投保人依法享有解除合同的权利。对保险人来讲，保险合同成立生效后，不得任意解除合同。

八、人身保险合同的争议处理

1. 人身保险合同的争议。人身保险合同争议，也称为纠纷，是指在人身保险合同的履行过程中，由于当事人双方意见不一致而导致的纠纷，主要表现为催、欠保险费和索赔、拒赔纠纷等方面。

保险合同争议的产生，主要有以下几方面的原因：

（1）保险合同是一种非即时清结的合同，保险合同的履行需要一个较长的过程，在保险期限里有关因素会发生较大变化。

（2）投保人或被保险人往往不能准确理解保险条款。

（3）危险事故的鉴定具有很强的技术性，保险人和被保险人对危险事故的性质及损失的程度往往存在分歧。

（4）保险合同是一种不等价的有偿合同，合同双方总是力图为自己谋求较大利益。

（5）保险人及其员工在开展业务中有误导、不理性的行为。

（6）保险中介人活动的不规范性，亦对保险合同的效力有很大影响。

能否及时、合理地处理保险合同争议，对规范保险活动，保护保险双方当事人的合法权益，促进保险事业的健康发展，具有十分重要的意义。

2. 人身保险合同的解释原则。当发生保险合同争议时，需要根据保险合同的内容进行解释，以判定责任、解决纠纷。这一过程当中如何对合同内容进行解释，就显得十分关键和重要了。

保险合同的解释，也就是对保险条款的解释，是受理保险合同争议的人民法院或仲裁机构（而不是保险公司）为合理地确定保险合同的内容，依法对保险条款的含义所作的具有法律约束力的说明。

保险合同的解释首先应遵循合同解释的一般原则，即在坚持合法、公平、诚信、互利的基础上根据合同的整体内容和当事人订立合同的目的，对保险合同条款进行解释。另外，保险合同的解释还应当遵循以下原则：

（1）文义解释原则。按文义解释保险合同，是最一般的解释原则。这是指按照合同文字本身的普通含义进行解释。我国《保险法》规定，采用保险人提供的格式条款订立的保险合同，保险人与投保人、被保险人或者受益人对合同条款有争议的，应当按照通常理解予以解释。如保险责任中"空中运行物体的坠落"，显然不包括楼板塌落所造成的损失。同时，对特定的字或词还须按特定的文义进行解释（专业解释），如"暴雨"是指 1 小时内降水量 16 毫米以上或 24 小时内降水量 50 毫米以上的降水等。

（2）意思解释原则。意思解释原则，即按照保险合同当事人在签订合同时的真实意思进行解释，也有人称之为意图解释原则。其具体规则如下：①当书面约定的内容与口头约定不一致时，应当以书面内容为准；②当保险单中的内容与投保单或其他合同形式中的内容不一致时，应以保险单中的内容为准（在签发保险单之后经投保人和保险人协商同意，采取保险单以外的其他保险凭证或其他书面协议形式订立补充合同的除外）；③特约条款的内容与基本条款不一致时，应以特约条款为准；④当保险合同的内容以不同方式记载且内容相抵触时，批注优于原文，打字的优于印刷的，手写的优于打字的。

（3）疑义利益解释原则。在应用前面两条原则不能获得对保险合同的正确解释时，可以适用疑义利益解释原则，即对保险条款作有利于非起草方的解释，也就是作有利于被保险人和受益人的解释。我国《保险法》第三十条规定，对合同条款有两种以上解释的，人民法院或者仲裁机构应当作出有利于被保险人和受益人的解释。

这主要是由于保险合同是附和性合同，投保人在订立合同时只能作出接受或拒绝的表示。另外，保险合同当中存在大量的专业术语，不利于投保人的理解。为了保护投保人、被保险人和受益人的利益，根据各国的保险立法惯例，各国在解释保险合同时，在处理保险合同争议时，一般都采用有利于被保险人和投保人的原则，作出有利于被保险人和受益人的解释和判定，使保险合同能够更好地起到保障被保险人的目的，维护被保险人或受益人的合法权益。

👉 【扩展阅读】

疑义利益解释原则的由来

疑义利益解释原则最初形成于英国的一个人身保险判例：海上保险承保人查德·马丁在公历 1536 年 6 月 18 日将其业务扩大到人身保险，为一位朋友威廉·吉朋承保人寿险 2 000 镑，保险期限为 12 个月，保险费 80 镑。

吉朋于 1537 年 5 月 29 日死亡，马丁声称其保险期限 12 个月系按阴历每月 28 天计算，所以保单已于公历 5 月 20 日到期。投保方则认为，按公历计算，保险期限尚未届满。法院对此案作了有利于被保险人的解释，判决马丁承担支付保险金之责任。从此以后，该判例的结果对处理相关的保险诉讼案件产生了深远的影响，便形成了现在的疑义利益解释原则。

3. 人身保险合同的争议处理。人身保险合同在履行过程中，有关主体之间常常会因为对合同条款的理解有分歧，对索赔、拒赔等处理不一致而发生纠纷，人身保险合同的争议处理通常采用如下四种方式，协商、调解、仲裁、诉讼。

（1）协商。协商是指在争议发生后，双方当事人在平等、互相谅解的基础上对争议事项进行协商，取得共识，解决纠纷的方法。该方法是解决争议最常用、最基本的方法。该方法具有较大的灵活性，且有利于双方关系友好、节省费用，有利于合同的继续履行。

（2）调解。调解是指在协商无效的情况下，由双方接受的第三者出面进行的，促使双方意见达成一致的方法。根据第三者的身份不同，调解可分为行业调解、行政调解、仲裁调解和法院调解，后两种调解具有法律强制执行效力。

（3）仲裁。仲裁是指当事人双方发生的合同纠纷诉诸有关仲裁机关，由仲裁机关作出判断或裁决。该方式与法院裁决效力等同。仲裁必须遵循双方自愿的原则。仲裁应当独立进行，不受行政机关、社会团体和个人的干涉。仲裁结果一裁终局制，一经作出便产生法律效力，必须执行。

（4）诉讼。诉讼是指保险合同的一方当事人按有关法律程序，通过法院对另一方提出权益主张，并要求法院予以解决的方法。财产保险双方没有在合同中订立仲裁条款，事后又没有达成书面仲裁协议的，可以在诉讼时效内向法院起诉。在我国，有关财产保险的诉讼实行二审终审制度，需遵守《中华人民共和国民事诉讼法》的相关规定。

📖 知识小结

人身保险合同的订立在遵循最大诚信原则、公平互利原则、协商一致原则、自愿订立原则、境内投保原则、公共利益原则的基础上，由投保人要约，由保险人承诺。人身保险合同的变更包括主体的变更、客体的变更和内容的变更，人身保险合同在中止以后可以复效。人身保险合同的终止包括自然终止和提前终止，争议的解决有四种方式，分别是协商、调解、仲裁和诉讼。

📖 考核

1. 人身保险合同在履行过程中双方需要履行哪些义务？
2. 人身保险合同履行过程中双方发生纠纷如何解决？
3. 对照一般商务合同说明人身保险合同签订的特殊性。
4. 举例说明客户在人身保险合同履行过程中需要履行的义务。

📖 拓展

【知识链接】

保险人提前解除保险合同的情况

1. 投保人因未能如期缴纳保险费而被中止合同，在随后的两年内不申请复效的。

2. 投保人故意或者因重大过失未履行如实告知义务，足以影响保险人决定是否同意承保或者提高保险费率的，保险人有权解除合同。但自保险人知道有解除事由之日起，超过三十日不行使而消灭。自合同成立之日起超过两年的，保险人不得解除合同；发生保险事故的，保险人应当承担赔偿或者给付保险金的责任。

3. 未发生保险事故，被保险人或者受益人谎称发生了保险事故，向保险人提出赔偿或者给付保险金请求的，保险人有权解除合同。

4. 投保人、被保险人故意制造保险事故的，保险人有权解除合同，不承担赔偿或者给付保险金的责任。

5. 投保人申报的被保险人年龄不真实，并且其真实年龄不符合合同约定的年龄限制的，保险人可以解除合同，并按照合同约定退还保险单的现金价值。保险人行使合同解除权，但自合同成立之日起超过两年的，保险人不得解除合同。

【专业词汇】

给付保险金 payment of insurance　缴纳保险费 pay the premium　保险合同复效 restatement of the validity　疑义利益原则 doubt benefit principle

任务 2-4　掌握人身保险合同的条款

📖 情境引入

1. 梁某需要怎样向客户解释人身保险合同中不同类别的条款？
2. 在人身保险合同的众多条款中，梁某需要向客户特别提示哪些条款内容需要特殊注意？

📖 **学习任务**

一、人身保险合同的条款种类

人身保险合同的条款，是人身保险合同内容的具体表现形式，主要是通过各种信息记载事项和具体保障内容条款来具体反映的保险双方的权利义务为核心的全部事项。保险条款有法定条款和任选条款之分，法定条款是根据法律规定必须具备的条款，任选条款则是当事人根据需要协商订立的条款。

（一）合同信息条款

一般而言人身保险合同的信息内容，作为重要记载事项都记录在保险单的正面，绝大多数都是打印输出，加盖保险人承保印章生效，应当包括以下事项：

1. 保险合同当事人和关系人的名称及住所。人身保险合同中应明确记载被保险人、保险人、投保人和受益人的名称和住所。因为保险人和投保人是保险合同中的当事人双方，他们享有权利的同时各自负有相应的义务，如没有明确的名称和住所，将不便于权利的享受和义务的履行；被保险人是保险合同的关系人，在合同中处于十分重要的地位，不仅明确记载其姓名、住所，还要记载性别和准确年龄；受益人是享受保险金请求权人，为避免产生法律纠纷，也应明确记载。

2. 保险标的。人身保险合同的保险标的是被保险人的寿命和身体，是保险所要保障的对象。

3. 保险责任和责任免除。保险责任和责任免除是人身保险合同中十分重要的内容，关系到投保人、被保险人的保障程度。保险责任是保险合同中约定的由保险人承担责任的保险事故范围，在保险合同中有专门的责任条款，具体内容因保险险种不同而有异。责任免除是指保险人不承担的风险项目，通常都必须在保险合同中明确列示。责任免除条款是保险人不予承担责任的事项。

4. 保险期间和保险责任开始期间。保险期间是保险责任开始到保险责任终止期间，是确定保险事故是否属于保险责任的客观依据，也是保险合同中的重要内容之一。人身保险合同的保险责任开始时间一般由当事人约定，但投保人必须提出投保申请并交付首期保险费，保险人审核同意后订立保险合同，可将保险责任开始时间溯及到投保人交付第一次保险费的翌日。

5. 保险金额。人身保险合同的保险金额是保险当事人双方约定的保险事故发生时保险人承担给付金额的最高限额，也是投保人缴纳保费的基础。在确定保险金额时主要考虑被保险人的经济保障需求和投保人自身交付保费的经济能力，还要征得保险人同意，保险人将综合考虑被保险人的具体情况来确定，不得随意改动。

6. 保险费。保险费是投保人为取得保险人给付的保险金而支出的费用。人身保险保费的交付可实行趸交，也可分期交付，具体的金额及交付方式必须在保险合同中明确记载，否则可能影响当事人双方权利的享受和义务的履行。

7. 保险金赔偿或者给付办法。人寿保险合同是定额给付合同，只要保险合同中规定的保险金给付条件出现，保险人就应按约定保额给付保险金；意外伤害保险按照被保险人的伤害程度给付保险金；医疗保险合同带有补偿性，保险人在保险金额限度内，根据实际支出的医疗费及保险人负担的比例计算赔偿金额。

8. 违约责任和争议处理。违约责任指保险合同当事人因过失或故意不履行合同规定的义务而承担的法律后果。在我国现存的人寿保险条款中，违约责任的规定一般体现在：投保人方面，在投保时严格履行如实告知义务，按合同规定交付保费，保险事故发生后及时通知保险人等；保险人方面，也应履行如实告知义务，在收到给付申请后要及时理赔和给付保险金。

9. 订立合同的时间。注明订立合同的年、月、日，对于保险合同的履行和合同争议的处理，具有十分重要的意义。

除上述事项以外，投保人和保险人还可就有关的其他事项作出约定。例如对变更受益人条件的约定。

（二）保障内容条款

保障内容条款一般印制在保险单的背面，主要内容包括保险责任范围、除外责任、保险金额与补偿金额的计算、被保险人义务及其他事项等。

1. 保险责任范围。保险责任范围，主要是以列举的方式，规定哪些自然灾害和意外事故是可保的，哪些损失和费用在该保险单项下是可以得到补偿的。

2. 除外责任。除外责任，主要是以列举的方式，规定凡被列举的危险事故（如战争、核辐射、被保险人的故意行为等）及其相应的损失和费用，均得不到该保险单项下的补偿，同时还以总括的方式规定，凡不属于保险责任范围，即只要保险责任范围没有列举的自然灾害、意外事故及有关的损失和费用，也得不到该保险单项下的补偿。

3. 保险金额的确定。人身保险的保险金额一般根据投保人或者被保险人对于风险的认识程度，结合自身的支付能力，经与保险人协商确定。

4. 投保人的义务。投保人的义务规定为享受保险合同对保险标的财产所提供的充分保障的权利须尽的义务。如合同签订后，应在若干天（一般为 15 天）内按规定的保险费率一次缴清保险费，在保险期限内，风险事项发生变更时，应及时通知保险公司，必要时还须办理保险合同变更手续等。

5. 给付金额的计算。人身保险给付金额的计算主要是规定发生保险事故造成死亡、伤残、医疗费用支出等情况下的给付金额的计算方式。

6. 保险金给付方式。我国《保险法》第二十三条到第二十五条规定，保险人收到被保险人或者受益人的赔偿或者给付保险金的请求后，应当及时作出核定；情形复杂的，应当在三十日内作出核定，但合同另有约定的除外。保险人应当将核定结果通知被保险人或者受益人；对属于保险责任的，在与被保险人或者受益人达成赔偿或者给付保险金的协议后十日内，履行赔偿或者给付保险金义务。保险合同对赔偿或者给付保险金的期限有约定的，保险人应当按照约定履行赔偿或者给付保险金义务。保险人未及时履行前款规定义务的，除支付保险金外，应当赔偿被保险人或者受益人因此受到的损失。任何单位和个人不得非法干预保险人履行赔偿或者给付保险金的义务，也不得限制被保险人或者受益人取得保险金的权利。保险人依照本法第二十三条的规定作出核定后，对不属于保险责任的，应当自作出核定之日起三日内向被保险人或者受益人发出拒绝赔偿或者拒绝给付保险金通知书，并说明理由。保险人自收到赔偿或者给付保险金的请求和有关证明、资料之日起六十日内，对其赔偿或者给付保险金的数额不能确定的，应当根据已有证明和资料可以确定的数额先行支付；保险人最终确定赔偿或者给付保险金的数额后，应当支付相应的差额。

（三）扩展责任条款

扩展责任条款，又叫特别约定责任条款，指在基本责任条款的基础上，应被保险人的要求，除承保基本条款的各项保险责任外，还将进一步增加新的保险责任，扩大对被保险人的保障范围。一般采用附贴的办法，即以批单的形式附贴在保险单上。

（四）限制责任条款

限制责任条款，是保险人通过保险单条款的形式或附加的方式，对某些特殊情况下的特殊危险责任加以限制。在短期意外伤害保险中对于骑马、攀岩、缆车、游泳等高度危险活动的限制等。

（五）保证条款

保证条款，是指保险人和被保险人在合同中约定，被保险人应遵守合同中的有关规定。保证条款分"明示保证条款"与"默示保证条款"两种。明示条款是指在保险合同中明文订立的，上述火灾保险单的保证规定。默示条款是指在保险合同中没有作出明文规定，但根据保险业务经营惯例或有关法律规定，被保险人必须遵守的有关事项。明示条款与默示条款具有同样的法律效果。

二、人身保险合同的标准条款

人身保险合同的标准条款，是在长时间的人身保险业务实践中总结归纳出来的，对于某一类具体问题的明确规定，具体说明了人身保险合同中当事人之间的权利与义务，既是合同当事人履行合同义务、享受合同权利的事实依据，也是处理人身保险合同纠纷的法律依据。

（一）不可抗辩条款

不可抗辩条款又称不可争条款，是寿险保单特有的条款。该条款的内容是：合同生效后的2年为可争期，在此期间内，保险人可对被保险人的有关情况进行调查核实，如发现投保人在投保时有隐瞒、报告不实、误告、漏报等情况，有权行使解除合同的权利。在此期间内，如果保险事故发生，保险人可拒绝承担给付责任。超过此期间，成为不可争期间，这时保险合同成为不可争文件，但应以被保险人的生存为条件，如果被保险人在可争议期内死亡、受益人拖延至可争议期后再向保险人请求保险金，保险人仍可因保险人的不实告知而撤销合同、拒付保险金，复效时仍适用不可抗辩条款。从复效开始2年内保险人可对合同提出争议，超过2年的，复效后的保险合同就成为不可争文件。随着我国2009年10月1日起新《保险法》的实施，我国保险合同也实行了不可抗辩条款。

☞ 【扩展阅读】

禁止抗辩原则

禁止抗辩原则是来源于英美合同法的一项基本原则，被保险法准用之后，由于它适应了《保险法》的一些特殊性，转而成为英美保险法的一条重要的原则。被广泛地应用于对保险合同的解释方面，应用于处理保险人与被保险人关系方面，也应用于处理保险索赔与理赔方面，等等。

禁止抗辩原则有着悠久的历史。它最早是英美合同法的原则，并且在其发展和完善的过程中，它的内容也被不断的补充和丰富。在英文上同样表示该原则内容的单词就有不同的好几个，比如：Waiver、Equity、Estoppels、Promissory Estoppels 等。与之相对应的中文解释也有很多不同的译法，比如：弃权与禁止反言、弃权与禁止抗辩、弃权与不容否认、弃权与不准反悔、衡平禁止反言、允诺禁止反言等。单从字面上可以将对于该原则的译法概括为三种：弃权与禁止反言、弃权与禁止抗辩、弃权与不容否认，可以统称为弃权与禁止抗辩原则。

（二）年龄误告条款

年龄误告条款的一般规定为：投保人在投保时如果误报被保险人年龄，保险人将根据真实年龄予以调整。当被保险人的真实年龄超过保险公司规定的最高年龄时，保险合同自始无效，保险人退还保险费，但自合同成立之日起超过 2 年的，保险人不得解除合同。

被保险人年龄可能出现两种情况：一是所报年龄高于实际保险；二是所报年龄低于实际年龄。这都将导致实交保险费与应交保险费的差异，根据年龄误告条款必须进行调整。

（三）宽限期条款

该条款规定，投保人如果未按时缴纳续期保险费，保险人将给予一定时间的宽限。在宽限期内，保险合同仍然有效，若保险事故发生，保险人应按规定承担给付保险金的责任，但应从中扣除所欠交的保险费和利息。超过宽限期，仍未交付保险费，保险合同效力中止。

我国现行《保险法》规定：合同约定分期支付保险费，投保人支付首期保险费后，除合同另有约定外，投保人自保险人催告之日起超过 30 日未支付当期保险费，或者超过约定的期限 60 日未支付当期保险费的，合同效力中止，或者由保险人按照合同约定的条件减少保险金额。被保险人在前款规定期限内发生保险事故的，保险人应当按照合同约定给付保险金，但可以扣减欠交的保险费。

（四）保险费自动垫交条款

在合同有效期内，投保人已按期交足一定时期（一般为 2 年）分期保险费的，若以后的分期保险费超过宽限期仍未交付，而保险单当时的保单现金价值足以垫交保险费及利息时，除投保人事先另以书面形式作反对声明外，保险人将自动垫交其应交保险费及利息，使保险单继续有效。如果垫交后，投保人仍未交付保费，垫交应继续进行，直到累计垫交本息达到保单的现金价值数额为止。此时保险合同的效力中止，此中止适用复效条款。如果被保险人在垫交期间发生保险事故，保险人应从给付的保险金中扣除垫交本息。按惯例，保险人进行保险费自动垫交，应及时通知投保人。

（五）复效条款

若保单因未缴纳到期保费而失效，则投保人有权在保单失效后一段时间内（一般为 2 年或 3 年）申请复效。我国《保险法》规定：因欠费导致合同效力中止，经保险人与投保人协商并达成协议，在投保人补交保险费后，合同效力恢复。但是，自合同效力中止之日起满二年双方未达成协议的，保险人有权解除合同。保单失效的原因很多，而复效条款是以因欠交保费引起的失效为前提的。其他原因引起的失效不适合本条款。在复效期内，投保人申请复效需完成以下工作：必须递交复效申请书；提交令保险人满意的可保证明（包括健康证明）；补交逾期未交的保费及利息；偿还保单其他债务（如保单贷款的本金和利息）或者使保单债务重新生效。复效时，投保人提供的可保证明不仅要说明被保险人复效期间身体健康情况，还须对被保险人的职业风险水平、生活环境、财力状况以及有无民事纠纷或犯罪等问题加以说明。

（六）不丧失现金价值条款

此条款规定，长期寿险合同的投保人享有保险单现金价值的权利，不因保险合同效力中止而丧失。由于均衡保险费制的实施，人寿保险中除定期死亡保险外的大部分保险单，在交付一定时期（一般为2年或3年）的保险费之后都具有一定量的现金价值，且大部分险种的现金价值量是不断递增的。这部分现金价值如同储蓄存款一样（在不发生给付的情况下）为投保人所拥有。保险人应在其保险单上附上现金价值表，有的还应说明计算方法，从而使投保人能准确知道保单的现金价值。

（七）保单贷款条款

保单贷款条款规定，如果寿险保单具有现金价值，那么投保人可以现金价值作担保向保险人申请贷款。保单贷款的金额只能是保单现金价值的一定比例，如80%或90%等。当贷款本利和达到保单现金价值时，投保人应按保险人的通知日期还清款项，否则保单失效。且此种失效一般不得申请复效，因为它相当于投保人已经领取了退保金，如果被保险人或受益人领取保险金时，保险单上的借款本息尚未还清，保险人将在保险金内扣除贷款本息。保单贷款的期限多以6个月为限，贷款利率一般较高。

（八）保单转让条款

人寿保险单作为一项金融资产，是保单持有人的财产，保单持有人（一般为投保人）对其拥有财产所有权。而财产所有权最重要的内容之一，是财产所有者有权以附条件或无条件方式将部分或全部财产权益转让给他人。因此人寿保险单持有人可以转让人寿保险单权益，这种转让又因转让目的不同分为绝对转让（投保人将其对保单的权益完全转移给他人，且这一转让不能撤销）和相对转让（一般即为抵押转让，投保人暂时将保单的某些权益转让给银行或其他债权人，为贷款提供担保）。大多数寿险保单转让为抵押转让。在保单转让时，保单所有人应书面通知保险人，由保险人加注批单生效。

（九）自杀条款

自杀条款规定，如果被保险人在某一特定时段内（通常是从保单签发日开始2年内）自杀身亡，则保险公司将不支付死亡保险金，只返还已付保费与任一笔负债（如保单贷款）的差额，并一次性支付给保单上注明的受益人。如果被保险人在特定时段后自杀，则视为自然死亡，保险公司按约定给付保险金。

我国《保险法》规定：以被保险人死亡为给付保险金条件的合同，自合同成立或者合同效力恢复之日起二年内，被保险人自杀的，保险人不承担给付保险金的责任，但被保险人自杀时为无民事行为能力人的除外。保险人依照上述规定不承担给付保险金责任的，应当按照合同约定退还保险单的现金价值。

（十）受益人条款

受益人条款就是人身保险合同中关于受益人的指定、资格、顺序、变更以及受益人权利等内容的具体规定。我国《保险法》规定：

1. 人身保险的受益人由被保险人或者投保人指定。投保人指定受益人时须经被保险人同意。投保人为与其有劳动关系的劳动者投保人身保险，不得指定被保险人及其近亲属以外的人为受益人。被保险人为无民事行为能力人或者限制民事行为能力人的，可以由其监护人指定受益人。

2. 被保险人或者投保人可以指定一人或者数人为受益人。受益人为数人的，被保险人或者投保人可以确定受益顺序和受益份额；未确定受益份额的，受益人按照相等份额享有受益权。

3. 被保险人或者投保人可以变更受益人并书面通知保险人。保险人收到变更受益人的书面通知后，应当在保险单或者其他保险凭证上批注或者附贴批单。投保人变更受益人时须经被保险人同意。

4. 被保险人死亡后，有下列情形之一的，保险金作为被保险人的遗产，由保险人依照《中华人民共和国继承法》的规定履行给付保险金的义务：①没有指定受益人，或者受益人指定不明无法确定的；②受益人先于被保险人死亡，没有其他受益人的；③受益人依法丧失受益权或者放弃受益权，没有其他受益人的；④受益人与被保险人在同一事件中死亡，且不能确定死亡先后顺序的，推定受益人死亡在先。

5. 受益人故意造成被保险人死亡、伤残、疾病的，或者故意杀害被保险人未遂的，该受益人丧失受益权。

☞ 【扩展阅读】

受益人与继承人

一般来说保险合同的受益人并不等于继承人，保险合同的受益人是指保险合同中由投保人或被保险人指定的享有保险金请求权的人，而继承人则是指对被继承人的遗产享有继承权的人；保险合同的受益人是通过指定的方式订立的，是针对保险金而言的，而继承人则是属于《继承法》的范畴，是针对被继承人的遗产而言的。就是说，继承人经指定可以成为保险合同的受益人，但受益人在指定法律上并没有规定明确的范围，可以由投保人或保险人根据实际需要来指定。所以，继承人并不当然地成为保险合同的受益人。

（十一）红利任选条款

分红保险的保单所有人可以选择红利的分配方式。一般来说，可供保单所有人选择的红利分配方式主要有四种：

1. 现金给付。现金给付即直接用现金给付红利。

2. 抵交保费。抵交保费即用红利缴纳保费。

3. 积累生息。积累生息即将红利留存在保险公司，通过保险公司进行资金运用，实现增值。

4. 增加保额。增加保额即将红利作为增加保险金额应缴纳的保费。

（十二）保险金给付的任选条款

此条款规定，投保人可选择保险给付的不同方式。随着人们保险意识的提高，通过分析不同给付方式下投保人利益的差异性，投保人往往进行对自己有利的选择。

（十三）保单所有人条款

保险单所有人是人身保险中的一个新名词。保险单所有人可能是保险单上所载明的被保险人、受益人或是其继承人、保单质押权人。保险单所规定的权力由保险单所有人行使，包括：经被保险人同意指定和变更受益人，退保，转让保险单所有权，保单借款，领取红利，选择保险金给付方式等。

三、人身保险合同的附加条款

常见的附加特约条款有免交保险费、意外死亡双倍给付条款、丧失工作能力收入补偿条款等附加特约条款。

（一）免交保险费附加特约条款

根据这一附加特约条款的规定，如果投保人在规定的年龄或期限之前，因遭受人身伤害或患病而完全丧失工作能力，其在丧失工作能力期间可以免交事故以后所有保险费，保险合同继续有效，死亡保险金给付、贷款、现金价值增加和分红等如同已交付保险费那样处理。

（二）丧失工作能力收入附加特约条款

丧失工作能力的人附加特约条款规定，在被保险人丧失工作能力的情况下，保险人会按照保险金额的一定比例每月给付收入保险金。

（三）保证加保选择权条款

该附加特约允许投保人在将来某个日期增加人身保险合同的保险金额，无须提供可保性证据。如果投保人想要增加保险金额，但目前无力交付增加保额的保险费，该选择权就能保证其在将来用标准保险费增加保险金额，这是一种期权。

（四）意外死亡双倍补偿附加特约

如果被保险人的死亡是由于意外事故造成的，保险人则给付双倍保险金，甚至有的保险合同经约定可给付多倍保险金。该附加特约的费用较低，因为意外死亡风险比疾病风险相对要小得多。

📖 知识小结

人身保险合同的条款，是人身保险合同内容的具体表现形式，包括合同信息条款、保障内容条款、扩展责任条款、限制责任条款和保证条款几大类。人身保险合同的标准条款具体包括不可抗辩条款、年龄误告条款、宽限期条款、保险费自动垫交条款、复效条款、不丧失现金价值条款、保单贷款条款、保单转让条款、自杀条款、受益人条款、红利任选条款、保险金给付的任选条款、保单所有人条款等。

📖 考核

1. 人身保险合同的条款有哪几类，各自包括什么内容？

2. 人身保险合同的标准条款有哪些，都是什么含义？

3. 对照一般商务合同说明人身保险合同的条款类别属性。

4. 实务中找来一本人身保险合同,对其条款作出通俗的解释。

📖 拓展

【知识链接】

人身保险保险金的给付方式

1. 一次性支付现金方式。该方式下,保险人将以现金形式一次性给付保险金。

2. 利息收入方式。使用这一方式时,受益人将保险金作为本金留存在保险公司,然后,根据约定的利率,按期到保险公司领取保险金所产生的利息。

3. 定期收入方式。这种方式是根据投保人的要求,在约定的给付期间,按约定的利率,计算出每期应给付的金额,以年金方式按期给付。

4. 定额收入方式。定额收入方式是根据受益人生活开支的需要,确定每次领取保险金的数额。受益人按期领取这个金额,直到保险金的本息全部领取完为止。这种方式强调的是约定给付金额。

5. 终身收入方式。这种方式是受益人用领取的保险金投保一份终身年金保险。此后,受益人按期领取年金直至死亡。

【专业词汇】

保险责任 insured liability   责任免除 excluded liability   不可抗辩条款 incontestable clause   年龄误告条款 misstatement of age clause   自杀条款 suicide clause

📄 项目测试题

(一) 单选题

1. 人身保险合同不属于 (   )

A. 要式合同   B. 有名合同   C. 单务合同   D. 有偿合同

2. 人身保险合同的有效组成不包括 (   )

A. 投保单   B. 暂保单   C. 保险单   D. 索赔申请单

3. 以下属于人身保险合同的关系人的是 (   )

A. 投保人   B. 保险人   C. 被保险人   D. 保险代理人

4. 人身保险合同的内容指的是 (   )

A. 权利义务   B. 责任   C. 利益   D. 合同事项

5. 人身保险合同的成立指的是以下哪个步骤 (   )

A. 要约邀请   B. 要约   C. 反要约   D. 承诺

(二) 多选题

1. 人身保险合同是 (   )

A. 要式合同   B. 射幸合同   C. 附和合同   D. 有偿合同

2. 人身保险合同不是 (   )

A. 无偿合同   B. 无名合同   C. 附和合同   D. 单务合同

3. 人身保险合同按保障范围分为（　　　）

A. 寿险合同　　　　B. 意外险合同　　　C. 健康险合同　　　D. 责任险合同

4. 人身保险合同的表现形式包括（　　　）

A. 投保单　　　　　B. 暂保单　　　　　C. 保险单　　　　　D. 批单

5. 人身保险合同的辅助人包括（　　　　）

A. 受益人　　　　　B. 保险代理人　　　C. 被保险人　　　　D. 保险经纪人

（三）判断题

1. 人身保险合同的射幸性是指保险人不一定履行合同责任。　　　　　　　（　　　）

2. 人身保险合同的射幸性是指双方地位不平等。　　　　　　　　　　　　（　　　）

3. 批单是人身保险合同的有效组成部分。　　　　　　　　　　　　　　　（　　　）

4. 保险公估人属于人身保险合同的关系人。　　　　　　　　　　　　　　（　　　）

5. 人身保险合同的客体指的是被保险人的身体和健康。　　　　　　　　　（　　　）

（四）名词解释

人身保险合同　射幸合同　保险单　保险批单

（五）简答题

1. 人身保险合同的含义和特征是什么？

2. 人身保险合同怎样进行分类？

3. 人身保险合同有哪些表现形式？

4. 人身保险合同的法律关系怎样？

5. 人身保险合同有哪些专有条款？

（六）论述题

1. 人身保险合同的订立和履行。

2. 举例说明人身保险合同的标准条款。

📄 综合案例分析

这样的保险合同是否赔偿

【模拟场景】

李某与妻子马某于 2014 年协议离婚，双方约定 8 岁的儿子和马某一起生活，每周六儿子到李某处生活一天。后来李某与赵某再婚，由于李某的儿子活泼可爱，加上赵某不能生育，所以特别喜欢李某的儿子。赵某于 2016 年 5 月以孩子母亲的身份为李某的孩子买了人身保险合同，经过了李某的同意，并约定受益人为李某。2017 年 6 月，不幸发生了保险事故，李某的孩子死亡。李某根据保险合同，向保险公司提出索赔。如果你是这家保险公司的理赔人员，你该如何处理这桩案件。

【情景分析】

这份保险合同的投保人是赵某，被保险人是李某的儿子，受益人是李某。根据保险利益原则，投保人赵某在投保时应对李某的儿子具有保险利益。本案当中，由于孩子双方的父母都健在，而且孩子并不和赵某生活在一起，在赵某和孩子之间不存在任何的法律上的抚养关系，赵某也就不享有保险利益，所以这份保险合同应当自始无效。

【实务操作】

赵某对保险标的不具有保险利益，这份保险合同无效。保险公司退还保费，解除保险合同。作为公司的理赔人员，应当向客户详细解释保险利益原则，并根据法律规定，向客户耐心解释，以免影响保险公司在客户心目中的形象。

📄 **实训活动设计**

将学生分成小组在所在地区的保险市场上收集不同表现形式的人身保险合同，将其归类整理，总结各家人身保险公司保险合同的特点，分析其中的内容和各种专有条款；完成一篇不少于800字的总结报告。

📄 **职业技能训练**

人身保险合同通用范本摘录

第一条　本保险合同（以下简称本合同）由保险单及本合同所载条款、声明、批注，以及和本合同有关的投保单、复效申请书、健康声明书、体检报告书及其他约定书共同构成。

保险责任的开始及交付保险费

第二条　诚信人寿保险有限公司辽宁分公司（以下简称本公司）对本保险单应负的责任，自投保人交付第一期保险费且本公司同意承保而签发保险单时开始。除另有约定外，保险单签发日即为本合同的生效日，生效日每年的对应日为生效对应日。

本公司收取第一期保险费且同意承保时，应发给保险单作为承保的凭证。第二期及第二期以后保险费的交付，宽限期间及合同效力的中止。

第三条　第二期及第二期以后的分期保险费，应依照本保险单所载交付方法及日期，向本公司交付并索取凭证妥为保存。如本公司派员前往收取时，应向该收费员交付并索取凭证妥为保存。第二期及第二期以后的分期保险费到期未交付时，自保险单所载交付日期的次日起60日为宽限期间；逾宽限期间仍未交付的，本合同自宽限期间终了的次日起效力中止。如宽限期间内发生保险事故，本公司仍负保险责任，但应从给付保险金中扣除欠交保险费的利息。

保险费

第四条　保险费交付方式分为一次性交付、按年交付、按半年交付、按月交付。按年交付保险费的交付期限为生效日每年的对应日所在月的1日至月底；按半年交付保险费的交付期限为生效日每半年对应日所在月的1日至月底；按月交付保险费的交付期限为每月的1日至月底。投保人可选择其中一种为本合同的保险费交付方式。

第五条　本合同的保险费交付期间分为趸交、10年交、20年交。投保人可选择其中一种为本合同的保险费交付期间。

合同效力的恢复

第六条　本合同效力中止后，投保人可在效力中止日起 2 年内，填妥复效申请书及被保险人健康声明书申请复效。

前项复效申请，经本公司同意并交清欠交的保险费及利息后，自次日起，本合同效力恢复。

保险责任

第七条　在本合同有效期内，本公司负下列保险责任：

一、每年在生效对应日按保险单列明的保险金额的 5% 增加保险金额。

二、自本合同生效之日起，被保险人生存至每满 3 周年生效对应日，本公司按保险单列明的保险金额的 10% 给付生存保险金。

三、自本合同生效或复效之日起第一年度内，被保险人因疾病或意外伤害以致身故，本公司按保险单列明的保险金额给付，本合同即行终止；第二年度及第二年度以后被保险人因疾病或意外伤害以致身故，本公司按增加后的保险金额给付，本合同终止。

四、自本合同生效或复效之日起第一年度内，被保险人因疾病或意外伤害以致身体高度残疾，本公司按保险单列明的保险金额给付，合同即行终止；第二年度及第二年度以后被保险人因疾病或意外伤害以致身体高度残疾，本公司按增加后的保险金额给付，合同即行终止。

责任免除

第八条　被保险人因下列情事之一身故或身体高度残疾时，本公司不负保险责任：

一、投保人的故意行为；

二、受益人的故意行为；

三、自本保险合同生效或复效之日起 2 年内，被保险人的自杀、故意自伤行为；

四、被保险人的故意犯罪、吸毒、殴斗及酒醉行为；

五、战争、军事行动或动乱；

六、罹患获得性免疫缺陷综合征（艾滋病）、性病；

七、核爆炸、核辐射或核污染；

八、无驾驶执照、酒后驾车或其他违章驾驶。

发生第一款情形时，本公司向其他享有权利的受益人退还保险单现金价值；发生其他各款情形时，本公司向投保人退还保险单的现金价值。本公司退还保险单现金价值后，本合同即行终止。

📄 **进阶阅读**

1. http：//baike. baidu. com/link？ url = uYFDthyD － FR3JODp － 90RH28izX1SZG9V＿ymehsFwTRhxBlqr1xnQqLmflFLzKayF，百度百科。

2. http：//baike. baidu. com/view/835569. htm，百度百科。

3. http：//news. 9ask. cn/baoxianlipei/bxhtzs/httz/201012/971612. shtml，中顾保险理赔网。

项目三
了解人身保险费率厘定

			单利和复利
	人身保险保费构成		终值和现值
人身保险的定价基础	利息理论		生命表的概念
	生命表		生命表的分类
			生命表的内容

人身保险的定价基础：
- 人身保险保费构成：单利和复利、终值和现值
- 利息理论
- 生命表：生命表的概念、生命表的分类、生命表的内容

人寿保险费率厘定：
- 寿险费率厘定原则：充分保障原则、稳定灵活原则、公平合理原则、促进防损原则
- 寿险费率影响因素：死亡率因素、利率因素、费用率因素、其他因素
- 寿险费率的厘定：趸缴纯保费的计算、均衡纯保费的计算、寿险营业保费的计算、寿险费率的调整

意外伤害保险费率厘定：
- 意外伤害保险费率概述
- 意外伤害保险费率厘定：意外伤害纯费率的计算原理、意外伤害纯费率的计算方法、意外伤害附加费率的计算

健康保险费率厘定：
- 健康保险费率的影响因素：索赔总额、费用、等待期及免赔额、续保率或失效率、利率、安全余量
- 健康保险费率计算：健康保险纯费率的计算、健康保险附加费率的计算

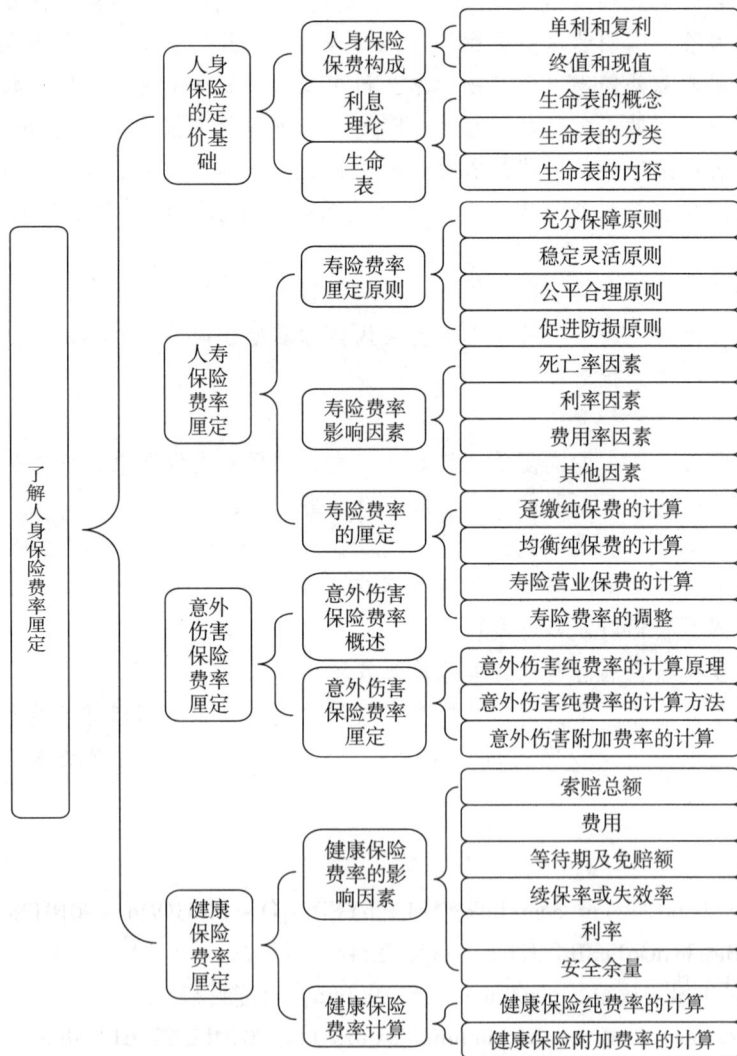

图 3-1 人身保险费率厘定知识结构

📄 **学习目标**

【能力目标】：能够分析人身保险保险费的构成；能够运用公式计算单利和复利，并解释二者的关系；能够熟练掌握终值和现值的计算方法，并解释二者的关系；能够掌握生命表的内容，并清楚解释项目间的关系；能够掌握人寿保险费率厘定的原理和方法；能够了解意外伤害保险和健康保险费率厘定的原理和方法。

【知识目标】：理解并能解释人身保险保险费的构成；掌握并能解释单利和复利、终值和现值的关系；理解并能表述生命表的概念、分类和内容；理解并能说明人寿保险费率厘定的原则和因素；掌握并能说明趸缴和均衡纯保费的计算方法；了解并能解释意外伤害保险保费的厘定；了解并能解释健康保险保费的厘定；解释并能分析人身保险三大类险别费率厘定的区别。

【素质目标】：能够运用实例向客户解释复利、终值、现值，以及其间的关系；能够看懂生命表并举例解释各个项目间的关系；能够举例说明人寿保险的费率是如何制定的；能够解释意外伤害保险和健康保险费率厘定的原理和方法。

📄 **工作任务**

➢ 列表说明人寿保险的费率厘定过程；

➢ 举例说明意外伤害保险和健康保险的费率厘定。

✎ 项目导入

好朋友怎么能赚我的钱

王某是一家私营企业的财务负责人，个人收入水平较高，家庭收入状况不错，她与身为人身保险代理人的李某原来是很好的朋友。2015年9月，王某在李某的劝说下，对人身保险产生了兴趣，遂通过李某购买了一份诚信保险公司为期15年的意外伤害附加重大疾病保险，趸缴保险费约10万元。

2016年6月，王某在与公司同事赵某的闲谈中了解到，人身保险代理人是很赚钱的，在缴纳的保险费中约有10%的比例是他们的佣金收入。王某想到自己刚刚购买不久的10万元保险，就有大约1万元揣进了朋友李某的腰包。对此，王某十分气愤，心想作为好朋友的李某怎么能赚自己的钱，而且还连任何消息都没有告诉自己，于是就找到李某理论。

李某觉得十分冤枉，这1万元是从诚信保险公司按照正规的业务流程和正式的业务规定获得的保险费佣金收入，而并不是自己从中作假想要赚好朋友的钱。一个觉得不解，一个认为冤枉，王某和李某二人为此大吵了一场，大家搞得不欢而散。

【启示】

在人身保险保险费的构成当中，有纯保险费和附加保险费，附加保险费里有专门的一部分是用来支付给保险代理人的保险代理佣金。作为投保人的王某没有认识到这一点，而作为保险代理人的李某也没能向好朋友很好地解释这一点，才会造成两人的误解。

任务 3-1   人身保险的定价基础

📖 情境引入

【情境描述】

客户向寿险营销员梁某提了这样一个疑问，每份保险需要缴纳多少钱的保费都是保险公司给出的，而且还不能讨价还价，为什么？

（1）梁某要怎样解释人身保险保费的构成才能让客户满意呢？

（2）梁某怎样才能用客户能够听得明白的通俗语言，清楚解释人身保险费的由来？

📖 学习任务

一、人身保险保费构成

保险费是投保人为转移风险、取得保险人在约定责任范围内承担的赔偿（或给付）责任而交付的费用，也是保险人为承担约定的保险责任而向投保人收取的费用。保险费是建立保险基金和责任准备金的主要资金来源，也是保险人履行保险赔偿（或给付）义务的经济基础。

保险费率，是指应缴纳的保险费与每一保险金额单位的比率。保险费率是保险人用以计算保险费的标准，保险人承保一笔保险业务，用保险金额乘以保险费率就得出该笔业务应收取的保险费。计算保险费的影响因素有保险金额、保险费率及保险期限，以上因素均与保险费成正比关系，即保险金额越大，保险费率越高，或保险期限越长，则应缴纳的保险费就越多。其中任何一个因素的变化，都会引起保险费的增减变动。保险金额单位一般为 1 000 元或 100 元，所以保险费率通常用千分率或百分率来表示。

所以，人身保险费可以通过如下公式进行计算：

人身保险费 = 保险金额 × 保险费率

保险费率一般由纯费率和附加费率两部分组成。习惯上，将由纯费率和附加费率两部分组成的费率称为毛费率。纯费率也称净费率，是保险费率的主要部分，它一般是根据损失概率确定的。按纯费率收取的保险费称为纯保险费，用于保险事故发生后对被保险人进行赔偿和给付。附加费率是保险费率的次要组成部分，按照附加费率收取的保险费称为附加保险费。它是以保险人的营业办公费用为基础计算的，用于保险人的业务经营费用支出、业务手续费支出以及提供部分保险利润等。

所以，人身保险费的构成可以用如下的公式表示：

人身保险费 = 纯保险费 + 附加保险费

二、利息理论

人身保险属于长期性保险业务，它的保险期限都很长，一般的人身保险保单的保险期限有长达10年、20年不等，并且人身保险的缴费一般在保单生效后的一段时间内分期进行。由于保险费的缴纳和保险金的支付不是同时进行的，一般都会有一个时间间隔，而资金是有时间价值的，因此为了保障被保险人的利益，在厘定费率时要考虑到货币或资本的时间价值即利息的因素。

保险人应在其所收入的保险费中设立责任准备金用于其在以后要承担的给付保险金的责任。责任准备金在履行给付之前，保险公司可以利用它进行投资，其收益由保险公司在计算保险费率时，按照一定的收益率计算给被保险人。人寿保险期限越长，利息的作用就显得越为重要，对保险费率的影响也就越大。

在进行人身保险费率厘定时，保险精算师要根据当前经济状况和投资收益率变动的情况确定一个合理利率作为资金累积的利率，这个利率在保险精算学上称为预定利率。预定利率不等于银行利率，但两者是密切联系的。银行利率的变动必然会引起预定利率的变动，因为银行利率的变动是精算师确定预定利率时要考虑的一个非常重要的因素。银行降息，保险公司制定保险费率的预定利率也会相应地随之下降。

利息是货币资本投资的收益，这种收益可以理解为货币的所有者将货币的使用权转让给他人而获得的报酬。利息的多少取决于三个因素：本金、时期和利息率水平。资金借入者借入的资金称为本金；运用本金的期限为时期；在单位时间内使用单位本金所赚取的利息称为利率，利率通常以百分比（％）表示。

一般情况下存在两种常见的计算利息的方式，即单利和复利。通常情况下，保险公司在厘定保险费率和进行保险投资时考虑的都是复利。

（一）单利和复利

1. 单利。单利是在结算利息时，只对资金本金计算利息，而每个计息期间所产生的利息不再计算利息。其计算公式为：

$$利息 = 本金 \times 利率 \times 计息期间$$

期末本利和 = 本金 + 利息 = 本金 × （1 + 计息期间 × 利率）

假设 I 表示利息，S 表示期末本利和，p 表示本金，i 表示利率，t 表示计息期间，则：

$$I = p \times i \times t$$
$$S = p + I = p(1 + i \times t)$$

2. 复利。与单利相对应，复利的计算是将上一期所赚取的利息一并放入下一期，与资金本金一起合并计算利息，即不仅本金生息，利息收入也生息，俗称"利滚利"（驴打滚）。

期末本利和 = 本金 × （1 + 利率）^{计息期间}

利息 = 期末本利和 − 本金

以下为复利计息方法下本利和计算公式的推导。设本金为 p，每期的利率为 i，t 表示计息期间，则其计算公式为：

第1期末的本利和为 $p + pi = p(1 + i)$

第2期末的本利和为 $p(1 + i) + p(1 + i)i = p(1 + i)^2$

······   ······

第 n 期末的本利和为　　　$p(1 + i)^{n-1} + p(1 + i)^{n-1} \times i = p(1 + i)^n$

所以：

$$S = p(1 + i)^n$$

$$I = S - p$$

不论是单利还是复利，都存在资金的两个数量值，即终值和现值。

☞ 【扩展阅读】

复利的翻倍七十二法则

复利是指在每经过一个计息期后，都要将所产生的利息加入本金，以计算下期的利息。这样，在每一个计息期，上一个计息期的利息都将成为生息的本金，即以利生利，也就是俗称的"利滚利""驴打滚"。爱因斯坦也曾说过，复利是世界第八大奇迹，是宇宙中最为强大的力量之一。

关于复利的计算结果，爱因斯坦还"首创"了有趣的"复利的翻倍七十二法则"，即，若要使得本金翻倍，利息率（%）和计息时间（次数）的关系是：利息率×计息时间≈72。例如：你现在有 100 元，在给定的年利息率为 8% 的复利条件下，大概经过 9 年，这 100 元本金的本利和就是 200 元，因为：$8 \times 9 = 72$。同样，要想在 6 年后就得到 200 元，利息率就必须提高到 12%。

（二）终值和现值

1. 终值。资金本金经过一定时期的利息作用后形成的最终全部金额称为终值，它是本金和利息之和，即为前面提到的本利和。设 t 是资金本金投资使用的时间长度，以 $S(t)$ 表示时刻的终值，它是 t 的函数，称为终值函数。当 $t = 0$ 时，$S(0)$ 就是本金。利息是终值与本金的差，$I(t)$ 表示在 t 时的利息金额，则：

$$S(t) = S(0) + I(t)$$

为了数学计算上的方便，我们进一步用函数 $S(t)$ 表示一个单位货币资金经过 t 时期后的价值，即

如果用 I_n 表示第 n 个时期后所得的利息额，则

$$I_n = S(n) - S(n - 1)$$

如果以 $I(t)$ 表示到 t 时刻为止，资金本金在投资使用期间总共获得的利息总额，则：

$$I(t) = I_t + I_{t-1} + \cdots + I_l$$
$$= S(t) - S(t - 1) + S(t - 1) - S(t - 2) + \cdots + S(2) - S(1) + S(1) - S(0)$$
$$= S(t) - S(0) \quad (t \geqslant 0)$$

在单利的情况下，本利和的总额计算为：

$$S(t) = S(0) \times (1 + i \times t)$$

则每个计息期间所获得的利息为：

$$I_n = S(t) - S(t - 1) = S(0) \times i$$

在复利的情况下，本利和的总额计算为：

$$S(t) = (1 + i)^t$$

第 n 期获得的利息为：

$$I_n = S(n) - S(n-1) = S(0) \times (1+i)^n - S(0) \times (1+i)^{n-1} = S(0) \times (1+i)^{n-1} \times i$$

2. 现值。现值又称为现价，是指按照一定的利率经过一定时期利息作用需要达到一定金额的本利和所需要的本金的金额。

$$现值 = 终值 \div (1 + 利率)^{计息期间}$$

设 P 为现值，则：

$$P = S(n)/(1+i)^n$$

三、生命表

在人身保险中，特别是在人寿保险中，通常是以被保险人的生存和死亡作为保险标的的，所以人身保险保险费和准备金的计算与被保险人的生死有着密切的关系，而被保险人从保单生效时起，在未来存活时间阶段是不确定的，因此，我们就需要研究人的生死规律，以及与这些规律有关概率的计算。在人身保险中，我们经常使用生命表来描述某人口群体死亡规律的概率。

（一）生命表的概念

生命表（Life Table/Mortality Table）又称为"死亡表"，是反映一个国家（或一个地区）人口或特定人口群体（如某个城市的所有职业女性、某单位的全体员工）生存死亡规律的调查统计表。生命表是人口统计学中一个非常有用的工具，它通常被用于模拟人口从出生到死亡的过程。因可根据它计算人口的平均预期寿命，在中文里有人称其为寿命表。生命表是根据分年龄死亡规律编制的，并主要反映各年龄死亡水平，故而又称为死亡率表。

生命表是对相当数量的人口自出生（或一定年龄）开始，直至这些人口全部去世为止的生存与死亡记录。通常以 10 万（或 100 万）人作为 0 岁的生存人数，然后根据各年中死亡人数，各年末生存人数计算各年龄人口的死亡率、生存率，列成表格，直到这10 万人全部死亡为止。所以，人寿保险对于风险的估计，通常都是以生命表中的死亡率为依据。生命表中最重要的就是设计产生每个年龄的死亡率。影响死亡率的因素很多，主要有年龄、性别、职业、习性、以往病史、种族等。一般情况下，在设计生命表时，主要考虑年龄和性别。生命表上所记载的死亡率、生存率是决定人寿保险费的重要依据。

生命表不是简单初步的信息资料，而是根据一定的调查时期所获得的有关国家或地区的人口普查资料（或有关部门的统计资料）。生命表以年岁为纲，全面、完整地反映了某一国家或地区一定人群从诞生直至全部死亡的生死规律。生命表的编制为经营人寿保险业务奠定了科学的数理基础，是计算人身保险的保险费、责任准备金、退保金的主要依据。

（二）生命表的分类

根据统计对象的不同，生命表可以分为国民生命表和经验生命表两大类。

1. 国民生命表。国民生命表是以全体国民或特定地区的人口生存状况统计资料编制而成的统计表。依国民生命表编制的技术可将其分为完全生命表和简易生命表。完全生命表是根据准确的人口普查资料，依年龄分别计算死亡率、生存率、平均余命等生命函数而编制的。简易生命表则采取每年的人口生存状况动态统计资料和人口抽样调查的资料,按年龄段(如 5 岁或 10 岁为一段)计算的死亡率、生存率、平均余命等而编制的。

2. 经验生命表。经验生命表是人寿保险公司依据其承保的被保险人实际经验的死亡统计资料编制的统计表。根据经验生命表使用的统计资料性质的不同将经验生命表分为综合生命表、选择—终极生命表等。综合生命表不考虑保险合同投保后的经历年数,而以全期间为对象,按年龄计算死亡率的生命表。由于投保后随着时间的延长,危险选择的效果递减并逐渐消失,而死亡率逐渐上升,能够反映这种变化趋势,按年龄性别并依所经过的年龄计算死亡率的生命表叫做选择表;选择表都有一个特定的选择期(一般为3 年),经过年数超过选择期间,则选择效果便消失了。为验证效力消失后的经验死亡率,基于终极死亡率编制的生命表称为选择—终极生命表。

目前,各个人寿保险公司普遍在用的是《中国人寿保险业经验生命表(2000—2003)》,英文名称为《China Life Insurance Mortality Table (2000—2003)》,简称:CL(2000—2003)。其中包括,非养老金业务表两张,养老金业务表两张,分别是:①非养老金业务男表,简称 CL1 (2000—2003);②非养老金业务女表,简称 CL2 (2000—2003);③养老金业务男表,简称 CL3 (2000—2003);④养老金业务女表,简称 CL4(2000—2003)。

(三)生命表的内容。下面仅用中国人寿保险业经验生命表(1990—1993 年)非养老金业务男表 CL1 来简要说明生命表的内容(见表 3 – 1)。

表 3 – 1　　　　　中国人寿保险业经验生命表(1990—1993 年)(男)

年龄(x)	死亡率(q_x)	生存人数(l_x)	死亡人数(d_x)	平均余命(e_x)
40	0.002051	958 785	1 966	35.93
41	0.002250	956 819	2 153	35.00
42	0.002470	954 666	2 358	34.08
43	0.002713	952 308	2 584	33.16
44	0.002981	949 724	2 831	32.25
45	0.003276	946 893	3 102	31.35
46	0.003601	943 791	3 399	30.45
47	0.003958	940 393	3 722	29.56
48	0.004352	936 670	4 076	28.67
49	0.004784	932 594	4 462	27.80

在了解生命表的结构和作用时,我们要设定一些前提条件。首先要选择初始年龄,并且假定该年龄生存的一个适当的人数,这个数称为生命基数。为了方便起见,一般选择 0 岁作为初始年龄,并假定在此年龄的人数通常取整数如 10 万人、100 万人、1 000万人等。在生命表中还规定了最高年龄,用 ω 表示,满足 $l_{\omega+l}=0$。

一般的生命表中都包含以下几方面的内容:

1. 年龄区间 $[x, x+1]$

$[x, x+1]$ 表示 x 到 $x+1$ 岁的年龄区间,除最后一个年龄区间(如:95 岁以上)

为开区间以外，其余每一个区间都有两个确定的年龄值来定义。通常，最后一个年龄区间的起点为 ω，半开区间 $[\omega,\ +\infty]$。

2. 生存人数 l_x

假设正好活到某一确切年龄 x 岁的生存人数以 l_x 表示。生命表的基础是生存人数，它表示在一封闭区域一定数量的人口集团随着时间的推移因死亡而逐渐减少的人口生存状态。生存人数 l_x 表示正好活到某一确切整数年龄 x 岁的人数。

在人的生命表中，作为起点的出生人数 l_0 称为生命表的基数，理论研究中可以任意取值，但为方便计算和处理，一般设为 100 000 人。

3. 死亡人数 d_x

d_x 为年龄区间 $[x,\ x+1]$ 内死去的人口数。d_x 是生命表上年龄区间 $[x,\ x+1]$ 内的死亡数，不同于实际人口死亡数。

根据定义可知

$$l_{x+1} = l_x - d_x \quad x = 0,1,\cdots,\omega$$

4. 死亡概率 q_x

q_x 表示存活到确切年龄 x 岁的人在到达 $x+1$ 岁前死亡的概率。以 x 至 $x+1$ 的死亡人数 d_z 占 x 岁存活人数 l_x 的比例表示。

$$q_x = d_z/l_x, \quad x = 0,1,\cdots,\omega$$

q_x 这一指标是计算生命表的基础，在已知 q_x 后，就可以依生命表基数 l_0 由前述两项公式计算出各年龄的存活人数 l_x 和死亡人数 d_z。

$$l_{x+1} = (1 - q_x) \times l_x$$
$$d_{z+1} = q_x \times l_x$$

5. 平均余命 e_x

平均余命 e_x 是对人的生命一种有根据的预测，表示存活到确切年龄 x 的人群 l_x 平均还能存活的年数，即今后尚能生存的平均寿命。每个 e_x 包括了人们在 x 岁以后的经历，因而，这一列在生命表中非常重要，而且这是生命表中除 q_x 外唯一独立基数 l_0 的序列。通常，平均余命随年龄 x 的增加而减少。

【实务操作】

利用生命表计算生存概率

根据书中给定的中国保险业生命表的相关数据，如何计算年龄为 45 周岁的男性的生存概率？

生存率，是指已经生存到 x 岁的人在一年后仍生存的概率，即到 $x+l$ 岁时仍生存的概率，我们可以用 p_x 表示。

根据这一定义可知，p_x 的计算公式为：

$$p_x = l_{x+1}/l_x, \quad x = 0,1,\cdots,\omega$$

或者：

$$p_x + d_x = 1$$

解答：

方法一：$p_{45} = l_{46}/l_{45} = 943791/946893 = 99.6724\%$

方法二：$p_{45} = 1 - d_{45} = 1 - 0.003276 = 99.6724\%$

📖 **知识小结**

保险费是投保人为转移风险、取得保险人在约定责任范围内承担的赔偿（或给付）责任而交付的费用，也是保险人为承担约定的保险责任而向投保人收取的费用。保险费率，是指应缴纳的保险费与每一保险金额单位的比率，保险费率一般由纯费率和附加费率两部分组成。人身保险在厘定费率时要考虑到货币或资本的时间价值即利息的因素。通常的情况下，保险公司在厘定保险费率和进行保险投资时考虑的都是复利。人身保险保险费和准备金的计算与被保险人的生死有着密切的关系，因此经常使用生命表来描述某人口群体死亡规律的概率，并将它作为计算人身保险保险费率的基础。

📖 **考核**

1. 人身保险的保险费率是怎样构成的？
2. 生命表各个数据之间的关系是怎样的？
3. 运用复利的理论和公式模拟计算在银行的存款余额。
4. 举例计算说明生命表各个数据间的计算关系。

📖 **拓展**

【知识链接】

生命表的历史

生命表的建立可追溯到 1661 年，英国就有了历史上最早的死亡概率统计表。到 1693 年，世界上第一张生命表是英国天文学家哈莱制定的《哈莱死亡表》，它奠定了近代人寿保险费计算的基础，到 1700 年，英国又建立了"均衡保险费法"，使投保人每年所缴纳的保险费是同一金额。

生命表是怎么来的呢？对于单个人来说，出生后何时死亡是不可知的，但对于一个国家，一个地区，在一定时间，一定的社会经济条件下，人的生、老、死是有规律可循的。人们可根据大数法则的原理，运用统计方法和概率论，编制出生命规律的生命表，它是同批人从出生后，陆续死亡的生命过程的统计表。

我国在 1929—1931 年，金陵大学的肖富德编制了中国第一张生命表，称为"农民生命表"。1982 年第二次全国人口普查得到了完整的生命表资料，1996 年 6 月，我国保险监管机构颁布了我国第一张《中国人寿保险业经验生命表（1990—1993）》，规定从 1997 年 4 月 1 日起，在中国境内开展人寿保险业务的保险公司统一使用此生命表计算人寿保险的费率、责任准备金及退保金。

【专业词汇】

保险费（insurance）premium　复利 compound interest　生命表 mortality table

任务 3-2　人寿保险费率厘定

📖 **情境引入**

【情境描述】

在展业过程中，客户提出了这样一个疑问：人寿保险的保险费虽然每期缴纳的不少，但是最后还会返还一大笔钱，保险公司这么办理业务，不会亏损吗？

（1）梁某要怎样解释人寿保险的保险费的构成？

（2）梁某怎样才能用客户能够听得明白的通俗语言，清楚解释人寿保险保险费的由来？

📖 **学习任务**

保险的价格指的是保险费率。人身保险的定价，即人身保险保险费率的厘定。保险作为一种分散风险的手段，是保险人将大量的风险单位（个人或单位）集合起来，以收取保险费的方式来建立风险准备基金，当其中个别的风险单位发生保险合同约定的保险事故时，用此基金进行经济补偿。可见，保险人收取的保险费是风险准备基金的基础，确定适当的费率，收取恰当的保险费是保险公司正常运营的重要前提。

一、寿险费率厘定原则

保险业不同于一般的行业，通常的做法是保险费收取在先，保险赔款（或者保险金）支付在后，也就是说，保险费都可以看作预付的。既然保险费是在保险合同生效之前确定的，那么保险公司对保险费的计算就不是以保险标的已经发生的实际损失的资料为基础，而是依据过去的损失统计与费用记录等因素来推算的。

因此，保险费计算的特点就是：以历史将会再现作为前提假设，在过去损失资料的基础上，通过统计数据的逻辑处理，形成对未来的合理预期。因此，计算保险费时采用的比率都是预期的比率，而不是真实的或实际的比率，预期比率与实际比率之间可能出现的偏差正是保险公司的经营存在风险的主要原因，这也就是毛保险费中还包括风险加成的原因。

对于一家保险公司来说，在厘定保险费率时应遵循以下四个原则：

1. 充分保障原则。保险的基本职能是提供经济补偿，保险人收取的保险费应能充分满足保险人履行保险赔偿（或给付）责任的需要，以保障被保险人的经济利益。保险费率是保险人收取保险费的依据，保险费率的厘定必须保证保险人有足够的资金来源和偿付能力，能够补偿因危险事故发生所需赔偿（或者给付）的金额，以及支付有关的营业费用。因此，从实现保险基本职能的角度看，保险费率水平应与提供充分保险的要求相适应，否则，就会危害保险经营，使保险企业破产倒闭，被保险人也将蒙受经济损失。充分保障原则确定了保险费率应该达到的最低水平。

2. 稳定灵活原则。稳定是指保险费率一经确定，在相当长的一段时期内应保持相对的稳定，不要过于频繁变动。保险费率相对稳定对保险人和被保险人双方都有好处。一方面，从被保险人的角度看，保险费率稳定，可以使被保险人的负担稳定，能依照预计金额按时支付保险费。如果保险费率频繁变动，则不利于被保险人核算经费，也不利于在不同的被保险人之间的公平。另一方面，从保险人的角度看，稳定的费率有利于稳定成本核算和业务经营。

灵活是指保险费率虽然力求保持稳定，但仍须具有一定的灵活性。也就是说，在短期内应注意保险费率的稳定，在长期中又应该根据实际情况的变动对其做适当的调整。因为在较长的时期内，由于社会、经济、技术、文化的不断进步，保险标的所具有的危险是变动的，保险费率水平也应随之而变动。例如，随着医药卫生、社会福利的进步，人类寿命的延长，死亡率的降低，疾病的减少，人寿保险过去制定的费率就需要进行调整以适应变化了的新情况。在竞争激烈的保险市场，自主的保险费率还应该根据保险标的和竞争对手的具体情况在具体的保险业务中作出相应的调整。

3. 公平合理的原则。公平是指保险费率的厘定必须考虑能适用个别危险，使被保险人能基本上按照其本身危险程度大小来分担相应的保险费。由于相同保险标的在不同地点、不同时间使不同主体所具有的风险水平不同，这就要求在保险费率水平上也应有所差异。但这种差异性只能在相对精确的程度上得以实现，要做到完全公平，在客观现实上很难实现，除非进行个别核算，但这种办法不仅事实上行不通，而且也不符合大数法则的要求。为了计算方便，通常将性质相同或者相近的危险归纳为若干种类，然后计算分类费率，以适用于不同种类的保险标的。

合理是指保险费率水平要与被保险人及其保险标的的风险水平和保险人的业务经营需要相适应。保险费率过低，必然会影响保险基本职能的实现，使被保险人得不到充分的保障。而费率过高，特别是对附加费用比例过高，会加重被保险人的经济负担，损害被保险人的利益，也不利于保险业务的发展。公平合理原则确定了保险费率可能达到的最高水平。

4. 促进防损原则。促进防损原则指的是保险费率的制定应该有利于促进被保险人加强防灾防损工作，杜绝或者减少保险事故的发生。对于应对积极，防灾工作做得充分到位的被保险人适用较低的保险费率；对于没有损失或者损失较少的被保险人，适用优惠的保险费率；而对于态度消极、防灾防损工作做得差，甚至根本没有应对措施的被保险人适用较高的保险费率或者是在续保时加收保险费。

二、寿险费率影响因素

人寿保险是以人的生命或健康为保险标的的保险，其保险费率的厘定主要取决于预期的死亡率、预期的利率和预期的费用率。

1. 死亡率因素。在人寿保险中，保险人可以利用生命表来了解预期的死亡率。生命表是以特定人群为研究对象，反映或概括特定人群的生命规律的一种表格，可以给保险人提供以下信息：（1）各整数年龄对应的生存人数、死亡人数、生存概率和死亡概率，以及该整数年龄的平均剩余寿命；（2）生死人数总是以生命表基数为基础；（3）生死概率是相对的预期概率，反映特定群体中个体预期生死可能性大小；（4）生命表中独立的核心函数是死亡率，它是人寿保险费计算所需的条件和基础数据。

如前所述，生命表可分为经验生命表和国民生命表，各寿险公司的经验生命表是制定寿险费率十分重要的因素之一，从国外的情况来看，各家寿险公司之间的经验生命表可能存在很大差别。国民生命表虽然在整体上与总人口的寿命情形一致，但是对于某一地区、某一群体就不一定适合了。各寿险公司的科学做法应是将国民生命表与各公司的经验数据相结合，找出最适合本公司的死亡率数据。

2. 利率因素。人寿保险的期限通常相对比较长，投保人交付保险费与保险公司给付保险金之间可能存在着相当长的时间间隔。保险人收取保险费时，要考虑在预定利率下，保险费存放到一定时期内所产生的利息与本金相加是否与将要给付的保险金相等的问题。因此，预期的利率对于保险公司制定费率十分重要，特别是对于传统型寿险，因为它们在保单有效期内是固定不变的。寿险公司预期的利率是否能实现，主要看其未来的投资收益，保险公司的精算人员在确定预期的利率之前要与投资部门进行协商，要考虑本公司及其他公司过去的投资收益情况。在人寿保险保险费的计算中，预期的利率均采用复利来进行计算。

3. 费用率因素。保险人在经营人寿保险业务的过程中所发生的各项费用是由被保险人负担的，因此，预期的费用率也是人寿保险费率厘定的一项重要内容。寿险公司的费用一般包括但不限于：（1）合同初始费，包括签发保单费用、承保费用等；（2）代理人酬金，包括代理人佣金、奖金、奖励、研讨会会费、养老金计划支出等；（3）保单维持费用，包括缴费费用、会计费用、佣金的管理费用、客户服务费用、保单维持的记录费用和保费收入税等；（4）保单终止费，包括退保费用、死亡给付费用和到期费用等。

预期的费用应以会计数据为基础，通过分析同类业务过去长期发生的费用，以此决定预期费用的额度，预期的费用率高，保险费增加，反之，保险费降低。由此可见，预期的费用率的高低，对人寿保险费的高低影响很大。

4. 其他因素。影响人寿保险费率的其他因素，主要包括：

（1）失效率。在人寿保险中投保人可能因种种原因中断缴费而使人寿保险合同失效。对于长期寿险合同，失效后保险单具有现金价值，因此，在计算人寿保险费时，还得考虑以现金价值为基础的退保金及相应的解约率。一般而言，影响保单失效率的因素包括：①保单年度。保单失效率随保单年度的增加而降低。②被保险人投保时的年龄。十几岁至二十几岁的人口保单失效率较高，而 30 岁以上的被保险人的保单失效率低。③保险金额。大额保单的失效率通常较低。④保费缴付频率。每年缴费一次比每月预先从工资中扣除保费的保单失效率低，而每月直接缴费的保单的退保率则较高。⑤被保险人性别。当其他情况相同时，女性保单失效率要比男性保单失效率低。预期的失效率应基于本公司的经验数据，因各公司之间由于各种差别使保单失效率大相径庭，可以衡量与公司经营状况相类似的公司的经验数据，再根据年龄、性别和保额等因素进行平衡调整。

（2）分红率。保险单分红源于保险中的死差异、利差异和费差异，但死差异、利差异和费差异的根本原因又受到计算基础的影响。也就是说，采取较保守的计算基础，保险单分红的来源可能相对增加。如果事先已确定了保险单的分红率，那么在计算保险费时，就要在死亡率、利率和费用率等方面重新进行选择，才能使分红得到实现。

（3）残疾率。残疾率是指健康人在保险年度内发生残废的概率。随着人寿保险的发展，寿险合同现已常常附有伤残给付或伤残优惠等条件。因此，残疾率也应当成为厘定保险费率的资料之一。残疾率可以通过永久完全残疾发生率与残疾者死亡率两个数据来求得。

三、寿险费率的厘定

从前述的保险费计算公式：

人身保险费 = 保险金额 × 保险费率

我们可以得知：

保险费率 = 人身保险费 ÷ 保险金额

这个公式我们同样可以从保险费率的定义推导出来，所以，当我们计算出保险费之后，配上对应的保险金额，相应的寿险费率也就能够计算出来。

1. 趸缴纯保费的计算。

【模拟场景】

假设你是一家寿险公司的精算人员，面对一个保险金额为 10 000 元，保险期限为 3 年的寿险业务。保单规定如果被保险人在保险有效期内死亡，则保险人在死亡年度末支付 10 000 元的保险金额。现在请你在没有其他寿险费率的情况下，根据生命表的相关数据厘定该被保险人应该趸缴的纯保险费金额。

【情景分析】

假设该被保险人应缴纳 S_x 元的保费，共有 l_x 个被保险人买了同样的险种，且保险金额都为 10 000 元。根据生命表可知，l_x 个 x 岁的人在 x 岁到 $x+1$ 岁（第一保单年度）这一年中将有 d_x 个人死亡，在 $x+1$ 岁到 $x+2$ 岁（第二保单年度）将有 d_{x+1} 个人死亡，在 $x+2$ 岁到 $x+3$ 岁（第三个保单年度）有 d_{x+2} 个人死亡。假设每个被保险人缴纳 S_x 元保费，则 l_x 个被保险人共缴纳 $l_x \times S_x$ 元的保费。

【实务操作】

由生命表可知，l_x 个 x 岁的被保险人有 d_x 个在第一个保险年度死亡，每个死亡者在年末获得 10 000 元的保险金给付，则保险公司在年末共支出 $d_x \times 10\,000$ 元的保险金，这 $d_x \times 10\,000$ 元的保险金在年初的现值为 $(d_x \times 10\,000)/(1+i)$；依此类推，在第二保险年度末支出的保险金额在第一年年初的现值为 $(d_{x+1} \times 10\,000)/(1+i)^2$；在第三保险年度末支出的保险金额在第一年年初的现值为 $(d_{x+2} \times 10\,000)/(1+i)^3$。

根据纯保险费收支相等的原理，收取的保费应该等于未来每个保单年度可能的保险金额支付的现值之和，即

$$l_x \times S_x = (d_x \times 10\,000)/(1+i) + (d_{x+1} \times 10\,000)/(1+i)^2 + (d_{x+2} \times 10\,000)/(1+i)^3$$

由上式可得，该被保险人应该缴纳的纯保险费金额为：

$$S_x = [(d_x \times 10\,000)/(1+i) + (d_{x+1} \times 10\,000)/(1+i)^2 + (d_{x+2} \times 10\,000)/(1+i)^3]/l_x$$

其中，d_x、d_{x+1}、d_{x+2} 和 l_x 的数值都可以在生命表上查到相应数据，在确定了预期的利率之后，该寿险业务的纯保费就能够计算出来了。

2. 均衡纯保费的计算。

【模拟场景】

假设你是一家寿险公司的精算人员，面对一个保险金额为 10 000 元，保险期限为 3 年的寿险业务。保单规定如果被保险人在保险有效期内死亡，则保险人在死亡年度末支付 10 000 元的保险金额。现在请你在没有其他寿险费率的情况下，根据生命表的相关数据厘定该被保险人应该缴纳的年度纯保险费金额。

【情景分析】

以上面的寿险业务为例，假设保费不是趸缴的，而是在保险期限内分期均衡缴纳的，也就是在每个保险年度初缴纳 s 元。在第一个保险年度初假设有 l_x 个 x 岁的被保险人，每人缴纳 s 元，其现值为 $s \times l_x$；如果在第二保险年度初还有 l_{x+1} 个被保险人活着，每个人再缴纳 s 元，共缴纳 $s \times l_{x+1}$ 元，现值为 $s \times l_{x+1} / (1+i)$；同样道理，第三保险年度缴纳的保费现值为 $s \times l_{x+2} / (1+i)^2$。3 个保单年度初缴纳的保险费现值和为

$$s \times l_x + s \times l_{x+1}/(1+i) + s \times l_{x+2}/(1+i)^2$$

【实务操作】

根据前述趸缴保费的计算，该寿险业务未来可能的保险金给付的现值为

$$(d_x \times 10\,000)/(1+i) + (d_{x+1} \times 10\,000)/(1+i)^2 + (d_{x+2} \times 10\,000)/(1+i)^3$$

根据纯保险费收支相抵原则，每期缴纳保险费的现值之和 = 未来可能的保险金给付的现值之和，即

$$s \times l_x + s \times l_{x+1}/(1+i) + s \times l_{x+2}/(1+i)^2$$
$$= (d_x \times 10\,000)/(1+i) + (d_{x+1} \times 10\,000)/(1+i)^2 + (d_{x+2} \times 10\,000)/(1+i)^3$$

由上式可得，该被保险人应该缴纳的纯保险费金额为：

$$s = 10\,000 \times [(d_x \times 10\,000)/(1+i) + (d_{x+1} \times 10\,000)/(1+i)^2$$
$$+ (d_{x+2} \times 10\,000)/(1+i)^3]/[l_x + l_{x+1}/(1+i) + l_{x+2}/(1+i)^2]$$

3. 寿险营业保费的计算。营业保费是由纯保费和附加费构成的，即在纯保费的基础上附加费用支出。虽然在人寿保险公司业务经营中费用支出情况比较复杂，但其计算的基础仍是等价交换、收支相等。人寿保险营业保费的计算常用下列三种方法。

（1）三元素法。三元素法是将营业费用按照新合同费用、合同维持费用和收费费用三部分分别计算。①新合同费用。即原始费用，这是承保新业务在第一年度所需的一切开支，主要包括宣传、招待等费。这就需要将这部分费用乘以生存年金现值系数，并将其平均分配在整个缴费期内逐年平均收回。②合同维持费用。主要包括固定资产折旧、内部管理、职员工资等费用，这些费用基本上与保险金额的大小、保险费的多少无关，不易采用按保额或保费附加的方法，通常采取按保单张数定额附加的方法。③收费费用。即支付代理手续费、劳务支出等费用，这些费用通常是按营业保险费一定比例支付的，应按照每年对营业保险费的比例计算。三元素法按不同性质的费用的用途不同进行计算，分摊方法较为科学合理，在实务中较多采用。

（2）比例分摊法。按保险金额的固定比例分摊。即根据历年的统计资料或经验，大体上核定一个标准确定每 10 000 元保险金额应分摊多少营业费用，在年缴纯保险费中逐

年加一个固定费用即可。

按营业保险费的固定比例分摊。即把业务上的各种费用开支，统一按照营业保险费的固定比例计算。用这种方法确定附加费率，保险费越高，所负担的附加费越多，显然对大额投保人不利。为了照顾投保人或被保险人的正当利益，同时也为了简化计算手续，实务中在计算营业保险费时，一律在营业保险费上附加一个较小的百分比作为附加费率。

（3）混合比例法。混合比例法将附加费率分成两部分确定，一部分按保险金额的固定比例分摊，另一部分按营业保险费的固定比例分摊。把上述两种方法结合起来，这样将比单独使用一种方法更为公平合理。

4. 寿险费率的调整。根据人身保险费率厘定的稳定灵活原则，在客观条件没有发生巨大变化的相对稳定的一段时间内，寿险费率是不需要调整的。但是随着客观环境的变化，确定原来寿险费率的因素发生了变化，这时，我们可以按照前面的步骤，采取重新厘定费率的方法，也可以通过以下的方法对寿险费率进行相应的调整。

（1）分类法。分类法是指将性质相同的风险，分别归类，而对同一类别的各个风险单位，根据它们共同的损失概率，定出相同的保险费率。在分类时应注意每类中所有各个单位的风险性质是否相同，以及在适当的长期中，其损失经验是否一致，以保证费率的精确度。分类费率确定之后，经过一定时期，如与实际经验有所出入，则应进行调整。

其调整公式为

$$M = (A - E) \div (E \times C)$$

其中，M 为调整因素，即保险费应调整的百分比；A 为实际损失比率；E 为预期损失比率；C 为信赖因素。对于许多具体业务来说，费率的调整比费率的计算更重要。采用上面的公式来决定费率调整的百分比，关键在于确定信赖因素 C 的大小。信赖因素的大小，表示经验期间所取得的数据的可信赖程度。

（2）经验法。经验法是根据被保险人过去的损失及给付记录，对既定的寿险费率加以增减而得到新的适应性的费率。但是当年的保费率并不受当年经验的影响，而是用过去数年的平均损失，来修订未来年份的保险费率。经验法的理论基础是：凡是能够影响到将来的风险因素，一定已经影响过去的投保人的经验。

其计算公式为

$$M = (A - E) \div (E \times C \times T)$$

其中，M 为保险费率调整的百分比，A 为经验时期被保险人的实际损失，E 为被保险人适用某分类时的预期损失，C 为信赖因素，T 为趋势因素，考虑平均赔偿金额（给付金额）支出趋势及物价指数的变动。经验法的优点是，在决定被保险人的保费时，已考虑到若干具体影响因素，更能全面地顾及影响危险的各项因素。

📖 **知识小结**

对于人身保险公司来说，在厘定人寿保险保险费率时应遵循以下四个原则：充分保障原则、稳定灵活原则、公平合理原则和促进防损原则。人寿保险是以人的生命或健康为保险标的的保险，其保险费率的厘定主要取决于预期的死亡率、预期的利率、预期的费用率以及其他因素。人寿保险保险费的计算包括趸缴保险费的计算和分期缴纳保险费的计算。

📖　**考核**

1. 人寿保险的保险费率的厘定原则有哪些？
2. 哪些因素会影响到人寿保险保险费的厘定？
3. 运用复利的理论和公式根据生命表计算趸缴保险费。
4. 运用复利的理论和公式根据生命表计算分期缴纳保险费。

📖　**拓展**

【知识链接】

为什么大多寿险每期缴纳那么多的保险费

许多买了人寿保险或者打算买人寿保险的客户，或多或少都可能存在这样一个疑问，为什么大多数的寿险产品每期都要缴纳那么多的保险费，每月缴纳的要好几百元甚至上千元，每年缴纳的要好几千元甚至上万元。

根本性的原因在于，现在市面上绝大多数的寿险产品都是储金型的，或者叫返还型的，即未来的某一天会返还给客户一大笔钱，在绝对数额上要多于客户累积缴纳的保险费。情况有些类似于在银行储蓄，客户将一笔钱以寿险保险费的形式缴纳到保险公司，这笔钱的主要作用是产生利息（或者保险公司投资收益），利息是保险公司提供保险保障的纯保险费的来源。

与之相对应的，还有一类人身保险产品是消费型的，即在保险期间内只提供相应的保险保障，保险期限结束后不再返还任何金钱，这样的人身保险产品需要缴纳的保险费相对就少得多。人身保险中许多的意外伤害保险和医疗保险都属于消费型的保险产品。

【专业词汇】

趸缴 wholesale payment　分期缴纳 installment payment　死亡率 mortality（rate）

任务 3-3　意外伤害保险费率厘定

📖　**情境引入**

梁某给客户提供了各个险种的报价以后，客户提出了这样的疑问：意外险的保险费和人寿险的保险费怎么相差这么多呢？梁某如何作出合理的解释？

📖　**学习任务**

与人寿保险一样，意外伤害保险费由净保费和附加保费两部分组成。净保费用于发生保险事故造成意外伤害造成死亡或者伤残时的保险金给付，保险公司收取的附加保费用于保险公司的营业费用开支和预期利润。

与人寿保险不同，意外伤害保险的费率计算依据的是过去的经验资料，即经过统计的以往保额损失率，在这一点上更与财产保险费率的计算原理相似。

一、意外伤害保险费率概述

依据商贸往来的等价交换的原理，意外伤害保险的费率应与被保险人的危险程度相适应，首先要根据被保险人的危险程度进行分类。在一年期内，虽然被保险人可从事各种活动，但决定被保险人危险程度的，主要是被保险人从事劳动的性质。例如，井下采煤矿工人、海上捕鱼的渔民、机关事业单位的职工，他们所面临的危险显然不一样。因此，在一年期意外伤害保险中一般按被保险人的职业分类。

职业分类是一件看似简单实为技术性很强的工作：划分过粗，对保险人比较方便，但会造成被保险人之间保费负担的不公平；划分过细，保险费在被保险人之间分担较为公平，却给保险人带来了繁重的工作。极短期（期限少于一年）的意外伤害保险，一般按被保险人所从事的活动性质分类，即对飞机旅客、公路旅客、索道乘坐者等分别制定各自的保险费率。对被保险人进行分类后，就可依据有关统计资料分别计算费率。对新开办的险种，可根据相关的资料估算费率。例如，煤矿工人意外伤害保险的费率，可以根据矿山安全部门的工伤事故统计资料进行估算；铁路旅客意外伤害保险的费率，可以根据铁路部门的伤亡统计资料进行估算。对于已开办多年的意外伤害保险险种，则可根据经验资料计算保额损失率，并在此基础上计算出精确的保险费率。

在对被保险人分类的基础上，对各类被保险人分别计算净费率，在净费率的基础上再加上附加费率，从而得到保险费率。由于一年期意外伤害保险在意外伤害保险中最为普遍，且按保险金额的一定比率计收保险费又是保险费计算的主要方式，所以，我们仅以一年期意外伤害的保费计算为例，介绍费率的计算方法。

二、意外伤害保险费率厘定

1. 意外伤害纯费率的计算原理。保险是一种商品，因此也要求等价交换。这种等价交换，从整体来看，是全部被保险人所缴纳的纯保险费与保险人所给付的保险金额相等；从个别来看，是每个被保险人所付出的保费代价与所取得的保障程度相符，即按每位被保险人缴纳的纯保险费与其所能获得的保险金的数学期望值相等。

【实务操作】

意外伤害纯保费的计算

设某被保险人投保意外伤害保险，保险金额为 S，其获得的保险金给付为 X，则随机变量 X 的取值范围为 $0 \leqslant X \leqslant S$，以 $E(X)$ 表示 X 的数学期望值，以 P 表示该被保险人应缴纳的纯保费，则有

$$P = E(X)$$

从理论上讲，X 是一个连续型随机变量，则其数学期望的公式为

$$E(X) = \int_0^s X \times P(X) \, \mathrm{d}x$$

但是，在实际业务中 X 通常被离散化了，即 X 是一个离散型随机变量，因此，数学期望值通常表示为

$$E(X) = \sum X_i \times P_i$$

在上述公式中，X_i 表示随机变量 X 可能取的值是 X_1，X_2，X_3，…，X_i，P_i 表示随机变量 X_i 出现的概率，$\sum$ 为求和符号。

如果我们知道每一被保险人因意外伤害致死和造成各种程度残疾的概率，就可以用 $E(X) = \sum X_i \times P_i$ 求出该被保险人应缴纳的净保费。但客观现实的情况是，在投保时保险人一般是无法知道某个被保险人因意外而造成伤害导致死亡或各种程度残疾的概率的，因此，保险人只能根据已知的资料去估计给付每一被保险人保险金的数学期望值。根据大数法则，可以利用过去的统计资料中平均每一被保险人实际获得的保险金去估计未来某一被保险人所获得保险金的数学期望值。只要过去承保的被保险人数量足够多，这种估计就能够达到相当准确的水平。

在意外伤害的业务实践中，保险人会对许多被保险人承保，但这些被保险人的保险金额并不相同，所以保险人在计算净费率时，通常是将被保险人获得的平均保险金与被保险人的平均保险金额的比率作为净费率。

【实务操作】

意外伤害纯费率的计算

假设保险公司同时承保 n 个被保险人，他们的保险金额分别为 S_i，他们获得的保险金分别为 X_i，以 $\overline{S}$ 表示平均每个被保险人的保险金额，以 $\overline{X}$ 表示每个被保险人获得的保险金，则可以得到以下公式：

$$\overline{S} = \frac{1}{n}(S_1 + S_2 + \cdots + S_n) = \frac{1}{n}\sum_{i=1}^{n} S_i$$

$$\overline{X} = \frac{1}{n}(X_1 + X_2 + \cdots + X_n) = \frac{1}{n}\sum_{i=1}^{n} X_i$$

从以上不难看出，$\sum_{i=1}^{n} X_i$ 就是 n 个被保险人获得的保险金总额，$\sum_{i=1}^{n} S_i$ 就是 n 个被保险人获得的总的保险金额。这表明，如果有 n 个被保险人（假设 n 足够大的话）同时投保意外伤害保险的某一险种，我们就可以根据这些被保险人所获得保险金总额与总保险金额的比率来计算净费率。

但是，在业务实践中，我们很难对同时投保的一批被保险人进行跟踪记录，而且每一批同时投保的被保险人数量也不够多。所以实践中比较可行的做法是使用某一年度的保险金总额和该年度的有效保额总额计算净费率，即

$$意外伤害保险净费率 = \frac{某年度给付的保险金的总额}{该年度有效的保险金额的总额}$$

可以看出，这个比率就是保险金额损失率。这一结果表明，意外伤害保险中某险种的净费率应该等于该险种的保险金额损失率。

2. 意外伤害纯费率的计算方法。仔细观察意外伤害保险某一险种的保额损失率，可以发现各个年度可能并不一定相等，而是表现出一定的波动性。因此，不能将某一年的保额损失率作为纯保险费率，而应根据若干年的保额损失率统计资料来推断纯保险费

率。根据最近若干年的保额损失率计算纯保险费率的方法一般有以下几种：

（1）一元线性回归分析法。一元线性回归分析法是用一元回归方程对事物变化的因果关系作出定量分析。我们以 X 为时间变量（自变量），以 Y 为保额损失率的预测值（因变量），以 a 和 b 为回归方程系数，设 X 与 Y 之间的关系为 $Y = a + bX$，则根据一元线性回归的求解方法即可求出 a 和 b。使用一元线性回归方法应注意的是，当保额损失率逐年上升或下降并呈线性趋势时，这种方法较为准确，当保额损失率的变化没有这种线性趋势时应寻求其他方法。

（2）加权移动平均法。当保额损失率没呈现上升或下降趋势，且年与年之间波动不大，则可采用移动平均法计算纯费率。较常用的是一次移动平均法和加权移动平均法。一次移动平均法是将原始时间数列逐项移动，依次计算出包含一定项数的序时平均数的方法。加权移动平均法是将所取几年的保额损失率分别赋予不同的权重数，离预测年份越近的保额损失率权重数越大，把权重数与各年保额损失率的乘积加总，再以权重数之和除之。

（3）正态分布法。正态分布法是把各年度保额损失率看作一个随机变量，而且这一随机变量服从正态分布，根据以往若干年度实际发生的保额损失率，估计下一年度的保额损失率小于某一数值的概率。正态分布法适用于保额损失率，各年度间变化无规律可循，且承保人数又不多的情况。为使计算准确，要求保额损失率的资料的时间跨度应尽量长。

3. 意外伤害附加费率的计算。意外伤害保险的附加保险费率是以经营管理费、预期利润和税收为基础计算的，换言之，保险公司按附加费率收取的保险费，主要由以下三个部分构成：

（1）业务费用。业务费用包括保险从业人员工资、代理手续费、宣传费等。衡量方式有两种：一是业务费用占承保金额的比例；二是业务费用占保费收入的比例。

（2）预期经营利润。保险企业利润收入包括经营利润和投资利润两项，在费率中所反映的是经营利润。其衡量方式有两种：一是经营利润占承保金额的比例；二是经营利润占保费收入的比例。

（3）税收费用。保险企业的赋税包括营业税、城市维护建设税、所得税、房产税、车船使用税、土地使用税等。衡量方法同上。

📖　**知识小结**

意外伤害保险的费率应与被保险人的危险程度相适应，首先要根据被保险人的危险程度进行分类。意外伤害保险通常是将被保险人获得的平均保险金与被保险人的平均保险金的比率作为净费率。意外伤害纯费率的计算方法分为一元线性回归分析法、加权移动平均法和正态分布法。意外伤害附加费率通常包括：业务费用、预期经营利润和税收费用等。

📖　**考核**

1. 意外伤害保险纯费率的厘定原理是什么？
2. 意外伤害保险费率的厘定方法有几种？
3. 运用意外伤害损失的理论和公式计算意外伤害保险费。
4. 根据意外伤害基本费率表计算意外伤害保险费。

📖 **拓展**

【知识链接】

意外伤害保险费率表

在计算意外伤害保险费率时，应首先根据被保险人的危险程度进行分类，对不同类别的被保险人分别制定保险费率。

一年期意外伤害保险一般按被保险人的职业分类，因为在一年的时期内，虽然被保险人可从事各种活动，但决定被保险人危险程度的，主要是被保险人从事劳动的性质。极短期意外伤害保险一般按被保险人所从事活动的性质分类，例如，对飞机旅客、公路旅客、游泳者、滑冰者、索道游客、大型电动玩具游客等分别制定保险费率。

在一年期意外伤害保险中，对被保险人按职业分类一般称为划分工种档次。这是一项在技术上极为复杂的工作。工种档次划分得过粗，虽然简便，但不能充分体现等价交换原则；而划分得过细，虽然体现等价交换原则，但又很烦琐，工种档次的划分需要粗细适当。一般分为5~7档，被保险人的职业类别依据《职业分类表》查定，然后根据表中档次，对应被保险人的费率，如表3-2所示。

表3-2　　　　　　　　诚信保险公司一年期人身意外伤害保险基本费率

职业分类	一	二	三	四	五	六
年费率（‰）	2.5	3.0	3.6	5.2	8.5	10.6

注：1. 被保险人的职业类别依据《职业分类表》确定。

2. 特别费率由各级公司核保部门根据当地实际情况，依据不同的职业类别分别厘定，但其费率不得低于第六级职业类别费率的150%。

【专业词汇】

意外伤害保险 accident insurance　职业分类 occupation classification

任务3-4　健康保险费率厘定

📖 **情境引入**

梁某的客户更加关心的是重大疾病保险和住院医疗保险的保险费用，梁某怎样解释才能满足客户的需求？

📖 **学习任务**

一、健康保险费率的影响因素

健康保险费的厘定与意外伤害保险一样，也应遵循适当、合理、公平的原则。但与意外伤害保险和人寿保险相比，影响健康保险的因素比影响另外两大类保险的因素要多，除了死亡率、利息率等保费计算中常见的基本要素外，主要还包括以下因素。

1. 索赔总额。在计算健康保险费率时，保险公司首先要确定预期的索赔总额。索赔总额是指预计的索赔次数和平均每次索赔金额的乘积，而预计索赔次数又是单个被保险人的索赔频率和生存的被保险人数的乘积，用公式表示如下：

索赔总额 = 预计索赔次数 × 平均每次索赔额

预计索赔次数 = 单个被保险人的索赔频率 × 生存的被保险人人数

从另一个角度来说，索赔总额又是保险公司的理赔成本，因为它构成了保险公司处理给付案件过程中发生的全部成本的绝大部分。根据索赔总额计算出的保险费率构成了健康保险的纯费率。

影响医疗保险和残疾收入保险的预计索赔总额的因素是不同的。在医疗保险中，精算师在确定平均索赔成本时，主要考虑的因素有：被保险疾病的发病率、患者平均住院天数、平均每天的住院成本、手术费用、医师服务费用等。同时还应考虑在不同区域、不同经济，环境下这些费用的差异。而在确定残疾收入保险的索赔总额时，精算师应考虑的因素包括：被保险人因保险事故伤残的概率、被保险人伤残的程度、残疾可能持续的天数、平均残疾收入给付水平等。

通常保险公司利用连续发病率表和连续残疾表来反映上述信息。发病率是指在特定年龄组，一个人发生伤残或疾病的可能性。而连续发病率表则是根据疾病持续时间或索赔金额而编制的用以显示索赔概率分布情况的疾病统计表。例如，一家医院的连续发病率表可以预测出住院一定天数（如 5 天、10 天、18 天等）的 40 岁病人的人数。同样，连续残疾表可以预测出有某种残疾的某一年龄的人可能的残疾持续天数。连续发病率表还考虑了因死亡或康复而终止疾病的情况。年龄和性别会影响到发病率，同龄女性的发病率高于男性，因此女性年轻时的保险费率要高于男性，而随着年龄的增长，女性的保费成本反而会变得低于男性。

2. 相关费用。在计算保险费率时，保险公司也要考虑其在经营中发生的一些费用，如税金、代理人的佣金、保单的签发及管理成本、保险理赔成本等。这些费用构成了健康保险费率中附加费率的一部分。通常，这些费用可以表现为纯费率的一定比例或每份保单的分摊数额。

3. 等待期及免赔额。等待期的长短影响到保险公司所承担的责任。在其他因素不变的情况下，对于等待期长的险种，保险费率会较低，而等待期短的险种，保险费率就会较高。同样，免赔额的规定也降低了保险公司必须承担的责任和成本。如果保险公司提高免赔额，就可以降低保险费率。如果降低了免赔额，就必须提高保险费率。

4. 续保率或失效率。续保率是指在给定期间内，一组保单在应缴保费日仍然持续有效的保单数量与期初有效保单数量之比。与续保率相对的是失效率，它专指在特定时期内，因未缴续期保费而终止的保单数量与期初保单数份健康保险保单的数量之比。

持续率或失效率对健康保险定价非常重要，因为通常保单初年的附加费用较高，尤其是佣金费用和保单的签发成本较高，如果保单初年的失效率很高或续保率很低，而保险公司在定价时又没有充分考虑这一点，则对保险公司的日常经营非常不利。

5. 利率。利率在健康保险中的作用，主要体现在残疾收入保险等长期险种中。因为对于长期性险种，保险公司目前多采用均衡费率，这样保险公司为应付未来风险而提取的准备金进行投资的业绩就在很大程度上取决于利率水平。同时，由于健康保险费率的测算中要包含伤病发生率和持续时间、医疗价格、医疗机构等级、地区差异等寿险精算中不常涉及的因素，且这些因素对健康保险费的影响不易被准确、完整地测定出来。因而健康保险的定价和人寿保险的定价仍有很大的差别。在我国，由于监管方面的原因，保险公司的准备金投资渠道非常狭窄，主要集中在银行存款和购买国债等方面，受利率的影响更大。而对于残疾收入保险而言，保险金的现值也会因利率的变化而变化。

6. 安全余量。与人寿保险相同，健康保险在定价时也要考虑意外事件造成的异常损失，因此保险公司要在保险费率上留出一部分空间，作为安全余量或安全系数。安全余量既可以单独设定为纯保费的一定百分比，也可以不单独设定，而是保守地估算发病率、费用、续保率或利率等，提高保费水平，从而留出一定的安全空间。

【知识链接】

短期费率表

在意外伤害保险和健康保险中，保险公司一般只制定年费率，如果投保人要求投保的保险期限不是一年，则保险公司按短期费率表计收保险费。其计收原则是，保险期限不足一个月的按一个月计收，超过一个月，不足两个月的按两个月计收，依此类推。

表 3-3　　　　　　　　诚信保险公司短期费率（按年费率的百分比计算）

保险期间（月）	1	2	3	4	5	6	7	8	9	10	11	12
百分比（%）	25	35	45	55	65	70	75	80	85	90	95	100

注：1. 保险期间在 15 日以上（不含 15 日），不足 1 个月的，按 1 个月计算；保险期间在 1 个月以上，不足 2 个月的，按 2 个月计算；保险期间在 2 个月以上，不足 3 个月的，按 3 个月计算，依此类推；

2. 保险期间在 8 至 15 日之间（含 8 及 15 日），短期费率为年费率的 15%；

3. 保险期间在 7 日以下（含 7 日），短期费率为年费率的 10%。

二、健康保险费率的计算

健康保险定价的基本原理和人寿保险相同，即保费收入要足以弥补保险公司的赔款支出。因此健康保险在定价中同样要用到概率论、大数法则和利息理论等。但由于健康保险计算预期索赔的指标是发病率，而不是死亡率，而且发病率统计比死亡率统计要复杂得多，因此健康保险无论在统计上还是在数学计算上都是一个非常复杂的过程。

【实务操作】

表 3-4　　　　　　　　　　保险公司用职业分类

职业类别	工种描述
一类	纯文职人员，从事非体力劳动人员：公司管理人员、研发人员、文职人员、柜面人员；教师；设计师；财务人员；法官、律师、书记员；警卫行政及内勤人员；编辑；医生、护士；工程师；实验室人员（化学、核能、放射实验人员除外）、质检员；仓库管理员等

续表

职业类别	工种描述
二类	从事少量体力劳动非纯文职人员；机关、企事业单位外勤人员（如银行信贷员、销售人员、采购人员、报关员）；外勤记者（非战地记者）；清洁工（非从事高空作业、公路清扫）；导游、餐饮、酒店服务业服务员；制造业车间主任、领班；电影、电视业人员（非跑片员、武打演员、特技演员、机械工、电工、布景搭设人员）；高尔夫球场、保龄球场、球场、游泳池、海水浴场、游乐园的教练、球童、服务员、记分员、管理员、服务员；门卫；理发师、美容师、洗衣店工人；学生；公共事业抄表员、收费员；批发、零售业商人；家政人员、退休人员、个体工商户；桌球、羽毛球、游泳、射箭、溜冰、射击、举重、民俗体育活动、手球、乒乓球教练等
三类	内陆渔业养殖工人、水产品加工人员；非营运汽车司机及随车人员；航运稽查员；厨师；造修船业工程师；土木建筑业领班、监工；土木建筑承包商；电子业工人；仪器、仪表制造业工人；纺织及成衣业工人；食品饮料制造业工人；烟草业工人；文具制造业工人；塑胶业工人；橡胶业工人；包装工人；新闻杂志业装订工、送货员；舞蹈演员；酒家、歌厅工作人员；物业保安；司法警察；工商、税务执法人员；汽车教练；健身教练；体操教练；篮球教练；橄榄球教练；游泳、网球、垒球、溜冰、篮球、田径、体操、帆船、泛舟、手球、橄榄球、乒乓球职业运动员等
四类	农牧业人员；沿海养殖工人、内陆捕鱼人；护林员；野生植物保护人员；人力三轮车夫；营运汽车司机及随车人员；搬运工人、装卸工人；铁路维护工；铁路保安；航运领航员、饮水员、缉私人员、拖船/轮渡驾驶员及工作人员；飞机洗刷人员、机械员、修护人员；土木工程建筑业工人（不含外墙及高空作业）；安装工人（非高空作业）；装潢人员（非高空作业）；印刷厂工人；地质探测员（山区、海上）；加油站人员；制药厂工人；铁工厂、机械厂工人；钣金工、车床工、水电工、电镀工、铣床工、冲床工、钻床工、铲车工、钳工、焊工、铸造工；化工产品生产人员；造纸业、床垫及枕头制造业、陶器业工人；砖瓦厂、水泥厂工人；玻璃厂工人；广告业拍摄人员、广告牌制作人员（室内）；电影、电视业机械工、电工、布景搭设人员；城管人员；兽医、兽栏清洁工；邮政外勤人员、快递人员；电信及电力业工人（不含高空作业）；交警、治安人员；无业人员；篮球球员；排球、击剑、棒球教练等
五类	野生动物保护人员；木材加工业工人；石材加工业工人；家具厂工人；五金工具厂工人；危险品运输司机及随车人员；拖拉机驾驶人员；铁路道路铺设工、修路工；码头工人及领班；矿业采石业坑外作业人员；港口作业吊车、堆高机、起重机操作员；海水浴池救生员；现金押运员、司机等
六类	森林砍伐业伐木工人、锯木工人、装运工人；造修船业工人；高速公路工程人员；道路清洁工；刑警、特警；消防队队员；警校学生等
S类	高空作业人员；炸药处理警察；高压电工作人员；化学原料、易燃易爆易腐蚀品的制造业等
拒保	捕鱼人（沿海）、船员；矿业采石业坑内作业人员；石油、天然气开采业；所有海上作业人员；内河航运船员；国内外航线民航机飞行人员及服务员；飞行员、飞行学员；潜水人员；爆破人员；炸药、火药、雷管制造及处理人员；暴身于尘埃或有毒化合物之工人；战地记者；电视业跑片员、武打、特技、杂技演员；驯兽师、饲养员；保镖；防暴警察；现役军人；电力高压电工程设施人员；建造电缆、架空电线之操作及维修编拉电人员；拉线及维修工人、安装塔架工人；特种营业（如舞厅吧女、酒女、舞女、咖啡女郎、按摩师）等

1. 健康保险纯费率的计算。通常情况下，健康保险的保险成本是逐年增加的。这是因为，随着医疗技术的进步和医疗条件的改善，医疗收费标准和药品价格都呈递增趋

势，加上人们健康消费意识的提高，这些都是导致医疗费用支出上涨的因素，因此保险人的平均每千元保额的保险给付将增加，即保险成本加大。由于从以前的保险给付中总结出某些经验，保险事故的经验数据和将来可能发生的概率之间会有某些联系和规律，因此，保险公司经常用以前发生的经验数据来为未来做预测。预测的方法如下：

（1）一元回归分析法。一元回归分析法是回归分析法（又称因果关系分析法）的一种，它是用一元回归方程对事物变化的因果关系作出定性分析，预测可靠性较高，是一种比较科学的预测方法。由于处理的变量只有一个，称为一元回归。利用一元回归分析法计算纯费率一般至少要掌握 3 ～ 5 年的保额损失率的统计资料。

（2）趋势平均数法。趋势平均法是利用过去若干时期实际数量的平均水平，考虑变动趋势（即前后两个平均数的差额）的平均数，预测未来时期数量的一种预测方法。其中，比较简单而适用的方法是一次移动平均法。所谓一次移动平均法，是指根据原始时间数列，逐项移动，依次计算包含一定项数的序时平均数的方法。一次移动平均数的计算公式为

$$Y'_t = \frac{Y_t + Y_{t-1} + \cdots + Y_{t-n+1}}{n}$$

上述公式中，Y'_t 表示末项为 t 时期的一次移动平均数；Y_t 表示每项实际数据；t 表示每个移动平均数中末项的序时项数；n 表示每个序时平均数所包括的项数。

（3）正态分布法。如果某种保险近年来的保额损失率变化不是呈逐年上升或逐年下降的趋势，那么可看作或近似看作服从正态分布。正态分布法是把各年的保额损失率看作一个随机变量，而且这一随机变量服从正态分布，根据以往若干年度实际发生的保额损失率，估计下一年度的保额损失率以多大的概率小于某一数值。采用正态分布计算纯费率，至少要依据最近几年的保额损失率资料。

2. 健康保险附加费率的计算。如上文所述，除纯保费以外，健康保险费还包括附加费。附加费主要用于弥补保险公司的税收、业务费用，另外还包括一定水平的安全余量，并且还要包括为保险公司提供一定的预期利润。如果保险精算师根据经验数据确定了以往若干年度税金、业务费用、预期利润水平，就可以计算出健康保险的附加费率。

（1）税收费用。保险企业必须按国家税法的规定纳税。按照现行税法，我国的保险企业缴纳的税金可分为两部分：一部分是营业环节的税金，包括营业税、城市维护建设税和教育费附加等；另一部分是利润环节的税金，包括所得税。

（2）业务费用。保险公司的业务费用包括保险公司在经营中发生的代理人佣金，管理人员工资，宣传费用，保单印刷、签发、管理费用，理赔费用等。业务费用可以由保险公司在制定费率时根据以往的经验数据进行估算，它有两种表示方式：一是业务费用占承保金额的比例；二是业务费用占保费总收入的比例。

（3）预期利润。商业性保险公司是以营利为目的的企业，既在经营中承担风险，又要从经营中获得利润。保险企业的利润收入包括经营性利润和投资性利润两种。其中经营性利润主要来自附加费率。衡量经营性利润的方式也有两种：一是经营性利润占承保金额的比例；二是经营性利润占保费收入的比例。

📖 **知识小结**

健康保险费的厘定与意外伤害保险一样，也应遵循适当、合理、公平的原则。影响因素包括：索赔总额、相关费用、等待期及免赔额、续保率或失效率、利率、安全余量。健康保险费率的计算方法有：（1）一元回归分析法；（2）趋势平均数法；（3）正态分布法。健康保险附加费率的影响因素包括：（1）税收费用；（2）业务费用；（3）预期利润。

📖 **考核**

1. 健康保险的保险费率的影响因素有哪些？
2. 健康保险纯费率的计算方法有几种？
3. 运用职业分类表计算健康保险的保险费。
4. 运用短期费率表计算健康保险的短期保险费。

📖 **拓展**

【知识链接】

表 3 - 5　　　　　　　　　诚信人寿保险公司职业分类代码（摘录）

大分类	中分类	小分类		寿险	意外	疾病	豁免
00 一般职业	0001 机关	000101	机关团体内勤人员	1	1	1	1
		000102	机关团体外勤人员（从事联系工作）	1	2	1	1
	0002 工厂、企业	000201	工厂负责人、私营企业主（不亲自作业）	1	1	1	1
		000202	工厂、企业部门经理/主管（不亲自作业）	1	1	1	1
		000203	工厂、企业一般内勤（不从事危险工作）	1	1	1	1
01 农牧业	0101 农业	010109	割胶工人	3	3	2	1
		010113	竹、藤、麻、棕、草制品加工人员	2	3	1	1
02 渔业	0201 内陆渔业	020106	捕鱼人（内陆）	4	4	2	1
03 木材森林业	0301 森林砍伐业	030107	装运工人、挂钩人	5	0	2	0
04 矿业采石业	0401 矿物开采	040109	矿物采掘爆破工人	0	0	0	0
…	…	…	…	…	…	…	…
21 其他	2101 执法监督	210101	公、检、法、工商、税务、城管、卫生检验等执法监督人员	2	3	1	1
	2104 其他	210401	村委会、居委会人员	1	1	1	1

【专业词汇】

健康保险 health insurance　　短期费率 short-term rate

📄 **项目测试题**

（一）单选题

1. 保险基金和责任准备金的主要资金来源是（　　　）

A. 保险金额　　　　B. 保险价值　　　　C. 保险费率　　　　D. 保险费

2. 我们通常说的"利滚利"或者"驴打滚"指的是（　　　）

A. 单利　　　　　　B. 复利　　　　　　C. 终值　　　　　　D. 现值

3. 在定期定额存款其他条件不变的条件下以下哪个数值最大（　　　）

A. 利息　　　　　　B. 年金　　　　　　C. 终值　　　　　　D. 现值

4. 一般而言生命表中不包括的内容是（　　　）

A. 生存人数　　　　B. 死亡人数　　　　C. 死亡概率　　　　D. 生存概率

5. 影响人寿保险费率厘定最主要的因素是（　　　）

A. 死亡率　　　　　B. 利率　　　　　　C. 费用率　　　　　D. 其他因素

（二）多选题

1. 利息的多少取决于（　　　）

A. 计息方式　　　　B. 计息时间　　　　C. 本金数量　　　　D. 利率大小

2. 根据统计对象的不同，生命表可以分为（　　　）

A. 国民生命表　　　B. 地区生命表　　　C. 经验生命表　　　D. 样本生命表

3. 一般而言生命表中包括的内容是（　　　）

A. 生存人数　　　　B. 死亡人数　　　　C. 死亡概率　　　　D. 平均余命

4. 影响人寿保险费率厘定的因素有（　　　）

A. 死亡率　　　　　B. 利率　　　　　　C. 费用率　　　　　D. 其他因素

5. 影响健康保险费率厘定的因素还有（　　　）

A. 索赔总额　　　　B. 等待期　　　　　C. 免赔额　　　　　D. 续保率

（三）判断题

1. 从某种意义上讲保险费是保险的价格。　　　　　　　　　　　　　　　（　　　）

2. 保险费率一般由纯费率和附加费率两部分组成。　　　　　　　　　　　（　　　）

3. 厘定费率时要考虑到货币或资本的时间价值即利息的因素。　　　　　　（　　　）

4. 现在的100元钱和一年后的100元钱的价值是一样的。　　　　　　　（　　　）

5. 从绝对数量上来比较趸缴保费的数额要小于分期缴纳的。　　　　　　　（　　　）

（四）名词解释

保险费　保险费率　现值　终值　生命表　安全余量　平均余命

（五）简答题

1. 人身保险保险费的含义和构成是什么？

2. 人寿保险费率厘定的原则有哪些？

3. 影响人寿保险费率厘定的因素有哪些？

4. 如何计算人寿保险趸缴的保费？

5. 如何计算人寿保险的均衡保费？

（六）论述题

1. 影响人身保险费率厘定的因素。

2. 举例说明人身保险三大险别如何厘定保险费率。

📄 综合案例分析

怎样应用人寿保险的生命表

赵某是一位刚刚从高校保险专业毕业的高材生，进入到一家人寿保险公司的精算部门。这一天，部门梁经理找到赵某，给他布置了参加工作以来最具挑战性的一份工作："公司最近的经营情况不怎么乐观，高层领导认为是我们的保险产品在费率的制定上不具有什么竞争优势。你是学保险专业的，又是高材生，我把这个艰巨的任务交给你，针对我们公司目前经营的寿险、意外险和健康险几大主要险种，在保险费率的制定和修改上，拿出一套切实可行的方案。"

赵某高兴得几乎一夜没合眼，领导把这么重要的工作交代给自己，就是对自己的器重和赏识，自己一定要好好把握这次机会，好好地表现一下。于是，赵某通过各种关系，找到了一个在美国知名保险公司担任高层经理的远房亲戚，好说歹说终于搞到了一份机密级的寿险生命表和费率方案。赵某在这些资料的基础上，综合运用自己在大学所学的专业知识，一连熬了好几个通宵，最后终于完成了一套保险费率整改方案，并附上了相关的从美国公司获得的资料。

当赵某满心欢喜的将自己的"成果"交到梁经理手上时，本以为梁经理会对自己刮目相看、大加赞赏。没想到的是，梁经理只是默默地看了一小会儿，就将资料甩到桌上，轻轻地摇了摇头，同时叹了口气。

【分析】

人寿保险的生命表有着自身的应用范围。不同的国家和地区，生命表中的统计数据是不一样的。由于饮食起居、生活习惯等的不同，如果用一个国家和地区的生命表，来计算另一个国家和地区的寿险费率，必然会带来错误的结果。案例中的赵某就是没有认识到生命表的应用限制，才会导致部门梁经理对他的失望。

📄 实训活动设计

聘请保险行业内的资深专家或者教授学者来给学员进行一场讲座，专题讲授有关人身保险费率的制定，以及各个方面的要求和限制；或者将学员分成小组到人身保险公司进行调研：了解这家保险公司的费率是如何制定的；完成一篇不少于 800 字的调研报告。

📄 职业技能训练

个人健康保险费率厘定方法

与人寿保险和意外伤害保险费率的厘定存在些许的差别，适用于个人健康保险费率厘定的方法还可以有以下四种：

1. 统一费率法。在被保险人的年龄对赔付没有多大影响的情况下，可以使用统一费率法。根据这种费率厘定方法，对某一种类保险单在一个广大的年龄组的基础上确定其平均保险金成本，如 20 岁至 49 岁为一个年龄组，根据这一年龄组的平均保险金成本确定适当的统一费率。按照这种方法，当被保险人的年龄达到 50 岁时，应增加费率。

2. 阶梯费率法。与统一费率法相比较而言，阶梯费率法对年龄组的划分要更加细致一些，如以 5 年或 10 年为一个年龄组。对同一个年龄组的被保险人使用统一费率，当进入一个更高的年龄组时，应增加费率。

3. 一年定期法。在赔付随着被保险人的年龄增加而增加的情况下，可以使用一年定期法，如医疗费用保险。这种费率厘定方法按被保险人的年龄区分费率，每隔一年要提高费率。

4. 均衡保险费法。这种方法类似于人寿保险费率厘定所使用的均衡保险费法，需要提存准备金，把保险前期多缴付的保险费累积用来抵销保险后期增加的平均年净赔付成本。即

平均年净赔付成本 ＝ 年赔付频数 × 平均赔付金额

要注意的是，在使用上述这些费率厘定方法时，都需要考虑风险的测定和附加保险费的制定。

进阶阅读

1. http：//www. ssac. com. cn/zzkNote02. aspx，中航三星人寿官方网站。

2. http：//www. 360doc. com/content/11/1122/16/99076 ＿ 166509565. shtml，360 个人图书馆。

3. http：//www. ubao. com/planDetail/lifejob. html，优保网。

4. http：//baike. baidu. com/view/218563. htm，百度百科。

项目四
区分不同人寿保险产品

知识结构图

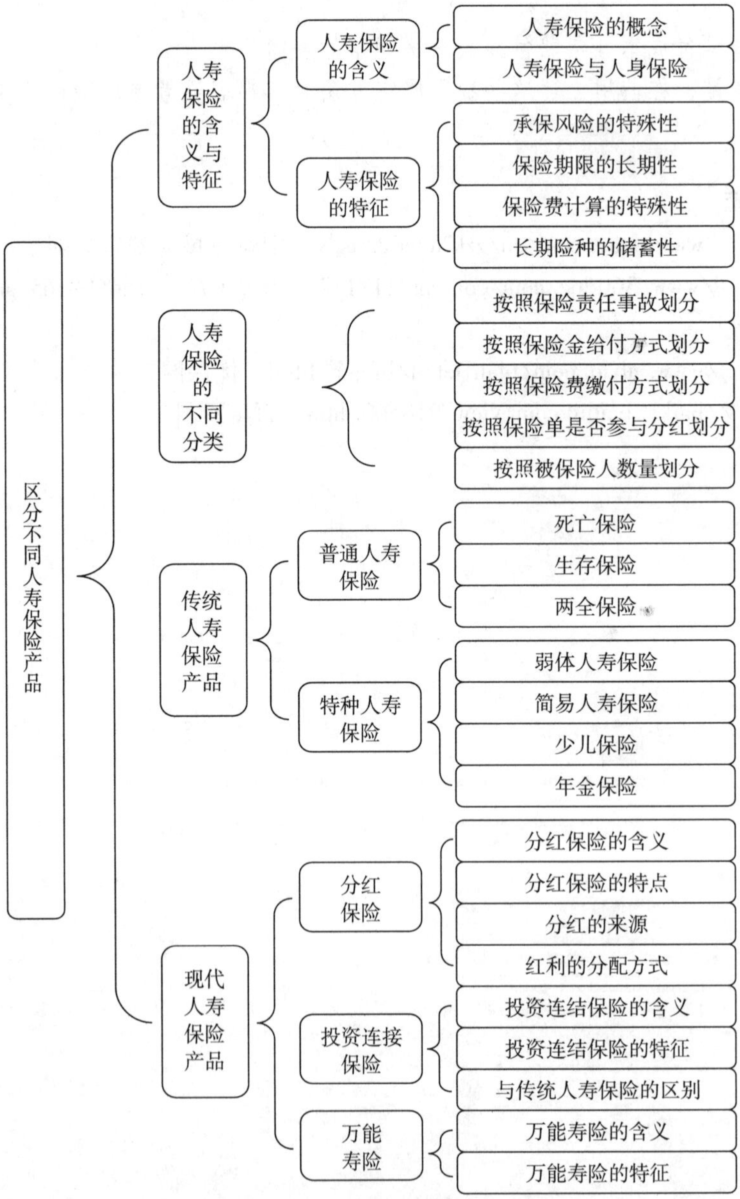

人寿保险的含义与特征
- 人寿保险的含义
  - 人寿保险的概念
  - 人寿保险与人身保险
- 人寿保险的特征
  - 承保风险的特殊性
  - 保险期限的长期性
  - 保险费计算的特殊性
  - 长期险种的储蓄性

人寿保险的不同分类
- 按照保险责任事故划分
- 按照保险金给付方式划分
- 按照保险费缴付方式划分
- 按照保险单是否参与分红划分
- 按照被保险人数量划分

传统人寿保险产品
- 普通人寿保险
  - 死亡保险
  - 生存保险
  - 两全保险
- 特种人寿保险
  - 弱体人寿保险
  - 简易人寿保险
  - 少儿保险
  - 年金保险

现代人寿保险产品
- 分红保险
  - 分红保险的含义
  - 分红保险的特点
  - 分红的来源
  - 红利的分配方式
- 投资连接保险
  - 投资连接保险的含义
  - 投资连接保险的特征
  - 与传统人寿保险的区别
- 万能寿险
  - 万能寿险的含义
  - 万能寿险的特征

图 4-1　人寿保险产品的知识结构

📄 **学习目标**

【能力目标】：能够分析人寿保险比较下的独有特征；能够识别不同人寿保险产品的类别；能够认识并区分普通和特种人寿保险产品；能够分析和比较传统和现代人寿保险产品；能够解释和说明分红保险和投资连结保险的关系；能够解释和区分两全保险和万能寿险。

【知识目标】：理解并能解释人寿保险的含义和独有特征；理解并能掌握人寿保险按照不同标准进行的分类；理解并能解释传统和现代人寿保险产品的区别；了解并能区分普通和特种人寿保险产品；理解并能说明分红保险的含义、特征和分配方式；解释并能分析投资连结保险与传统寿险的区别；理解并能解释万能寿险的含义和特征。

【素质目标】：能够在众多的保险产品中识别人寿保险产品并精确归类；能够通过对比说明人寿保险产品的独有特征；能够用通俗语言向客户解释人寿保险的主要险种；能够举例说明特种人寿保险和现代人寿保险产品的关系；能够向客户解释分红保险和投资连结保险的区别和联系。

📄 **工作任务**

➤ 举例说明人寿保险产品的主要险种；

➤ 对比说明各个人寿保险产品的区别和联系。

✍ **项目导入**

一个好人的故事

从前有一个好人，非常善良，对家人和朋友都很好。有一天，他在路上遇到了车祸，然后他的灵魂飞上了天堂。在天堂的门口，上帝却不让他进去，他很不服气："我是个好人啊，我对家人那么好，做了那么多的好事，为什么不能进天堂？"

于是，上帝指着人间让他看，他看见自己的孩子因没钱缴纳学费流落街头，他的妻子正在帮别人洗衣裳贴补家用，而他的老母亲白发苍苍不能安享晚年，他还没看完就大哭起来，上帝对他说："你发生意外之后，你的公司就倒闭了，你生前的债主追上门来，他们才会沦落成这样。"好人说："上帝你怎么不帮我？"上帝说："我已经帮过你了，你生前我曾经派过好几个天使去你那让你买人寿保险，但是你都拒绝了。虽然你是个好人，却不是个好丈夫、好父亲、好儿子，当然不能进天堂。"听到这里，好人流下了悔恨的泪水。

【启示】

案例呈现的显然是一个虚拟的故事，但是其中蕴含的意味却值得我们深思：一个真正意义的好人，是无论在与不在都能够让自己的家人安心生活的人，而人寿保险就是那个能够让你成为一个真正意义上的好人的方法。

任务4－1　全面认识人寿保险

📖　**情境引入**

　　在说到人寿保险产品时，梁某的客户有些不知所措，梁某怎样才能说明寿险产品的特征及与其他保险产品的不同？

📖　**学习任务**

一、人寿保险的含义

　　1. 人寿保险的概念。人寿保险简称"寿险"，是以被保险人的寿命为保险标的，以被保险人的死亡或者生存为保险责任事故的一种人身保险。在人寿保险中，投保人向保险人缴纳一定金额的保险费，当被保险人在保险期间内死亡，或者生存到一定的年龄期限时，保险人依照人寿保险合同的约定向被保险人或受益人给付一定数额的保险金。人寿保险是人身保险中最基本和最主要的险种，其业务量占据了人身保险业务的绝大部分。

　　2. 人寿保险与人身保险。

　　（1）保险范围。从范围构成上看，人身保险包括人寿保险。人身保险由人寿保险、健康保险和意外伤害保险三部分构成。人寿保险只是人身保险的一部分，但是它在人身保险中占有较大比重，因此，习惯上称"人身保险"为"寿险"，实际上人身保险的内涵要大于人寿保险。

　　（2）保险标的。西方国家的保险业一般按保险标的的不同分成两部分：寿险和非寿险。凡以人的寿命为保险标的的业务由人寿保险公司办理，此外的一切业务包括以物质财产、责任和信用等为保险标的的业务则由非寿险公司办理。我国《保险法》第九十五条第二款规定："保险人不得兼营人身保险业务和财产保险业务。但是，经营财产保险业务的保险公司经国务院保险监督管理机构批准，可以经营短期健康保险业务和意外伤害保险业务。"

　　（3）业务角度。从业务经营角度看，人寿保险与健康保险和人身意外伤害保险不同，其给付金由保险合同事先约定（不论死亡的原因是疾病还是意外事件），不必在保险事故发生时进行赔款金额的核定；费率厘定与利率和死亡率相关而与保额损失率无关；人寿保险以长期契约为主，采取均衡保费，与其他人身保险险种相比其储蓄性较强。

📖　**【拓展阅读】**

中国人寿保险（集团）公司简介

　　中国人寿保险（集团）公司及其子公司构成了我国最大的商业保险集团，是中国资本市场最大的机构投资者之一。2013年，总保费收入达3 868亿元，占境内寿险业务市场份额的31.6%；总资产达24 071亿元，是我国资本市场最大的机构投资者之一。连续

13 年入选《财富》全球 500 强，排名第 54 位；连续 7 年入选世界品牌 500 强，位列第 237 位；入选《中国品牌价值研究院》中国品牌 500 强，位列第 15 位。所属寿险公司继 2003 年 12 月在纽约、中国香港两地同步上市之后，又于 2007 年 1 月回归境内 A 股市场，成为内地资本市场"保险第一股"和全球第一家在纽约、中国香港和上海三地上市的保险公司，并已成为全球市值最大的上市寿险公司。2016 年 8 月，中国人寿保险（集团）公司在 2016 中国企业 500 强中，排名第 12 位。

二、人寿保险的特征

人寿保险除了具有人身保险的一般特征外，还在承保风险、保险期限、精算技术和长期险种的储蓄性等方面表现出其特殊性。

1. 承保风险的特殊性。人寿保险承保的风险是人的死亡或生存事件，与人的年龄密切相关，同一年龄段的人有比较稳定的死亡率，随着年龄的增长，呈现出较强的规律性。在实际业务中，保险人依据生命表提供的死亡率或生存率计算纯保险费，而生命表又是根据长期业务经营实践积累编制而成，由于观察的时间长、被保险人资料多，能够符合大数法则的要求，生命表中的死亡率、生存率接近被保险人实际发生的死亡率、生存率，呈现出相当大的规律性。

2. 保险期限的长期性。人寿保险的保险期限较长，短则数年，长则数十年甚至一个人的一生。原因之一在于人寿保险主要是用于为被保险人提供生存、养老保障要求的，因而具有较长的保险期限。原因之二在于均衡保险费的采用要求较长的保险期限。采用均衡保险费，其保险前期均衡保险费多于当年应缴的自然保险费，多出部分由保险人投资增值，用于补充保险期限后一阶段均衡保险费低于当年应缴保险费的不足。这可以克服自然保险费中的当被保险人年龄增高、劳动能力和收入下降，导致缴费困难而失去保险保障的不足。

3. 保险费计算的特殊性。人寿保险费计算的基础是各年龄的死亡率或生存率。早期的人寿保险的保险费是逐年递增的，这种按照各年龄死亡率计算而逐年更新的保费称为自然保费。但是，按照这种方式收取保险费的结果，会导致被保险人年老时因保险费逐年增高而缺乏保险费支付能力，使其在年老最需要保险保障时无法继续保险，削弱了人寿保险的社会效益。而且，往往身体好的人因逐年加重保险费负担而退出保险，而身体不好的人却坚持保险，容易出现逆选择。为了解决这一矛盾，人寿保险业务现在采用均衡保险费的方式，亦即在所缴纳保险费总额终值不变的前提下，投保人在保险缴费年度内，每一年所缴纳保险费的数额相等。

4. 长期险种的储蓄性。人寿保险除提供一般保险保障外，还兼具有储蓄性质，即具有返还性和收益性。购买人寿保险产品类似储蓄，合同中约定的保险事件或事故发生后，被保险人或者受益人总能领取保险金额的全部或一部分。同时，由于人寿保险采用均衡保险费，投保人每年缴纳的纯保险费可以分为两部分，一部分用于当年发生的死亡给付，成为危险保费。另一部分储存起来用于以后年度发生的死亡给付或满期生存给付，成为储蓄保险费，后者保险人可以运用投资增值，所以应该对投保人计算利息。

📖 知识小结

人寿保险简称"寿险"，是以被保险人的寿命为保险标的，以被保险人的死亡或者生存为保险责任事故的一种人身保险。人寿保险与人身保险在保险范围、保险标的和业务角度等方面既有区别又有联系。人寿保险的特征具体包括：承保风险的特殊性、保险期限的长期性、保险费计算的特殊性和长期险种的储蓄性。

📖 考核

1. 人寿保险和人身保险的关系怎样？
2. 和财产保险相比较人寿保险有哪些特征？
3. 对照说明人寿保险和人身保险的关系。
4. 举例说明人寿保险的特征。

📖 拓展

【知识链接】

寿险公司知多少

截至 2016 年 12 月，经中国保险监督管理委员会审核批准登记备案的经营人身险业务的保险公司共有 71 家，分别是：

中国人寿保险股份有限公司　工银安盛人寿保险有限公司
中荷人寿保险有限公司　信诚人寿保险有限公司
中国太平洋人寿保险股份有限公司　交银康联人寿保险有限公司
中国平安人寿保险股份有限公司　天安人寿保险股份有限公司
新华人寿保险股份有限公司　中意人寿保险有限公司
泰康人寿保险股份有限公司　光大永明人寿保险有限公司
太平人寿保险有限公司　友邦保险有限公司
中宏人寿保险有限公司　瑞泰人寿保险有限公司
建信人寿保险有限公司　生命人寿保险股份有限公司
中德安联人寿保险有限公司　中美大都会人寿保险有限公司
北大方正人寿保险有限公司　东方人寿保险股份有限公司
中英人寿保险有限公司　中法人寿保险有限责任公司
海康人寿保险有限公司　平安养老保险股份有限公司
民生人寿保险股份有限公司　合众人寿保险股份有限公司
招商信诺人寿保险有限公司　华泰人寿保险股份有限公司
长生人寿保险有限公司　国泰人寿保险有限责任公司
恒安标准人寿保险有限公司　太平养老保险股份有限公司
中美联泰大都会人寿保险有限公司　和谐健康保险股份有限公司
平安健康保险股份有限公司　中国人民人寿保险股份有限公司
中国人民健康保险股份有限公司　国华人寿保险股份有限公司
华夏人寿保险股份有限公司　中新大东方人寿保险有限公司

中航三星人寿保险有限公司　　中国人寿养老保险股份有限公司
正德人寿保险股份有限公司　　长江养老保险股份有限公司
信泰人寿保险股份有限公司　　英大泰和人寿保险股份有限公司
农银人寿保险股份有限公司　　泰康养老保险股份有限公司
长城人寿保险股份有限公司　　幸福人寿保险股份有限公司
昆仑健康保险股份有限公司　　阳光人寿保险股份有限公司
新光海航人寿保险有限责任公司　前海人寿保险股份有限公司
汇丰人寿保险有限公司　　东吴人寿保险股份有限公司
君龙人寿保险有限公司　　弘康人寿保险股份有限公司
百年人寿保险股份有限公司　　珠江人寿保险股份有限公司
中邮人寿保险股份有限公司　　吉祥人寿保险股份有限公司
中融人寿保险股份有限公司　　复星保德信人寿保险有限公司
安邦人寿保险股份有限公司　　中韩人寿保险有限公司
利安人寿保险股份有限公司　　德华安顾人寿保险有限公司
华汇人寿保险股份有限公司

【专业词汇】
人身保险 personal insurance　人寿保险 life insurance

任务 4-2　人寿保险的不同分类

情境引入
　　梁某已经与客户建立了良好的关系并成功地激发了客户的兴趣，在选择具体哪类的寿险产品时，客户有些不知所措。梁某如何向客户解释寿险产品的不同类别划分？

学习任务
　　早期的人寿保险主要是为死亡者亲属提供保障，即死亡保险。人们由于生存和长寿需要生活费用，在人寿保险的发展中又出现了年金保险，以及把死亡保险与生存保险相结合的两全保险。随着经济、金融形势的发展，人寿保险产品不断增多和创新，由传统的保障性、储蓄性向分红型、投资型方向发展，客户可以与保险公司共同分享保险经营成果，或者保险公司为客户设立专门账户进行投资理财。因此，现代人寿保险不仅具有储蓄性，而且具有分红性和投资性。

一、按照保险责任事故划分
　　人寿保险按照保险责任事故划分，可以分为死亡保险、生存保险、两全保险三类。
　　1. 死亡保险。死亡保险是以被保险人的死亡为保险事故，当被保险人死亡，保险人向受益人给付保险金，它是人寿保险中最基本的、最早产生的一种保险。

【保险产品】

诚信保险公司的终身寿险产品简介

投保范围：

凡十六至六十五周岁、身体健康者均可作为被保险人，由本人或对其具有保险利益的人作为投保人向诚信人寿保险公司（以下简称本公司）投保本保险。

保险责任：

在本合同有效期内被保险人身故，本公司按保险单载明的保险金额给付身故保险金，本合同终止。

保险费：

保险费的缴付方式分为趸缴、年缴和半年缴，分期缴付保险费的缴费期间又分为五年、十年、十五年和二十年，由投保人在投保时选择。

投保示例：

一个 21 岁的男性（或女性），投保本保险，选择交费方式为 20 年，保险金额 1 万元，则每年需缴纳保费 230 元，20 年共缴纳保费 4 600 元，终身保障是 1 万元。

2. 生存保险。生存保险与死亡保险相对，是以被保险人在保险期限结束后的生存为保险事故，以被保险人生存到一定年限（一定年龄）为保险金给付责任的人寿保险。

3. 两全保险。两全保险又称生死合险，是把定期死亡保险和定期生存保险相结合的一种人寿保险，即被保险人在保险期间内死亡，保险人给付保险金；被保险人在保险期限结束后仍然生存的，保险人同样给付保险金。

二、按照保险金给付方式划分

人寿保险按照保险金给付方式划分，可以分为一次性给付的人寿保险和分期给付的人寿保险两类。这两种支付方式，可以在人寿保险合同里面选择约定。

1. 一次性给付的人寿保险。一次性给付的人寿保险特点是保险人一次性将保险金给付被保险人或其受益人，如单纯的死亡保险和生存保险，被保险人或其受益人一下子可以获得一大笔钱。

2. 分期给付的人寿保险。分期给付的人寿保险的特点是其保险金按着保险合同约定分期给付，比如年金保险。分期给付的期间，可以是约定的时限，例如二十年内每月给付；也可以是约定的条件，比如直至被保险人死亡，或者受益人长大成人。

三、按照保险费缴付方式划分

人寿保险按照保险费缴付方式划分，可以划分为趸缴保费的人寿保险和分期缴费的人寿保险两大类。

1. 趸缴保费的人寿保险。趸缴保费的人寿保险是在投保时一次缴清全部保险费，缴费方式简便，保险合同管理方便，责任明确，但是有可能保险费数额巨大，有时会给投保人以较大的经济压力，所以选择趸缴保费的方式需要考虑实际的支付能力。

2. 分期缴费的人寿保险。分期缴费的人寿保险是在投保时缴纳第一次的保险费，即首期保费，以后每隔一定时间间隔缴纳一次保险费，依据缴费时间不同又可以分为年缴、半年缴、季缴、月缴等。分期缴纳的人寿保险减轻了投保人的支付压力，目前绝大多数的人寿保险都采取这种形式。

四、按照保险单是都参与分红划分

人寿保险按照保险单的持有人是否参与保险公司的分红来划分，可以分为分红保险和不分红保险。

1. 分红保险。分红保险是保险人约定将自身经营成果的一部分，即盈利的一部分以红利的形式分配给被保险人的保险。由于保险公司经营具有一定的风险性，有时会发生亏损，所以即使是分红保险，也有没有红利可分的时候。另外分红保险的保险费一般要高于不分红保险，现在分红保险更为社会大众所认可的是其投资理财的功能。

2. 不分红保险。不分红保险是相对于分红保险而言的，一般适用于保险期限较短、保险金额较低的人寿保险，只提供保险保障，一般不予分红，是比较基本和基础的人寿保险。

五、按照被保险人数量划分

人寿保险按照被保险人数量划分，可以分为个人人寿保险和团体人寿保险两大类。

1. 个人人寿保险。个人人寿保险，保险实务中一般称为"个险"，即在一张保险单所承保的保险标的是单个自然人，即被保险人只有一个的人寿保险。个人家庭的保险客户以投保个险的居多。

2. 团体人寿保险。团体人寿保险，保险实务中一般称为"团险"，是以团体的方式投保的定期或终身保险，是团体人身保险的一种重要类型，一张保单可以承保几十人甚至几百人。企事业单位的客户，一般都会投保团险。

📖 **知识小结**

人寿保险按照保险责任事故划分，可以分为死亡保险、生存保险、两全保险三类；按照保险金给付方式划分，可以分为一次性给付的人寿保险和分期给付的人寿保险两类；按照保险费缴付方式划分，可以分为趸缴保费的人寿保险和分期缴费的人寿保险两大类；按照保险单的持有人是否参与保险公司的分红划分，可以分为分红保险和不分红保险；按照被保险人数量划分，可以分为个人人寿保险和团体人寿保险两大类。

📖 **考核**

1. 人寿保险产品的基本分类是如何划分的？
2. 人寿保险产品有哪些分类方式？
3. 对照不同的分类标准说明人寿保险产品的分类。
4. 将现实业务中的保单按照不同的分类方式进行归类。

📖 **拓展**

【知识链接】

人寿保险是送给孩子的四个红包

您是否希望您的孩子有个美好前途？您知道抚养一个孩子需要多少费用吗？您可以

一直保证提供足够的保障给孩子吗？万一家庭发生变故，您认为您能保证孩子的教育不受影响吗？孩子是父母一生的骄傲，保险将给孩子一生的爱护。

进入社会就像跨过一个大门槛，做父母的要想孩子长大以后有出息，就要给他预留一些本钱，让他不致输在起跑线上。面对竞争激烈的社会，为了让孩子获得平等竞争的机会，人寿保险可让您提早以较少的支出保证子女日后必不可少的费用，是您送给孩子的四个红包：它是孩子的教育基金；是孩子成长的费用；是踏上社会的本钱；是成家立业的基础。人身保险会在您遇到重大事故时替您完成心愿让孩子受到良好的教育，在孩子的每一步成长中都有您的影子。

【专业词汇】

死亡保险 death insurance　生存保险 survival insurance

任务 4-3　传统的人寿保险产品

📖 **情境引入**

梁某的客户对"传统寿险产品"这一说法有些疑惑，梁某怎样才能用通俗的语言解释传统人寿保险产品及其分类？

📖 **学习任务**

所谓传统的人寿保险产品，也可以称为基本的人寿保险产品，指的是这类保险险种具有人身保险的基本风险保障功能，但是不具有增值收益的功能，或者说是投资理财的功能比较弱，但是这些确是人寿保险的基本险种。

一、普通人寿保险

普通人寿保险业务属于保障程度高的人寿保险产品，其基本形态通常包括三大类：死亡保险、生存保险和两全保险。

1. 死亡保险。死亡保险是以被保险人死亡作为给付保险金条件的人寿保险，按照保险期限的不同分为定期寿险和终身寿险。

（1）定期寿险。定期寿险是提供特定期间的死亡保障，按特定期间表示不同分为以特定的年数表示（如 5 年期）和以特定的年龄表示（如保至 50 岁）。无论以哪种方法表示期间，只有被保险人在保险有效期内死亡，保险人才承担保险金给付责任；如果被保险人在保险期限届满时仍然生存，保险合同即行终止，保险人无给付义务，而且已缴纳的保险费不再退还。

定期寿险大多期限较短，不具备储蓄因素，保单没有现金价值，保险费比较低廉。因此，它适宜于低收入阶层、家庭经济负担较重，又有保险需求的人投保。除此之外，偏重死亡保障的人也适宜于投保定期寿险。

（2）终身寿险。终身寿险是指以死亡为给付保险金条件，且保险期限为终身的人寿保险。终身寿险是一种不定期的死亡保险，即在保险合同中并不规定期限，自合同有效之日起，至被保险人死亡为止。也就是保险人对被保险人要终身负责，无论被保险人何时死亡，保险人都有给付保险金义务。终身保险最大优点是可以得到永久性保障，而且有退费的权利，若投保人中途退保，可以得到一定数额的退保金。

终身寿险按其保费缴纳的方法可分为三种：①连续缴费的终身寿险，又称普通终身寿险，这是投保人一直缴费至被保险人死亡为止的终身寿险，只要被保险人活着，就得继续缴费，习惯上，若被保险人已届生命表的"最终年龄"，保险人将自动放弃此后的保险费，并给付全额的保险金；②限期缴费的终身寿险，该险种与连续缴费的终身寿险类似，只是保险费限定在特定期间内缴付，特定期间可以是特定的年数，也可以是特定的年龄；③趸缴保费的终身寿险，是指投保人在投保时一次将全部保险费交付完毕的终身寿险，具有较高的储蓄性，因此，对于偏重储蓄的人较有吸引力，在国外，它还常被用来抵消遗产税的税负问题。

比较以上三种终身寿险，就储蓄的功能而言，趸缴保费终身寿险 > 限缴保费终身寿险 > 连续缴费终身寿险；就保障的功能而言，连续缴费终身寿险 > 限缴保费终身寿险 > 趸缴保费终身寿险。

2. 生存保险。生存保险是指被保险人生存至保险期满，保险人给付保险金的一种人寿保险。生存保险与死亡保险恰好相反，保险金的给付是以被保险人在期满时生存为条件，如果被保险人中途死亡，则保险人既不给付保险金，也不退还已缴的保费。

这种纯粹的生存保险在现实业务中一般不作为单独的保险形式推行，而是附加在死亡保险或其他人身保险合同上投保。

3. 两全保险。两全保险是被保险人无论在保险期内死亡还是生存至保险期满，保险人都给付保险金的一种人寿保险。两全保险的期间，可以特定的年数或特定的年龄来表示，如 5 年、10 年、20 年或到被保险人 60 岁、70 岁。由于人非生即死，被保险人不是在保险期内死亡，就是生存至期限届满，被保险人或受益人终会得到一笔保险金。

两全保险的主要险种有：

（1）普通两全保险。这是一种单一保额的两全保险。例如，某人投保保额为 5 万元，保期为 10 年的普通两全保险，则无论被保险人在 10 年内死亡，还是生存至第 10 年底，本人或其受益人均可领到 5 万元的保险金。

（2）期满双倍两全保险。这种保险的被保险人如果生存至期满，保险人给付保险金额的两倍，如果在保险期内死亡，则只给付保险金额。

（3）两全保险附加定期寿险。这种保险如果被保险人生存到保险期限届满，保险人按保险金额进行给付；如果被保险人在期内死亡，保险人则按保险金额的多倍进行给付，较适宜家庭生计的主要负担者投保。

（4）联合两全保险。这种保险承保两人或两人以上的生命，在约定的期限内，任何一人最先死亡，保险人给付全部保险金，保险合同终止。若满期时联合投保人全部健在，也给付全部保险金，这种保险适用于家庭投保。

二、特种人寿保险

1. 弱体人寿保险。弱体人寿保险又称次标准体保险，即以身体健康状况较普通健康人有差距，或从事危险职业的人作为被保险人的人寿保险。寿险产生之初，保险人对次标准体一概不予承保。后来随着医学的发展，人们发现非标准体的寿命未必就短。于是，保险人就设计了对次标准体附加特别条件承保的险种。

弱体保险的承保方式为：

（1）增龄法。采用这种承保方式，对于弱体寿险的被保险人，高出被保险人实际年龄若干岁的年龄计算保险费，即需要被保险人比实际年龄多缴纳一部分保险费。

（2）减额法。采用这种承保方式，对被保险人按正常费率承保，但是，在一定时期内按比例减少保险金的给付，然后逐渐趋于正常。

（3）增收保费法。采用这种承保方式，被保险人的保险金额不变，在计算保险费时，除了按照标准的费率计算之外，还要加收额外的保险费。

2. 简易人寿保险。简易人寿保险是为低收入阶层获得保险保障而开办的险种。它是一种小额的、免体检的两全性质的人寿保险，具有保险保障和居民储蓄的双重作用。

简易人寿保险的特点有：

（1）免于体检，这是为了充分体现投保此险种的方便性，但要求被保险人如实告知健康状况，对不符合健康标准的被保险人将拒绝承保；

（2）保额较低，这是为了满足低收入者设计的；

（3）内容简单，保险费按份计收，每一份的保费和保险金额根据被保险人所处的年龄段和所选择的保险期限确定；

（4）格式标准，保险期限分5年、10年、15年、20年等供投保人选择，保险费统一化，保险金额分组化，投保人不分男女一律按份投保，每份缴纳的保险费相同；

（5）缴费频繁，一般为每月一次，代理人上门收费，或者由被保险人单位在发放工资时代为扣费，这使得简易人身保险的工作比普通人寿保险烦琐，费用开支也多。

📖 【拓展阅读】

我国推出的小额人身保险

小额人身保险是一类面向低收入人群提供的人身保险产品的总称，具有保费低廉、保障适度、保单通俗、核保理赔简单等特点，是小额金融的重要组成部分，也是一种有效的金融扶贫手段。小额保险保额被限定于1万~5万元，保险期间在1年到5年，主要针对低收入农民最迫切的疾病、死亡和残疾等特定风险提供的保险服务。

我国目前已经开办农村小额人身保险业务。对于居住地集中，或同属某个组织的客户，可采用团体方式承保。如果以个险方式承保，保险公司可以只向客户提供简单的保险凭证。凭证上包含投保人、被保险人、受益人、保险种类和保险名称、保险金额、保险期间、每期保费、缴费期限、保险责任及除外责任、承保人地址和客户服务热线等必要信息。同时，将保险条款公开备置于保险公司营业场所、客户集中居住地或客户所属组织等地，方便客户随时查询。

3. 少儿保险。少儿保险是以未成年人作为被保险人，由其父母或扶养人作为投保人的人寿保险。少儿保险在开展之初是两全保险形式，但是，现在多数是终身寿险形式，目前我国各人寿保险公司推出的子女保险大都是提供子女教育金、婚嫁金、养老金和意外伤害保障等多种保障。

少儿保险具有如下特征：

（1）保险责任以生存给付为主，以提供他们的教育费用、创业基金或结婚费用，为防范道德风险，保障未成年人的安全、健康，在经营少儿保险业务时有条款规定，被保险人在21岁前死亡的，给付保险金额的50%，22岁以后至25岁死亡，给付保险金额的100%。

（2）控制保险金额，几乎所有的国家都对少儿保险的保险金额加以限制，有的是直接规定投保的最高限额，有的则是采取递增式。

（3）保费豁免条款，在投保人是儿童父母的情况下，如果在缴费期内投保人死亡或全残，未缴保费可以免缴，保险单继续有效，这个条款充分体现了对儿童利益的保障。

（4）保险期限有两种规定，有的少儿保险的保险期限从投保到被保险人成年（21岁或22岁）终止，有的则从投保到被保险人死亡为止。

【保险产品】

诚信寿险公司少儿两全保险简介

投保范围：

凡出生三十日以上、十七周岁以下，身体健康者均可作为被保险人，由其父母作为投保人向本公司投保本保险。

保险期间：

本少儿两全保险合同的保险期间为合同生效之日起至被保险人年满六十周岁的年生效对应日止。

缴费方式：

保险费交付方式分为趸缴（一次性交清）、年缴和月缴三种，分期交付保险费的，保险费的缴费期间分为三年交和交至被保险人年满十八周岁的年生效对应日零时止两种，由投保人在投保时选择。

保险责任：

一、教育保险金，被保险人生存至年满18周岁、19周岁、20周岁和21周岁的年生效对应日，给付教育保险金1万元；

二、婚嫁保险金，被保险人生存至年满25周岁的年生效对应日，给付婚嫁保险金6万元；

三、满期保险金，被保险人生存至年满60周岁的年生效对应日，给付满期保险金20万元，合同终止；

四、身故保险金，被保险人于合同生效后至其年满18周岁的生效对应日前身故，按照所缴保险费（不计利息）的130%给付身故保险金，合同终止；被保险人自其年满18周岁的生效对应日后身故，给付身故保险金20万元，合同终止。

险种特色：

本保险集教育、婚嫁、养老、投资理财、保险保障于一身。

4. 年金保险。年金保险是指在被保险人生存期间，保险人按照合同约定的金额、方式，在约定的期限内，有规则的、定期地向被保险人给付保险金的保险。年金保险，同样是由被保险人的生存为给付条件的人寿保险，但生存保险金的给付，通常采取的是按固定周期给付一定金额的方式，因此称为年金保险。

年金保险的特点是：

（1）年金保险是生存保险的特殊形态，表现在保险金的给付采取年金方式，即按照固定的时间间隔分期给付，而非一次性给付。

（2）年金保险保单上有现金价值，其现金价值随保险单年度的增加而增加，至缴费期结束，领取年金之前的时间点，现金价值为最高。因为年金收入中不仅包括了投保人缴付的本金和利息，还包括了期内死亡者的利益，同时，年金保险的保险费采取按月、年缴费的方式积存养老资金、为子女积存教育、婚嫁等所需资金，可以降低保险费，缓解支付压力，避免浪费。因此，年金保险的主要作用就是为老年生活提供保障，为未成年人成长、学习、创业、婚嫁积累资金，年金保险也可以作为一种安全的投资方式，获得税收上的优惠。

（3）年金保险有积累期（或缴费期）和清偿期（或给付期）的规定，有的年金保险还有等待期规定。积累期是指年金保险资金积累时期或投保人分期缴纳保险费的期间。清偿期是指保险人向年金受领人给付年金的期间。等待期是指缴费结束后至开始给付保险金的期间。

📖 知识小结

传统人寿保险产品指的是这类保险险种具有人身保险的基本风险保障功能，但是不具有增值收益的功能，或者说是投资理财的功能比较弱，但是这些确是人寿保险的基本险种，包括普通人寿保险和特种人寿保险。普通人寿保险业务属于保障程度高的人寿保险产品，其基本形态通常包括三大类：死亡保险、生存保险和两全保险。特种人寿保险包括弱体人寿保险、简易人寿保险、少儿保险和年金保险。

📖 考核

1. 普通人寿保险产品包括哪些？
2. 特种人寿保险产品包括哪些？
3. 对照说明普通人寿保险产品的三大类基本形态。
4. 结合实例举例说明特种人寿保险产品的产品特征。

📖 拓展

【知识链接】

年金与年金保险

日常经济生活中，年金随处可见，是有规则地定期收付一定款项的方法，即每隔一定的时间（如一年、一个季度、一个月等）间隔，有规则地收付款项，如银行的零存整取、整存零取业务就是一种年金。又如单位每月对职工发放工资，若月工资固定不变，对单位而言就是支出年金，对职工而言就是收入年金。年金并非以年为周期收付款项的，实际上年、月、半年、季等都可以成为年金的周期，不过一般以年为周期。

年金保险是按年金的方法支付保险金的保险，即按合同的规定，在被保险人生存期间，每隔一定的周期支付一定的保险金给被保险人。在年金保险中，领取年金额的人称年金受领人，保险人定期给付的金额称年金领取额，投保人缴付的保费称年金购进额。

　　人们习惯将年金保险称为年金，二者是有区别的：年金是大概念，而年金保险只是年金的一种。年金的收付有确定的期间，与收付款者的生命无关，而年金保险的给付期取决于被保险人的生命，人的生死事先又是不能预料的，因而其给付期是不确定的。为区别二者，也有称前者为确定年金，称后者为不确定年金。

【专业词汇】

两全保险 endowment insurance　　年金保险 annuity assurance

任务4-4　现代的人寿保险产品

📖　**情境引入**

梁某如何向客户解释现代寿险产品？

📖　**学习任务**

　　现代的人寿保险产品是在传统寿险产品基础上的创新，因而又称为创新型人寿保险产品，是保险公司为了适应新的保险需求，增加保险产品的竞争力，结合电子信息技术的进步，开发出一系列新型的寿险品种，以克服通货膨胀和利差损失的影响。较为常见的有分红保险、投资连结保险、万能寿险等。

一、分红保险

　　1. 分红保险的含义。分红保险又称利益分配保险，是指签订保险合同的双方事先在合同中约定当投保人所购险种的经营出现盈利时，保单持有人享有红利的分配权。这是一种保险人约定将每期盈利的一部分分配给保单持有人的人身保险产品。

　　这里的保单持有人是指按照合同约定，享有保险合同利益及红利请求权的人。分红保险、非分红保险以及分红保险产品与其附加的非分红保险产品必须分设账户，独立核算。分红保险采用固定费用率的，其相应的附加保费收入和佣金、管理费用支出等不列入分红保险账户；采用固定死亡率方法的，其相应的死亡保费收入和风险保额给付等不列入分红保险账户。

　　2. 分红保险的特点。

　　（1）具有风险保障和投资理财双重功能。分红保险在拥有投资功能的同时，还拥有保障的功能，既符合传统寿险产品的特点，同时又在一定程度上满足了客户对投资功能的需求。尤其是像传统保障类分红险种，不仅保障程度较高，而且拥有投资功能，可以满足投保者对保障和投资的双重需求。投资收益成为决定红利高低的重要因素。

　　（2）保单持有人享受保险人的经营成果。保险公司每年要将经营分红险种产生的部分盈余以红利的形式分配给保单持有人。目前中国保险监督管理委员会规定保险公司应至少将分红保险业务当年度可分配盈余的70%分配给客户。这样投保人就可以与保险公司共享经营成果，保险给付、退保金中含有红利。

　　（3）投保手续简便，便于消费者购买。从投保程序来看，很多分红保险的投保都不需要体检。从销售渠道来看，分红保险产品不仅适合代理人销售，还适合通过中介渠道包括邮政、银行等销售，拓宽了分红保险的分销渠道，便于消费者购买，但是客户承担一定的投资风险。由于每年保险公司的经营状况不一样，客户所能得到的红利也会不一样，因此，分红险使保险公司和客户在一定程度上共同承担了投资风险。

（4）保险费的精算假设相对比较保守。寿险产品在保险费率厘定时主要以预死亡率、预定利率和预定费用率三个因素为依据，这三个预定因素与实际情况的差距直接影响到寿险公司的经营成果。对于分红保险，由于寿险公司要将部分盈余以红利的形式分配给客户，所以在定价时对精算假设估计较为保守，即保单价格较高，以便实际经营过程中产生更多的可分配盈余。

3. 分红的来源。分红产品从本质上说是一种保户享有保单盈余分配权的产品。即将寿险公司的盈余，如死差益、利差益和费差益等，按一定比例分配给保单持有人。分配给保户的保单盈余，也就是我们所说的保单红利。

分红保险的红利，实质上是保险公司盈余的分配。盈余就是保单资产份额高于负债的那部分价值。每年，由公司的精算等相关部门计算盈余中可作为红利分配的数额，并由公司董事基于商业判断予以决定，此决定分配的数额称之为可分配盈余。盈余（或红利）的产生是由很多因素决定的，但最为主要的因素是利差益、死差益和费差益。

（1）利差益。当保险公司实际投资收益率高于预定利率时，则产生利差益。

利差益 =（实际资金运用收益 - 预定利率）× 责任准备金

（2）死差益。对于以死亡作为保险责任的寿险，死差益是由于实际死亡率小于预定死亡率而导致保险金给付减少产生的利益。

死差益 =（预定死亡率 - 实际死亡率）× 风险保额

（3）费差益。费差益是指公司的实际营业费用少于预计营业费用所产生的利益。

费差益 =（预定费用率 - 实际费用率）× 保险金额

除了以上三个主要来源以外，还有其他的盈余来源：①失效收益，寿险合同中途失效时，保险公司支付给保单持有人的解约金小于保单所积存的资产份额。②投资收益及资产增值。③残废给付、意外加倍给付、年金预计给付额等与实际给付额的差额。

4. 红利的分配方式。《个人分红保险精算规定》中要求：红利的分配应当满足公平性原则和可持续性原则；保险公司每一会计年度向保单持有人实际分配盈余的比例不低于当年可分配盈余的 70%；目前红利的分配有以下几种方式：

（1）现金红利。现金红利分配指直接以现金的形式将盈余分配给保单持有人。保险公司可以提供多种红利领取方式，比如现金、抵缴保费、累积生息以及购买缴清保额等。采用累积生息的红利领取方式的，红利累积利率的有效期至少为 6 个月。

（2）增额红利。增额红利分配指在整个保险期限内每年以增加保额的方式分配红利，增加的保额作为红利一旦公布，则不得取消。采用增额红利方式的保险公司可在合同终止时以现金方式给付终了红利。

（3）累积生息。保单持有人并不是及时按期领取红利，而是将红利存留在保险人那里，以复利计息获取累积生息的收益。

（4）抵缴保费。红利可用来抵缴到期应缴纳的保险费。若红利的金额不足以抵缴到期保险费，不足部分由投保人补齐。若红利的金额超过到期保险费的，剩余部分累计生息，也可以现金方式支取。

【保险产品】

诚信寿险公司的分红保险简介

投保范围：0～65 岁身体健康者均可投保。

保险责任：本保险的保险责任有两部分，保障和分红。

保障：生存保险金每满三周年领取一次，每次按保额的 8% 领取，如 1 万元的保额，被保险人只要生存，每年可以领取 800 元，直至终身。被保险人在保单生效一年内疾病身故，受益人按保额的 10% 领取身故保险金，无息退还保险费，责任终止；被保险人在保单生效一年后因疾病身故，或保单生效后被保险人因意外身故，受益人按保额的 100% 领取身故保险金，责任终止。

分红：红利多少根据寿险公司每年经营状况确定。红利领取方式有三种：累积生息，即可在寿险公司建立红利账户，按复利计息，随时领取现金；抵交保险费；购买增额保险，即用当年分得红利再购买同一保险以增加保险金额。

险种特色：本保险是融保障、投资于一体的终身保险。红利领取有三种选择权；保单具有贷款功能可缓解人生困难；保单的现金价值，逐年积累。

二、投资连结保险

1. 投资连结保险的含义。在我国，投资连结保险是指包含保险保障功能并至少在一个投资账户拥有一定资产价值的人身保险产品。投资连结保险的投资账户必须是资产单独管理的资金账户。投资账户应划分为等额单位，单位价值由单位数量及投资账户中资产或资产组合的市场价值决定。投保人可以选择其投资账户，投资风险完全由投保人承担。除有特殊规定外，保险公司的投资账户与其管理的其他资产或其投资账户之间不得存在债权、债务关系，也不承担连带责任。

投资连结保险产品的保单现金价值与单独投资账户（或称"基金"）资产相匹配，现金价值直接与独立账户资产投资业绩相连，没有最低保证。大体而言，独立账户的资产免受保险公司其余负债的影响，资本利得或损失一旦发生，无论其是否实现，都会直接反映到保单的现金价值上。不同的投资账户，可以投资在不同的投资工具上，比如股市、债券和货币市场等。投资账户可以是外部现有的，也可以是公司自己设立。除了各种专类基金供投保人选择外，由寿险公司确立原则，组合投资的平衡式或管理式基金也非常流行。在约定条件下，保单持有人可以在不同的基金间自由转换，而不需支付额外的费用。

中国保监会认可的投资连结保险产品具备的特点包括：该产品必须包含一项或多项保险责任；该产品至少连结到一个投资账户上；保险保障风险和费用风险由保险公司承担；投资账户的资产单独管理；保单价值应当根据该保单在每一投资账户中占有的单位数及其单位价值确定；投资账户中对应某张保单的资产产生的所有投资净收益（损失），

都应当划归该保单；每年至少应当确定一次保单的保险保障；每月至少应当确定一次保单价值。

📖 【拓展阅读】

投资连结保险出现的背景

在 20 世纪 70 年代，英国最早出现投资连结保险并且在国际上开始流行。当时欧美不少经营传统固定预定利率寿险品种的寿险公司发现，尽管在承保时把利率固定好，但以后多年的投资收益的好坏难以确定。由于市场竞争的激烈，保险公司往往为了吸引客户招揽业务，预定利率一再调高，使得保险公司经营越来越难。于是，保险公司就将保险公司收益与个人收益连接起来，保险公司不会因为自身投资的亏损而赔付给客户一大笔固定的利息，这样就将风险转嫁给了客户。从招揽客户方面来说，客户获利随着保险公司投资收益增多而增多，给客户带来了获得高额投资收益的想象空间。这样，一举两得，一方面转嫁了风险，另一方面吸引了客户，促进了业务增长。

在欧美国家，此种寿险销售额不断增长，一般都在保费总销售额的 30% 以上。在香港及东南亚地区甚至超过了销售总额的 50%，特别是在亚洲金融风暴后，成为不少寿险公司的主打产品。亚洲金融风暴中日本明治生命保险公司宣告破产，震惊了整个保险业，而同样在东南亚投资亏了大本的寿险公司却安然无恙。一个重要原因就是前者售卖的都是高固定利率的寿险产品，后者售卖的主要是投资连结型的寿险产品。到期兑付的高额固定利率回报，使得前者难以为继。后者却是没有收益就无须付给客户任何利益回报，现有的资金足以维持其继续经营。

2. 投资连结保险的特征。

（1）投资账户单独设置。投资连结保险均设置单独的投资账户。保险公司收到保险费后，按照事先的约定将保费的部分或全部分配进入投资账户，并转换为投资单位。投资单位是为了方便计算投资账户的价值而设计的计量单位。投资单位有一定的价格，保险公司根据保单项下的投资单位数和相应的投资单位价格计算其账户价值。

（2）保险责任和保险金额特殊。投资连结保险的保险责任与传统产品类似，不仅有死亡、残疾给付、生存保险领取等基本保险责任，一些产品还加入了豁免保险费、失能保险金、重大疾病等保险责任。

投资连结保险的死亡保险金额设计有两种方法：一种是给付保险金额和投资账户价值两者较大者（方法 A）；另一种是给付保险金额和投资账户价值之和（方法 B）。方法 A 的死亡保险金额在保单年度前期不变，当投资账户价值超过保险金额后，随投资账户价值波动。方法 B 的死亡保险金额随投资账户价值而不断变化，但净风险保额（死亡保险金额与投资账户价差）保持不变。

（3）保险费缴纳方式灵活。投资连结保险的交费机制具有一定的灵活性，缴费机制有两种：一种方式是在固定缴费基础上增加保险费假期，即允许投保人不必按约定的日期缴费，而保单照样有效，从而避免了因为超过 60 天宽限期而导致保险合同的失效。另外，还允许投保人除缴纳约定的保险费外，可以随时再支付额外的保险费，增加了产品的灵活性。另一种方式是取消了缴费期间、缴费频率、缴费数额的概念，投保人可随时支付任意数额（有最低数额的限制）的保险费，并按约定的计算方法进入投资账户。这种方式对客户的灵活性最高，但降低了保险公司对保费支付的可控性和可预测性，同时提高了对内部操作系统的要求。

（4）费用收取相当透明。投资连结保险在费用收取上相当透明。保险公司详细列明了扣除费用的性质和使用方法，投保人在任何时候都可以通过电脑终端查询。收取的费用包括：初始费用，即保险费进入个人投资账户之前所扣除的费用；买入卖出差价，即投保人买入和卖出投资单位的价格之间的差价；风险保险费，即保单风险保额的保障成本；保单管理费，即为维持保险合同有效向投保人收取的服务管理费用；资产管理费，即按账户资产净值的一定比例收取的费用；手续费，即保险公司在提供部分领取和账户转换等服务时收取的费用；退保费用，即在保单中途退保或部分领取时收取的用以弥补尚未摊销的保单成本费用。

3. 与传统人寿保险的区别。

（1）险种的主要功能不同。传统的人寿保险只具有保险保障或居民储蓄的功能；而投资连结保险除了具有保险保障的功能外，还具有投资增值的功能。

（2）保险金额的确定不同。传统保险的保险金额一般是在投保时就已经确定，保障程度是固定的。投资连结保险的保险金额由两部分构成：一部分为合同规定的最低死亡给付金额，是固定的；另一部分随资金运用情况的好坏而变动，是可变动的。

（3）保单的现金价值不同。传统保险的保单现金价值是在出售时就已确定了的；投资连结保险保单现金价值是保单拥有的所有"投资账户单位"的价值总和。

（4）信息的透明程度不同。传统保险的客户不知道所支付的保险费是如何运作的；投资连结保险的投资资金单独设立账户，拥有自己的投资顾问，保险公司将定期向客户公布有关信息，包括投资账户的设置及资金投向，投资收益率，投资单位价格，各项费用的收取比例等信息。

（5）账户设置及管理不同。传统寿险只设一个综合性账户，所有的保费收入、保险金给付以及其他的资金往来都通过综合性账户进行。投资连结保险除了设置了综合性账户之外，还要单独设置投资账户用于投资运作。

（6）风险责任的承担不同。传统寿险的保险人承担了包括利率变化、死亡率提高和费用增加等方面的风险。变额寿险的保险人只承担死亡率和费用率变动的风险，保单的投资部分风险则完全由保单持有人承担。

三、万能寿险

1. 万能寿险的含义。

万能寿险，也称为万能保险，是一种缴费灵活、保额可调整，非约束性的人寿保险。保单持有人在缴纳一定量的首期保费后，也可以按自己的意愿选择任何时候缴纳任何数量的保费，只要保单的现金价值足以支付保单的相关费用，有时甚至可以不再缴费。而且，保单持有人可以在具备可保性前提下，提高保额，也可以根据自己的需要降低保额。

万能寿险的经营透明度比较高，保单持有人可以定期了解到该保单的内部经营情况。保单持有人可以得到有关保单的相关因素，如保费、死亡给付、利息率、死亡率、费用率和现金价值之间相互作用的各种预期的结果的说明。保单经营的透明度并不意味着保单持有人能对保单价值作出精确估计，而是可以了解保单基金的支配情况。万能寿险具有透明度的一个重要因素是其保单的现金价值与纯保险保额是分别计算的，即具有非约束性。保单现金价值每年随保费缴纳情况、费用估计、死亡率及利息率的变化而变化。纯风险保额与现金价值之和就是全部的死亡给付额。

从万能寿险经营的流程上看，保单持有人首先缴纳一笔首期保费，首期保费有一个最低限额，首期的各种费用支出首先要从保费中扣除。其次根据被保险人的年龄，保险金额计算的相应的死亡给付分摊额以及一些附加优惠条件（如可变保费）等费用，要从保费中扣除。死亡给付分摊是不确定的，而且常常是低于保单预计的最高水平。进行了这些扣除后，剩余部分就是保单最初的现金价值。这部分价值通常是按新投资利率计息累积到期末，成为期末现金价值。许多万能寿险收取较高的首年退保费用以避免保单过早终止。在保单的第二个周期（通常一个月为一周期），期初的保单现金价值为上一周期期末的现金价值额。在这一周期，保单持有人可以根据自己的情况缴纳保费，如果首期保费足以支付第二个周期的费用及死亡给付分摊额，第二周期保单持有人就可以不缴纳保费。如果前期的现金价值不足，保单就会由于保费缴纳不足而失效。本期的死亡给付分摊及费用分摊也要从上期期末现金价值余额及本期保费中扣除，余额就是第二期期初的现金价值余额。这部分余额按照新投资利率累积至本期末，成为第二周期的期末现金价值余额。这一过程不断重复，一旦现金价值不足以支付死亡给付分摊额及费用，又没有新的保费缴纳，该保单就失效了。

2. 万能寿险的特征。

（1）保费缴纳方式灵活多样。万能人寿保险的投保人可以用灵活的方式缴纳保险费。保险公司一般对每次缴费的最高和最低限额作出规定，只要符合保单规定，投保人可以在任何时间不定额地缴纳保费，多数保险公司仅规定第一次保费必须足以涵盖第一个月的费用和死亡成本，但实际上大多数投保人支付的首次保费会远远高于规定的最低金额。

（2）保险金额可以约定调整。投保人决定一个初期的保额，然后每年可调整，并在适当范围内无须体检就可增加保险金额，保单所有人可以自行确定保险金额，而且可以提高和降低保险金额，在提高保险金额时通常要提供可保证明，目的是防止逆选择。降低保险金额时不需要提供可保证明。

一些保险单还允许保单所有人选择带有生活成本调整附加条约和可保选择权的万能寿险保单，生活成本调整附加条约的死亡给付金可以随着物价指数的上升而提高；可保选择权是允许保单所有人在未来某一年龄或某一事件发生时，不必出示可保证明就可以增加保险金额。

（3）保险单的经营运作透明。保险人定期向保险单持有人公开组成账户价格的各种因素。保单持有人每年都可以得到一份保险单信息状况表，用以说明保险费、保险金额、利息、保险成本、各项费用以及保险单现金价值的数额与变动状况，便于客户进行不同产品的比较，并监督保险人的经营状况。

（4）设立独立投资收益账户。万能寿险设立独立的投资账户，并且个人投资账户的价值（即保险单的现金价值）有固定的保证利率。首先，万能保险的保单提供一个最低保证利率。万能寿险的结算利率不得高于单独账户的实际投资收益率，并且两者之差不得高于2%。其次，当单独账户的实际收益率低于最低保证利率时，万能保险的结算利率应当是最低保证利率。保险公司可以自行决定结算利率的频率。

（5）两种死亡给付方式任选。A方式是一种均衡给付的方式；B方式是直接随保单现金价值的变化而改变的方式。在A方式中，死亡给付额固定，净风险保额每期都进行调整，使得净风险保额与现金价值之和成为均衡的死亡给付额。这样，如果现金价值增加了，则净风险保额（死亡保险金额与投资账户价差）就会等额减少；反之，若现金价值减少了，则净风险保额会等额增加。这种方式与其他传统的具有现金价值给付的保单较为类似。在B方式中，规定了死亡给付额为均衡的净风险保额与现金价值之和。这样，如果现金价值增加了，则死亡给付额会等额增加。

在A方式中，为避免由于现金价值太高而超过规定的保额，一些保险公司规定了最低净风险保额，从而使总的死亡给付额增加。中国保监会《个人万能保险精算规定》中规定，在万能保险合同有效期内，若被保险人身故，保险公司可按照身故时该保险年度的保险金额给予保险金，也可以以保险金额与当时个人账户价值之和作为身故给付。在保险合同有效期内，其风险保额应大于零。

📖 知识小结

现代的人寿保险产品是在传统寿险产品基础上的创新，因而又称为创新型人寿保险产品，是保险公司为了适应新的保险需求，增加保险产品的竞争力，结合电子信息技术的进步，开发出一系列新型的寿险品种，以克服通货膨胀和利差损失的影响，较为常见的有分红保险、投资连接保险、万能寿险等。

📖 考核

1. 分红保险的特征有哪些？
2. 投资连接保险和传统人寿保险有哪些区别？
3. 对照说明现代人寿保险产品的三大类基本形态。
4. 结合实例举例说明现代人寿保险产品的产品特征。

📖 拓展

【知识链接】

万能寿险的由来

万能寿险在1979年由美国的加利福尼亚人寿保险公司首次推出，最初的产品结构是在弹性保费年金的基础上，附加一份每月更新的定期寿险，在保留传统寿险税收优惠的基础上，提供足够的弹性满足客户们不断变化的投资需求。到了1983年，美国几乎所有的寿险公司都推出了至少一种万能寿险保单。

此外，美国1984年的新税法也解决了有关万能寿险税收的一些遗留问题，至此，万能寿险成为寿险市场上的主要产品。由于万能寿险最大的特点是具有灵活性，保险单所有人能定期改变保险费金额，可以暂时停止缴纳保险费，还可以改变保险金额，是一种弹性保费寿险。因此，自推出后，其保单销售量不断增加，到1985年时万能寿险的市场份额达到历史峰值，以当年保费计算达到整个市场年保费收入的38%，并且该险种很快传到国外，成为国际三大寿险新险种之一。

【专业词汇】

分红保险 participating insurance　投资连接保险 investment linked insurance　万能寿险 universal life insurance

项目测试题

（一）单选题

1. 我们一般提到人身保险的时候更多具体指的是（　　）

A. 人寿保险　　　　　B. 健康保险　　　　　C. 意外保险　　　　　D. 医疗保险

2. 传统的人寿保险产品包括（　　）

A. 投连保险　　　　　B. 分红保险　　　　　C. 万能寿险　　　　　D. 两全保险

3. 两全保险的保险责任是（　　）

A. 生存　　　　　　　B. 疾病　　　　　　　C. 死亡　　　　　　　D. 生存和死亡

4. 特种人寿保险不包括（　　）

A. 少儿保险　　　　　B. 年金保险　　　　　C. 简易寿险　　　　　D. 万能寿险

5. 分红保险中红利的来源不包括（　　）

A. 保差异　　　　　　B. 利差益　　　　　　C. 费差益　　　　　　D. 死差益

（二）多选题

1. 人寿保险中保险人计算纯保费的依据是（　　）

A. 生命表　　　　　　B. 损失率　　　　　　C. 生存率　　　　　　D. 死亡率

2. 人寿保险按照保险责任事故划分可以分为（　　）

A. 死亡保险　　　　　B. 生存保险　　　　　C. 分红保险　　　　　D. 两全保险

3. 现代的人寿保险产品包括（　　）

A. 投连保险　　　　　B. 分红保险　　　　　C. 万能寿险　　　　　D. 年金保险

4. 传统的人寿保险产品包括（　　）

A. 年金保险　　　　　B. 简易寿险　　　　　C. 弱体寿险　　　　　D. 两全保险

5. 人寿保险中弱体保险的承保方式包括（　　）

A. 增龄法　　　　　　B. 减额法　　　　　　C. 附加法　　　　　　D. 增收保费法

（三）判断题

1. 人寿保险的概念的范围要大于人身保险。　　　　　　　　　　　　（　　）

2. 人寿保险以长期契约为主，采取均衡保费。　　　　　　　　　　　（　　）

3. 人寿保险除提供一般保险保障外，还兼具有储蓄性质，即具有返还性和收益性。
　　　　　　　　　　　　　　　　　　　　　　　　　　　　　　（　　）

4. 早期的人寿保险是为死者亲属提供保障，即死亡保险。　　　　　　（　　）

5. 弱体人寿保险又称次标准体保险，即以身体健康状况较普通健康人有差距，或从事危险职业的人作为被保险人的人寿保险。　　　　　　　　　　　（　　）

（四）名词解释

人寿保险　死亡保险　生存保险　两全保险　弱体人寿保险

简易人寿保险　年金保险　分红保险　投资连结保险　万能寿险

（五）简答题

1. 人寿保险的含义和特征是什么？

2. 人寿保险有哪些主要的险种？

3. 分红保险中红利的来源和分配方式怎样？

4. 投资连结保险与传统人寿保险的区别有哪些？

5. 万能寿险的含义和特征是什么？

（六）论述题

1. 分红保险和投资连结保险的关系。

2. 举例说明人寿保险的主要险种及其特点。

📄 综合案例分析

巧用孩子的压岁钱购买保险

每到春节，孩子们最大的快乐莫过于收到压岁钱，并且随着生活水平的提高，压岁钱也水涨船高，动辄几千元或几万元，章先生的儿子6岁，每年都收入可观，他打算用这笔钱给孩子买一份保险，既可从小培养孩子的风险管控意识及理财意识，还可让孩子感受到父母的关爱。

【分析】

目前，市场上的少儿保险种类较多，包括少儿意外伤害保险、少儿健康医疗险、少儿教育金保险及少儿投资理财险。由于少儿自我保护意识不强，很容易发生意外，因此投保一份意外险是必不可少的，且意外险保费便宜，每年只需缴纳几百元的保费，即可获得高保额保障。另外，少儿体质较弱，生病住院支出成为令不少家庭头疼的事，可选择一份住院医疗险，可报销一定比例的住院和医疗费。在教育费用不断走高的情况下，通过保险为家长提供强制储蓄的通道，为若干年后孩子提供各个年龄阶段的教育金、创业金、婚嫁金等，这也是少儿保险的一大功能。

📄 实训活动设计

将学生分成小组进行市场调查：针对你所在地区的保险市场收集相关的人寿保险资料，集体讨论某种人寿保险产品的类别和特点，以小组为单位进行讨论，完成一篇不少于1200字的人寿保险产品的对比分析报告。

📄 职业技能训练

分红保险的介绍与推荐

【模拟场景】

假如你是一家人寿保险公司的营销业务人员，李女士是你的一位潜在客户，她月收入 4 000 元，希望购买一款保障高，又有一定收益的险种，在营销展业过程当中，你将如何向她介绍你们公司的保险产品，成功地为其提供保障。

【情景分析】

分红保险属于理财类保险产品，购买分红险的人在获得身故保障和生存金返还的同时，还可以以红利的方式分享保险公司的经营成果。分红险可分配盈余来源于保险公司假设的死亡率、投资收益率和费用率与实际的差异。比如可能存在以下情况：实际投保人群的死亡率比假设的低，或者实际投资收益高于假设的收益。这些差异使得保险公司产生了一定的盈余，这就是分红险可分配盈余的来源。

中国保监会规定，保险公司每年至少应将分红保险可分配盈余的 70% 分配给客户。红利分配有两种方式：现金红利和增额红利。现金红利是直接以现金的形式将盈余分配给保单持有人。增额红利是指整个保险期限内每年以增加保险金额的方式分配红利。目前国内大多保险公司采取现金红利方式。在现金红利的分配方式下，红利可以采取多种领取方式：现金、累积生息、抵缴保费和购买缴清增额保险。

【实务操作】

你可以向李女士推荐诚信人寿保险公司的长乐终身寿险，这是一款附带分红的终身寿险，你可以通过举例向李女士进行产品说明。

保险责任：被保险人因疾病或意外伤害而身故，受益人获得保险单所列明保险金额作为身故保险金，本合同终止。

产品特征：凡 65 周岁以下，身体健康都可以投保；缴费方式为趸缴、5/10/15/20/25/30 年缴或年缴至 55/60/65 周岁任选；保险期间为终身。

险种特色：本保险集高额身故保障与投资理财于一身，终身分红，提供减额缴清、保险合同贷款、保费自动垫缴等超值服务，客户利益得到保障。

利益说明：李女士如果购买《长乐终身寿险（分红型）》，保险金额 10 万元，选择 20 年缴费，年缴保费 3 100 元。李女士所拥有的利益及保障如下：

保单红利表

保险合同周年日		保证现金价值	累积红利		
年度	年龄		低	中	高
30	60	49 200	13298	36 453	51 890
40	70	63 300	25 306	68 752	97 716
50	80	76 500	43 068	115 457	163 716
60	90	86 500	68 390	180 991	256 057
75	105	97 900	124 820	326 706	461 297

注：红利水平，采用低、中、高档进行演示，不作为对本公司未来业绩的预期。实际的红利水平由公司的经营状况确定。身故保障，若被保险人不幸因疾病或意外伤害而身故，受益人可领取身故保险金 10 万元，本合同终止。

📄 **进阶阅读**

1. http：//www. circ. gov. cn/web/site0/tab3060/i251543. htm，中国保监会网站。

2. http：//wiki. mbalib. com/wiki/% E6% 97% A5% E6% 9C% AC% E7% 94% 9F% E5%91% BD% E4% BF% 9D% E9% 99% A9% E5% 85% AC% E5% 8F% B8，MBA 智库百科。

3. http：//wenku. baidu. com/view/6689f84df7ec4afe04a1df4a. html，百度文库。

4. http：//www. 360doc. com/content/13/1003/04/5590737 _ 318685975. shtml，360个人图书馆。

5. http：//about. pingan. com/renshou/index. shtml，中国平安人寿保险股份有限公司网站。

6. http：//www. chinalife. com. cn/publish/zhuzhan/641/index. html，中国人寿保险（集团）公司。

项目五
区分意外伤害保险产品

🖱 知识结构图

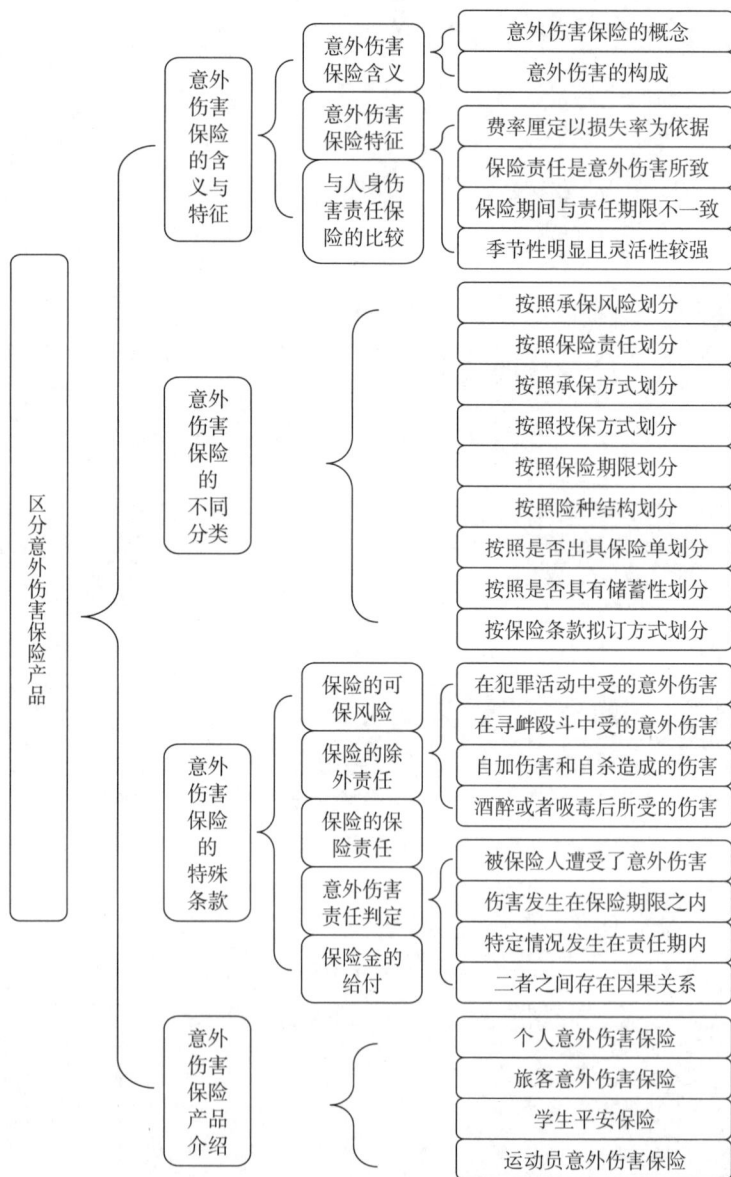

图 5-1　意外伤害保险产品的知识结构

📄 **学习目标**

【能力目标】：能够区分意外伤害保险与人寿保险和健康保险；能够识别不同意外伤害保险产品的类别；能够区分意外伤害保险的有效期和责任期；能够掌握意外伤害保险的保障范围、除外责任和责任认定；能够区分意外伤害保险和疾病医疗保险；能够掌握意外伤害保险的主要险种险别。

【知识目标】：理解并能解释意外伤害保险的含义和特点；掌握并能解释意外伤害的含义及构成条件；理解并能掌握意外伤害保险按照不同标准进行的分类；了解并能区分意外伤害保险与人身伤害责任保险的关系；理解并能说明意外伤害保险的一些特殊条款；重点掌握意外伤害保险的除外责任的责任判定；掌握并能区分意外伤害保险的主要险种及其特点。

【素质目标】：能够对比解释说明意外伤害保险的独特特征；能够举例说明意外伤害保险和疾病医疗保险的关系；能够对比说明意外伤害保险条款和其他人身保险条款的关系；能够用通俗语言向客户解释意外伤害保险的主要险种；能够说明个人意外伤害保险和旅客意外伤害保险的内容。

📄 **工作任务**

➤ 举例说明意外伤害保险产品的主要险种；

➤ 对比说明各个意外伤害保险产品的区别和联系。

✎ **项目导入**

意外伤害是年轻人面临的第一大风险

看了中央电视台《身边的感动》的观众都会被赵小亭的故事感动。赵小亭是一名大学三年级的学生，自愿向学校申请到贵州的某个乡村支教。2010 年 7 月 21 日，赵小亭和同事在去学生家访的路上，被突然滚落的山石击中头部，不幸当场遇难。

这突如其来的意外对于赵小亭的家里无疑是一个沉重的打击，培养了 20 多年的孩子还没来得及独立就没了，父母付出的精力、财力还有寄予的巨大希望全部破灭。悲痛之余我们不禁设想，如果赵小亭之前购买了人身意外险，她的父母还能在她离世之后获得一定的经济补偿，这姑且也算是一种慰藉。从整个社会的角度来看，我们在痛心之余，还应该反省的是当代大学生保险意识的薄弱。

任务 5-1　全面认识意外伤害保险

📖 **情境引入**

梁某的客户认为购买了意外伤害保险产品意味着遭受意外就能获赔，梁某怎样才能说明意外险产品与其他保险产品的不同？

📖 **学习任务**

一、意外伤害保险的含义

1. 意外伤害保险的概念。意外伤害保险，有时也称为人身意外伤害保险，是以被保险人因遭受意外伤害造成死亡、残疾、支出医疗费、暂时丧失劳动能力为给付保险金条件的一大类保险。

意外伤害保险与人寿保险、健康保险的区别在于，意外伤害保险的保险责任是意外伤害造成的死亡、残疾、支出医疗费或暂时丧失劳动能力。其他原因（如疾病、生育等）造成的死亡、残疾、支出医疗费或暂时丧失劳动能力，不属意外伤害保险的保险责任。意外伤害造成的其他损失（如失业、被保险人对他人的民事赔偿责任等），也不属于意外伤害保险的保险责任。

意外伤害保险的基本内容是：投保人向保险人缴纳一定量的保险费，如果被保险人在保险期限内遭受意外伤害并以此为直接原因或近因，在自遭受意外伤害之日起的一定时期内造成的死亡、残疾、支出医疗费或暂时丧失劳动能力，则保险人给付被保险人或其受益人一定金额的保险金。

理解意外伤害保险时我们还需要注意以下三个要点：第一，客观上必须有意外事故发生，事故原因为意外的、偶然的、不可预见的；第二，被保险人必须有因客观事故造成人身死亡或残疾的结果；第三，意外事故的发生和被保险人遭受人身伤亡的结果之间存在着内在的、必然的联系，即意外事故的发生是被保险人遭受伤害的原因，而被保险人遭受伤害是意外事故的后果。

2. 意外伤害的构成。意外伤害是指在被保险人没有预见到或违背被保险人意愿的情况下，突然发生的外来致害物对被保险人的身体明显、剧烈地侵害的客观事实。目前，我国保险公司条款中对"意外伤害"通常的界定是："意外伤害"是指遭受外来的、突发的、非本意的、非疾病的使被保险人身体受到剧烈伤害的客观事件。因此，在理解意外伤害的构成时，实际上是包含"意外"和"伤害"两个必要条件。

如果由于法律或职责上的规定被保险人不能躲避，那么构成意外伤害。如果法律或职责上没有关于被保险人不能躲避的规定，被保险人能够采取措施避免而不采取措施，不构成意外伤害。如果被保险人虽然在法律上和职责上没有义务，但被保险人为了保卫国家利益、保护国家或集体财产、抢救他人生命而甘冒风险遭受伤害，仍应视为意外。

（1）意外。"意外"是针对被保险人的主观状态而言，它是指伤害事件的发生是被保险人事先没有预见到的，或伤害事件的发生违背了被保险人的主观意愿。意外事故，既是伤害的直接原因，也是被保险人或受益人主张保险给付的根据。所谓"意外事故"，是指外来的、突然的、非本意的事故。只有同时具备"外来""突然""非本意"三个条件，才能构成意外伤害保险合同的保险事故。具体可以从以下几个方面理解：

①外来性。所谓"外来"是指伤害被保险人身体外部的因素作用所致，如因交通事故、不慎落水、遭雷击、蛇咬、煤气中毒等。如果伤害由自己身体的疾病而起则不属意外事故。

②突发性。所谓"突发"是指人体受到强烈而突然的袭击而形成的伤害。如果伤亡系由被保险人长期劳作损伤所致，如地质勘探工作者、运动员长年运动致腰及关节损伤

等就不是意外事故；或者伤害系由某些事件的原因在较长时间里缓慢发生，如长期接触某类化学物质引起的慢性中毒，这些是可以预见的，一般也不属于意外伤害。

③非本意。所谓"非本意"是指意外事故的发生非被保险人事先能够预见得到的，或者意外事故的发生违背了被保险人的主观意愿，即伤害事件的发生是被保险人事先所不能预见或无法预见的，或者虽然被保险人能够事先预见到，但由于被保险人的疏忽而没有预见到，如飞机失控、海轮遇难等。或者伤害事件的发生即便被保险人能够预见到，但在技术上已不能采取措施避免，或者虽然可以采取措施避免，但由于法律或职责上的规定，不能躲避的情形，如公安干警执行公务。

（2）伤害。"伤害"是指被保险人的身体受到外来致害物侵害的客观事实。"伤害"由致害物、侵害对象、侵害事实三个要素构成，三者缺一不可。

①致害物。致害物是指直接造成伤害的物体或物质。没有致害物，就不可能构成伤害。按照致害物进行分类，"伤害"一般分为：器械伤害、自然伤害、化学伤害、生物伤害。与疾病保险承保被保险人身体内部形成的疾病不同，在意外伤害保险中，只有致害物是外来的时候，才被认为是伤害，凡是在体内形成的疾病对被保险人身体的侵害不能构成意外伤害。

【知识链接】

对于致害物的理解

器械伤害一般指各种器械，包括钝器、武器、坠落物、机器、运输工具、劳动工具、建筑物等对人体的伤害；自然伤害一般指自然环境中的高温、低温、高气压、低气压和日光辐射以及洪水等对人体的伤害；化学伤害一般指各种形态的化学物质对人体的伤害，如硫酸、硝酸、瓦斯、有毒气体、有毒液体等伤害；生物伤害一般指由于动物、植物等对人体造成的伤害。

②侵害对象。侵害对象是指致害物侵害的客体。在意外伤害保险中，只有致害物侵害的对象是被保险人的身体时，才能构成伤害，即这里伤害必须是身体或生理上的伤害。这里的"身体"是指一个人的生理组织的整体，有时专指躯干和四肢。人工装置以代替人体功能的假肢、假眼、义齿等，不是人身躯体的组成部分，不能作为意外伤害保险的保险对象。

③侵害事实。侵害事实是指致害物以一定的方式破坏性地接触、作用于被保险人身体的客观事实。如果致害物没有接触或作用于被保险人的身体，就不能构成伤害。侵害的方式有：碰撞、撞击、坠落、跌倒、坍塌、淹溺、灼烫、火灾、辐射、爆炸、中毒、触电、掩埋、倾覆等多种。

致害物、侵害对象、侵害事实三者之间必须存在因果关系，即须存在致害物以一定的方式破坏性的作用于被保险人身体的客观事实。

二、意外伤害保险的特征

1. 费率厘定主要以损失率为依据。人身意外伤害保险的纯保险费率是根据保险金额损失率计算的。与人寿保险的被保险人的死亡概率取决于年龄不同，人身意外伤害保险的被保险人遭受意外伤害的概率取决于其职业、工种或所从事的活动，一般与被保险人的年龄、性别、健康状况无必然的内在联系。在其他条件都相同的情况下，被保险人的职业、工种、所从事活动的危险程度越高，应缴的保险费就越多。

2. 保险责任是因意外伤害所致的。人身意外伤害保险的保险责任是被保险人在保险期限内遭受了人身意外伤害，并且是其死亡或残疾的直接原因或近因；人身意外伤害医疗保险的保险责任是当被保险人由于遭受人身意外伤害需要治疗时，由保险人支付医疗保险费；人身意外伤害停工保险的保险责任是当被保险人由于遭受人身意外伤害暂时丧失劳动能力不能工作时，由保险人给付停工保险金。

3. 保险期间与责任期限的不一致。人身意外伤害保险的保险期间较短，一般为 1 年，有些极短期人身意外伤害保险的保险期间往往只有几天、几个小时甚至更短，但责任期限并不随着保险期限的结束而终止。责任期限是人身意外伤害保险所特有的概念，指从被保险人遭受人身意外伤害之日起的一定期限，如 90 天、180 天、360 天或 13 周、26 周、52 周等。人身意外伤害保险强调被保险人在遭受伤害后的死亡或残废必须发生在责任期限内。只要被保险人遭受的人身意外伤害事故发生在保险有效期间，而且在自遭受人身意外伤害之日起的一定时期内，造成死亡、残废的后果，保险人都要承担保险责任，给付保险金。

4. 承保季节性明显且灵活性较强。人身意外伤害保险的许多险种往往因季节变化而有不同的投保高峰期。例如，春、夏、秋三季往往是风景游览区的旅游人身意外伤害保险的旺季；就灵活性来看，许多人身意外伤害保险的订立，大多数是经保险双方当事人协商一致的结果，保险方式比较灵活。此外，人身意外伤害的承保条件一般较宽，高龄者可以投保，对被保险人也不必进行体检。

三、与人身伤害责任保险的比较

人身意外伤害保险是人身保险业务中的一种，而人身伤害责任保险是财产保险中责任保险的一种。二者的区别可从以下几个方面界定：

1. 保险标的不同。人身意外伤害保险的保险标的是被保险人的身体和生命；人身伤害责任保险的保险标的是被保险人对他人依法应承担的民事赔偿责任。

2. 保障范围不同。人身意外伤害保险凡是保险期内发生意外事故造成被保险人死亡、伤残，保险人均负责赔偿；人身伤害责任保险则只有当被保险人依据法律对第三者负有法律赔偿责任时，保险人才履行赔偿责任。

3. 赔偿方式不同。人身意外伤害保险适用定额给付原则，赔偿金额是根据保险合同中规定的死亡或伤残程度给付标准来给付保险金；人身伤害责任保险适用补偿原则，保险赔偿是以被保险人依照法律或合同对第三者的人身伤害承担民事赔偿责任为依据，赔偿金额以保险单规定的被保险人应对第三者负责的赔偿限额为最高限额。

4. 合同主体不同。人身意外伤害保险的投保人既可以为自己投保，也可以为与其有保险利益的其他自然人投保，投保人与被保险人可以为同一人（此时被保险人为缴费义务人），也可不为同一人（此时被保险人不是缴费义务人）；人身伤害责任保险的投保人与被保险人一般为同一人，同时也是缴费义务人。人身意外伤害保险的被保险人只能是自然人，是可能遭受意外伤害的人；人身伤害责任保险的被保险人可以是自然人，也可以是法人，是可能承担民事赔偿责任的人。

📖　**知识小结**

意外伤害保险，有时也称为人身意外伤害保险，是以被保险人因遭受意外伤害造成死亡、残疾、支出医疗费、暂时丧失劳动能力为给付保险金条件的一大类保险。意外伤害保险具有如下特征：费率厘定主要以损失率为依据、保险责任是因意外伤害所致的、保险期间与责任期限的不一致、承保季节性明显且灵活性较强。意外伤害保险与人身伤害责任保险的比较，保险标的不同，保障范围不同，赔偿方式不同，合同主体不同。

📖　**考核**

1. 意外伤害保险的含义可以怎样理解？
2. 意外伤害保险有哪些特征？
3. 举例说明怎样才算是意外伤害。
4. 举例说明意外伤害保险从名称上理解的误区。

📖　**拓展**

【知识链接】

意外和故意

凡是被保险人的故意行为使自己身体所受的伤害，均不属于意外伤害。故意分为积极故意和消极故意。积极故意指被保险人明知自己的行为会使自己的身体受到伤害，并且希望遭受伤害而积极采取措施促成伤害的发生。例如，被保险人自杀、自伤身体等。消极故意是指被保险人已经预见到自己将会遭受伤害，而且也能够采取措施避免，但由于被保险人主观上希望自己遭受伤害而不采取措施避免，任其发生。例如，被保险人在路上看到迎面有汽车驶来而不躲避。

被保险人故意使自己遭受伤害，与被保险人已经预见到伤害即将发生，但由于法律或责任上的规定不能躲避，性质是完全不同的。对于前者，被保险人主观上希望伤害发生，亦即伤害的发生并不违背其主观意愿，因而不属意外。对于后者，被保险人主观上并不希望自己遭受伤害，只是由于法律或职责上的规定不能躲避，伤害的发生违背其主观意愿，因而属于意外。

意外和故意是互相排斥的。如果伤害的发生属于意外，就必然不属于故意。反之，如果伤害的发生是被保险人的故意行为造成的，就必然不属于意外，但是，意外和故意并不构成一个完备事件组，即某些伤害既不属于意外，也不属于故意。如蚊虫叮咬、尘肺、汞中毒等。这些伤害虽然不是被保险人的故意行为造成的，因为被保险人主观上并不希望其发生，但这些伤害又是在一定条件下必然或几乎必然发生的，被保险人应该已经预见到，也不属于意外。另外，精神病患者或当人神志不清不能自控时的行为，是因为疾病所致，同样不属于意外。所以，当伤害不属于意外时，并不必然属于故意。反之，当伤害不属于故意时，也并不必然属于意外。

【专业词汇】

意外伤害保险 accident insurance　　人身伤害责任保险 bodily injury liability insurance

任务 5 - 2　意外伤害保险的不同分类

📖 **情境引入**

　　面对种类繁多的意外险产品，客户有些不知所措，梁某怎样才能用客户听得明白的语言，解释意外伤害保险产品分类？

📖 **学习任务**

一、按照承保风险划分

　　意外伤害保险按照承保风险的不同，可以分为以下两种：

　　1. 普通意外伤害保险。普通意外伤害保险所承保的保险危险是在保险期限内发生的各种意外伤害（不可保意外伤害除外，特约保意外伤害视有无特别约定）。目前开办的多数一年期意外伤害保险，均属普通意外伤害保险。这类意外伤害保险是为被保险人在日常生活中因一般风险导致的意外伤害而提供保障的一种保险。在实际业务中，大多意外伤害保险均属普通意外伤害保险，如我国现开办的"团体人身意外伤害保险""个人人身意外伤害保险""学生团体意外伤害保险"等。这类险种属于意外伤害保险的主要险种，其主要特点是：保险费率低，承保一般可保风险。

　　2. 特定意外伤害保险。特定意外伤害保险是以特定时间、特定地点或特定原因发生的意外伤害为保险危险的意外伤害保险。如保险危险只限定于在建筑工地上发生的意外伤害、在驾驶机动车辆中发生的意外伤害、煤气罐爆炸发生的意外伤害等。其种类主要有旅行意外伤害保险、交通事故意外伤害保险、电梯乘客意外伤害保险及特种行业意外伤害保险等。这类险种的主要特点是：承保危险较广泛；保险期限短；意外伤害的概率较大。在实际业务中，大多采取由投保方和保险方协商一致后临时签订协议的方式办理。

二、按照保险责任分划分

　　意外伤害保险按照保险责任的不同，可以分为以下四种：

　　1. 意外伤害死亡残疾保险。意外伤害死亡残疾保险的保险责任是，当被保险人由于遭受意外伤害造成的死亡或残疾时，给付死亡保险金或残疾保险金。

　　2. 意外伤害医疗保险。意外伤害医疗保险的保险责任是，当被保险人由于遭受意外伤害需要治疗时，给付医疗保险金。

　　3. 意外伤害收入损失保险。意外伤害收入损失保险，又称意外伤害停工保险，其保险责任是，当被保险人由于遭受意外伤害暂时丧失劳动能力不能工作时，给付收入损失保险金。

　　4. 意外伤害综合保险。意外伤害综合保险是指保险人除了承担被保险人因意外伤害的身故保障、残疾保障之外，还提供意外医疗保险金，即在普通意外伤害保险的基础上扩大了保障范围的一种保险，如太平洋人寿的"世纪行差旅出行保障卡"、平安人寿的"航空平安卡"，以及中国人寿的"综合交通意外险"等，这类都是综合性的出行意外伤害保险，涵盖了被保险人出行的方方面面，可以全面取代出外旅游的旅游保险和航空意外险，也可以作为保护平时工作和生活中的交通意外保险。具有投保范围广、保障全面的特点，既保障意外死亡，又保障意外伤残和医疗。

【案例】

意外伤害保险事故的界定

2012 年 8 月 5 日张某为自己投保了诚信保险公司的《福寿安康保险》，该保险规定的保险金额为：疾病死亡保险金额 20 万元，意外伤害保险事故导致死亡保险金额 50 万元。2013 年 1 月 2 日，张某突然晕倒，经医院抢救无效死亡，被保险人家属要求保险公司按照意外事故死亡给付 50 万元。

经诚信保险公司理赔调查，被保险人生前有高血压等既往病史，且事发当时被保险人坐在办公桌前打电话，突然头部侧落，脸色苍白，由同事送往医院进行抢救，医院诊断为突发性脑血管破裂出血死亡。所以诚信保险公司没有按照意外伤害的保险金额进行支付，而是按照疾病死亡的保险金额，向张某的家属支付了 20 万元的保险金。

【分析】

在整个事件的过程当中，没有任何外来的因素导致事故的发生。本案明显不符合构成意外伤害事故中的条件，事故发生的直接原因来自被保险人身体方面，属于疾病的范畴。所以，保险公司应按照疾病死亡给付保险金额 20 万元。

三、按照承保方式划分

意外伤害保险按照承保方式的不同，可以分为以下两种：

1. 个人意外伤害保险。个人意外伤害保险即单个被保险人（即单个自然人）向保险公司办理投保手续，一张保险单只承保一名被保险人的意外伤害保险。这类险种的主要特点是保险费率低、而保障程度较高，投保人只要缴纳少量的保险费，即可获得较大程度的保障。

2. 团体意外伤害保险。团体意外伤害保险即一个团体内的全部或大部分成员集体向保险公司办理投保手续，以一张保单承保的意外伤害保险。团体指投保前既已存在的机关、学校、社会团体、企业、事业单位等，而不是为了投保而临时结成的团体。

与个人意外伤害保险相比，团体意外伤害保险具有简化手续、节省费用，能有效地防止逆选择，工作性质不同可采用不同的费率标准等优越性，所以，在保险责任相同的条件下，团体意外伤害保险的费率要比个人意外伤害保险低。团体意外伤害保险是我国意外伤害保险中最主要和最基本的险种。中国人寿保险公司开办的普通团体意外伤害保险险种很多，如"国寿团体人身意外伤害保险""建筑工程团体人身意外伤害保险"等。

四、按照投保方式划分

意外伤害保险按照投保方式的不同，可以分为以下两种：

1. 自愿意外伤害保险。自愿意外伤害保险是投保人和保险人在自愿基础上通过平等协商订立保险合同的意外伤害保险。投保人可以选择是否投保以及向哪家保险公司投保，保险人也可以选择是否承保，只有双方意思表示一致时才订立保险合同，确立双方的权利和义务。我国目前开办的意外伤害保险的险种绝大多数都属于自愿形式，如"个人人身意外伤害保险""航空旅客意外伤害保险"等，均采取自愿形式投保。

2. 强制意外伤害保险。强制意外伤害保险又称法定意外伤害保险，即国家机关通过颁布法律、行政法规、地方性法规强制施行的意外伤害保险，凡属法律、行政法规、地方性法规所规定的强制施行范围内的人，必须投保，没有选择的余地。有的强制意外伤害保险还规定必须向哪家保险公司投保，在这种情况下，该保险公司也必须承保，没有选择的余地。

在一般情况下，意外伤害保险应以自愿为原则，只有在某些确有必要的特殊情况下，才以强制方式施行。从实践上看，在意外伤害保险中，绝大部分是自愿意外伤害保险，强制意外伤害保险所占的比重很小。目前，对于高危行业的强制保险工作也已在我国部分地区开始组织实施，如建筑行业中建筑公司为建筑工人投保意外伤害保险，采掘行业中煤矿部门为矿工投保意外伤害保险等。

五、按照保险期限划分

按照保险期限长短的不同，意外伤害保险可以分为以下三种：

1. 极短期意外伤害保险。极短期意外伤害保险是保险期限不足一年，往往只有几天、几小时甚至更短的意外伤害保险。我国目前开办的公路旅游意外伤害保险、旅游保险、索道游客意外伤害保险等，均属极短期意外伤害保险。极短期意外伤害保险，大多是特种意外伤害保险。

2. 一年期意外伤害保险。一年期意外伤害保险即保险期限为一年的意外伤害保险业务。在意外伤害保险中，一年期意外伤害保险一般较普遍。保险公司目前开办的个人人身意外伤害保险、附加意外伤害保险等均属一年期意外伤害保险，大多是普通意外伤害保险。

3. 多年期意外伤害保险。多年期意外伤害保险是保险期限超过一年的意外伤害保险。保险期限可以是三年、五年，个别的情况可能会更长。

把意外伤害保险分为一年期、极短期、多年期的意义在于，不同的保险期限，计算未到期责任准备金的方法不同。

六、按照险种结构划分

按照险种结构的不同，意外伤害保险可以分为以下两种：

1. 单纯意外伤害保险。单纯意外伤害保险一张保险单所承保的保险责任只限于意外伤害。如驾驶员意外伤害保险属于单纯意外伤害保险。

2. 附加意外伤害保险。附加意外伤害保险包括两种情况：一种是其他保险附加意外伤害保险，另一种是意外伤害保险附加其他保险责任。

由于意外伤害保险保障大、收费少，并且保险标的与人寿保险相同，所以，人寿保险附加意外伤害保险的做法比较通行。

七、按照是否出具保险单划分

按照是否出具纸质书面保险单，意外伤害保险可以分为以下两种：

1. 出单意外伤害保险。出单意外伤害保险是承保时必须出立保险单的意外伤害保险。多年期和一年期意外伤害保险均须出立保险单，如团体人身意外伤害保险。

2. 不出单意外伤害保险。不出单意外伤害保险是承保时不出具保险单，以其他有关凭证为保险凭证的意外伤害保险。不出单意外伤害保险多为极短期意外伤害保险。例如，公路旅客意外伤害保险以车票为保险凭证，游泳场意外伤害保险以游泳场入场券为保险凭证等。

还有一些保险公司在保险服务营销过程中，为客户赠送短期的意外伤害保险，不需要出具任何凭证，只要客户说出自己的身份证号码等关键信息，就可以在保险公司的业务系统内查询到这份意外伤害保险。

八、按照是否具有储蓄性划分

按照所缴纳的保险费是否具有储蓄性，意外伤害保险可以分为以下两种：

1. 非储蓄型意外伤害保险。非储蓄型意外伤害保险的特点是，投保人缴纳保险费以后，无论是否发生保险金给付，保险费均不再返还给投保人。我国目前开办的意外伤害保险，绝大多数是非储蓄型意外伤害保险。

2. 储蓄型意外伤害保险。储蓄型意外伤害保险的特点是投保人不缴纳保险费，只缴纳保险储金，以储金所生利息为保险费，保险期限结束时，无论是否发生过保险金给付，保险人均把保险储金返还给投保人。目前银行保险有储蓄型意外伤害保险，满期还本。

九、按保险条款拟订方式划分

按照保险条款拟订方式的不同，意外伤害保险可以分为以下两种：

1. 标准条款意外伤害保险。标准条款意外伤害保险是保险公司考虑不特定之多数投保人的需求，事先单方面拟订保险条款，并印有保险单供投保人选择投保的意外伤害保险。标准条款意外伤害保险比较普遍，个人意外伤害保险绝大多数属此种保险。

2. 非标准条款意外伤害保险。非标准条款意外伤害保险亦称特约意外伤害保险，即保险人与个别投保人进行协商取得一致意见后再拟订保险条款的意外伤害保险。非标准条款的这种情况在团体意外伤害保险领域内比较常见。

在办理意外伤害保险业务时，应首先考虑采用标准条款，必要时可出具批单或加批特别约定修改标准条款的部分内容。一般来说，只有当标准条款不能满足投保人的特殊需求时，才需要拟订非标准条款。在意外伤害保险业务中，标准条款意外伤害保险占绝大部分。

📖 知识小结

意外伤害保险按照承保风险的不同可以分为普通意外伤害保险和特定意外伤害保险；按照保险责任的不同可以分为意外伤害死亡残疾保险、意外伤害医疗保险、意外伤害收入损失保险和意外伤害综合保险；按照承保方式的不同可以分为个人意外伤害保险和团体意外伤害保险；按照投保方式的不同可以分为自愿意外伤害保险和强制意外伤害保险；按照保险期限长短的不同可以分为极短期意外伤害保险、一年期意外伤害保险和多年期意外伤害保险；按照险种结构的不同可以分为单纯意外伤害保险和附加意外伤害保险；按照是否出具保险单可以分为出单意外伤害保险和不出单意外伤害保险；按照所缴纳的保险费是否具有储蓄性可以分为非储蓄型意外伤害保险和储蓄型意外伤害保险；按照保险条款拟订方式的不同可以分为标准条款意外伤害保险和非标准条款意外伤害保险。

📖 **考核**

　　1. 意外伤害保险产品的基本分类是如何划分的？

　　2. 意外伤害保险产品有哪些分类方式？

📖 **拓展**

【知识链接】

国际保险业界的"第三领域"

　　"第三领域"的概念是从日本的保险界引进的。日本的《保险业法》中将其定义为"约定对意外伤害和疾病给付一定金额的保险金，并对由此产生的该当事人受到的损害予以补偿，收取保险费的保险"。日本保险监管当局规定，意外伤害保险和医疗保险既不属于人寿保险，也不属于财产保险，而是属于第三领域的险种，是指介于寿险和产险公司传统经营范围之间的领域。两类保险公司皆可以自由销售第三领域的产品。

　　我国保险法允许经营财产保险业务的保险公司经营短期健康保险业务和意外伤害保险业务。意外伤害保险和健康保险也可以被看作我国保险业界的"第三领域"，这其中的理论依据是因为这两类险种在费率厘定、保险赔偿方面与财产保险相似，而在保险对象上与人身保险相同。

【专业词汇】

　　意外伤害死亡残疾保险 accidental death disability insurance　意外伤害医疗保险 accidental injury medical insurance　意外伤害收入损失保险 accidental income loss insurance

任务 5 - 3　意外伤害保险的保险条款

📖 **情境引入**

　　客户对意外伤害保险产品的具体保障内容有疑问，梁某如何进行解释？

📖 **学习任务**

　　这里所说的意外伤害保险的特殊条款，是指与人寿保险和健康保险相区别而言的，由于在可保风险、保险责任、责任免除等方面的特殊性，都体现在意外伤害保险合同当中，所以称之为意外伤害保险的特殊条款。

一、意外伤害保险的可保风险

　　1. 一般的可保风险。一般的可保风险，也称为一般可保的意外伤害，是指在一般情况下，对普通风险都给予承保的意外伤害，即剔除不可保意外伤害、特约保意外伤害的风险之外，均属一般可保意外伤害。

其实，特约保意外伤害与一般可保意外伤害之间并无绝对界限。随着科学技术的发展和保险承保能力的提高，某些危险程度较高、曾被列为特约保意外伤害的活动，现在也成了一般可保意外伤害。例如，乘坐飞机危险较大，被保险人因飞机失事造成的意外伤害曾被列为意外伤害保险的除外责任，只有经过特别约定才能承保，但现在，由于乘坐飞机较安全，被保险人因飞机失事造成的意外伤害不再列为除外责任，成为一般可保意外伤害。

2. 特约的可保风险。特约的可保风险，也称为特约可保的意外伤害，是指从保险原理上讲可以承保的，但是，保险人往往考虑到意外伤害的概率大且保险责任不易区分或限于承保能力，将特约保意外伤害列为普通意外伤害保险的除外责任，不予承保。被保险人确实需要投保的，可选择特种意外伤害保险或在办理普通意外伤害保险的基础上经与保险人特别约定，在保险单上特别批注的方式，并另外加收保险费后予以承保。特约保意外伤害一般包括：

（1）战争造成的意外伤害。由于战争使被保险人遭受意外伤害的风险过大，保险公司一般没有能力承保。战争是否爆发、何时爆发、会造成多大范围的人身伤害，往往难以预计，保险公司一般难以拟定保险费率。

（2）剧烈运动的意外伤害。被保险人从事登山、跳伞、滑雪、江河漂流、赛车、拳击、摔跤等剧烈的体育活动或比赛中造成的意外伤害往往是特约可保的。被保险人从事上述活动或比赛时，会使其遭受意外伤害的概率大大增加，因而保险公司一般不予承保。

（3）核辐射造成的意外伤害。核辐射造成人身意外伤害的后果，一般在短期内不能确定，而且如果发生大的核爆炸时，会造成较大范围内的人身伤害。从技术上和承保能力上考虑，保险公司一般不承保。

（4）医疗事故造成的意外伤害。医疗事故造成的意外伤害，例如，医生误诊、药剂师发错药品、检查时造成的损伤、手术切错部位等，这类意外伤害可归属健康类保险，所以，保险公司在普通意外伤害保险中不承保医疗事故造成的意外伤害。

3. 不可保风险。不可保风险就是不可保的意外伤害，指的是即使改变保险条件，或者增加保险费等其他的约束条款，一般情况下保险人也不会承保，也就是意外伤害保险的除外责任。

二、意外伤害保险的除外责任

意外伤害保险的除外责任一般是指被保险人因违反法律规定和社会公共道德规范而引发的道德风险，保险人一般不承担这类风险的给付责任。

1. 被保险人在犯罪活动中所受的意外伤害。意外伤害保险不承保被保险人在犯罪活动中受到的意外伤害的原因。第一，保险只能为合法的行为提供经济保障，只有这样保险合同才是合法的，才具有法律效力。一切犯罪行为都是违法行为，所以对被保险人在犯罪活动中所受的意外伤害不予承保。第二，犯罪活动具有社会危害性，如果承保被保险人在犯罪活动中所受的意外伤害，即使该意外伤害不是由犯罪行为直接造成的，也违反社会公共利益。因此，一旦承保，则违反法律的规定或违反社会公共利益。

2. 被保险人在寻衅殴斗中所受的意外伤害。寻衅殴斗是指被保险人故意制造事端挑起的殴斗。寻衅殴斗不一定构成犯罪，但具有社会危害性，属于违法行为，因而不能承保，其道理与不承保被保险人在犯罪活动中所受意外伤害相同。

3. 被保险人的自加伤害和自杀造成的伤害。意外伤害保险人仅承担外来的、偶然的、突发性事件导致被保险人的意外伤害，被保险人的自加伤害和自杀行为属于故意行为，其所导致的结果保险人不负责。

4. 被保险人在酒醉或者吸毒后所受的伤害。被保险人在酒醉、吸食（或注射）毒品（如海洛因、鸦片、大麻、吗啡等麻醉剂、兴奋剂、致幻剂）后发生的意外伤害。酒醉或吸食毒品对被保险人身体的损害，是被保险人的故意行为所致，理应不属意外伤害。

三、意外伤害保险的保险责任

1. 基本保险责任。

（1）意外死亡给付。死亡是指机体生命活动和新陈代谢的终止。在法律上发生效力的死亡包括两种情况：一是生理死亡，即已被证实的死亡；二是宣告死亡，即按照法律程序推定的死亡。当意外事故发生致使被保险人死亡的，保险人给付死亡保险金。

（2）意外残疾给付。这里的残疾包括两层含义：一是人体组织的永久性残缺（或称缺损），如肢体断离等；二是人体器官正常机能的永久丧失，如丧失视觉、听觉、嗅觉、语言机能、运动障碍等。当意外事故发生致使被保险人身体残疾的，保险人给付残疾保险金。

2. 附加保险责任。丧葬给付和遗属生活费给付等，这是由死亡给付派生而来；医疗费给付、误工给付等，这是由残疾给付派生而来。需要注意的是，特种意外伤害保险的保险责任仅限于特定时间、特定地点或特定原因而造成的意外伤害。例如，"游泳者意外伤害保险"的保险责任仅限于在游泳池（场）内发生的溺水死亡。

【案例】

一起意外伤害医疗保险的给付

李某在诚信保险公司投保了意外伤害保险，某日夜间在没有路灯的马路上骑车时，不慎撞在水泥桩上，进而跌倒导致腿部受伤，马上到医院救治。经当地公立医院诊断为右腿胫骨骨折，支出医疗费用共计560元。

第二天李某觉得不放心，又托朋友找熟人，在一家私人诊所对伤痛部位再次就诊，重新做X光摄片检查，诊断后又购买了相应的药品，共计支出医疗费用480元。李某想起自己曾经在保险公司投保，于是向诚信保险公司索赔，要求保险公司支付两次的医疗费用合计1 040元。

【分析】

在理赔过程中，保险公司根据保险合同约定，对李某在私立医院所支付的医疗费用480元按除外责任处理，不予赔付。一般而言，意外伤害保险合同都会对免赔额作出规定，绝对免赔金额100元，给付比例为80%。那么，保险公司给付意外医疗保险金额应为 368 元 ［（560 － 100）×80%］。

四、意外伤害的责任判定

1. 被保险人遭受了意外伤害。在意外伤害保险中保险人承担保险责任的首要条件是被保险人遭受了意外伤害。被保险人遭受意外伤害必须是客观发生的事实，而不是臆想的或推测的。

2. 意外伤害发生在保险期限之内。被保险人遭受意外伤害的客观事实必须发生在保险期限之内。如果被保险人在保险期限开始以前曾遭受意外伤害，而在保险期限内死亡或残疾，不构成保险责任。

3. 特定情况发生在责任期限之内。被保险人在保险有效期限之内遭受了意外伤害，在责任期限内发生了死亡、残疾或者支付医疗费用的特定情况。

📖 【拓展阅读】

被保险人死亡或残疾的法律界定

死亡即机体生命活动和新陈代谢的终止。在法律上发生效力的死亡包括两种情况：一是生理死亡，是指生物学意义上的死亡，即已被证实的人的机体死亡，是心脏死亡而非脑死亡；二是宣告死亡，即按照法律程序推定的死亡。《中华人民共和国民法通则》第二十三条规定："公民有下列情形之一的，利害关系人可以向人民法院申请宣告他死亡：下落不明满四年的；因意外事故下落不明，从事故发生之日起满二年的。"

残疾包括两种情况：一是人体组织的永久性残缺（或称缺损），如肢体断离等；二是人体器官正常机能的永久丧失，如丧失视觉、听觉、嗅觉、语言机能、运动障碍等。

4. 意外伤害与特定情况间存在因果关系。在人身意外伤害保险中，被保险人在保险期限内遭受了意外伤害，并且在责任期限内死亡或残疾，并不意味着必然构成保险责任。只有当意外伤害与死亡、残疾或者医疗费用支出这几种特定的情况之间存在因果关系，即意外伤害是死亡或残疾的直接原因或近因时，才构成保险责任。意外伤害与死亡、残疾之间的因果关系包括以下三种情况：

（1）意外伤害是死亡或残疾的直接原因。意外伤害是死亡或残疾的直接原因，就是说意外伤害事故直接造成了被保险人死亡或残疾的后果，保险人应该按照保险金额给付死亡保险金或按照保险金额乘以残疾程度给付残疾保险金。

（2）意外伤害是死亡或残疾的近因。意外伤害是死亡或残疾的近因，即意外伤害是引起直接造成被保险人死亡或残疾事件或一连串事件的最初原因，根据近因原则规定，意外伤害保险人必须对承保责任范围内的近因导致被保险人死亡或残疾承担保险责任。这也是人身意外伤害保险与其他人身保险业务理赔方面的重要区别。

（3）意外伤害是死亡或残疾的诱因。意外伤害是死亡或残疾的诱因，即意外伤害使被保险人原有的疾病发作，从而加重后果，造成被保险人死亡或残疾。当意外伤害是被保险人死亡或残疾的诱因时，保险人不是按照保险金额和被保险人的最终后果给付保险金，而是比照身体健康者在遭受这种意外伤害后可能造成的后果给付保险金。

五、意外伤害保险金的给付

1. 死亡保险金的给付。

（1）死亡保险金的给付方式。在人身意外伤害保险合同中，死亡保险金的数额是保险合同中规定的，被保险人在保险有效期内因发生保险单规定的意外事故而死亡时，保险人按照保险合同规定如数给付保险金。按照我国人身意外伤害保险条款规定，死亡保险金为保险金额的100%。个别特殊的意外伤害保险产品还规定死亡保险金为保险金额的200%或者是300%。

（2）死亡保险金的给付条件。按照前述保险责任的判定，死亡保险金的给付条件一是被保险人因约定的意外事故而死亡；二是死亡的时间必须在保险期限或责任期限内。

（3）死亡保险金给付的注意事项。

①当保险人承担身故保险金给付责任后，保险责任即告终止。

②如果在死亡给付保险金之前，已经给付过伤残保险金，则应当从死亡保险金中扣除已支付的伤残保险金。

③如果被保险人因意外事故而被依法宣告失踪或死亡，保险人给付死亡保险金后，被保险人生还，则被保险人应当向保险人退还死亡保险金。

④如果意外伤害保险中附加了医疗保险，则保险人在给付保险金时，应当分别计算医疗保险金与死亡或伤残保险金。

2. 残疾保险金的给付。

（1）残疾保险金的给付方式。残疾保险金的给付比较复杂。保险公司要将残疾分为暂时性残疾和永久性残疾，并只对永久性残疾负给付责任，所以，在给付前要对被保险人的残疾状况进行认定，然后再确定残疾程度，残疾程度一般以百分率表示。残疾保险金的数额由保险金额和残疾程度两个因素确定，其计算公式是：

残疾保险金 ＝ 保险金额 × 残疾程度百分率

在人身意外伤害保险合同中，应列举残疾程度百分率，列举得越详尽，给付残疾保险金时，保险人和被保险人就越不易发生争执。但是，残疾程度百分率列举得无论如何详尽，也不可能包括所有的情况。对于残疾程度百分比率中未列举的情况，只能由当事人之间按照公平合理的原则，参照列举的残疾程度百分率协商确定。协商不一致时可提请有关机关仲裁或由人民法院审判。

（2）残疾保险金的最高限额。人身意外伤害保险的保险金额不仅是确定死亡保险金、残疾保险金数额的依据，而且是保险人给付保险金的最高限额，即保险人给付每一被保险人的死亡保险金和残疾保险金，累计以不超过该被保险人的保险金额为限。当一次意外伤害造成被保险人身体若干部位残疾时，保险人按保险金额与被保险人身体各部位残疾程度百分率之和的乘积计算残疾保险金；如果各部位残疾程度百分率之和超过100%，则按保险金额给付残疾保险金。被保险人在保险期限内多次遭受意外伤害时，保险人对每次意外伤害造成的残疾或死亡均按保险合同中的规定给付保险金，但给付的保险金以累计不超过保险金额为限。

（3）残疾保险金给付的注意事项。

①残疾保险金的受益人是被保险人本人，应由被保险人或其委托代理人作为保险金

的申请人。如为代理人，应提供授权委托书、身份证明等相关文件。

②被保险人的身体残疾程度鉴定，应提供由保险公司指定或认可的医疗机构出具的残疾程度鉴定书。

③被保险人的身体损伤在医疗终结时间内彻底治愈的不予伤残给付。在医疗终结时间结束后仍不能治愈的，留有不同程度后遗症的，可按 180 天时的有效鉴定，对照给付标准给付伤残保险金。这里的 180 天是残疾鉴定的等待期，等待期的设置可以减少理赔纠纷，保障了客户的利益，也为保险公司的实务操作提供了便利。

④"人身保险残疾程度与保险金给付比例表"的残疾程度分为七级三十四项，既适合因意外伤害导致残疾的保险金给付，也适合作为疾病引起的残疾保险金的给付标准。

3. 医疗保险金的给付。

（1）医疗保险金的给付方式。意外伤害医疗费用给付应同时具备遭受意外伤害和因此而发生了医疗费用两个条件。由于同时具备这两个条件，因此，意外伤害险医疗费用的给付较健康险医疗费用给付的比例要宽一些，但往往也设立了绝对免赔额来控制医疗费用，如 100 元。损失在免赔额内保险人不负赔偿责任，对免赔额以上部分通常进行比例给付，比例为 50% ~80%。所以，大多人身意外伤害保险条款都有这方面的规定：被保险人因遭受意外伤害在县级以上（含县级）医院或本公司认可的医疗机构诊疗所支出，符合当地社会医疗保险主管部门规定可报销的医疗费用，在扣除 100 元免赔额后，在意外医疗保险金额范围内，按其实际支出的医疗费用的 80% 给付保险金。

（2）医疗保险金的给付范围。医疗费用给付的范围包括治疗费、药费、抢救费、住院费等。医疗费用的发生必须从意外伤害发生后的若干日内开始，以避免无法认定医疗费用发生的直接原因。严格来说，意外伤害医疗金的给付一般不属于人身意外伤害保险的责任范围，大多数情况下须经当事人同意，以特约条款方式附加于人身意外伤害保险合同中。

📖 **知识小结**

意外伤害保险的基本保险责任包括意外死亡给付和意外残疾给付；附加保险责任有丧葬给付、遗属生活费给付、医疗费给付、误工给付等。意外伤害保险的除外责任有被保险人在犯罪活动中所受的意外伤害，在寻衅殴斗中所受的意外伤害，自加伤害和自杀造成的伤害，在酒醉或者吸毒后所受的伤害。意外伤害的责任判定有四个同时满足的条件：被保险人遭受了意外伤害，意外伤害发生在保险期限之内，死亡伤残等特定情况发生在责任期限之内，意外伤害与特定情况间存在因果关系。

📖 **考核**

1. 意外伤害保险的保险责任和除外责任有哪些？
2. 意外伤害保险在什么条件下才予以给付保险金？

📖 **拓展**

【知识链接】

意外伤害保险的责任期限

责任期限是意外伤害保险的重要概念，指的是自被保险人遭受意外伤害之日起的一定期限（如 90 天、180 天、360 天等）。如果被保险人在这个期限内发生死亡、或残疾等保险事故的，保险人仍然应承担保险责任。如果被保险人在保险期限内遭受意外伤害，在责任期限内死亡，则显然已构成保险责任。但是，如果被保险人在保险期限内因意外事故下落不明，自事故发生之日起满二年、法院宣告被保险人死亡后，责任期限已经超过。为了解决这一问题，可以在意外伤害保险条款中订有失踪条款或在保险单上签注关于失踪的特别约定，规定被保险人确因意外伤害事故下落不明超过一定期限（如 90 天、180 天等）时，视同被保险人死亡，保险人给付死亡保险金；如果被保险人以后生还，受领保险金的人应将保险金返还给保险人。

如果被保险人在保险期限内遭受意外伤害，治疗结束后被确定为残疾，且责任期限尚未结束，当然可以根据确定的残疾程度给付残疾保险金。但是，如果被保险人在保险期限内遭受意外伤害，责任期限结束时治疗仍未结束，尚不能确定最终是否造成残疾以及造成何种程度的残疾，那么，就应该推定责任期限结束时这一时点上被保险人的组织残缺或器官正常机能的丧失是否是永久性的，即以这一时点酌情确定残疾程度，并按照这一残疾程度给付残疾保险金。以后，即使被保险人经过治疗痊愈或残疾程度减轻，保险人也不追回全部或部分残疾保险金。反之，即使被保险人加重了残疾程度或死亡，保险人也不追加给付保险金。同理，对于持续性治疗所产生的医疗费用也应在责任期限范围内，并且以保险金额为最高限额，即医疗保险金累积给付已经达到保险金额时，保险合同责任终止。

【专业词汇】

责任期限 responsibility period　意外死亡 accidental death　意外伤残 accidental disability

任务 5 – 4　意外伤害保险产品介绍

📖　**情境引入**

客户不知道如何选择意外伤害保险产品，梁某怎样才能说明不同的意外险产品？

📖　**学习任务**

一、个人意外伤害保险

1. 功能特点。个人人身意外伤害保险是意外伤害险的基本险种，大多特种意外伤害保险是由此演变而来的，它是我国意外伤害保险中最主要的险种。其特点是：保险费相当低廉；保障高；保险费率分档次，可以按职业或工种变化转嫁风险。形式上多为卡式，展业方式一般作为个人寿险的补充或采取兼业代理方式。

2. 保险条件。一般情况下，年龄在 16 周岁以上，65 周岁以下的身体健康，能正常学习、工作或正常劳动的自然人均可投保。

3. 保险责任。被保险人因遭受意外伤害事故，并自事故发生之日起 180 日内身故的，保险人按保险合同中列明的保险金额给付身故保险金。被保险人因意外伤害所致残疾，保险人按保险单所载保险金额及该项身体残疾所对应的给付比例给付残疾保险金。

如治疗仍未结束，按意外伤害发生之日起第 180 日时的身体情况进行鉴定，并据此给付保险金。被保险人因同一意外伤害造成两项及以上身体残疾时，保险人给付对应项残疾保险金之和，但不同残疾项目属于同一手或同一足时，保险人仅给付其中一项残疾保险金；如果残疾项目所对应的比例不同时，仅给付其中比例较高一项的残疾保险金。

4. 除外责任。投保人、受益人故意杀害、伤害被保险人；被保险人犯罪或拒捕、自杀或故意自伤；被保险人殴斗、醉酒、服用、吸食或注射毒品；被保险人从事潜水、跳伞、攀岩、探险活动、武术比赛、摔跤比赛、特技表演、赛马、赛车等高风险运动或活动；被保险人因身患疾病导致的身故或残疾；战争、军事行动、恐怖活动、暴乱或武装叛乱；核爆炸、核辐射或核污染等。

5. 保险金额。保险金额一般由投保人和保险人约定并于保险单或保险凭证上载明。保险费是依据保险金额与保险费率计收。一般普通工种每人每千元保额每年保险费约为 1.8 元 。其他职业的相应保险费率详见各公司的"个人人身意外伤害保险条款"和"职业分类表"。

6. 保险期限。目前，个人人身意外伤害险的保险期限以一年期的为多见，期满时再办理续保。经过协商可以缩短保险期限。

7. 注意问题。目前，各保险公司的个人人身意外伤害保险没有统一的保险条款，是由各公司根据实际情况自行掌握，因此，在投保条件、保险责任、保险费等方面有所不同；条款中一般会列明被保险人在从事某些职业的工作期间造成的意外属于除外责任。

二、旅客意外伤害保险

1. 功能特点。旅客意外伤害保险属于意外伤害保险和意外伤害医疗保险的综合险种。其特点是：此类险种目前部分属于强制保险，旅客在购买车票、船票时就已经投保；投保条件宽松，不分职业、年龄；保障范围大，费率低，只要是乘坐约定的客运交通工具遭受的意外事故导致的死亡、残疾或者产生医疗费用等均负赔偿责任；分别确定保险金额，分别给付。

2. 保险条件。凡持有效客票乘坐约定的从事合法客运的机动车辆、船舶、轮渡、火车等客运交通工具的旅客。

3. 保险责任。

（1）死亡保险金给付。被保险人乘坐约定的客运交通工具过程中，因该交通工具发生交通事故而遭受意外伤害而致死亡，由保险公司给付死亡保险金。

（2）残疾保险金给付。被保险人乘坐约定的客运交通工具过程中，因该交通工具发生交通事故而遭受意外伤害，自意外伤害发生之日起 180 日内因该意外伤害导致身体残疾的，依"人身保险残疾程度与保险金给付比例表"的规定，按意外伤害保险金额及该项残疾所对应的给付比例给付残疾保险金。

（3）医疗费用给付。被保险人乘坐约定的客运交通工具过程中，因该交通工具发生交通事故遭受意外伤害而发生医疗费用支出的，在意外伤害医疗保险金额范围内，给付医疗保险金。

4. 除外责任。投保人、受益人对被保险人的故意杀害、伤害；被保险人故意犯罪或者拒捕；被保险人斗殴、醉酒、自杀、故意自伤及服用、注射毒品；被保险人受酒精、毒品、管制药物的影响而导致的意外；被保险人疾病、流产、分娩；核爆炸、核辐射或者核污染；战争、军事行动、暴乱或者武装叛乱；爬、跳交通工具等违反客运规章的行为；当地社会医疗保险主管部门规定不可报销的费用。

5. 保险金额。目前通行的做法是，意外伤害保险金额和意外伤害医疗保险金额相等，最低额为 10 000 元。保险费是按公路、铁路、轮船、轮渡不同种类的费率标准计算。

6. 保险期限。旅客意外伤害保险的保险期限从被保险人购票踏入约定的客运交通工具时起，至离开约定的客运交通工具时止。

7. 注意问题。

（1）在保险有效期间内，被保险人乘坐约定的客运交通工具过程中，因该交通工具发生交通事故遭受意外伤害而导致死亡、残疾或者发生医疗费用支出的，保险人也可参照国务院《道路交通事故处理条例》的规定范围执行，在意外伤害保险金额范围内承担死亡保险金、残疾保险金（含残疾用具费、抚养费）。在意外伤害医疗保险金额范围内承担医疗保险金（含伙食补助费、误工补助费、护理费）。

（2）当约定的机动车辆乘坐人数超过投保人数时，发生意外伤害事故致使被保险人死亡、残疾或者发生医疗费用支出的，保险人按投保人数与实际乘坐人数的比例给付各项保险金。

（3）保险金额分为两项：意外伤害保险金额和意外伤害医疗保险金额，保险人给付的各项保险金以相应保险金额为限。

（4）发生道路交通事故，按照规定属于"交强险"范围进行理赔的，应按 2009 年 7 月 1 日之后的新办法执行。

三、学生平安保险

1. 功能特点。学生平安险是以在校的学生为保险对象，既可以采用团体方式，也可以采用个人方式投保的一年期意外伤害险附加医疗费保险的险种。其特点是：费率低，保障广，成为人身意外伤害保险的主要险种之一。

2. 保险责任。被保险人在保险有效期间，因遭受人身意外伤害事故所致伤、残、亡发生的医疗费用，或其个人财产的直接经济损失，保险人负责赔偿。

3. 除外责任。战争、军事行动、核辐射和核污染；打架、斗殴、寻衅滋事以及违法犯罪行为；被保险人的故意行为；因第三者造成被保险人伤害而引起的治疗费用中依法应由第三者承担的部分；被保险人在非保险人和学校指定或同意的医院的住院费用和专业门诊费用；基本医疗保险支付范围之外的自费项目等费用；被保险人因矫形手术或美容所支出的各种费用；被保险人先天性疾病或投保前已有残疾的康复和治疗费；被保险人投保前所患未治愈疾病及已有残疾的治疗和康复；被保险人因同一种疾病的第二次治疗；未经被保险人同意的转院治疗等。

4. 保险金额。本保险按份投保，目前通行的标准是每人每学年交保费 50 元，在投保时按学制一次缴清；每份保险的保险金额分别为：人身意外死、残 50 000 元，人身伤害医疗费 10 000 元，个人财产 2 000 元。

5. 保险期限。学生平安险的保险期限自保险人签发保单之日零时起，至学生毕业离校之日 24 时止的正常在校学习生活期间。

6. 保险给付。意外死亡给付该项保险金的全数。在每一学年内，被保险人无论一次或多次发生事故，其医疗费用金额给付累计达到其该项保险金额时，当年的该项保险责任即行终止。被保险人因意外伤害事故所支付的医疗费用每次事故限额 2 000 元。意外伤害事故医疗费赔付方法是减去绝对免赔额 100 元，剔除除外费用，赔付 90%。个人财产损失的赔付方法：减去绝对免赔额 100 元，剔除年折旧费用后在保险金额内赔付。

四、运动员意外伤害保险

1. 功能特点。运动员团体人身意外伤害保险属于死亡残疾保险，是包括运动意外伤害和一般意外伤害二者合一的特种意外伤害险种。其特点是：采用团体投保方式、保障高、保险费率按运动类别分档次计算。

2. 保险条件。凡国家级运动队或省级运动队现役运动员均可作为被保险人；运动员所在单位作为投保人为该名运动员投保。

3. 保险责任。

（1）死亡保险金给付。被保险人在运动训练和比赛期间发生运动意外伤害事故以致死亡，日常生活中发生意外伤害事故造成死亡的，保险人按保险单所载明的保险金额给付身故保险金。

（2）残疾保险金给付。被保险人在运动训练和比赛期间发生运动意外伤害事故所致残疾，日常生活中发生意外伤害事故造成残疾，保险人按保险单所载明的保险金额及"人身保险残疾程度与保险金给付比例表"中该项身体残疾所对应的给付比例给付残疾保险金。

4. 除外责任。投保人、受益人对被保险人的故意杀害、伤、违法、犯罪或拒捕、殴斗、醉酒、自杀、自伤及服用、吸食、注射毒品；受酒精、毒品、管制药品的影响而发生的意外；酒后驾驶、无照驾驶及驾驶无有效行驶证的机动交通工具；流产、分娩；因检查、麻醉、手术治疗、药物治疗而导致的医疗意外；未遵医嘱，私自服用、涂用、注射药物；患有艾滋病或感染艾滋病病毒（HIV 呈阳性）期间；因意外伤害、自然灾害事故以外的原因失踪而被法院宣告死亡的；战争、军事行动、暴乱或武装叛乱；核爆炸、核辐射或核污染；在发生伤残事故的当场训练和比赛中，有直接或间接使用兴奋剂的行为；在训练和比赛中违反法律、违反社会主义体育道德及损害国家、国家队或省级集训队声誉的行为；未经批准以个人名义或变相以个人名义参加的国内外的训练和比赛；在本保险投保之前已有疾病和残疾，投保时未如实告知而对保险事故的发生及鉴定有重大影响者；从事非训练、比赛要求的潜水、跳伞、攀岩、探险、武术、摔跤、特技、赛马、赛车等高风险运动和活动。

5. 保险金额。保险金额按份计算，每份的运动意外伤害保险金额和意外伤害保险金额为 1 万 ~1.5 万元。保险费按照保险公司所附的运动分类表对应的费率标准计收，未列明的运动项目比照相关运动项目计收。

6. 注意问题。

（1）运动意外伤害事故是指被保险人在国内外的训练和比赛中发生的以训练和比赛为直接原因的伤残事故，并符合本保险所附的《运动创伤程度分级标准》中的具体规定。

（2）多数保险公司对曾在世界三大赛事（奥运会、世锦赛、世界杯）中获得金牌的运动员，在比赛期间发生运动意外伤害事故，保险人按保险单所载明的运动意外伤害保险金额及"运动标准"给付双倍保险金。

（3）被保险人因意外伤害事故所致的伤害，如治疗仍未结束，按意外伤害发生之日起第180日时的身体情况进行鉴定，并据此给付保险金。

【保险产品】

综合意外保险——金万福保险卡

适合人群：16～69周岁的人群。

投保限制：每位被保险人限投2份。

保险期限：一年。

保障范围：因意外伤害事故身故/残疾/烧烫伤，赔付意外身故/残疾/烧烫伤保险金6万元；因意外伤害事故发生医疗费用，将就其事故发生之日起180日内实际支出的按照当地社会医疗保险主管部门规定可报销的、必要的、合理的医疗费用超过人民币100元的部分给付医疗保险金6千元；因意外伤害事故住院治疗，将按条款赔付每天10元的"住院护理津贴保险金"共10天；赔付每天10元的"误工津贴保险金"共10天。

产品特点：意外住院津贴可与其他医疗保障同时享有，可为自己提供综合保障，也可作为礼物送给别人，投保流程简单，网络激活保单，全国均可理赔。

📖 知识小结

意外伤害保险产品主要有个人意外伤害保险、旅客意外伤害保险、学生平安保险和运动员意外伤害保险四个主要险种。个人人身意外伤害保险是意外伤害险的基本险种，大多特种意外伤害保险是由此演变而来的，它是我国意外伤害保险中的最主要险种。个人人身意外伤害保险保障被保险人因遭受意外伤害事故，并自事故发生之日起180日内身故的，保险人按保险合同中列明的保险金额给付身故保险金。被保险人因意外伤害所致残疾，保险人按保险单所载保险金额及该项身体残疾所对应的给付比例给付残疾保险金。

📖 考核

1. 意外伤害保险有哪些主要的保险产品？

2. 个人人身意外伤害保险的保险责任和除外责任有哪些？

3. 对照说明人寿保险和意外伤害保险产品的区别。

4. 结合实例举例说明意外伤害保险产品的特征。

📖 拓展

【知识链接】

普通意外伤害保险的拒保和免责

由于某些职业活动和体育竞技娱乐项目受到伤害的风险要明显高于人们日常的生活

活动，因此在普通的意外伤害保险中属于拒保和免责的范围。但是这些风险可以通过与保险公司协商，或者加保附加保险的形式来进行转移。

拒保职业范围：液化瓦斯批发及零售业，高压线路带电检修人员，石油加工及炼焦业，石油和天然气开采业、炸药业、烟花爆竹业，航空空勤人员，地质勘察、海洋测绘工程技术人员，高楼外部烟囱清洁工，外墙清洁工，道路清洁工，交通警察，刑警，消防队队员，防暴警察，武警，特种部队，抢险员，稽查缉私人员，驯犬员，屠宰加工工人，职业运动员，金属热处理工，石棉制品工，石材加工工人，潜水工作人员，爆破工，凿岩工，船员等。

免责活动项目：冲浪、水上摩托车、足球、曲棍球、冰上曲棍球、橄榄球、拳击、滑雪、潜水、跳伞、攀岩运动、探险活动、武术比赛、摔跤比赛、特技表演、赛马、赛车。

【专业词汇】

个人意外伤害保险 personal accident（injury）insurance　旅客意外伤害保险 passenger accident（injury）insurance　学生平安保险 student safety insurance

项目测试题

（一）单选题

1. 下述哪种情况不属于意外伤害的保险责任（　　　）

A. 死亡　　　　　　　B. 残疾　　　　　　　C. 失业　　　　　　　D. 医疗费用

2. 意外伤害综合保险的保障范围一般不包括（　　　）

A. 收入减少　　　　　B. 身故保障　　　　　C. 残疾保障　　　　　D. 医疗保障

3. 与个人意外伤害保险相比，团体意外伤害保险的优点不包括（　　　）

A. 手续简化　　　　　B. 费用节省　　　　　C. 逆选择少　　　　　D. 保障度高

4. 以下哪种属于强制意外伤害保险（　　　）

A. 个人意外伤害保险　　　　　　　　　B. 旅客意外伤害保险

C. 航空意外伤害保险　　　　　　　　　D. 建筑工人意外伤害保险

5. 意外伤害保险的特约可保风险可以包括（　　　）

A. 寻衅殴斗　　　　　B. 剧烈运动　　　　　C. 自加伤害　　　　　D. 吸食毒品

（二）多选题

1. 意外伤害保险里的"意外"可以从以下几个方面理解（　　　）

A. 外来性　　　　　　B. 突发性　　　　　　C. 非本意　　　　　　D. 职责所在

2. 意外伤害保险里的"伤害"的构成要包括（　　　）

A. 致害物　　　　　　B. 侵害对象　　　　　C. 侵害事实　　　　　D. 因果关系

3. 意外伤害保险与人身意外伤害保险的区别表现在（　　　）

A. 保险标的　　　　　B. 保障范围　　　　　C. 赔偿方式　　　　　D. 合同主体

4. 意外伤害保险按照保险期限划分可以分为（　　　）

A. 极短期　　　　　　B. 一年期　　　　　　C. 多年期　　　　　　D. 终生期

5. 意外伤害保险的特约可保风险包括（　　　）

A. 战争　　　　　　B. 剧烈运动　　　　C. 核辐射　　　　D. 医疗事故

（三）判断题

1. 意外伤害保险是被保险人受到意外伤害就可以获得保险金。　　　　（　　）

2. 意外伤害保险的责任期限指的就是保险的有效期间。　　　　　　　（　　）

3. 个别的意外伤害保险可以不出具保险单。　　　　　　　　　　　　（　　）

4. "人身保险残疾程度与保险金给付比例表"的残疾程度分为七级三十四项，既适合因意外伤害导致残疾的保险金给付，也适合作为疾病引起的残疾保险金的给付标准。

（　　）

5. 个别特殊的意外伤害保险产品还可以规定死亡保险金为保险金额的200%或者是300%。　　　　　　　　　　　　　　　　　　　　　　　　　　　　　（　　）

（四）名词解释

意外伤害保险　特约可保风险　意外伤害　团体意外伤害保险

（五）简答题

1. 人身意外伤害保险的含义和特征是什么?

2. 意外伤害保险的基本保险责任和除外责任有哪些?

3. 如何对意外伤害的保险责任进行判定?

4. 意外伤害保险的保险金如何进行给付?

5. 意外伤害保险有哪些主要的险种?

（六）论述题

1. 意外伤害保险中有哪些特殊的规定。

2. 举例说明意外伤害保险的主要险种及其特点。

综合案例分析

意外伤害保险是否负责食物中毒

某天晚上王某和几位同事相约在饭店在吃完小龙虾回家，半夜突然感到浑身酸疼，四肢乏力，不停呕吐，被家人送往医院治疗，检查结果确诊为食物中毒引起的急性骨骼肌溶解症，可能和进食小龙虾有关，但是与王某共同吃饭的其他几位同事均无异常。

王某的单位统一为职工购买了意外伤害保险，并附加意外伤害门急诊保险。王某的家人就由于食物中毒导致的住院医疗费用，向保险公司提出索赔，保险公司以此次食物中毒因个人体质软弱引起，应该属于疾病，不是意外事故，拒绝理赔。

【分析】

食物中毒符合非本意的、外来的、突发事件三个要素，属于意外事故。但是本案中王某因细菌感染的食物中毒，也可能是因为个人体质关系所引起的肠胃等疾病，则不应是意外伤害保险的责任范围，所以保险公司对于个体食物中毒的案件，一般都不予按照意外事故处理。一般情况下，对于集体食物中毒，保险公司会视个案而考虑按照意外伤害进行赔付，如上海虹口第三中心小学300多名师生出现中毒症状，该校师生都投保了某保险公司的"校园人身意外伤害保险",保险公司进行了保险理赔。

📄 **实训活动设计**

将学生分成小组进行市场调查:针对你所在地区的保险市场收集相关的意外伤害保险资料,讨论并说明某种意外伤害保险产品的类别和特点;完成一篇不少于 1 000 字的意外伤害保险产品的对比分析报告。

📄 **职业技能训练**

突然死亡——看起来很"意外"的保险案件

2015 年 10 月马某在诚信人寿保险有限公司辽宁分公司为其父投保永宁康顺综合个人意外伤害保险,保额 5 万元。依照条款约定,当被保险人遭受意外事故并且因此导致身故或高度残疾时,保险公司应承担保险责任。

2016 年 4 月 26 日,马某父亲在超市购物时突然倒地,经抢救无效身故,沈阳市和平区公安分局刑侦大队介入此案并对尸体进行了检验。尸检报告结论为"马某尸体全身未见重要外伤,心血中未检出常见毒物,可排除外伤及中毒。结合案情,不排除猝死。此类疾病,可因过度劳累、情绪激动以及外伤等作为其诱发因素"。

马某拿着相关的保险单据向诚信保险公司进行索赔,保险公司的理赔人员经过调查后,认为被保险人马某身故原因不属于合同约定的"意外事故",因此作出了拒赔决定。如果你是保险公司的理赔人员,你将如何向马某解释公司拒赔的原因,并处理好相应的理赔手续。

【情景分析】

本案的焦点是双方对"意外事故"的理解。意外伤害保险是以意外事件而致使被保险人死亡或者残疾为给付保险金条件的人身保险。意外事故是指外来的、非本意的、突然的、剧烈的、非疾病的事件。意外事故须具备以下条件:

1. 必须是外来的或者外界因素造成的事故,如交通事故、失足落水等,均为自身以外的原因遭受的伤害。相反地,如果被保险人因脑出血引起的跌倒死亡,是由于被保险人身体内在原因造成的,就不属于意外事故。

2. 必须是不可预料的即非故意制造的事故。这是指事故的发生及其导致的结果都是偶然的,如行人被车碰撞等。相反,后果可预见却故意作为或者放任结果的发生,如不听司机劝阻强行挤车后坠地受伤,则不构成意外事件。

3. 必须是突然的、瞬间剧烈的事件,如高空坠落物引起的伤亡、交通事故等。相反,如长期从事具有接触性污染源的工作导致的身体伤害或者高原反应等,都不属于意外事故。

【实务操作】

作为诚信保险公司的理赔人员,面对如此棘手的索赔案件,必须具备足够的耐心,才可以妥善处理好相关的赔案。

首先,要安抚死者家属的情绪,对于他们的情形给予同情与理解,一味强调公司的决定有可能将矛盾激化。

其次，耐心而理性地向家属讲解保险的保障范围和对于"意外事故"的界定，引导客户对于客观事实的认识与了解。

最后，委婉地表达出公司的最后决定，即使客户因此而大发雷霆也不可意气用事顶撞客户，微笑和耐心是解决问题最好的方法。

【保险产品】

诚信保险公司附加意外伤害医疗费用保险条款

保险合同

第一条 本保险合同是一年期人身意外险保险合同（以下简称"主合同"）的附加合同。本保险合同未约定事项，以主合同为准。

主合同效力终止，本保险合同效力亦同时终止；主合同无效，本保险合同亦无效。主合同与本保险合同相抵触之处，以本保险合同为准。

保险责任

第二条 在保险期间内，被保险人因遭受主合同所述意外伤害事故，且自意外伤害事故发生之日起90天内，在中华人民共和国境内（不包括香港、澳门、台湾地区）县级以上（含县级）医院或者保险人指定或认可的医疗机构进行治疗；保险人按照下列约定给付保险金：

（一）对被保险人所支出的必要合理的、符合当地社会医疗保险主管部门规定可报销的医疗费用，保险人扣除100元免赔额后，在保险金额范围内，按80%的比例给付医疗保险金。

（二）保险期间届满被保险人治疗仍未结束的，保险人所负给付保险金的期限，自保险期间届满次日起计算，门诊治疗者以15日为限；住院治疗者至出院之日止，最长以90日为限。

（三）保险人所负给付保险金的责任以保险金额为限，对被保险人一次或者累计给付保险金达到其保险金额时，本合同责任终止。

责任免除

第三条 因下列情形之一，造成被保险人支出医疗费用的，保险人不负给付保险金的责任：

（一）主合同责任免除条款所列情形；

（二）被保险人健康护理等非治疗性行为；

（三）被保险人在家自设病床治疗等；

（四）被保险人洗牙、洁齿、验光、装配假眼、义齿、假肢或者助听器等；

（五）被保险人投保前已有残疾的治疗和康复；

（六）未经保险人同意的转院治疗。

保险金额

第四条 保险金额由投保人、保险人双方约定，并在保险单中载明，以主合同保险金额的20%为上限，且最高不能超过50 000元，保险金额一经确定，中途不得变更。

保险金的申请与给付

第五条　被保险人向保险人申请赔偿时，应提交作为索赔依据的证明和材料。被保险人未及时提供有关单证，导致保险人无法核实单证的真实性及其记载的内容的，保险人对无法核实部分不负给付保险金责任。

（一）被保险人支出医疗费用的，由索赔申请人填写保险金给付通知书，并凭下列证明和资料向保险人申请给付保险金：

1. 保险金给付通知书；

2. 保险单；

3. 被保险人户籍证明或者身份证明；

4. 县级以上（含县级）医院或者保险人指定或认可的医疗机构出具的诊断书、病历及医疗费用原始收据；

5. 保险人所需的其他与本项索赔相关的证明和资料。

（二）索赔申请人因特殊原因不能提供上述证明的，则应提供法律认可的其他有关的证明资料。

受益人的指定或变更

第六条　保险金的受益人为被保险人本人，保险人不受理其他指定或变更。

📄 **进阶阅读**

1. http：//iask. sina. com. cn/b/17677492. html，爱问知识人。

2. http：//zhidao. baidu. com/link？ url = bfGoTtRa＿xkVXo4q6－bH＿I8LF6euI1mZ＿i＿zJ4tsIoU8MFaue＿urzOZXL8tGup＿Tjqi＿71F4Fs＿t4cJq0－7vx＿，百度知道。

3. http：//health. sohu. com/20050621/n226025179. shtml，搜狐健康。

4. http：//www. lawtime. cn/ask/question＿3974340. html，法律快车。

项目六
区分不同健康保险产品

知识结构图

		健康保险的概念
健康保险的含义	健康保险的含义	对健康保险的理解
		与社会医疗保险的区别
	健康保险的特征	

健康保险的含义与特征

健康保险的不同分类：
- 按照保险责任划分
- 按照承保风险划分
- 按照续效条件划分
- 按照承保对象划分
- 按照保险期限划分
- 按照给付方式划分
- 按照险种结构划分
- 按照组织性质划分

区分不同健康保险产品

健康保险的特殊条款：
- 责任期条款
- 观察期条款
- 犹豫期条款
- 免赔额条款
- 共保比例条款
- 给付限额条款
- 续保条款
- 既存状况条款
- 豁免保费条款
- 定残期限条款
- 护理给付标准条款
- 通胀保护条款

健康保险产品介绍：
- 疾病保险
- 医疗保险
- 失能收入损失保险
- 护理保险

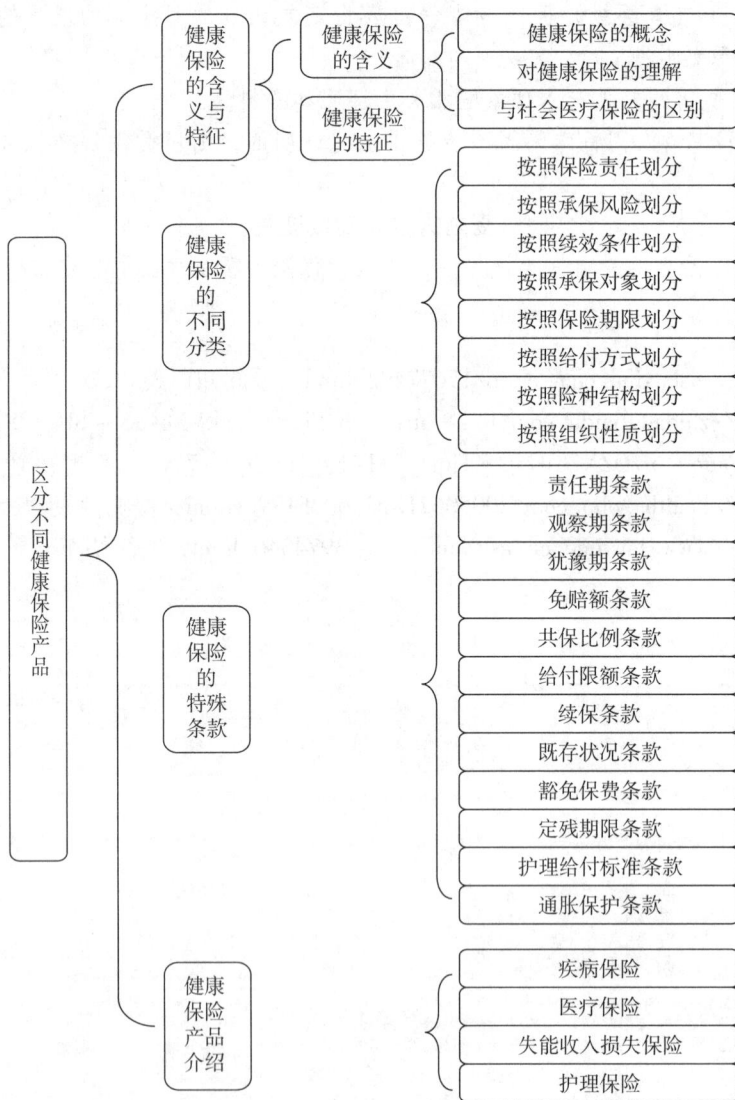

图 6-1　不同健康保险产品的知识结构

学习目标

【能力目标】：能够区分健康保险与社会医疗保险；能够识别不同健康保险产品的类别；能够区分健康保险的责任期、犹豫期和观察期；能够掌握疾病保险的保障范围和除外责任；能够区分重大疾病保险和特种疾病保险；能够掌握医疗保险和护理保险的主要险种。

【知识目标】：解并能解释健康保险的含义和特点；理解并能掌握健康保险按照不同标准进行的分类；重点掌握按照保险责任划分的健康保险；理解并能区分疾病保险和医疗保险的关系；理解并能说明健康保险的一些特殊条款；解释掌握疾病保险的含义、特征和主要险种；掌握医疗保险和护理保险的含义、特征和主要险种。

【素质目标】：够对比解释说明健康保险的独特特征；能够举例说明疾病保险和医疗保险的关系；能够对比说明健康保险条款和其他人身保险条款的关系；能够用通俗语言向客户解释疾病保险和医疗保险的主要险种；能够简单说明失能收入损失保险和护理保险的主要险种。

工作任务

➢ 举例说明健康保险产品的主要险种；
➢ 对比说明各个健康保险产品的区别和联系。

项目导入

重大疾病正在逐渐趋于年轻化

19岁，本是花样般的年龄，对未来充满美好幻想的年龄，然而四川省达州市渠县19岁女孩江某，这个四川省国际标榜职业学院管理系电算化专业的大学生，却于2016年4月27日被诊断患上十分罕见的原始神经外胚层肿瘤，承受着这个年龄不应承受的病痛和折磨。无独有偶，2016年4月12日，西安电子科技大学计算机专业的大学生魏某某，罹患滑膜肉瘤，由于呼吸衰竭离开人世，时年才刚刚21岁，正值人生最好的年龄时段。

【分析】

从背景材料中我们可以看出：疾病总是那么无情伤害着年轻而健康的生命和无辜的家庭，身处这样的环境，我们不仅需要做好防范和保健，还要做好万一的打算，就是做好风险的转移，即保险保障。作为年轻人或者他们的父母，应该及早地树立起风险意识，健康保险能化解关键时的大额医疗费风险，是未雨绸缪的一种科学规划。

任务6-1　全面认识健康保险

情境引入

客户认为既然健康就不需要保险了，梁某如何纠正客户的误区？梁某怎样才能简明易懂地解释健康保险产品的特征以便客户更加清楚自身的保险需求？

📖 **学习任务**

一、健康保险的含义

1. 健康保险的概念。健康保险是指以被保险人身体为保险标的，保险人承担被保险人在保险期限内因患疾病、生育或发生意外事故受到伤害时所导致的医疗费用或收入损失补偿的一种保险。

我国《健康保险管理办法》第三条规定："本办法所称健康保险，是指保险公司通过疾病保险、医疗保险、失能收入损失保险和护理保险等方式对因健康原因导致的损失给付保险金的保险。"按照该办法规定，健康保险保障内容包括疾病保险、医疗保险、失能收入损失保险和护理保险。

📖 **【拓展阅读】**

我国健康保险专门法规颁布实施

为积极推动健康保险发展，走专业化经营道路，保监会整合行业力量，制定了《健康保险管理办法》（以下简称《办法》），于 2006 年 8 月颁布，9 月 1 日起实施。

《办法》为健康保险的经营发展创造良好的法制环境。一是促进健康保险专业化经营。二是规范健康保险经营行为，明确了健康保险业务分类、产品设计、销售管理等经营流程的具体要求。三是促进健康保险产品创新，把健康保险分为疾病保险、医疗保险、失能收入保险和护理保险四种基本类型。四是体现了健康保险对被保险人利益的保护，要求保险公司特别说明投保条件、保险责任、责任免除、定点医院、费率调整等内容。

《办法》中把与普通百姓最相关的内容归纳为下面的五个方面：

一是"医疗保险产品和疾病保险产品不得包含生存给付责任。"这意味着保险公司今后推出的健康险（主要指重疾险），肯定不能包含生存给付责任了，也就是有病赔钱，无病不返本，但"旧版"返还型的重疾险不会立即停售。

二是"长期健康保险产品应当设置合同犹豫期，并在保险条款中列明投保人在犹豫期内的权利。"犹豫期——是为了防止投保人"一时冲动"签单而作出的防范设置，如果投保人签收保单后 10 日内，一旦后悔，还可以"无条件退保"。

三是"保险公司在健康保险产品条款中约定的疾病诊断标准应当符合通行的医学诊断标准，并考虑到医疗技术条件发展的趋势。保险公司不得以该诊断标准与保险合同约定不符为理由拒绝给付保险金。"

四是"保险公司销售费用补偿型医疗保险，应当向投保人询问被保险人是否拥有公费医疗、社会医疗保险和其他费用补偿型医疗保险的情况。保险公司不得诱导被保险人重复购买保障功能相同或者类似的费用补偿型医疗保险产品。"

五是"保险公司销售健康保险产品，不得有下列行为：在医疗机构场所内销售健康保险产品；委托医疗机构或者医护人员销售健康保险产品。"

2. 对健康保险的理解。广义地说，健康保险是指以疾病、生育、伤害的发生或由此所致的费用损失或劳动收入损失为保障项目的一大类保险。包括医疗保险、疾病保险、生育保险、收入损失保险（含残疾、失能）、护理保险等。其中一部分通过社会保险实现；另一部分由商业性保险提供。

各国由于社会保障制度的差异，商业性健康保险和社会健康保险保障的项目、范围、程度以及交叉、衔接均有不同，以至于有诸多的名词、概念。我们在这里主要讨论的是商业性健康保险。

狭义地说，健康保险约等于伤害保险，约等于疾病保险，约等于医疗保险，约等于残疾保险，或者说是约等于上述几个保险的结合。我们可以从几个专业保险的核心概念中，对健康保险有一个更好的理解。

（1）伤害保险：主要包括意外伤害保险和短期医疗、疾病保险。

（2）疾病保险：发生某种、某类疾病。

（3）医疗保险：主要为医疗费用保险。

（4）生育保险：分娩所致死、残、医疗、护理费用及相关服务费用。目前我国多属社会保险范畴，商业保险仅有极少数险种。

（5）残疾保险：因病或意外伤害致全部或部分丧失劳动能力和身体器官的机能由保险提供保障。

（6）失能收入损失保险：因病或意外伤害等所致职业能力降低而引起收入损失提供的保障。

3. 与社会医疗保险的区别。

（1）投保自愿。商业健康保险不同于社会医疗保险的一个显著特点就是参加商业健康保险的自愿性。商业健康保险作为一种商品，由投保人根据自己的需要及经济条件决定是否购买以及购买的险种，一定范围内还可以选择投保的公司和地点。由于保险商品的特殊性，通常由保险公司和它的代理人以及保险经纪人作一些宣导和介绍，客户作出最终的选择。

（2）保障多样。社会医疗保险提供的是基本医疗保障，商业健康保险作为社会医疗保险的重要补充，从保障程度上，有较大的提高，保险金额在一定范围内可自由选择；在保险责任范围上，也有较大的扩展，尤其是团体投保如有特殊需求，还可以双方协议签约。另外，商业性健康保险的疾病、残疾、护理保险，均对疾病医疗花费具有补偿作用。

（3）自负盈亏。商业健康保险与其他商业保险一样作为一种市场和企业行为，在追求利润的同时，也需要对自己的经营亏损负责。而社会医疗保险通过国家、政府立法强制实施，依照"以收定支、收支平衡"的基金筹集原则，社会医疗保险管理机构照章运行，无须自负盈亏。

（4）个体公平。商业保险注重"个体公平"，商业健康保险对于被保险人的风险承担也是建立在风险公平、风险均衡基础之上的，它的纯费率计算基本依循的是损失分摊原理；它的核保环节是为了公平对待客户，避免高、低风险人群收取同等保险费、得到同样多的保险保障，而对于低风险人群的事实上不公平；它的核赔更是以公平为原则。在这一点上，社会保险强调的是"社会公平"原则。

二、健康保险的特征

1. 风险控制困难，经营技术复杂

健康保险承保的风险范围较广，从而导致健康保险风险控制和经营技术的要求很高，这主要是由健康保险承保的健康风险的特性所决定的。

（1）出险频率较高导致损失频繁发生。人总有生老病死，尤其是经常罹患各种疾病，所以健康保险的出险频率及损失频率是相当高的，它远远超过死亡、意外伤害保险。健康保险危险事件造成的损失大多是被保险人为保障自身健康而需要得到医疗服务所带来的费用损失。

（2）损失频率及损失程度相对不稳定。一个社区内某个时期人群的发病率、患病率、住院率、医疗费用总额以及门诊、住院医疗费等指标，虽然可以通过历年的统计资料作出粗略的预测，但它们受许多复杂的内外因素的影响，比如：物价上涨、人群经济收入的增减、医疗条件的改善、医疗消费意识的提高、自然灾害的发生、传染病地方病的起没、人群年龄结构的变化、气候等自然环境的急变以及社会制度、医疗保险制度、劳动保护制度的变更或改革等，表现出难以预料的变化。这种变化有时可以通过分析影响因素的改变来判断其变化的方向，但其幅度却很难预计。某些情况下，某种影响因素的细微变化，可导致损失频率、幅度的较大波动，从而突破保险人预定的承受区限。

从理论上讲，医疗保险的损失频率、幅度是呈不稳定的曲线变化，但从近期国内外统计资料看，其变化几乎都是呈递增趋势。也就是说，保险基金的筹集金额表现为连年增长的势头。

（3）承保风险具有潜隐性和主观性。某些疾病具有潜伏期，潜伏期过后才有症状、体征；某些疾病具有隐蔽性，容易带病投保，产生逆选择。另外，病后就医带来的费用支出，无论是被保险人还是医疗机构，受利益驱动，都会自觉不自觉、主动不主动地影响到保险人的赔付，也即多少都会受到医患主观因素的影响。同时，费用支出也存在很大的弹性。例如：同样的肾结石，采用"碎石"治疗，做1~2次也可以，做3~5次也合理。而医疗费用则可相差较大，使得保险人对损失变化的难以预测和控制。因此健康保险经营管理技术要求高。

（4）费率计算和承保理赔复杂烦琐。以医疗保险为例，首先费率的计算不可能像寿险那样精确。如前所述，它的计价因素较多，费率测算难度大，且存在一定的差异性。为降低误差给保险核算方面带来的风险，在经营医疗保险时，应采取短周期承保的方式，以便审时度势及时调整费率，保证自身经营稳定。同时由于医疗保险损失频率很高，以致带来费用损失总额的增高，从而决定了其保险费远远大于其他人身保险的费率。实务中多以附加形式和控制保额为宜。

医疗保险核保、理赔均较复杂，广泛涉及医疗、医务、医政管理、社会保险、法律、精算等方面的知识。因此，在经营实践中，核保、理赔人员应具备相当的技术能力和从业资格，还须参与专任医师，同时用观察期、共保比例、免赔额等特殊条款，尽可能地控制道德风险。另外，为了适当降低保险责任范围内的损失，减轻理赔工作的压力，常常要对医疗保险的危险事件范围加以限制。如规定只对某些或某类疾病负责，或者只对住院诊治者负责等。

再则，医疗保险的经营管理在控制内部风险的同时，须加强外部风险的识别和掌控，尤其是我国，国家之大、人口之多、经济发展的不平衡、疾病、文化的差异等，要求保险人经营医疗保险更需认真研究市场，寻求规避、化解这种特殊风险的方法和途径。

2. 社会需求普遍，易于保险展业。众所周知，在各种人身危险中，疾病对人们的侵害最为频繁。据国外医学专家考证，除开预防疾病，几乎100%的人每年都会因病而需要得到医疗服务，因此人们参保的积极性较高，保险公司易于展业，并且随着人们物质文化水平的提高，对医疗保健服务的项目要求将越来越多，质量要求将越来越高。健康保险蕴藏着巨大的市场潜力。

3. 给付形式多样，满足个性需求。健康保险的给付形式可有多种，但总的可归为三类：第一类是定额给付，类似于人寿保险和意外伤害保险；第二类是实际补偿，按实际发生的医疗费用给付，一般有最高额的限制；第三类是预付服务，由保险人直接支付医疗费用。后两种由于发生的损失也是一种有价的费用损失，亦可得到完全补偿。通常情况下，医疗保险的给付金额原则上是依据被保险人在得到医疗服务后，实际花销金额或者按事先约定之比例来实现补偿，但其补偿不允许超过被保险人实际费用支出金额。

在财产保险和其他人身保险中，被保险人或受益人所得到的每一元保险金都要以其利益或身体的损害甚至死亡为代价来换取，因此有其内在的自限力。而在医疗保险中，两个身体条件和病情完全一样的被保险人，其最终造成的医疗费用损失可以截然不同，甚至可呈倍数关系，而医疗费用损失者却无须作出任何牺牲。所以医疗保险在实行赔付时，多采用一些制约措施，如实行部分补偿和限额制度等，以增强医疗费用损失的自限力，防止保险赔付的不合理增多。

4. 强调综合效益，推动行业发展。健康保险承担的风险为人身风险的主要组成部分，关系到国计民生。世界各国大多将其整体风险按发生的原因及产生的结果分为医疗、疾病、生育、伤害、残疾、收入减损等不同险类，其中一部分通过社会保险实现保障，另一部分由商业保险进行经营。多数国家将商业健康保险作为社会保险的重要补充，有的发达国家独立经营，颇具成效。同时健康保险在公司的业务发展中往往是重要"卖点"和"主打"产品，产生着良好的综合效益，这一点是其他险种无可比拟的。

5. 社会特性明显，社保有力补充。以医疗保险为代表的健康保险的社会特性，主要是指组织形式、经营管理、保险基金的筹集以及保障范围等方面含有社会保险的特性。从商业性医疗保险经营看，在政策上因为它是社会医疗保障体系的重要补充，关系到国计民生，多数国家予以扶植，在税收、费用等方面实行优惠；承保方式上，为了有效防止道德风险，尽量采用团体形式。另外，医疗保险不仅工作面大，而且涉及许多繁杂的医学问题和法律问题，在保险基金的筹集、防止逆选择，以及理赔方面必须依靠全社会的通力合作，特别是需要政府、医疗卫生部门、政法部门的支持和宏观协调，才能保证经营的顺利和稳定。

📖 **知识小结**

健康保险是指以被保险人身体为保险标的，保险人承担被保险人在保险期限内因患疾病、生育或发生意外事故受到伤害时所导致的医疗费用或收入损失补偿的一种保险。

包括医疗保险、疾病保险、生育保险、收入损失保险（含残疾、失能）、护理保险等。其中一部分通过社会保险实现；另一部分由商业性保险提供。与社会医疗保险的区别在于：投保自愿、保障多样、自负盈亏和个体公平。健康保险的特征包括：风险控制困难，经营技术复杂；社会需求普遍，易于保险展业；给付形式多样，满足个性需求；强调综合效益，推动行业发展；社会特性明显，社保有力补充。

📖 考核

【思考与练习】

1. 健康保险的含义和特征是什么？
2. 健康保险和社会保险中的医疗保险的关系如何？
3. 对比说明健康保险和社会医疗保险的关系。
4. 举例说明健康保险为什么不能保证健康。

📖 拓展

【知识链接】

意外及健康保险的起源

随着社会的发展，科技的进步，人们一方面可以采取措施避免和减少某些意外伤害和疾病的发生，另一方面又产生了一些前所未有的意外伤害和疾病。由于它威胁着人们的安全和健康，所以人们总是力图避免之，但是，实践证明，意外伤害和疾病、健康风险不能完全避免，而遭受此类风险的人和家庭需要获得经济上的帮助。因此，早在古代，人们就自发地结成互助组织，对遭受此类风险的人进行经济救助。

近代意外伤害保险的出现早于商业健康保险。它起源于15世纪，最初是作为海上保险的补充，保障经海上贩运奴隶，因为他们具有商业价值，后来船长、船员也享受保险。到17世纪才开始承保旅客。

商业健康保险最早起源于19世纪中期的英国。在19世纪以前，英国的人寿保险对健康风险是拒之门外的，当时的人寿保险合同规定："投保人的现状必须是健康的，并且不得离开英国外出旅行。"伦敦保险公司采取对"天花"患者征收额外保险费，对其他健康欠佳者拒保。但到了19世纪，英国保险市场寿险公司越来越多，竞争开始展开，为了招揽更多业务，保险公司开始考虑开办特殊的承担健康风险的业务。1824年，英国首现为健康欠佳者的保险计划，其后一些保险公司纷纷承保患有痛风、气喘、疝气及其他常见病病人。19世纪30~40年代，各家寿险公司的精算师开始密切关注这些疾病的发生范围，以厘定特别保险费率。严格地说来这些均属于保险早期进行的医学核保。

【专业词汇】

健康保险 health insurance   社会保险 social insurance

任务 6 - 2　健康保险的不同分类

📖 **情境引入**

客户在选择具体哪类健康保险产品时有些不知所措，梁某怎样才能对照说明健康保险产品的不同类别划分？

📖 **学习任务**

一、按照保险责任划分

1. 疾病保险。疾病保险是指以保险合同约定的疾病的发生为给付保险金条件的保险。疾病保险一般只需疾病确诊就可给付保险金，而不需与疾病的治疗过程发生联系。

疾病保险通常保障危险性高、损失大的疾病，如癌症保险，专为患有恶性肿瘤的被保险人提供高额的疾病保险金；重大疾病保险，是对某些特别严重的疾病提供保障的保险。疾病保险除患病、发病保险外，还可包括疾病预防保险，如传染病预防和普通病预防（如儿童龋齿预防）保险。

📖 **【拓展阅读】**

发生频率最高的重大疾病

2007 年保险行业协会与中国医师协会合作完善了我国首个《重大疾病保险的疾病定义使用规范》，规定其保障范围必须包括 25 种疾病中发生率最高的 6 种疾病，（1）恶性肿瘤——不包括部分早期恶性肿瘤；（2）急性心肌梗死；（3）脑中风后遗症——永久性的功能障碍；（4）重大器官移植术或造血干细胞移植术——须异体移植手术；（5）冠状动脉搭桥术（或称冠状动脉旁路移植术）——须开胸手术；（6）终末期肾病（或称慢性肾衰竭尿毒症期）——须透析治疗或肾脏移植手术。

2. 医疗保险。医疗保险是指以保险合同约定的医疗诊治行为的发生为给付保险金条件，为被保险人接受诊疗期间的医疗费用支出提供保障的保险，也称为医疗费用保险。

医疗保险是健康保险的主要险类之一，也为社会保险的主要责任。后者通常负责劳动者因为疾病所花费的基本医疗费用。商业医疗保险只要是被保险人发生保险责任范围内的医疗费用均提供经济补偿。被保险人在接受诊疗时支出的医疗费用主要包括门诊诊疗费、药费、住院费、护理费、医院杂费、手术费和各种检查治疗费等，不同医疗保险产品所保障的费用项目和补偿内容也因此有所不同。

（1）门诊医疗保险。门诊医疗保险是为被保险人的因病门诊所支出的治疗费用提供保障的保险。一般情况下，被保险人的门诊治疗比住院频繁，门诊治疗所花费的主要有检查费、化验费、医药费等。但由于来自患者和医院工作人员的道德风险，加上保险公司出于监察成本的考虑或者缺乏专业人员对门诊处方的合理性进行监督检查，保险公司开办门诊医疗保险的风险较大。正因为如此，我国门诊医疗保险开展缓慢，限制条件也规定得非常严格，现有门诊医疗保险多属于团体医疗保险计划的一部分，仅限于被保人住院前后一段时间内的门诊诊断和治疗费用。少数个人普通医疗保险中也包含对门诊医疗费用的补偿，但一般都仅限于一些特定的门诊费用，如意外伤害发生后48小时以内因急救导致的门诊费用等。

（2）住院医疗保险。住院医疗保险是为因病住院医疗费用提供支付的保险，主要包括住院床位费、化验检查费、手术费、医药费和治疗费等。由于住院期间的长短直接影响其费用的高低，所以一般保单对各种不同疾病的住院期限长短有限制。

（3）住院津贴保险。住院津贴保险是根据住院日数按日给付住院津贴保险金的一种保险。当被保险人住院时，不论其实际所需费用是多少，在住院日数最大限额内，每日给付一定的金额。这种给付通常不如费用补偿保障充分，但一般不需要提供医疗费用原始票据，而且与其他社会医疗保险的给付并不发生矛盾，对保险公司而言也能较好地控制赔付风险。

（4）手术保险。手术保险提供因病必要手术治疗而发生的费用。该险种可以单独保险，也可以列为附加险种。手术保险可按费用补偿和定额给付，费用补偿又分为确定手术限额和无手术限额型，一般均按比例补偿。

（5）综合医疗保险。综合医疗保险对疾病和意外伤害导致的大多数医疗费用进行补偿。通常由保险人以总括方式承保，为被保险人提供全面的医疗费用，包括医疗、住院、手术等一切费用。该险种有四大特征：保险责任范围广；给付限额很高；规定了免赔额与费用分担；保险费较高。而且该类产品一般不存在医疗服务费用的单项限额，但一般会有一个总的赔付限额，它提供的医疗费用补偿不管在项目范围还是补偿程度上都远远超过社会基本医疗保险。

📖 【拓展阅读】

国外的健康医疗保险

综合医疗保险是国外最常见的医疗保险产品，这类产品在美国也称为大病高额医疗保险。如某家保险公司的VIP医疗保险规定了保险责任包括：治疗费（包括注射费、输血费、输氧费、体外反搏费）、癌症医疗费、住院病房费、假体及治疗器械费（仅包括外科手术中必须使用的膝关节支架、脊柱支架）、陪护费、救护车费、牙科急症治疗费、转院治疗费及在被保险人被转送至其祖国或经常居住国以外的地方接受住院治疗后送回原住处的费用。各项保险金给付金额累积达到保险单或批注上所载保险金额时，保险合同即告终止。

处方药保险。它是为被保险人购买医生开出的处方上的药物的花费提供补偿的一类健康保险业务。由于处方药物保险主要为门诊药费提供补偿，赔付成本比较难以控制，所以此类业务通常以团体方式承保，一般是以补充医疗保险的形式附加在一个团体健康保险计划中。处方药保险中保险金的补偿方式有两种，一种是补偿计划，即被保险人用现金在药店购买处方药，然后由药剂师填写理赔表格，被保险人利用理赔表格向保险人申请保险金结付。保险人在支付保险金时要审核其费用是否符合常规、合理费用的标准。另一种是服务计划，投保处方药物保险的被保险人直接从参加该计划的药店取药。被保险人不需要付费或只需要付一个共付款，由保险人直接补偿药店。

牙科保险。目前，牙科保险在发达国家十分普遍。它为被保险人进行牙齿的常规检查和治疗费用提供补偿。有与医疗保险结合的牙科保险、单独的牙科保险和作为附加险的牙科保险。牙科保险的保险责任一般包括对牙病诊断、预防和各种治疗项目的费用进行补偿，如口腔修复、安置义齿、牙周病、牙髓病的治疗和口腔外科手术等，由于牙病的早期预防和治疗可以显著降低牙科治疗的费用总额，因此为了鼓励被保险人进行常规检查，许多牙科保险将牙科的常规检查和预防费用也纳入保险责任以内。

眼科检查和视力矫正保险。它为定期的眼科检查和视力矫正治疗过程中发生的费用提供补偿。这类保险一般都是团体健康保险计划的一部分，很少单独销售，眼科检查和视力矫正保险的保险责任一般包括眼病检查（包括视力检查）和视力矫正所需的镜片配置、隐形眼镜配置甚至包括镜架的费用等。当然这些治疗及费用都需要得到眼科医师和专业验光师的同意。在眼科检查和视力矫正保险中，一般都规定在一年内只能进行一次视力检查及配用一副眼镜，而且各种检查和治疗费用都严格规定了给付限额。一些不必要的配镜项目如太阳镜、变色镜等明确规定作为除外责任。

3. 失能收入损失保险。失能收入损失保险是指以因保险合同约定的疾病或者意外伤害导致工作能力丧失为给付保险金条件，为被保险人在一定时期内收入减少或者中断提供保障的保险。

失能收入损失保险又称为失能保险、残疾收入保险、收入补偿保险等，其主要目的是为被保险人因丧失工作能力导致收入方面的丧失或减少提供经济上的保障，它并不承担被保险人因疾病或意外伤害所发生的医疗费用。

失能收入损失保险按照给付期间分类可以分为短期失能收入损失保险和长期失能收入损失保险。短期失能收入损失保险，在团体失能收入损失保险中，最长给付期间在一年以内的都属于短期保险，常见的最长给付期间有 13 周、26 周或 52 周。长期失能收入损失保险，最长给付期间在一年以上的失能收入损失保险归属于长期保险，这类保险的最长给付期间可以延长至被保险人正常退休年龄或 70 岁。

失能收入损失保险还可以按照承保对象不同分为个人失能收入损失保险和团体失能收入损失保险。

4. 护理保险。护理保险，又称看护保险，是指以因保险合同约定的日常生活能力障碍引发护理需要为给付保险金条件，为被保险人的护理支出提供保障的保险。护理保险是为因年老、疾病或伤残而需要长期照顾的被保险人提供护理服务费用补偿的一种保险。

长期护理保险按保险责任划分，又可以分为单一责任护理保险、综合责任护理保险、伤残收入补偿保险的扩展、医疗费用保险附约四种。

（1）单一责任护理保险。单一责任护理保险是在保险期间内被保险人接受符合条件的护理服务，保险公司按规定给付保险金。此种保险除非附加附约，否则仅承担长期护理责任。它可能带来的问题是，被保险人缴付多年保费后，没来得及领取保险金就已经死去，其家属容易产生对保险公司的不满情绪，从而给保险公司带来不良的社会形象。

（2）综合责任护理保险。综合责任护理保险即在承担长期护理责任的基础上，增加生存和死亡给付责任，生存给付可采取一次性给付和年金给付的形式。

（3）伤残收入补偿保险的扩展。残疾者在退休前购买的长期护理保险，在其退休后，保险公司提供给被保险人与残疾收入补偿等额的保险金。在投保时不需要核保，只是要比正常人多缴一些保费，实际上是将残疾收入补偿保险自动转为长期护理保险。

（4）医疗费用保险附约。长期护理保险类似医疗费用保险，二者的主要区别在于：医疗费用保险是对被保险人的偶然性的急性疾病的治疗费用提供保障，而长期护理保险则是对被保险人因慢性病或健康状况恶化所发生的费用提供保障，但两者都是健康保险，都涉及费用补偿，所以，可以将长期护理保险视为医疗费用保险的一种延伸。

长期护理保险按保额是否变化可分为保额固定型护理保险和保额递增型护理保险。保额固定型护理保险是按合同中约定的金额给付保险金，金额保持固定不变的护理保险；保额递增型护理保险是指随着生活费用指数和护理费用指数的变化，逐年增加保险金给付金额的护理保险。

二、按照承保风险划分

1. 疾病保障型保险。健康保险承保的主要风险事故是疾病，因而大多数健康保险产品属于疾病保障型，如重大疾病保险，因病医疗、因病失能残疾、因病停工（收入损失保险）等。

2. 意外伤害保障型保险。对承保风险事故是因为意外伤害所致的医疗、看护、失能收入损失等提供保障的健康保险。这种健康保险根据给付的内容主要有两大类，一类是给付由于意外伤害所导致的医疗费用，另一类是在由于意外事故导致被保险人住院治疗时给付住院津贴或者生活津贴。因意外伤害所致的健康保险通常以附加险的形式存在，如果作为主险的话，也通常是把意外伤害和疾病同时作为导致给付的危险事故列在一张保单之中。例如附加意外伤害医疗保险、附加意外伤害生活津贴保险，以及同时保障意外伤害和疾病所致的医疗费用支出的医疗费用保险等。

3. 生育保障型保险。生育保障型保险保障的导致健康保险给付的承保风险事故是生育。对生育进行保障的保险主要有两类：一类是生育保险。生育保险是为了补偿被保险人因为怀孕、分娩及其并发症导致的医疗费用支出并为其提供相应收入损失补贴的一类保险。在社会保障体系比较完善的国家，生育保险主要由社会保险提供。另一类则是商业保险公司提供的针对被保险人怀孕及分娩中可能遭遇的风险提供保障的产品，如母婴安康保险、母子平安保险，主要是保障产妇的死亡或残疾，以及婴儿的先天性疾病。

三、按照续效条件划分

所谓续效条件是指在健康保险保单中规定的当现有保单到期后能够继续有效的条件。按照续效条件分类，健康保险可以分为可任意解除健康保险、有条件可取消健康保险、不可解约健康保险、有条件续保健康保险和保证续保健康保险。

1. 可任意解除健康保险。可任意解除健康保险保单允许保险人在任何期间以任何理由解除保险合同，变更保费或变更责任范围。保险人只需向被保险人发出通知，保险合同即被解除，但解除合同时，对已经发生但尚未处理完毕的保险事故，则仍须按原来合同规定的条件承担责任。这种保单的优点是保险人承担的风险小，所以其成本低，对承保条件的要求也不甚严格。

2. 有条件可解除健康保险。有条件可解除健康保险保单规定，保险人可以在某些约定日期（通常是保单生效对应日或保费到期日）拒绝续保。针对同类保单，保险人还可以增加保障的限制条件或增加保险费率。所谓同类保单是指某一险种的所有保单，或对某一组特定的被保险人签发的所有保单，比如在某一地区所有的同类有效保单中，对某一特定年龄的被保险人签发的所有保单。

3. 不可解除健康保险。不可解除健康保险保单规定，在被保险人到达约定年龄之前，只要继续缴费，合同就一直有效，保险人不得以任何理由取消和变更保险合同，比如提高保险费率。残疾收入保单通常是不可解除的，而医疗费用保单很少是不可以解除的。这种保单由于保险人承担的风险大，成本也比较高。

4. 有条件续保健康保险。有条件续保健康保险保单规定，保险人只能根据保单载明的特定理由（特定理由通常是被保险人的年龄和职业状况）拒绝续保，而不能与被保险人的健康状况有关。所以在一般情况下，保险人要按期续保其合同，直至某一特定的时间或年数，如承保10年以下，或被保险人年龄达50岁。

5. 保证续保健康保险。保证续保健康保险保单规定，只要被保险人按期缴纳保险费，保险人就必须允许在被保险人达到保单约定年龄之前可以续保，大多数保证续保单允许被保险人到达60岁或更高的年龄之前续保。但保险人在每次续保时，可根据被保险人的健康状况调整费率或变更保险责任，但变动费率时不能仅对个别保单加以增减，而必须对同类全部保单的保费予以调整。

四、按照承保对象划分

1. 个人健康保险。个人健康保险是指以单个自然人为承保对象的健康保险。个人健康保险通常与个人寿险和个人意外伤害保险配套一起为保险主体提供综合性保障。

2. 团体健康保险。团体健康保险是以团体为投保人，团体成员作为被保险人的健康保险。团体健康保险是对一个主合同下的一群人提供保障，投保人可以是各类企业、政府机关和各类事业单位以及各种社团等，但不能是专为购买团体健康保险而组成的团体。

3. 二者的区别。

（1）采用费率不同。就相同的保障内容、相同的保险金额而言，团体健康保险的费率一般要低于个人健康保险的费率，原因是经营团体健康保险通常成本低一些，道德风险也远远低于个人健康保险。

（2）承保限制不同。对个人健康保险核保时，主要审核健康状况、年龄、性别、职业、现症、家族史、既往症等因素，承保时要求每一个被保险人都必须通过核保；而团体健康保险核保则主要审查团体人数、参保比例、年龄构成、人员流动率、经济状况、参保历史等。保险公司一般对于团体健康保险核保相对宽松，并不要求其所有的被保险人都符合可保标准，尤其对大团体更如此。

（3）适用条款不同。个人健康保险通常适用可续保条款、复效条款；团体健康保险通常适用转换条款、协调给付条款。另外，两者虽然都采用既存状况条款，但具体内容有较大差别。

五、按照保险期限划分

1. 长期健康保险。通常长期健康保险指保险期间超过一年或者保险期间虽不超过一年但含有保证续保条款的健康保险。

由于长期健康保险的损失发生率比较容易产生波动，而且损失发生的幅度也会因保险期间过长而不容易准确地进行估计，所以大部分长期健康保险为定额给付式的健康保险，如重大疾病保险。

2. 短期健康保险。短期健康保险指保险期间在一年及一年以下、且不含有保证续保条款的健康保险。保证续保条款是指在前一保险期间届满后，投保人提出续保申请，保险公司必须按照约定费率和原条款继续承保的合同约定。

短期健康保险由于保险期间较短，其损失发生率及损失幅度可以随期预估和调整，因此多为实支实付型的费用补偿保险，如医疗费用保险。

六、按照给付方式划分

1. 定额给付型健康保险。定额给付型健康保险是指按照约定的数额给付保险金的健康保险。此种健康保险在合同中规定疾病种类或治疗方式，保险公司向被诊断患有保险合同规定的疾病，或者采用保险合同规定的治疗方式的被保险人一次或分期支付定额补偿。

2. 费用补偿型健康保险。费用补偿型健康保险是指，根据被保险人实际发生的医疗费用支出，按照约定的标准确定保险金数额的健康保险。费用补偿型医疗保险的给付金额不得超过被保险人实际发生的医疗费用金额。

3. 津贴给付型健康保险。津贴给付型健康保险是指保险人按照被保险人的实际住院天数和合同约定的每天住院补贴的一定标准额度给付保险金。

4. 综合服务型健康保险。综合服务型健康保险指健康保险条款约定的保险事故发生时，由保险人负责直接提供医疗、护理或体检等综合性服务。通常保险公司与医疗、护理单位约定提供服务的项目，费用由保险人预支或结算。国内由于保险公司与医疗护理单位尚未形成成熟的协作关系，因此，目前健康保险市场此类形式较少。

七、按照险种结构划分

1. 主险型健康保险。作为主险的健康保险是指单独开办的一张保险单所承保的责任仅限于健康保险或包括健康保险在内的几项保险责任的组合。

2. 附加险型健康保险。作为附加险的健康保险是指必须附加于主险之上，而且必须与主险同时投保的健康保险。例如附加住院医疗保险、附加重大疾病长期健康保险、附加住院医疗生活津贴保险等。

八、按照组织性质划分

1. 商业健康保险。商业健康保险是指投保人与保险人双方遵循自愿原则，以双方所达成的保险合同为基础，在被保险人出现合同中约定的保险事故时，由保险人给付保险金的一种保险。

2. 社会健康保险。社会健康保险是指国家通过立法形式，采取强制的方式对劳动者因患病、生育、伤残等原因所支出的费用和收入损失进行物质帮助而实施的一种制度。

3. 管理式医疗。管理式医疗是指一种将提供医疗服务和提供医疗服务所需资金相结合的一种医疗保险管理模式或管理系统。

4. 自保计划。自保计划是指企业或事业单位或雇主，通过部分或完全自筹资金的方式承担其职工或雇员的医疗费用开支，并为此承担部分或全部损失赔偿责任。

知识小结

健康保险按照保险责任划分为疾病保险、医疗保险、失能收入损失保险和护理保险；按照承保风险划分为疾病保障型保险、意外伤害保障型保险和生育保障型保险；按照续效条件划分为可任意解除健康保险、有条件可解除健康保险、不可解除健康保险、有条件续保健康保险和保证续保健康保险；按照承保对象划分为个人健康保险和团体健康保险；按照保险期限划分为长期健康保险和短期健康保险；按照给付方式划分为定额给付型健康保险、费用补偿型健康保险、津贴给付型健康保险和综合服务型健康保险；按照险种结构划分为主险型健康保险和附加险型健康保险；按照组织性质划分为商业健康保险、社会健康保险、管理式医疗和自保计划。

考核

【思考题】

1. 健康保险产品的基本分类是如何划分的？
2. 健康保险产品有哪些分类方式？

拓展

【知识链接】

既存状况条款

既存状况条款规定在保单生效的约定期间内，保险人对被保险人的既往症不负给付保险金的责任。既往症是在保单签发之前就已经存在，但未在投保单中如实告知的伤残或疾病。个人健康保险的既存状况条款一般规定被保险人因既往症而发生属于保险责任范围内的损失，只有保单生效两年以后，保险公司才负责给付保险金。而团体健康保险的既存状况条款通常规定对于某一既存状况，如果被保险人已经连续3个月未因此而接受治疗、或者参加团体保险的时间已达12个月，则该症状不再属于既存状况，由此发生的费用可以得到保险公司的补偿。

【专业词汇】

疾病保险 sickness insurance 　医疗保险 medical insurance 　失能收入损失保险 disability income lossinsurance 　护理保险 nursing insurance

任务 6-3 　健康保险的特殊条款

情境引入

客户对健康保险合同履行过程中的一些问题有疑问，梁某怎样解释健康保险几个期限之间的关系？及健康保险合同履行过程中的明确规定？

📖 学习任务

一、责任期条款

责任期条款是指意外伤害保险和健康保险特有的概念，是指自被保险人遭受意外伤害之日起的一定时期（90 天或 180 天等）。在此期间内，被保险人的治疗费用或收入损失由保险人承担。

所谓的责任期条款，是说只有在这段期间费用的发生和收入的减少，保险人才承担赔偿给付的责任，一旦超过这个期限，即使还有费用的发生和收入的减少，保险人也不负责。这个责任期限不同于健康保险合同的合同有效期限，责任期限可以在健康保险合同的有效期限之内，也有可能超过合同的有效期限，但是不可能在合同的有效期限之前。

责任期限和合同有效期限之间的逻辑纽带是：保险合同承保的保险事故必须发生在合同的有效期间，自保险事故发生之日起，开始计算责任期间。

二、观察期条款

观察期，也称为试保期、等待期、免责期，它是指健康保险合同成立之后到正式开始生效之前的一段时间。为防止已经患有疾病的人带病投保，通常在首次投保的健康保险单中规定一个观察期（90 天，120 天，180 天等）。被保险人在观察期内所患疾病都推定为投保之前已经患有，其所支出的医疗费或所致收入损失保险人不负责，只有观察期结束后保险单才正式生效。及时续保的健康保险合同不再设置观察期。

如果被保险人在观察期内因疾病或者其他免责事项死亡，则保险人在扣除手续费后退还保险费，保险合同终止。如果被保险人没有死亡，保险人可根据被保险人的身体状况决定是否继续承保，也可以以危险增加为由解除保险合同。

三、犹豫期条款

犹豫期也叫冷静期、冷却期，是指投保人收到保单之日起的一定日期内（一般而言是 10 天，个别也有 7 天的规定），可以无条件地要求保险公司退还保费，保险公司除收取最多 10 元的成本费以外，不得扣除任何费用（过了犹豫期以后的退保，保险公司通常要扣除较多的手续费）。它的产生，是为了防止客户因一时冲动而作出购买保险的决定，因此对于客户来说它无疑起到了缓冲器的作用。

2006 年中国保险监督管理委员会颁布的《健康保险管理办法》第十五条规定："长期健康保险产品应当设置合同犹豫期，并在保险条款中列明投保人在犹豫期内的权利为10 天。"

四、免赔额条款

免赔额，也称为自负额，在健康保险合同中通常对医疗费用保险有免赔额条款的规定，在规定的免赔额以内的医疗费用支出由被保险人自己负担，保险人不予赔付。免赔额有两种：一种是相对免赔额，另一种是绝对免赔额。在健康保险业务中通常都采用绝对免赔方式，该条款能够节省不必要的医疗费用，减少道德风险的发生，还可以减少保险人大量理赔工作。

医疗保险的费用补偿性合同通常会明确规定，被保险人在取得任何补偿前，必须自己承担一部分医疗费用。被保险人自己承担这部分医疗费用称为自负额。有些保单以日历年度为单位确定被保险人的自负额，这称为年度自负额。

五、共保比例条款

共保比例条款也称比例给付条款、比例赔偿条款，有些类似于保险人与被保险人的共同保险。它是指按照医疗保险合同约定的一定比例由保险人与被保险人共同分摊被保险人医疗费用的保险赔偿方式。例如，共保比例80%，表明保险人只对医疗费用负担80%，被保险人要自负20%。这一规定可以促使医生和病人在治疗过程中节约和减少费用开支，避免医疗资源浪费。如果同一份健康保险合同既有共保条款又有免赔额条款，则保险人对超出免赔额以上部分的医疗费用支出，采用与被保险人按一定比例共同分摊的方法进行保险赔付。

医疗保险赔偿一般按被保险人的实际医疗费用损失的一定比例实行部分补偿。它有利于增强被保险人合理消费和费用支出的自限力，补偿比例多在70%～90%，这样的给付方式是当今医疗保险理赔中最常采用的。

六、给付限额条款

给付限额条款，也称为最高给付条款，在健康保险中指保险人对被保险人给付保险金的最高金额规定，超过这个限额的部分，即使符合保险责任，保险人也不再承担给付责任。

由于健康保险的被保险人的个体差异很大，其医疗费用支出的高低差异也很大，为保障保险人和大多数被保险人的利益，在补偿性质的健康保险合同中通常实行补偿性原则，即对于医疗保险金的给付通常有最高给付限额的规定，以控制总的支出水平，如单项疾病给付限额、住院费用给付限额、外科手术费用给付限额、门诊费用给付限额等。

七、续保条款

该条款有两种不同的续保规定：一种是只要被保险人符合合同规定的条件就可以续保，直到某一特定的时间或年数，此谓条件性续保；另一种是只要被保险人继续缴纳保险费，合同可继续有效，直到一个规定的年龄，在此期间保险人不能单方面改变合同中的任何条件，此谓保证性续保或无条件续保。

按照我国《健康保险管理办法》第二十条规定："含有保证续保条款的健康保险产品，应当明确约定保证续保条款的生效时间；含有保证续保条款的健康保险产品不得约定在续保时保险公司有调整保险责任和责任免除范围的权利"。

📖 【拓展阅读】

美国的医疗补助计划

在美国，医疗补助计划成为贫民阶层最后的依靠。在一些州，医疗补助计划负担了大部分的长期护理费用。医疗补助计划的援助对象是一贫如洗的贫民。

美国很多经济条件较好的家庭都有年迈的老人需要长期护理服务，为加入医疗补助计划。很多父母自愿将财产转移给子女或者信托人，从而以贫民的身份加入医疗补助计划。为避免这一作弊现象，按规定医疗补助计划中的所有受助者必须遵循下述条款：

1. 申请者在 60 个月内转移的财产仍被视为申请人所有；
2. 必须在受助者的遗产中尽量收回所有的医疗补助费用；
3. 纯粹以加入医疗补助计划为目的的转移资产属于违法行为。

八、豁免保费条款

豁免保费条款是指在失能收入损失保险中，保险事件发生后被保险人免缴尚未到期的保费，而保单继续有效。

失能发生的概率可能大于死亡发生的概率，一旦家庭主要经济收入来源者因失能而无法工作并丧失赚钱的机会，无异于整个家庭经济陷入死亡。若被保险对象已经丧失了收入能力，还要向其收缴保费，则有悖这项保险的初衷，也不尽合理，这也是失能保险中设立豁免保费条款的必要性。

九、定残期限条款

定残期限指的是因病造成残疾的最迟确定时间（如 120 天、180 天、一年等），实际上是确定残疾程度的期限。国内目前多采用 180 天作为定残期限。

身体高度残疾的鉴定期限：被保险人因意外伤害或疾病造成身体高度残疾，应在治疗结束后，由保险公司指定或认可的医疗机构进行鉴定。如果自被保险人遭受意外伤害或患病之日起 180 日内治疗仍未结束，按第 180 日的身体情况进行鉴定。

十、护理给付标准条款

一般地，护理保险要求被保险人不能完成下述六项（有的规定为前五项）活动之两项才可以申请领取保险金：用餐、沐浴、穿衣、如厕、移动、服药。但是患老年痴呆等有认知能力障碍的人能执行某些日常活动却常常需要长期护理。为解决这一矛盾，目前国外几乎所有护理保险保单都已规定若患老年痴呆或精神疾患等就可申请保险金。

十一、通胀保护条款

在国外的某些护理保险中，由于有的给付时间可能较长，通货膨胀可能会实际导致被保险人实际获得保险给付的减少，为了有效保障被保险人的利益，考虑通货膨胀而增加生活费用调整给付。

📖　**知识小结**

与其他的人身保险合同相区别，健康保险合同在履行过程中有一些相对特殊的规定，这些特殊的规定被称为健康保险的特殊条款，具体包括：责任期条款、观察期条款、犹豫期条款、免赔额条款、共保比例条款、给付限额条款、续保条款、豁免保费条款、定残期限条款、护理给付标准条款和通胀保护条款。

📖　**考核**

【思考题】

1. 健康保险的责任期和观察期是如何规定的？
2. 健康保险在合同履行过程中还有哪些期限性的规定？

📖 **拓展**

【知识链接】

我国健康保险的观察期

目前国内几乎所有的健康险产品都设有保险观察期。重大疾病保险的观察期通常为180天，如人保的"关爱专家定期重疾个人疾病保险"，太保的"万全安康重大疾病保险"等。普通住院医疗保险的观察期分别为30天、60天和90天不等，如永诚的"永保一生医保计划"的观察期为30天，泰康的"亿顺无忧呵护综合保障计划"的观察期为60天，人保的"关爱专家短期重疾（推广版）团体疾病保险"的观察期为90天。

终身型医疗保险产品的观察期各公司相同，如国寿的"康裕重大疾病保险"的观察期为1年，平安的"附加守护一生终身医疗保险"的观察期为90天。

对于意外事故导致的重大疾病或身故是没有保险观察期的。由于意外事故是随机的、突发的，因此不存在道德风险，保险公司应当承担赔偿保险金的责任。

一些保险期间为一年并且保证续保的健康险产品，保险观察期只适用于第一个保险年度，续保之后，则不再另设保险观察期。也就是说，即便被保险人在续保后的第二天就发生保险事故，也是可以获得保险金补偿的。

【专业词汇】

责任期条款 responsibility period clause　　观察期条款 observation period clause　　犹豫期条款 hesitation period clause

任务 6-4　健康保险产品介绍

📖 **情境引入**

客户不知道如何选择具体的健康保险产品，梁某怎样解释不同的健康保险产品？

📖 **学习任务**

一、疾病保险

（一）疾病保险的概念

疾病保险是指被保险人罹患合同约定的疾病时，保险人按合同约定的保险金额给付保险金的一种健康保险。疾病保险并不考虑被保险人的实际医疗费用支出，而是依照保险合同约定给付保险金。疾病保险是健康保险业务的重要组成部分，它是以特定人群或特种疾病发生的医疗费、护理费等为保险金给付条件向被保险人提供经济保障。

我国《健康保险管理办法》第二条规定：疾病保险是指以保险合同约定的疾病的发生为给付保险金条件的保险。

（二）疾病保险的特点

由于疾病保险对于"疾病"所赋予的特定含义，使得疾病保险合同中保险双方当事人在权利义务规定、保险业务管理等方面也呈现出许多不同。

1. "疾病"规定的特殊性。

（1）内部原因的疾病。这必须是由人体内部的某种原因引发的，即是由于某个或多个器官或组织异常，甚至某个系统产生病变而致功能异常，从而出现各种病理表现的情况，比如肺结核会引起低烧、咳嗽，胃肠炎表现为上吐下泻等。

这是区分疾病保险与意外伤害保险的一个重要特征。在实际生活中健康保险所承保的疾病有许多是外部原因引起的，但是，这种基于外界各种因素产生的疾病，像病菌感染或者环境污染，必须要在身体内部经过一段时间的作用，引起身体内部的各种物理、化学反应之后，才会出现某些临床症状、形成疾病，比如气候突变引发感冒、导致肺炎。又如高致病性 H5N1 型病毒引发的人类感染禽流感病毒产生的发热、肺炎等临床症状。

（2）非先天性疾病。要求疾病发生在保险合同的有效期间。对于被保险人先天性疾病或缺陷，或者由于遗传原因而形成的疾病一般不属于健康保险的承保范围，如先天肢体残疾、器官性能残缺等，或遗传性精神分裂等疾病，保险人不承担保险金给付责任。

（3）偶然性原因所致疾病。这里偶然性是指被保险人是否会发生某种疾病存在不确定性，包括患病的时间、地点、原因等无法预测，以及感染之后的治疗费用、对健康的影响程度等情况不可估量。

对于健康保险所承保疾病的偶然性理解应该是：通常人以健康为常态，患疾病为异常。这与一般人的一生状况也是一致的，生病时间是偶然、少数，正常情况下多为健康状态。同时，理解疾病的偶然性还应注意：①它不包含必然发生的、自然的生理现象所产生的病态，例如，像年老体衰表现出来的视觉减退、记忆力下降等生理现象；②疾病一般在客观上是可以通过各种医药手段和措施减轻痛苦、缓解病势；③保险人一般在订立合同、核保时就已经将某些客观的、明显存在的疾病或必然发生的有损人们健康的各种危险排除在保险承保范围之外，如对于常年卧床、依靠各种药物维持生命的被保险人，保险人通常采取拒绝承保。

2. 承保风险的特殊性。疾病保险的各类保险单对其所承保的疾病种类，以及所承担的有关费用等保险责任都有专门定义，如国内保险市场上各种重大疾病保险单对其所承保的有关重大疾病及其有关专业术语作出专门解释。

3. 保险金给付的特殊性。既有定额给付方式，也有费用补偿方式。例如，重大疾病保险和生育保险，保险人一般采取定额给付方式，牙科费用保险和眼科保健保险是采用费用补偿方式。至于长期护理保险在法国是以每月支付年金的形式提供固定补助金保障，美国则是采取费用偿还模式。

4. 保险期限的特殊性。疾病保险的保险期限既有短期，也有中、长期。例如，重大疾病保险、长期护理保险为中长期保险，保险期限一般是 1~10 年；牙科费用保险、眼科保健保险、生育保险等一般为短期保险，保险期限一般是 1 年或者更短。

（三）疾病保险的主要险种

1. 重大疾病保险。重大疾病保险是指当被保险人在保险合同有效期间内罹患合同所指定的重大疾病（如心脏病、癌症等）时，由保险人按合同的约定给付保险金。其特点如下：

（1）从承保风险看，重大疾病保险承保的疾病具有不可预测性、偶发性、治疗时间长、费用额度高等特点。此外，由于起病原因复杂，有些还具有传染性，因而使得这类疾病的社会影响较大，危害严重。由于该保险主要限于与重大疾病有关的费用，因此，通常被保险人投保本保险的目的在于将其作为其他医疗保险的补充。重大疾病保险，既有适合于个人投保的产品，也有适合团体投保的产品。

（2）从保险给付金看，重大疾病保险有多种给付方式。例如，提前给付型重大疾病保险；附加给付型重大疾病保险；独立主险型重大疾病保险；按比例给付型重大疾病保险；回购式选择型重大疾病保险。

（3）从业务分类看，重大疾病保险具有多样性。按照承保方式不同分为主险和附加险，前者是将某一重大疾病保险作为独立保险单承保；后者是将重大疾病保险作为附加险承保。按照重大疾病保险产品的组合不同分为按某一种重大疾病提供保险和按照多种重大疾病开办的保险，前者在一张保险单内承保的只是一种重大疾病；后者是在一张保险单中承保多种重大疾病。按照保险对象分类可以分为女性重大疾病保险和男性重大疾病保险。按投保方式分类可以分为个人重大疾病保险和团体重大疾病保险。按保险期限规定不同，可以分为终身型和定期型两类。

（4）从保险费率看，由于重大疾病病情严重、疗程较长、医疗费用高，因而一旦被保险人患有保险合同约定的疾病，保险人必须按照合同承担高额保险给付金，因此，保险费率通常较高。根据生命经验表，女性平均寿命高于男性，所以在同一年龄，男性的保险费比女性保险费略高。

（5）从经营管理方面看，由于承保风险危害严重、保险给付金额高等特点，客户逆选择的倾向和发生道德风险的情况较为严重，因此，保险核保和核赔管理工作难度较大。

（6）从市场销售目标看，主要集中在对家庭经济起着重要作用的成员、独身人士、患重大疾病可能性较大的人群。

2. 特种疾病保险。特种疾病保险是保险人以被保险人罹患某些特殊疾病为保险给付条件，按照合同约定金额给付保险金或者对被保险人治疗该种疾病的医疗费用进行补偿的保险。

（1）生育保险。这是以身体健康的孕妇和新生儿为保险对象的母婴安康保险，承保产妇或婴儿在产妇入院办理住院手续之日开始至产妇出院时为止的一段时间，因分娩或疾病或意外事故造成产妇或婴儿死亡的保险金给付责任。

（2）牙科费用保险。这是以保险人为被保险人的牙齿常规检查、牙病预防、龋齿等口腔疾病治疗而提供医疗费用保障的一种保险。

（3）眼科保健保险。这是以保险人为被保险人提供接受眼科常规检查和视力矫正时所发生的医疗费用的一种保险，如眼科检查费、眼镜配置费、隐形眼镜等。

（4）艾滋病保险。我国继推出承保因医疗输血造成的感染和医护人员在工作期间感染艾滋病的保险事故的保险品种之后，又专门为艾滋病患者提供风险保障的产品。这是一种专门针对普通团体提供的专项艾滋病保险产品，承保因输血导致的艾滋病病毒感染或其他因工作中的意外感染、受犯罪侵害感染等情况引起的赔偿责任。通行的险种是保险期限 1 年，保险金额为每份 1 万元、总保险金额最高不超过 30 万元。

（5）传染性疾病专门保险。例如，我国曾经开办的非典型肺炎疾病保险是以机关、团体、企业、事业等单位为投保人，其在职人员为被保险人的保险。保险期间为 1 年，每份保险的保险金额 1 万元。民生人寿保险公司推出的专门针对人禽流感的民生关爱特种疾病定期寿险（B 款）中规定：保险人对被保险人在保险合同生效 10 日后被确诊患有禽流感，且因此身故的给付身故金，被保险人年龄在 18 岁以上的保险金额为每份 10 万元，保险期间 1 年。

（四）疾病保险的除外责任

1. 被保险人的自杀或犯罪行为；

2. 被保险人或其受益人的故意欺骗行为；

3. 战争或军事行动、暴乱或武装叛乱；

4. 先天性疾病及其手术；

5. 意外伤害引起的疾病或手术；

6. 在观察期内发生的疾病或手术；

7. 凡保险责任内未列明的疾病。

有的保险单将被保险人罹患特定的疾病除外不保，如精神障碍、结核病等除外不保，也有保险单将不法行为、酗酒、吸毒等也列入除外责任的范围之中。

二、医疗保险

（一）医疗保险的概念

按照我国《健康保险管理办法》第二条规定：医疗保险是指以保险合同约定的医疗行为的发生为给付保险金条件，为被保险人接受诊疗期间的医疗费用支出提供保障的保险。

医疗保险所承保的医疗费用一般包括医生的医疗费和手术费、药费、诊疗费、护理费、各种检查费和住院费及医院杂费等。各种不同的医疗保险单所保障的费用一般是其中一项或若干项医疗费用的组合。

（二）医疗保险的特点

1. 承保理赔管理难度较大。医疗保险因出险频率高、风险不易测定，赔付率高，且不稳定，道德风险和逆向选择等人为风险难以控制，导致保险费率高、保险费率计算误差大，所以，医疗保险风险管理难度较大。

2. 原则性与灵活性相结合。在我国《健康保险管理办法》中有关产品管理的条款规定，集中体现了对医疗保险产品管理采取严格的制度管理与市场经营原则相结合的特点。

医疗保险产品和疾病保险产品不得包含生存给付责任。含有保证续保条款的健康保险产品，应当明确约定保证续保条款的生效时间。短期个人健康保险产品可以进行费率浮动。短期团体健康保险产品可以对产品参数进行调整。保险公司设计费用补偿型医疗保险产品，必须区分被保险人是否拥有公费医疗、社会医疗保险的不同情况，在保险条款、费率以及赔付金额等方面予以区别对待。

3. 保险金给付方式多种多样。按照我国《健康保险管理办法》第四条规定："医疗保险按照保险金的给付性质划分分为费用补偿型医疗保险和定额给付型医疗保险。费用补偿型医疗保险是指，根据被保险人实际发生的医疗费用支出，按照约定的标准确定保险金数额的医疗保险。定额给付型医疗保险是指，按照约定的数额给付保险金的医疗保险。费用补偿型医疗保险的给付金额不得超过被保险人实际发生的医疗费用金额"。

4. 承保范围与给付规定特殊。对于医疗保险金的给付范围的理解和掌握。保险人在理赔中应严格区分被保险人所支付的各种医疗费用，原则上保险人只负责被保险人因疾病或意外伤害进行治疗时所涉及的直接医疗费用，对与治病无关而患者必须支付的间接费用不负责。

一般情况下保险人都会将药费、手术费（包括麻醉师费和手术室费）、检查费（包括心电图、CT、核磁共振等）、治疗费等列入保险保障范围。

对于病人的膳食费、滋补药品费、安装假肢、义齿、假眼费、美容性整形整容费、器官移植的器官费等，通常是作为保险除外责任。其他投保人、被保险人的故意行为、被保险人故意犯罪、拒捕、被保险人醉酒或服用、吸食、注射毒品；被保险人未遵医嘱，私自服用、涂用、注射药物等原因产生的疾病及医疗费用也不负责。至于住院床位费、家属陪护费、取暖费、异地治疗交通费等保险人是否承担责任，则应视保险合同的具体约定而有所不同。值得注意的是，上述有关费用在不同的医疗保险合同中保险责任和除外责任的规定也不相同。

（三）医疗保险的分类

1. 按照保险金的给付性质划分为费用补偿型医疗保险和定额给付型医疗保险。

2. 按照医疗保险的保险保障范围分类，可以分为普通医疗保险、住院医疗保险、手术医疗保险、高额医疗费用保险、综合医疗保险、门诊医疗保险、特种疾病保险、长期护理保险。

3. 按医疗保险保障的内容不同，特种医疗保险一般包括牙病保险、处方药保险、眼科检查及视力矫正保险、母婴安康保险。

4. 按照医疗保险业务投保对象分类，可以分为个人医疗保险和团体医疗保险。

（四）医疗保险主要险种

1. 普通医疗保险。普通医疗保险是以保障被保险人治疗疾病时所发生的一般性医疗费用，即对于住院期间的门诊医疗费用、住院医疗费用和手术医疗费用提供补偿（主要包括门诊、医药、检查等项费用）医疗保险。上述三种类型医疗保险保障既可以包括在同一个普通医疗保险产品中，也可以作为单独的医疗保险产品独立承保。这种保险因保费成本较低，保障程度较低，比较适用于一般社会公众，既可以采用团体方式，也可以采用个人方式投保。

普通医疗保险一般采取补偿费用的方式给付保险金，为控制医药和诊治费用水平，这种保单一般都有免赔额和比例共保规定，被保险人每次疾病所发生的费用累计超过约定保险金额时，保险人不再负责。

2. 住院医疗保险。住院医疗保险是以保险人对被保险人因疾病或意外伤害住院而支出的各种医疗费用提供保障的医疗保险。目的在于解决被保险人因住院而产生的高额费用支出问题。

为了防止被保险人故意延长住院时间产生不合理医疗费用开支,对于首次投保或非连续投保住院医疗保险时有免赔期规定,且通常重大疾病住院免责期长于一般疾病住院免责期。但是,对于意外伤害住院和连续投保的则无免责期规定。这类保险合同通常还有最长住院天数和每日补贴金额等规定。

【保险产品】

长久呵护定额给付住院医疗保险

险种特点:①高额补助,可享受高额住院定额给付,减轻家庭负担;②保障全面,最高100日的定额给付,让您的保障更加全面;③贴心呵护,多达618种住院参考病种,全力呵护您的健康;④长久关爱,最长可续保至70周岁。

保险责任:①在合同保险期间内,被保险人因意外伤害或在合同生效90日后(按合同约定续保的,不受90日的限制)因疾病在二级以上(含二级)医院或本公司认可的其他医疗机构住院治疗的,本公司按生活津贴给付日数乘以日生活津贴标准计算给付保险金;②在每一保单年度内本公司累计给付的保险金以合同的保险金额为限。当被保险人住院治疗跨2个保单年度时,本公司给付的保险金以被保险人开始住院日所在保单年度合同的保险金额为限。

保险提示:①投保范围,出生28日以上、65周岁以下,身体健康者均可作为被保险人,由具有完全民事行为能力的本人或对其具有保险利益的其他人作为投保人,向本公司投保本保险;②保险期间,合同的保险期间为一年,经本公司同意,按照合同约定的方式最长可续保至被保险人年满70周岁后的第一个年生效对应日;③交费方式,保险费由投保人在投保或续保时一次交清,也可以按合同约定的分期交付方式交付。

3. 手术医疗费用保险。手术医疗费用保险是以保险人承保被保险人在患病治疗过程中所必须进行的各种大小外科手术而产生的全部医疗费用方面补偿的医疗保险。补偿范围包括手术费、麻醉师费、各种手术材料费、器械费和手术室费等。通常医疗保险合同上列有各种类型的手术项目表,在表中所列出的手术项目均规定有相应的手术保险金给付的最高限额,其他未列入在手术项目表中的手术项目可参照类似项目来确定给付时的最高限额。实践中该险种既可以以独立的方式承保,也可以以附加险的方式承保。

4. 高额医疗费用保险。高额医疗费用保险是以针对支付限额以上医疗费用不足部分而专门设计的补充性保险险种,该险种主要对于被保险人遭遇重大且不可预期的疾病提供广泛的保障,高额医疗费用保险承保的医疗费用主要有:住院费、手术费、就诊费、急诊及看护费等。承保对象包括团体和个人。保险期限通常为一年,到期后符合条件可申请续保。

5. 门诊医疗保险。门诊医疗保险是以保险人对被保险人门诊发生的诊断、治疗费用提供保险保障的一种保险。其主要费用包括检查费、化验费、医药费等。鉴于门诊医疗保险风险管理环节多,且较复杂,道德风险难以控制,目前,门诊医疗保险主要采取团体方式承保,且仅限于被保险人住院前后一段时间内的门诊诊断和治疗费用的补偿。即使对于少数个人医疗保险所包含的门诊医疗保险，也通常被限制在特定的门诊医疗费用中，如意外伤害发生后的一定时间以内，在门诊部门的抢救或者处置费用。

6. 特种疾病医疗费用保险。特种疾病医疗费用保险是以被保险人罹患某些特殊疾病为保险事故，当被保险人一经确诊为患有某种特殊疾病时，保险人按照约定金额给付保险金或者对被保险人治疗该种疾病的医疗费用进行补偿，如现行重大疾病保险、长期护理保险属此类。

7. 综合医疗保险。综合医疗保险是以保险人为被保险人提供的一种保障范围较全面的医疗保险，能够对疾病或意外伤害导致的大多数医疗费用进行补偿，其保障内容主要包括住院床位费、检查检验费、手术费、诊疗费和门诊费等，此外还包括门诊费和对某些康复治疗费用的补偿。与前述几项基本医疗保险相比，综合医疗保险保障的范围广泛、补偿程度高，综合医疗保险的给付限额相对较高，除外责任较少，实际上是前几个医疗保险险种的组合。这种保单的保险费率较高，同时还确定一个较低的免赔额及适当的分摊比例。

三、失能收入损失保险

（一）失能收入损失保险的概念

我国《健康保险管理办法》第二条规定：失能收入损失保险，是指以因保险合同约定的疾病或者意外伤害导致工作能力丧失为给付保险金条件，为被保险人在一定时期内收入减少或者中断提供保障的保险。

失能收入损失保险在国外也称为收入保障保险，或称为丧失工作能力保险，它是指在保险合同有效期内，因疾病或意外事故的发生导致被保险人残疾，或部分或全部丧失工作能力，或短期或永久丧失工作能力而造成其正常收入损失时，由保险人按合同约定的方式定期给付保险金的保险。

（二）失能收入损失保险的特点

失能收入损失保险具有独特的业务规定：以被保险人发生残疾为给付条件；导致保险人残疾的原因必须是意外伤害或疾病；保险金给付金额的确定有固定给付和比例给付两种；保险金给付方式有一次给付和分次给付；保险金给付有最高限额规定、免赔期规定；在维护被保险人利益方面有免缴保险费条款规定、抵御通货膨胀条款的规定；保险费率的厘定要考虑通货膨胀的因素；残疾有特定的含义和标准。

（三）失能收入损失保险业务分类

1. 根据导致残疾的原因不同划分。失能收入损失保险可以分为疾病收入损失保险和意外伤害收入损失保险。前者是补偿因疾病导致残疾的收入损失；后者补偿因意外伤害导致残疾的收入损失。

2. 根据给付期间的不同划分。失能收入损失保险又可分为短期收入保障保险和长期收入保障保险。前者是补偿被保险人在身体恢复以前不能工作的收入损失，期限一般为1~2年；后者是补偿被保险人因全部残疾而不能恢复工作的收入损失，具有较长的给付期限，通常规定支付至被保险人退休年龄。

3. 根据给付金额的确定不同划分。失能收入损失保险可以分为两类：一类是按照给付额度是否固定，又可以分为比例给付法与固定金额给付法（定额给付）。另一类是按照残疾程度划分,又可以分为全残给付与部分残疾给付。

4. 按照保险保障的目的不同划分。按照保险保障的目的不同可以分为工资收入损失保险、失能买断保险和重要员工失能所得保险。

(四) 失能收入损失保险责任的界定

1. 残疾(失能)的界定。人们对于残疾的一般解释可以分为完全残疾和部分残疾,前者是指被保险人永久丧失全部劳动能力,不能参加任何有报酬性的工作;后者是指被保险人身体的某一部分残疾,不能从事原来的职业,但尚能从事一些有收入的职业。

传统收入损失保险的"残疾"的概念是以任何一种职业为基础的"绝对全残",在"任何报酬性职业"条款中规定,只有被保险人不能从事与其教育、训练及经验相关的任何职业的工作,则被视为全部失能,从而使被保险人的保险金领取受到严格的限制。另一种残疾的定义是基于原职业,即"原有职业"条款认为被保险人无法从事其正常职业的主要任务,即被保险人在失能开始所从事的职业。

2. 承保风险的责任认定。失能收入损失保险所承担的保险金给付责任是以被保险人发生意外伤害事故或疾病导致其残疾为前提条件。

(1) 该保险承担因意外伤害造成被保险人身体残疾或失能所产生的收入损失赔偿责任,这里"意外伤害"与意外伤害保险中对"意外伤害"的要求基本一致,即是指遭受外来的、突发的、非本意的、非疾病的客观事件。

(2) 该保险还承担因疾病造成被保险人残疾或失能所产生的收入损失。这里"疾病"与健康保险所承保的"疾病"的要求完全一致,还必须是被保险人是在保险合同有效期内首次发生的疾病,如果是既往症保险人不负责。

(3) 免责期规定。大多数失能收入损失保险都不会从被保险人发生残疾的第一天起就提供收入补偿保险金,一般都有一个约定的免责期间。通常规定:首次投保本保险或非连续投保本保险时,被保险人因疾病住院治疗的,等待期为一个月至三个月,续保或因意外伤害住院治疗的无等待期规定。对等待期内或在本附加合同生效之前发生且延续的住院治疗,本公司不负给付保险金责任。对保险期间内发生且延续至本保险合同到期日后一个月内的住院治疗,本公司负给付保险金责任。此外,在许多收入保障保险中允许一个免责期间的中断,如在 6 个月的时间内,被保险人因为相同或不同原因而再度失能,保险公司将两段免责期间合并计算。

3. 一般的除外责任。失能收入损失保险合同一般规定,对于被保险人因战争、军事行动和暴乱引起的残疾或失能;被保险人故意自伤行为所致残疾或失能;或者主动参加不法暴力行为所引起的残疾或失能;或者因酗酒、吸毒和自杀造成的伤残;或者在投保以前已患有的疾病引起的残疾或失能,以及被保险人有资格通过社会保险或其他政府计划获得补偿的损伤或疾病造成的残疾和失能等原因导致被保险人残疾的,保险人不承担保险金给付责任。

对于某些特殊嗜好或特别职业,如跳伞、冲浪、滑雪等体育活动及探险、高空作业等危险工作,可列为责任免除或采取特约附加承保。

(五) 保险金给付的规定

1. 保险金额的确定。失能收入损失保险合同性质属于补偿性质,投保金额并不能完全由投保人或被保险人自行确定，而是保险人参考被保险人过去的专职工作收入水平或社会平均年收入水平，同时，还要考虑被保险人的兼职收入、残疾期间的其他收入来源以及现时适用的所得税率等因素综合考虑确定保险金额。此外，保险金给付一般都不能完全补偿被保险人因伤残失能所导致的收入损失。一般残疾失能保险的给付额都有一个最高限额，且该限额通常低于被保险人伤残以前的正常收入水平。

（1）按照失能收入损失保险金的给付金额是否固定可以分为比例给付与定额给付。比例给付是指保险事故发生后，保险人根据被保险人的残疾程度，给付相当于被保险人原收入一定比例的保险金。定额给付是指保险双方当事人在签订保险合同时，根据被保险人的收入状况协商约定一个固定的保险金额（通常按月份确定）。

（2）按照残疾程度可以分为全残给付与部分残疾给付。全残给付是指保险人给付的保险金额一般为被保险人原收入的一定比例，如70%或80%。部分残疾给付是指保险人给付的保险金为全残保险金的一定比例。

2. 保险金给付的方法

（1）一次性给付。当被保险人全残时，按照一定年龄划分不同的年龄段所规定的每一年龄段给付保险金的倍数，保险公司按照合同约定的保险金额一次性给付被保险人。当被保险人部分残疾时，保险公司一般根据被保险人的残疾程度及其对应的给付比例支付保险金。

（2）分期给付。按月或按周给付。按给付期限可以分为短期和长期两种。短期者通常为1年到2年；长期者可给付至被保险人年满60周岁或退休年龄。按推迟期给付，是指被保险人残疾后超过一定时期（一般为90天或半年）被保险人仍不能正常工作时保险人才开始承担保险金给付责任。在维护被保险人利益方面，收入损失保险合同还有保险费免缴条款、生活指数调整给付条款等规定。

3. 保险金的给付期间

根据给付期间的长短，伤病失能健康保险有短期和长期之分。约有98%的失能者在一年内恢复。团体失能收入损失保险给付期间在一年以内的属于短期失能收入损失保险，保险给付期间通常为13周、26周、52周；给付期间超过一年的团体失能收入损失保险属于长期失能保险。个人失能收入损失保险给付期间低于一年的比较少见，给付期间在1~5年的属于短期性失能保险，超过5年的属于长期性失能保险。

【保险产品】

后顾无忧住院收入保障保险

保险责任：疾病收入损失保障金，对于首次投保本保险或非连续投保本保险时，被保险人因疾病住院治疗的，等待期为三个月；续保无等待期。

被保险人因疾病经医院诊断必须住院治疗，保险公司从被保险人每次住院的第四天开始按住院天数给付住院日额保险金，即：

每次疾病住院日额保险金给付天数＝实际住院天数－3天

意外伤害收入损失保障金，被保险人因意外伤害住院治疗的无等待期。对保险期间内发生且延续至本附加合同到期日后一个月内的住院治疗，保险公司负给付保险金责任。在本附加合同保险责任有效期内，保险公司承担如下保险责任：被保险人因意外伤害经医院诊断必须住院治疗，保险公司从被保险人住院第一天开始给付住院日额保险金，即：

每次意外伤害住院日额保险金给付天数 = 实际住院天数

除外责任：与一般住院医疗保险的除外责任类似，一般收入保障损失保险对于被保险人因非属住院医疗保险承担的风险事故或事件造成住院治疗的，保险人不承担保险金给付责任。详细规定可参见各保险公司的条款规定。

保险金额与保险费：本附加合同的住院日额保险金每份每天 10 元。投保份数由投保人和本公司约定并于保险单上载明，一经确定，该保单年度内不得变更。

本附加合同的保险费根据投保人与保险公司约定的投保份数确定，并于保险单上载明。

投保人按照本附加合同约定向保险公司支付保险费。分期支付保险费的，投保人支付首期保险费后，应当按约定的交费日期支付其余各期的保险费。

保险期间和续保：本附加合同的保险期间为 2 年，自保险公司同意承保、签发保险单并收取保险费的次日零时起至约定的终止日 24 时止。

若保险公司同意，投保人可于每个保险期间届满时，按续保时的保险费率向本公司缴纳续保保险费，则本附加合同将延续有效 1 年。

四、护理保险

（一）护理保险的概念

我国 2006 年新颁布《健康保险管理办法》第二条规定：护理保险是指以因保险合同约定的日常生活能力障碍引发护理需要为给付保险金条件，为被保险人的护理支出提供保障的保险。

国外习惯称为长期护理健康保险，又名老年看护健康保险，保险人对于那些因年老、疾病或伤残生活无法自理或不能完全自理，而需要他人辅助全部或部分日常生活的被保险人（老人或伤残者）提供护理服务或经济保障的一种保险。此类保险对被保险人的年龄一般限制在 50～84 岁。

（二）护理保险的承保范围

护理保险主要是为满足被保险人在老年护理中心和其他一些康复机构，甚至是被保险人的家中因各种护理需要或者接受各类护理服务费用补偿而提供的保险保障。

按照保险人对被保险人所承担的护理费用划分，护理保险可以分为专门护理或家庭护理两大类：专门护理是指在康复机构由专业护理人员，如注册护士或有执照的护士以及在他们指导下进行的护理；家庭护理是指在病人家中为病人提供的日常生活照顾，如洗澡、吃饭等。按照护理服务性质划分可分为治疗性质护理服务和非治疗性质护理服务：前者有诊断、预防、康复等；后者有家庭护理、成人日常护理等。按服务时间划分可分为全天候 24 小时特别护理和非全天一般性护理。

（三）护理保险的保险金给付

对于独立签发的护理保单，有三种方式可供选择：

1. 规定保险人对被保险人的护理费用补偿不能超过规定的给付额——最高给付额。

2. 由被保险人在规定的一年、数年、终身等几种不同的给付期中自行选择给付期。

3. 从被保险人开始接受承保范围内的护理服务之日起算，规定 30 天至 180 天不等的多种免责期。

（四）护理保险的除外责任

护理保险的除外责任一般包括各种精神疾患导致的护理服务，但老年人中常见的老年性痴呆症不属于除外责任，如投保前已患有此病的则属除外责任。

护理保险合同中涉及被保险人权益保护规定的条款有保费豁免条款、不没收价值条款、通胀保护条款。

📖　**知识小结**

健康保险产品主要有疾病保险、医疗保险、失能收入损失保险和护理保险四个主要的类别。疾病保险包括重大疾病保险和特种疾病保险；医疗保险包括普通医疗保险、住院医疗保险、手术医疗费用保险、高额医疗费用保险、门诊医疗保险、特种疾病医疗费用保险和综合医疗保险。疾病保险和医疗保险是人们普遍关心的险种，市场上同类产品纷繁多样。

📖　**考核**

【思考题】

1. 健康保险有哪些主要的保险产品？

2. 疾病保险的保险责任和除外责任有哪些？

3. 对照说明健康保险和意外伤害保险产品的区别。

4. 结合实例举例说明健康保险产品的特征。

📖　**拓展**

【知识链接】

先天性疾病与遗传病

先天性疾病是胎儿在子宫内生长发育过程中，受到内在或外部环境某些物理、化学和生物等不良因素作用，致使胎儿局部体细胞发育不正常，使得婴儿出生时表现出有关器官、系统在形态或功能上呈现异常。例如，风疹病毒感染引起的畸形、先天性髋关节脱位、肢体残缺或器官缺陷等。

遗传病是指父母亲的精子或卵子发育异常，而导致胎儿发生器质性或功能性的不正常而引起相应的疾病或缺陷。这种遗传因素（致病基因），按一定的方式传给子代，子代就可能发生遗传性疾病。这种病可以出生后就表现出来，也可以出生后长到一定年龄时才表现出来。例如，精神病是可以遗传的，多数到青春期才开始发病。

所以，先天性疾病和遗传性疾病都是先天的，但是，二者不同。先天性疾病是生下来就表现出来的，但并不是都与遗传有关，且多半可以通过做好孕期保健来避免。而遗传性疾病多半不易治愈，通常是终生存在的，也不一定在出生时就表现出来，只能通过产前检查，及时终止妊娠来避免。

【专业词汇】

重大疾病保险 critical illness insurance　普通医疗保险 general medical insurance　住院医疗保险 hospitalization insurance

📄 **项目测试题**

（一）单选题

1. 健康保险的含义要（　　）医疗保险的含义。

A. 大于　　　　　　B. 小于　　　　　　C. 等于　　　　　　D. 交叉于

2. 以下哪种保险的需求更加普遍（　　）

A. 财产保险　　　　B. 人寿保险　　　　C. 意外保险　　　　D. 健康保险

3. 根据我国《健康保险管理办法》规定，长期健康保险产品的犹豫期不得少于（　　）

A. 7 天　　　　　　B. 10 天　　　　　　C. 5 天　　　　　　D. 15 天

4. 健康保险中责任期条款的责任期起始点是（　　）

A. 合同生效　　　　B. 遭受伤害　　　　C. 死亡　　　　　　D. 罹患疾病

5. 疾病保险中保险人给付保险金的条件是（　　）

A. 患病　　　　　　B. 住院　　　　　　C. 死亡　　　　　　D. 治疗

（二）多选题

1. 简单地讲，健康保险的保障范围包括（　　）

A. 罹患疾病　　　　B. 医疗费用　　　　C. 收入损失　　　　D. 生命消亡

2. 健康保险的主要险种包括（　　）

A. 疾病保险　　　　　　　　　　　　　B. 医疗保险

C. 护理保险　　　　　　　　　　　　　D. 失能收入损失保险

3. 健康保险与社会医疗保险的区别体现在（　　）

A. 投保自愿　　　　B. 保障多样　　　　C. 自负盈亏　　　　D. 个体公平

4. 健康保险按照承保的风险划分可以分为（　　）

A. 疾病保障型保险　　　　　　　　　　B. 意外伤害保障型保险

C. 死亡保障型保险　　　　　　　　　　D. 生育保障型保险

5. 健康保险按照给付方式划分可以分为（　　）

A. 定额给付型健康保险　　　　　　　　B. 费用补偿型健康保险

C. 津贴给付型健康保险　　　　　　　　D. 综合服务型健康保险

（三）判断题

1. 广义地说，健康保险的一部分功能是通过社会保险实现的。　　　　　　（　　）

2. 商业健康保险强调的是"个体公平"的原则，而社会保险强调的是"社会公平"的原则。　　　　　　　　　　　　　　　　　　　　　　　　　　　　　　（　　）

3. 与人寿保险和意外伤害保险比较而言，健康保险的风险控制难度较大，经营管理技术更加复杂。　　　　　　　　　　　　　　　　　　　　　　　　　　　（　　）

4. 对于健康保险而言，处于观察期时，健康保险的保险人就已经开始承担保险保障责任了。   （   ）

5. 疾病保险中对于"疾病"的规定，必须是内部原因导致的疾病，非先天性的疾病和偶然性原因所致的疾病。   （   ）

（四）名词解释

健康保险 疾病保险 医疗保险 失能收入损失保险 护理保险

（五）简答题

1. 健康保险的含义和特征是什么？

2. 健康保险和医疗保险的区别有哪些？

3. 健康保险中有哪些专有的保险条款？

4. 疾病保险的特征和主要险种？

5. 医疗保险的特征和主要险种？

（六）论述题

1. 健康保险按照不同的标准如何进行分类。

2. 举例说明健康保险的险种结构。

📄 **综合案例分析**

保险公司的拒赔是否合理

2016 年 11 月，周晓红女士（化名）在诚信保险公司为自己购买了一份重大疾病保险。2017 年 1 月，不幸降临到周女士身上，她被查出患有肺癌。周晓红了解到，重大疾病保险是及时给付型保险，只要医院确诊疾病属于保险责任范围，就可以获得相应的保险金。于是周晓红在收集齐理赔所需材料后，便向保险公司提出索赔申请。但出乎周女士意料是，保险公司作出了拒赔的决定。保险公司方面的理由是，周女士的保单还在观察期内。

【分析】

观察期又称等待期，或免责期，是指保险合同在生效的指定时期内，被保险人在这个时期发生保险事故，保险公司不需承担赔偿责任。观察期是为了防止投保人明知道将发生保险事故，而马上投保以获得经济补偿的行为。"观察期"的设立，可以从源头上防止带病投保等骗保行为，避免产生逆选择，降低道德风险。根据周晓红女士的情况，保险公司的拒赔是合理的，虽然周晓红不能获得保险金，但可以得到返还之前所缴的保险费，保险责任也将同时终止。

📄 **实训活动设计**

将学生分成小组进行市场调查：针对你所在地区的保险市场收集相关的健康保险资料，讨论并说明这一健康保险产品的类别和特点；完成一篇不少于 1 000 字的健康保险产品的对比分析报告。

📄 **职业技能训练**

了解保险公司的重大疾病保险

【模拟场景】

假如你是一家健康保险公司的营销业务人员，王某是你的一位潜在客户，在营销展业过程当中，你将如何向客户介绍你们公司的保险产品，使客户王某认识到自身的风险，成功地为其提供保障。

【情景分析】

在这样的情境下，一般而言，健康保险公司的营销业务人员应当做好如下几个方面的具体工作：

（一）阐述保险产品特色

1. 保单涵盖 29 种重大疾病保障，如患合同约定的重大疾病，将获得重疾保险金以支付高额医疗费用。

2. 身故保险金，一旦遭遇不幸将获得一笔资金，以维持家人的正常生活水平。

3. 保单借款，可凭保单按条款规定向保险公司借款。

（二）详细说明购买提示

1. 投保范围，出生 30 日以上、65 周岁以下、身体健康者均可作为被保险人。

2. 保险期间，合同的保险期间为合同生效之日起至合同终止日止。

3. 缴费期间，保险费的缴付方式分为趸缴（一次缴清）、年缴和月缴三种。分期缴付保险费的缴费期间分为 5 年、10 年、20 年和 30 年四种，由投保人在投保时选择。

（三）29 种重大疾病详解

合同所指重大疾病，是被保险人发生符合以下定义所述条件的疾病、疾病状态或手术，共计 29 种，其中第 1 种至第 22 种为中国保险行业协会制定的《重大疾病保险的疾病定义使用规范》中列明的疾病，其余为本公司增加的疾病。

1. 恶性肿瘤——不包括部分早期恶性肿瘤；2. 急性心肌梗死；3. 脑中风后遗症——永久性的功能障碍；4. 重大器官移植术或造血干细胞移植术——须异体移植手术；5. 冠状动脉搭桥术（或称冠状动脉旁路移植术）——须开胸手术；6. 终末期肾病（或称慢性肾衰竭尿毒症期）——须透析治疗或肾脏移植手术；7. 多个肢体缺失——完全性断离；8. 急性或亚急性重症肝炎；9. 良性脑肿瘤——须开颅手术或放射治疗；10. 慢性肝功能衰竭失代偿期——不包括酗酒或药物滥用所致；11. 深度昏迷——不包括酗酒或药物滥用所致；12. 双耳失聪——永久性不可逆；13. 双目失明——永久性不可逆；14. 瘫痪——永久完全；15. 严重阿尔茨海默病——自主生活能力完全丧失；16. 严重脑损伤——永久性的功能障碍；17. 严重帕金森病——自主生活能力完全丧失；18. 严重Ⅲ度烧伤——至少达体表面积的 20%；19. 严重运动神经元病——自主生活能力完全丧失；20. 语言能力丧失——完全丧失且经积极治疗至少 12 个月；21. 重型再生障碍性贫血；22. 主动脉手术——须开胸或开腹手术；23. 脊髓灰质炎；24. 急性坏死性胰腺炎开腹手术；25. 脑动脉瘤开颅手术；26. 严重多发性硬化症；27. 严重系统性红斑狼疮性肾

病；28. 严重重症肌无力；29. 终末期肺病。

【实务操作】

营销业务人员应当向王某（化名）进行如下的投保演示：

王先生，30 周岁，投保 10 万元保险金额的诚信保险公司康恒重大疾病保险，选择 10 年交费，年交保费 6 500 元，可获得如下利益：

1. 重大疾病保险金，被保险人于合同生效（或最后复效）之日起一年内，初次发生并经专科医生明确诊断罹患合同所指的重大疾病（无论一种或多种），本公司按所交保险费（不计利息）给付重大疾病保险金，合同终止。被保险人于合同生效（或最后复效）之日起一年后，初次发生并经专科医生明确诊断罹患合同所指的重大疾病（无论一种或多种），本公司给付重大疾病保险金 10 万元，合同终止。

2. 身故保险金，被保险人于合同生效（或最后复效）之日起一年内因疾病身故，本公司按所交保险费（不计利息）给付身故保险金，合同终止。被保险人因意外伤害身故或于合同生效（或最后复效）之日起一年后因疾病身故，本保险公司给付身故保险金 10 万元，合同终止。

【保险产品】

国寿康馨长期护理保险

（一）产品特点

长期关爱月月领取，细心呵护彰显尊严；护理有约拥抱健康，幸福夕阳品味生活；分期交费灵活投保，豁免保费人性关爱；服务升级值得信赖，温馨祝福真情无限。

（二）保险责任

1. 长期护理保险金。被保险人达到合同约定的长期护理保险金给付条件的，本公司于首次给付日起的每个月给付对应日按合同载明的金额给付长期护理保险金，直至被保险人长期护理状态中止或保险期间届满。

2. 疾病身故保险金。被保险人于合同生效（或最后复效）之日起因疾病身故，本公司按所交保险费（不计利息）扣除已领取的长期护理保险金给付疾病身故保险金，合同终止。已领取的长期护理保险金达到或超过所交保险费（不计利息）的，本公司不再给付疾病身故保险金。

3. 老年关爱保险金。被保险人生存至保险期间届满，本公司按所交保险费（不计利息）扣除已领取的长期护理保险金给付老年关爱保险金，合同终止。已领取的长期护理保险金达到或超过所交保险费（不计利息）的，本公司不再给付老年关爱保险金。

4. 豁免保险费。在交费期间内，被保险人达到合同约定的长期护理保险金给付条件的，本公司于首次给付日起豁免以后相应各期应交的保险费，直至长期护理状态中止。在交费期间内，被保险人长期护理状态中止的，投保人自中止之日起应恢复缴纳以后各期保险费。

（三）长期护理状态界定

1. 被保险人自主生活能力完全丧失，在无他人扶助情况下，即使使用特殊辅助工具也无法独立完成基本日常生活活动中的三项或三项以上的。以上所述基本日常生活活动是指穿衣、移动、行动、如厕、进食、洗澡。

2. 被保险人因患阿尔茨海默病性痴呆、血管性痴呆、帕金森病性痴呆或非由酒精和其他精神活性物质所致的器质性遗忘综合征导致器质性认知功能障碍且在意识清醒的情形下有分辨上的障碍，达到中度或中度以上痴呆状态，其日常生活必须持续受到他人监护的。以上所述意识清醒的情形下有分辨上的障碍，是指符合下列三项分辨障碍中的两项或两项以上：时间的分辨障碍、场所的分辨障碍、人物的分辨障碍。

📄 **进阶阅读**

1. http：//baike. baidu. com/link？url＝9GVjvoKn0B05zi3＿mfLJBXPBYYvqKLzfL6plWPrmQXL5CyD9NfdLd5N5WssR4jc8，健康保险，百度百科。

2. http：//health. pingan. com/index. shtml，健康保险，平安健康保险公司。

3. http：//www. circ. gov. cn/web/site0/tab479/i34793. htm，中国保监会《健康保险管理办法》。

项目七
年金保险与团体保险

知识结构图

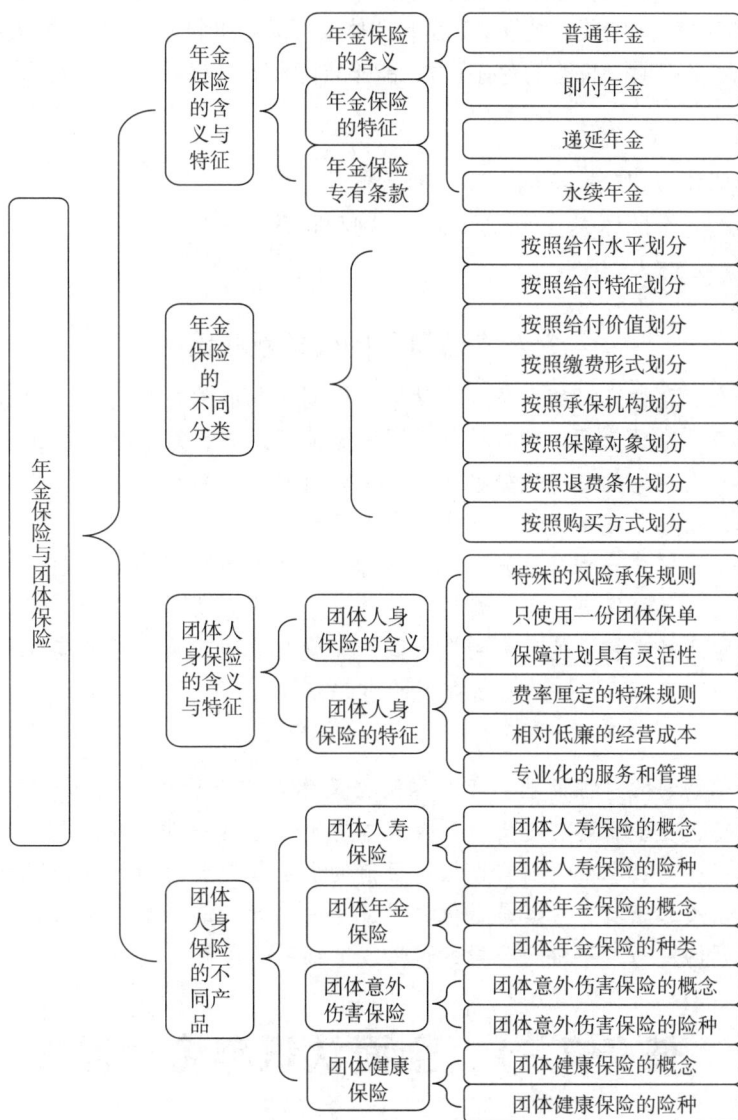

图 7-1　年金保险与团体保险的知识结构

📄 **学习目标**

【能力目标】：能够掌握年金的特点及其基本分类；能够解释年金保险并能说明其比较特征；能够列举并说明年金保险的专有条款；能够区分按照不同标准划分的年金保险产品；能够掌握团体人身保险的含义及其特征；能够解释并区分不同的团体人身保险产品。

【知识目标】：掌握并能解释年金保险的含义及其比较特征；掌握并能举例说明年金保险的专有条款；理解并能区分年金保险按照不同标准的分类；了解并能基本区分不同年金保险产品的种类及特色；理解并能解释人身保险对团体的要求；解释并能说明团体人身保险独有的特征；说明并能区分不同的团体人身保险产品。

【素质目标】：能够在复杂多样的保险产品中准确的区分年金保险产品；能够对不同种类的年金保险产品准确概括和分类；能够清楚解释团体人身保险和个人人身保险的关系；能够解释并恰当运用年金保险和团体保险的专有条款；能够准确区分不同种类的团体人身保险产品。

📄 **工作任务**

➤ 举例说明年金保险产品的主要险种；
➤ 对比说明各个团体人身保险产品的区别和联系。

✍ **项目导入**

令人"郁闷"的公司新政策

齐某是一家高科技公司的职员，大学毕业刚刚两年的他对目前就职的这家公司非常满意，公司的工作比较体面，和自己所学习的专业正对口，薪金待遇高于目前市场的普遍水平，领导和同事的关系也比较融洽。但是公司有一件新近推出政策的做法让齐某觉得非常不舒服，在趋于完美之中透露出一点点的遗憾。

公司除了按照《社会保障法》的强制要求，为正式员工缴纳了五险一金之外，还为大家购买了商业的年金保险，每个月需要从员工个人薪金所得中扣除一部分用以缴纳保险费，同时公司还补充相同的数额到个人账户。就是这项政策，让齐某每月拿到手里的现金一下子减少了五分之一，这让齐某觉得些许郁闷。

【分析】

公司为员工购买的这种商业的年金保险，又称为"企业年金"，是社会养老保险的一个有力的补充，对公司而言是支出巨大成本为员工办的一件好事，也是公司留住人才的一项重要举措；对员工个人而言，虽然目前的现金收入会有所减少，但是年金全部计入个人账户，从长远来看，尤其是退休之后，是一件大大的好事。所以案例中的齐某应该转变一下自己的观念，不该为公司的这项政策郁闷，反而应该高兴。

任务7-1　全面认识年金保险

📖 **情境引入**

客户关注将来退休之后的生活保障，（1）梁某怎样才能说明年金保险和社会保险中的养老保险的关系呢？（2）梁某怎样才能使客户更加清楚自身的保险需求？

📖 **学习任务**

一、年金保险的含义

1. 年金的含义。所谓年金，是指时间间隔相等、金额相等的现金流入或者流出，或者是一定时期每期金额相等的款项收入或者支付。年金，在欧美国家叫 annuity，是定期或不定期的时间内一系列的现金流入或流出。年金额是指每次发生收支的金额。年金期间是指相邻两次年金额间隔时间，年金时期是指整个年金收支的持续期，一般有若干个期间。

年金按其每次收付款项发生的时点不同，可以分为普通年金（后付年金）、即付年金（先付年金，预付年金）、递延年金（延期年金）、永续年金等类型。

（1）普通年金。普通年金是指从第一期起，在一定时期内每期期末等额收付的系列款项，又称为后付年金。后付年金终值犹如零存整取的本利和，它是一定时期内每期期末等额收付款项的复利终值之和。

（2）即付年金。即付年金是指从第一期起，在一定时期内每期期初等额收付的系列款项，又称先付年金。即付年金与普通年金的区别仅在于付款时间的不同。

（3）递延年金。递延年金是指第一次收付款发生时间与第一期无关，而是隔若干期后才开始发生的系列等额收付款项。它是普通年金的特殊形式。

（4）永续年金。永续年金是指无限期等额收付的特种年金。它是普通年金的特殊形式，即期限趋于无穷的普通年金。

📖 **【拓展阅读】**

年金的由来

年金（annuity）一词由拉丁文单词"annulus"衍生而来，即有"每年的"之意。可见年金最初的定义就是"一年一次给付"。随着历史的发展，年金给付形式得到拓展，它既可以按年，也可以按月、季、半年给付。从广义而言，年金即为一系列的定期支付，可以适用于包括养老保险、租金交付、购房还款、教育费支出、债券利息返还等广泛领域。

在 17 世纪，美国大法官爱德华·科克（Edward Coke）曾将年金定义为"在数年或终身期内每年向另一个人以酬金形式提供一定数量货币的给付额，只是酬金授予者要向接受者收取费用"，美国法院很长一段时间都采用这个定义。中国台湾地区的学者方明川对年金给出了比较完整的定义，即"年金者，偏重以保险技术，自约定日起，按期给付某一金额至某一特定期间终了或死亡，或者某一不确定事故（如再婚或再嫁）为止，其约定日并不限定为老年，可为任何时期，也不完全强调递延性，亦即可为递延，也可为即期"。

年金给付从给付发生的条件来看，主要分为两类，即确定性给付和或然性给付。确定性给付年金（certain annuity）就是在一个确定年限内，每隔一段时间进行给付；或然性给付年金（contingent annuity）又称不确定性年金，由一系列不确定的给付次数组成。

或然性年金第一笔给付和最后一笔给付以一定事件的发生为条件，而事件发生的时间则不予以考虑。确定性年金通常运用于金融业和一般工商业，也是金融业的主要业务，而不确定性年金只能存在于保险业，因此其应用范围远远不及确定性年金广泛。

2. 年金保险的含义。年金保险是指在被保险人生存期间，保险人按照合同约定的金额、方式，在约定的期限内，有规则地、定期地向被保险人给付保险金的保险。年金保险，同样是由被保险人的生存为给付条件的人寿保险，但生存保险金的给付，通常采取的是按年度周期给付一定金额的方式，因此称为年金保险。

年金与年金保险在概念上是有差异的。年金的本质含义是一个资金流的定期给付形式，它是否是一种年金保险、能否获得保险保障功能，取决于两个基本条件：一是以保险方式承保生存风险，个别险种也包含死亡给付金，但是不属于死亡保险；二是存在不确定的风险事件，这些风险事件必须具有可保性，比如生死、婚嫁（离异）、生育、车祸等。有了这两个条件，就可以将年金保险业务与银行等金融机构的信托管理业务区分开来，因为在信托业务中，无论是在储蓄积累阶段，还是在领取阶段，债权、债务的存在都是确定的，办理信托业务的金融机构不能以债权人是否生存、是否出现某些风险事件而丧失其债务偿还责任，即使债权人死亡，其债权仍不能丧失可遗赠的属性。

目前年金、年金保险和养老金计划的概念经常被一些人混淆使用，用年金计划代替年金保险计划、养老金计划的现象比较普遍。准确地说，只有当年金计划用于养老保障的目的时，才构成养老金计划；只有当年金计划采用的保险形式具有保险的基本功能时才构成年金保险计划。

二、年金保险的特征

我们在这里描述的年金保险的特征，并不是指年金保险定期缴费、定额给付等年金一般性质的特征，而只是指与一般的人寿保险相对照的比较特征。年金保险是人身保险的一种，与人寿保险的基本原理相同，都是运用大数法则，由多数人分担少数被保险人的损失。但两者存在很多差异，主要表现在以下几方面：

1. 给付条件不同。人寿保险的保险人给付责任是以被保险人死亡事件发生为条件的，而年金保险的保险人给付责任是在约定的给付期开始后，以被保险人生存为给付条件的。如果年金保险合约是一份纯生存年金，保险人的给付责任纯粹由给付期间被保险人是否生存决定。如果有些终身年金保险合约还附有保证性给付条款，即在一定保证期内不管被保险人是否生存，年金保险人都必须给付；或在一定保证额度内，不管被保险人是否生存，年金保险人也都必须给付。在保证期或保证额度满后，如果被保险人继续生存，则保险人继续给付，直到被保险人死亡，给付停止。

2. 逆向选择不同。由于年金保险和人寿保险的给付条件不同，逆向选择情形也是不一样的，预期寿命短的人会倾向于购买人寿保险，而预期寿命长的人则倾向于购买年金保险，因而两种保险所使用的生命表是不一样的。在人寿保险使用的生命表中，其死亡率水平要比年金保险使用的生命表高。

3. 道德风险不同。在保险关系中，道德风险主要表现为保险契约签订后，由于投保方的主观作用，使得风险事故发生的频率更高、风险损失更大。人寿保险的道德风险集中表现为被保险人死亡率的上升，而年金保险的道德风险集中表现为生存状况的改善使得死亡率降低，生存概率提升。由于人类出于对生命尊严的敬畏，对践踏生存权行为给予道德谴责，并施以法律制裁，因此死亡率风险在人寿保险签订后不会明显提高。而在年金保险中，人们会有很强的动机来改良生活习惯，追求长寿。这会提高生存率，意味着年金保险人面临的生存风险会增加，而这种道德风险恰恰符合人类的价值观，不会遭到谴责。由于道德风险的不同，一直以来，保险人从事人寿保险业务的兴趣要比年金保险业务的高。

4. 承保条件不同。购买人寿保险，需要接受体检，提供可保证明，或向保险人真实反映健康状况；而购买年金保险无须体检或健康证明。

5. 费率厘定不同。年金保险费率厘定的主要参考因素是年金生命表、预定利率与费用、参保人的年龄与性别。至于职业与健康状况，不是考虑的因素。由于年金保险存在突出的逆向选择问题，有些原来不予考虑的因素，如收入状况、受教育水平等，也有人主张在厘定费率时作为参考因素来考虑，因为收入和受教育水平高的参保人，寿命一般都较长。而人寿保险除了上述因素之外，还须考虑职业、健康、地区，甚至个人嗜好，比如是否吸烟、出行是否谨慎等，因为这些因素都可以导致较高的死亡率。

6. 保险功能不同。人寿保险的主要功能是为被保险人的遗属或受益人提供生活保障，减少被保险人死后对他人的生活造成的不利影响；而年金保险的功能则是为被保险人本人积累基金，使其在生存期间的生活得到保障。

7. 财务处理不同。除了都是以应对不确定性风险事件的发生作为给付保险金来源的准备金之外，年金保险基金与人寿保险基金存在差异，年金保险基金更具有储蓄基金的性质，相当于一种长期资产，给付保险金被视为一种收入所得，会涉及所得税缴纳的问题；而人寿保险保费以费用出账，其给付金不被视为一种收入所得，不具有偿还债务的义务，也不涉及所得税缴纳的问题。

8. 合同终止不同。人寿保险合同关系终止的原因有解约、期满和死亡等，保险关系终止是保险人或然责任的履行期，相当于年金保险的清偿期。而年金保险合同关系终止的情形比较复杂，在即期年金中，保险关系终止发生在清偿期；在递延年金中，它既可以发生在积累期，又可以发生在清偿期。年金保险的契约关系终止情形有几种，例如：①在清偿期，被保险人的生命结束，保险人的给付责任完成后，保险契约关系终止；②在积累期，如果被保险人死亡，保险人发放死亡给付金（如果年金保险契约中附有死亡给付条款）或退回保单现金价值，保险契约关系终止；③积累期间可提出解约，保险人退回保单现金价值，保险契约关系终止，解约只能发生在积累期，在清偿期是不能提出解约的；④积累期结束，一次性领取满期给付保险金，保险契约关系终止。

三、年金保险专有条款

1. 完整合同条款。完整合同条款一般规定年金保险合同由保险单及所附条款、投保单、合法有效的声明、体检报告书、批注、附贴批单及其他有关书面文件共同构成。这使年金保险人不能随意更改被保险人或受益人应该享有的权益。同时，这一条款也保护了年金保险人的利益，投保单成为合同的有效组成部分后，如果投保人在投保时对重要事实有不实陈述，年金保险人就有权根据约定要求与投保人重新订立合同或拒绝赔付其至解除合同。

2. 犹豫期条款。年金保单中一般规定，投保人在保单签发之后的 10~20 天（最长不超过 27 天），可以无条件解除合同，年金保险人无息退还全部保费。这也就是给了投保人一个犹豫期，因此称作犹豫期条款。国内保险公司一般在年金保单中给予投保人的犹豫期为 10 天。有的保险公司的年金保单条款还规定投保人在犹豫期内解约要负担保单工本费；有的也要求负担体检费，显然这是针对含有死亡、伤残或者疾病给付的年金保单而言的。

3. 宽限期条款。年金保险多为分期缴费保单，靠投保人按期缴费来维持效力，但期限过长，投保人难免因资金周转困难或其他事务而贻误了分期缴费的时机。如果因此造成合同失效或不得不反复办理合同复效手续，容易损害投保人（被保险人或受益人）的利益且缺乏效率。因此，年金保险合同中一般规定投保人在宽限期内（通常为一个月或两个月）续缴保费，保单继续有效。被保险人在宽限期内死亡，即使投保人没有缴纳应缴续期保费，年金保险人仍然赔付死亡保险金，但是要从保险金中扣除当期应缴保费。如果宽限期满投保人仍未缴纳应缴保费，年金保险合同自宽限期满翌日效力终止，或者根据年金保险合同的约定减少保险金额。

实务中，一些国家或地区年金保险人在扣除保费或要求续缴保费时，不加收迟缴保费的利息，因此该条款也称优惠条款，但是国内年金保险人多在保单列明的宽限期条款中规定加收迟缴保费的利息。

4. 保费豁免条款。在有些分期缴费的年金保单上，年金保险人会加入保费豁免条款。该条款规定当投保人出现年金保单约定的情形（例如伤残、死亡）不能继续缴纳保费时，可以免缴保费，保单继续有效。从某种程度上说，该条款为被保险人（或受益人）提供了一份更加安全的保障。不过，从本质上看，这其实是一份年金保单和一份以投保人为被保险人的健康保单的叠加，保费要比没有该条款的相同年金给付责任的保单贵。

5. 共同灾难条款。在承保死亡责任的寿险保单中通常会规定有共同灾难条款。该条款规定，当发生被保险人与受益人同时遇难事件时，如果不能证明谁先死，则推定受益人先死。由此，如果合同没有其他顺序受益人，此份保险金将作为被保险人的遗产处理。之所以有此规定，是因为投保人当初投保寿险的目的是保障被保险人死亡给受益人生活造成的影响，现受益人死亡，投保人当初投保的初衷已经无法达到，那么保险金所有权理应复归被保险人，按其遗产处理，而不应该作为受益人的遗产处理。

该条款的产生为投保人（或者被保险人）以及保险人减少了很多无谓的纠纷，使问题得以简化。含有死亡责任的年金保险一般指定有受益人，因此也应该受此条款规范。

6. 延期支付条款。由于年金保单在缴费一定时期后会积累大量的现金价值，当遭遇非常时期（例如银行存款利率大幅上升，高于年金保单预定利率，或者股指大幅上扬），投保人可能大规模退保领取保单现金价值，或者利用保单贷款条款向年金保险人借款，形成挤兑。这可能导致年金保险人的财务危机，甚至使一家原本财务稳健的保险公司破产。为了防止投保人挤兑，造成年金保险人的财务危机，不少国家或地区的保险法都规定年金保险人在特别经济情况下，经主管机关批准，有权延迟支付保单现金价值或者发放保单贷款。最长的延迟支付期限为六个月。不过，延迟一个月以上支付保单现金价值的，年金保险人需要向投保人支付利息。

7. 伤残年金给付条款。有些递延年金保单上也会加上伤残年金给付条款，为被保险人提供更加全面的保障。该条款约定，当被保险人出现保单约定的由于意外伤害或者疾病而出现的伤残情形时，年金保险人按保单约定给付伤残年金。具体说来一般又分为两种情形：①全残给付，当被保险人出现永久持续全残，不能从事任何职业时，由保险人按约定给付全残年金，全残期一般不得低于四个月，也不得超过一年；②失能所得给付，当被保险人出现全残致使平均月收入大幅下降时，由保险人按约定给付失能所得年金。

📖 【拓展阅读】

2017 年 1～3 月养老保险公司企业年金业务情况表　　　　单位：万元

公司简称	企业年金受托管理业务缴费	企业年金投资管理业务缴费	养老保障及委托管理业务缴费	企业年金受托管理资产	企业年金投资管理资产	养老保障及其他委托管理资产
国寿养老	1 263 829.18	466 528.31	1 617 020.72	22 467 863.56	12 780 830.45	4 148 617.14
太平养老	291 892.51	439 948.48	1 003 830.65	5 551 938.43	6 759 698.30	1 695 404.52
平安养老	849 090.38	1 042 702.54	11 429 728.73	17 295 737.96	16 074 792.82	12 925 455.24
泰康养老	137 866.41	0.00	12 474.12	2 686 505.50	0.00	69 621.48
长江养老	177 087.80	453 173.88	2 860 446.50	5 939 973.40	5 983 397.02	9 495 505.77
安邦养老	—	—	8 724.00	—	—	20 607.31
人保资产	—	82 816.45	78 250.00	—	1 504 625.46	78 380.20
泰康资产	—	812 373.18	1 404 972.55	—	15 532 820.34	11 931 825.16
华泰资产	—	47 456.85	107 160.59	—	1 145 642.55	383 970.18
合计	2 719 766.28	3 344 999.70	18 522 607.86	53 942 018.85	59 781 806.94	40 749 387.00

注：以上资料来源于各养老保险公司报送保监会统计报表数据，未经审计，目前统计频度暂为季度报。

📖 **知识小结**

年金保险是指在被保险人生存期间，保险人按照合同约定的金额、方式，在约定的期限内，有规则地、定期地向被保险人给付保险金的保险，年金与年金保险是有差异的。年金保险与人寿保险相比较的特征有：给付条件不同；逆向选择不同；道德风险不同；承保条件不同；费率厘定不同；保险功能不同；财务处理不同；合同终止不同。年金保险的专有条款包括：完整合同条款，犹豫期条款，宽限期条款，保费豁免条款，共同灾难条款，延期支付条款，伤残年金给付条款。

📖 **考核**

1. 年金保险的含义和特征是什么？

2. 年金保险和社会保险中的养老保险的关系如何？

📖 **拓展**

【知识链接】

不同领域的"年金"

在社会养老保障体系中，一般所称的"三个支柱"是指政府主办的公共养老金计划、企业或雇主主办的补充性养老金计划（企业年金）、个人养老金计划。虽然它们都是年金计划，但如果用"政府年金""企业年金""个人年金"代指这"三个支柱"，就会显得概念使用不够准确和严谨。

政府年金也可以包括政府提供的教育资助年金、伤残年金、贫困年金、退伍军人年金等；企业年金也可以包括以非养老为目的的其他福利性年金发放，如贫困职工家庭生活补助年金等；个人年金也包括个人教育年金。随着社会的发展，包括养老类的和非养老类的各种年金计划将会越来越多，我们有必要对不同类型的年金计划在称呼上尽可能做到准确，在社会养老保障领域，宜将"年金"改称为"养老年金"。

【专业词汇】

年金 annuity　年金保险 annuity insurance

任务7-2　年金保险的不同分类

📖 **情境引入**

客户在选择具体哪类年金保险产品时有些不知所措，梁某怎样才能介绍年金保险产品的分类？

📖 **学习任务**

年金保险按照其保险功能划分，可以分为多种类型，如养老年金保险、儿童或教育年金、失能收入年金、长期护理年金、健康年金、遗嘱年金等，这些年金保险从名称上就能够理解其含义。按照其他不同的标准，年金保险还可以进行不同的划分。

一、按照给付水平划分

1. 定额年金。定额年金是指每期的年金给付水平基本上是确定的。但按照给付水平是否有最低保证，定额年金又可分为非参与性或非分享性定额年金和参与性或分享性定额年金。非参与性定额年金提供的给付额是常年不变的，而参与性定额年金除了提供最低给付水平的保证外，还另外提供红利分配，红利水平取决于保险公司投资组合的获利能力。

2. 变额年金。变额年金也叫投资连接年金，这种产品就是年金给付水平不事先确定的年金。其给付水平完全根据在缴费期间保险公司投资组合的获利能力决定，变额年金不提供最低给付水平的承诺，因此变额年金的受益人将要承担给付水平因投资组合绩效不稳定而产生的财务风险，从这个意义上说，变额年金更像一种投资工具，而不是保险产品。它要具有终身年金保险功能，还要将变额年金账户基金转换成终身年金。

【知识链接】

股权连接年金

与变额年金相类似的另一种年金就是股权连接类年金，这种年金使得退休者将面临部分股权市场的投资风险。一般的股权连接类产品会将保费的一定比例（例如90%）投资在普通终身年金保险上，而余下部分则投资于一系列指数买方期权上，例如S&P500。这样，退休者将会获得一部分保底性收入，而另外一部分收入则来自于股权市场的收益回报。它也包括利润分享性或单位连接性年金。其利润分享性表现在，年金基金投资于一家保险公司的利润分享基金账户中，每年产生的红利可用于增加年金给付水平。

由此可见，年金的给付水平是直接与所投资的基金价值相关联的。这种投资连接年金通常还具有规避通货膨胀风险的功能，因为在通货膨胀期间，基金的投资表现会在一定程度上与通货膨胀率同方向变化，投资获利能减少通货膨胀带来的影响。但是，目前这种将传统年金化与股权及其他指数化资产投资相结合的方式还没有发挥出很大能量，这种金融工具被投资人使用的情况还不多。

一般来说，变额年金或股权连接类年金的给付水平要高于定额年金，这是因为前者的给付水平与年金资产投资组合的绩效挂钩，带来的收益率也较高，而定额年金不与保险公司的投资收益挂钩，因而一般来说收益率没有变额年金高。这也是美国年金市场上变额年金的发展势头要明显高于定额年金的一个原因。

3. 递增年金。递增年金的给付水平会每隔一段时期递增一个比例，给付水平逐期提高有多种原因，例如消费物价指数上涨、年金受益人健康状况恶化等。递增年金的类型除了指数化年金外，再就是在英国出现的生命伤害年金。这种年金的主要特点是：如果年金受益人出现了明显导致寿命减少的健康问题，保险人会提高给付水平。但这些健康问题需要有医生的确诊证明，健康事故包括癌症、慢性哮喘、糖尿病、肾衰竭、肝硬化等。该年金的支付率比普通年金要高5%~20%。生命伤害年金对于寿命预期短的人是有利的，但对于身体健康的退休者来说，这种年金的成本较高，因为对预期寿命短的人提供的较高水平给付金，一部分来自于这些身体健康状况好的受益人。

二、按照给付特征划分

1. 保证性年金。保证性年金指的是年金保险的保险人对于年金的给付给出了一定条件的保证，这种保证一般包括两个方面，即最短给付期限和最少给付总额的保证。

（1）保证给付期限年金。保证给付期限年金，除了向年金受益人提供终身给付的承诺外，还提供至少有一定给付期限的承诺，如5年或10年，也就是说，该年金是以年金受益人死亡和最少给付持续时间期满这两者事件中最迟发生的一个为给付条件的，即使受益人过早死亡，其继承人也可以继续领取年金，直到保证给付期满期为止。

（2）保证给付总额年金。保证给付总额年金，除了向年金受益人提供终身给付承诺外，还提供至少有一定给付额度的承诺，例如保费积累额。当年金受益人过早死亡时，年金总发放额至少等于其生前缴纳的保费积累额，或者合同约定的某一给付总额。

年金保险合同中的这些保证性条款的设置，主要是为了增加年金保险产品的吸引力，对于低收入者来说，这种保底性条款是很重要的，因为低收入者的平均寿命一般都相对较短，在其过早死亡后，该条款能够保证其家庭成员获得一定数额的年金给付金。但是对于高收入者、预期寿命较长的人来说，这种保证性待遇意义不大。在精算时，有保证性待遇的年金保单给付水平相对于无保证性待遇的保单给付水平要低，或者厘定的费率要高，因此对于寿命较长的人来说，选择附有保证性条款的年金保单不是很划算。

与保证性年金类似的还有保费退回年金，该年金保单保证总和给付额至少要达到保单的名义购买价格。如果年金受益人在总名义给付额未达到总保费时死亡，则指定受益人可一次性领取两者的差额。

2. 非保证性年金。非保证性年金是指纯粹终身年金，或称为定额给付终身年金。传统的终身年金向年金受益人提供终身给付，直到受益人生命终了，这种年金不提供最少给付期限和最少给付总额的保证。

三、按照给付价值划分

1. 名义年金。名义年金也称为非指数化年金，年金给付水平不随通货膨胀率变化而调整，因而年金的真实购买力是不稳定的，年金受益人将承担通货膨胀风险损失。

2. 真实年金。真实年金也称为指数化年金，年金的给付水平随通货膨胀率变化而调整，因而年金的真实购买力是稳定的，年金受益人将获得通货膨胀风险保障。公共养老金计划提供的年金其实也是一个指数化的真实年金，年金给付水平会随物价水平而调整。

四、按照缴费形式划分

按缴费形式可分为定额或定期缴费年金、灵活缴费年金和趸缴保费年金；按给付时间的选择，可分为递延年金和即期年金。一个年金保险合同的缴费形式和起付时间的安排具体如何结合，主要有如下选择：趸缴保费年金的给付金既可以以递延（或等待）年金形式领取，也可以以即期年金形式领取；而非趸缴保费年金因为采取分期缴费，到起付年金之前必定存在一个递延期或等待期，因而只能适用递延年金形式。所谓递延是指在缴第一笔费后并不能立即获得给付金，到第一笔给付金开始领取中间有一个等待期，也就是保费账户的积累期；所谓即期是指缴费后马上就可以领取第一笔给付金，中间无等待期或积累期。

1. 定额或定期缴费年金。这种年金的缴费形式可分为月缴、季缴、半年缴或年缴，该年金大部分都是与养老金计划的执行配合的，如在企业养老金计划中使用的团体年金保险都采用定期缴费形式。在养老金计划的积累期间，养老金计划参保人定期向保险公司缴纳保费，积累基金，保险人予以妥善管理并运用，投资生息。参保人也可以不采取这种每期定额缴费的方式，而是一次或分数次缴费。年金保费在积累期间所产生的利息收入或投资性收入一般享受延税待遇，主要是因为这种收入当期不提取，特别是对于高收入者来说，这种延税政策能带来很大好处。如果对当期收入缴纳所得税，采用的累进税将会使得高收入者承担很高的税负，因此递延到领取退休金时再缴税较好，因为退休时的收入普遍都降低了，税基也随之降低，计税也有所减少；同时在积累期间投资生息的部分还可以用于进一步投资生息，这样也会带来更多的年金积累余额。但是这种延税待遇的投资收益是不能提前领取的，否则除了要缴纳正常所得税外，还要受到附加税的惩罚。

2. 灵活缴费年金。这类年金保险合约在积累期间即使参保人没有缴费，合约也不失去效力，随时缴费，随时生效，因此大大方便了灵活的缴费者，深受消费者的欢迎。灵活缴费年金并不规定缴费次数以及每次缴付的金额，保单持有者根据自己的经济条件和缴费能力灵活安排缴费。但缴费次数和每次缴付多少会影响保险储蓄账户的资金积累情况，如果缴费次数多，每次缴付的净额大，则保险人能够掌握更多的资金用于投资管理，因此保险储蓄账户余额积累的规模也会更大，当储蓄账户余额根据精算公式转换成年金保险后将领取到的年金给付金水平自然就会更高。

为保证保险储蓄账户能够在转化成年金保险之前有充分的积累余额，年金保险人一般会对储蓄账户资金在积累期间的投资收益率或利率提供基本的保证，保证水平有多高要视保险人的投资获利能力来决定。

3. 趸缴保费年金。趸缴保费是指一次性缴清保费。趸缴保费年金给保单持有者带来的好处比较明显，因为趸缴保费所发生的管理费用比非趸缴保费要低，而且趸缴保费使得保险人可以马上得到保费资金用于投资获利活动，因此保险人对趸缴保费年金的投保人会提供比非趸缴年金的投保人更高的给付水平。趸缴保费基金所适用的收益率既可以采用购买保单时预定的收益率，也可以采用浮动的收益率。如果采用预定收益率，那么如果在趸缴保费后的等待期内金融资产收益率上升的话，那么投保人将面临更多的机会成本损失；如果采用浮动的收益率，趸缴保费基金将会面临所投资的资产收益率下降的风险。为增加保单的吸引力，保险人会向保险基金提供保证性的收益率，并随投资获利情况调整这种保证收益率水平。当然，趸缴保费年金也包括即期年金，这种年金不存在积累期，即趸缴保费后马上就可以领取保险年金。

五、按照承保机构划分

1. 商业保险年金。商业保险年金即年金业务是由商业保险人办理的。商业年金保险包括个人年金保险和企业年金保险，甚至国民年金保险。

（1）个人年金保险。个人年金保险是个人自发购买商业保险人提供的年金产品，年金承保对象为个人，即一人一张年金保险单。但个人年金也包括以配偶或子女为保障对象的连生年金或最后生存者年金。

（2）企业年金保险。企业年金保险一般是指企业或雇主为雇员购买的团体年金保单，或者委托商业保险人管理和运营的企业年金保险计划。

（3）国民年金保险。国民年金保险是指政府允许国民从国民年金账户中提出一笔基金购买商业保险人提供的个人年金保险产品，例如英国为鼓励私人养老金计划的发展，就有此政策规定。政府主办的公共养老年金计划可以交由商业保险人管理，即所谓的"公办民营"模式。从充分利用现有的社会资源、减少政府的管理费用来说，这种模式并非是不可行的。

2. 社会保险年金。社会保险年金一般所指的是国民年金保险，它由政府经办，一般都采用立法强制形式，以现收现付制为国民提供老年经济安全保障。现在社会养老保险制度改革的普遍趋势是降低国民年金保险的给付水平，只为国民提供基本的保障水平，而留出更多的空间发展私人养老保险年金计划，来补充国民年金保障性的不足。但每个国家对国民年金保险的规定是不一样的，缴费率、给付水平、领取年龄、指数化规定等方面都不尽统一。

📖 【拓展阅读】

我国的企业年金制度

企业年金，是指企业及其职工在依法参加基本养老保险的基础上，自愿建立的补充养老保险制度。在我国，企业补充养老保险于 20 世纪 80 年代开始试行。1991 年国务院在总结各地经验的基础上，发布了《关于企业职工养老保险制度改革的决定》，作出了逐步建立基本养老保险与企业补充养老保险和职工个人储蓄性养老保险相结合的养老保险体系的决定，从而确立了我国养老保险制度改革的目标，即建立基本保险、企业补充保险和个人储蓄性保险相结合的三支柱体系。

为建立多层次的养老保险制度，更好地保障企业职工退休后的生活，完善社会保障体系，根据劳动法和国务院的有关规定，经劳动和社会保障部第 7 次部务会议通过，《企业年金试行办法》于 2003 年 12 月 30 日公布，自 2004 年 5 月 1 日起施行。

一、建立企业年金的条件

根据《企业年金试行办法》第三条、第四条的有关规定，建立企业年金，应当由企业与工会或职工代表通过集体协商确定，并制订企业年金方案。国有及国有控股企业的企业年金方案草案应当提交职工大会或职工代表大会讨论通过。符合下列条件的企业，可以建立自己的企业年金：（1）依法参加基本养老保险并履行缴费义务；（2）具有相应的经济负担能力；（3）已建立集体协商机制。

二、企业年金的费用缴纳

企业年金所需费用由企业和职工个人共同缴纳。企业缴费的列支渠道按国家有关规定执行；职工个人缴费可以由企业从职工个人工资中代扣。

企业年金基金由下列各项组成：（1）企业缴费；（2）职工个人缴费；（3）企业年金基金投资运营收益。

企业年金基金实行完全积累，采用个人账户方式进行管理。企业年金基金可以按照国家规定投资运营。企业年金基金投资运营收益并入企业年金基金。企业缴费应当按照企业年金方案规定比例计算的数额计入职工企业年金个人账户；职工个人缴费额计入本人企业年金个人账户。企业年金基金投资运营收益，按净收益率计入企业年金个人账户。

六、按照保障对象划分

1. 单生年金。单生年金是年金保险的保险人根据年金保险合同定期向一人提供终身给付金，被保险人只有一个人。

2. 连生年金。连生年金，也称为最后生存者年金，是向两人提供有一定保证水平的给付金，被保险人通常为两人，包括第一年金受益人，通常是年金购买者，以及年金合伙人或第二年金受益人，通常是配偶。

连生年金可分为几种形式，比如：1. 对生存者的全额给付形式。原始年金受益人或第二受益人死亡时，不减少对生存者的给付水平，无论谁寿命最长久，都会继续领取全额年金。2. 对生存者的2/3给付形式。无论谁死亡，生存者领取的年金都将会减少到原给付额的2/3。3. 对第二年金受益人的1/2给付形式。如果原始年金受益人死亡，向第二年金受益人的给付额减半；如果第二受益人死亡，向第一受益人的给付额维持不变。在美国，类似这种选择是根据雇员退休收入保障法的规定，私人养老金计划下对配偶提供的一种默认保护措施。

七、按照退费条件划分

1. 纯生存年金。所谓纯生存年金是指被保险人死亡时，保险人即可免除任何偿还给付责任，既不退还保费，也不给付现金价值。这是一种传统的年金产品，在各种年金产品中出现的历史最早，17世纪法国出现的唐提式年金保单就属于趸缴性纯生存年金。该年金是指在团体养老金计划中，任何参加者死亡，死者的利益都分配给其他参加人，直至最后一人获得全部利益；或者是某一特定期间达到时，已死者的全部利益由继续生存者分享。所以，该保单下生存者领取的年金给付金每年都会上涨。

由于纯生存年金的不可退还性和缺乏某种确定给付性，对于某一部分消费者来说，它在市场上不如其他产品那么富有吸引力。例如变额年金因其投资功能而受到欢迎，因其比较符合具有投资风险偏好的消费者的金融消费习惯，而且变额年金账户还具有退还性；有保证条款的确定性年金保单则对于那些寿命短的人来说比较受欢迎。这些比较受欢迎的年金产品就是从传统的纯生存年金改良而来的。

但是，纯生存年金在所有产品中的保障性是最强的，如果都缴纳一元保费，最终所获得的年金给付水平数纯生存年金最高。因此它通常对于没有遗赠需求且预期寿险长的消费者来说是一个比较好的投资选择。但这种年金进入偿付期时，由于受益人寿命较短，还没有领取多少给付金，若保险人此时就终止给付责任，会让被保险人产生误解，甚至有被欺骗的感觉。其实纯生存年金最能体现保险的保障功能，它是纯粹利用风险损失分摊原理来收缴保费并配置保险金的保险形式，寿命短的人领取的保险金与其缴纳的总保费的差额部分，并没有被保险人无偿占有，而是再分配到了其他寿命长的受益人那里。这种保费余缺在投保人（被保险人）中间的调剂形式就是保险机制发挥作用的一种体现，只有这样损失分摊的功能才能实现，因而消费者对纯生存年金须有理性认识。

2. 退费式年金。退费式年金保险是指某项意外事故发生，保险人的年金给付责任终止，但年金受益人或指定受益人可以领取年金退费的年金。这些意外事故一般是指死亡、残废、濒临死亡。年金退费既可以发生在年金保单的积累期，也可以发生在给付阶段的保证给付时期内。

（1）若被保险人在年金保单积累阶段死亡，保险人通常退还给死亡者的家属或受益人：①已累积的现金价值；②已缴付的全部保费；③已缴付的全部保费加上利息；④三者中的较大者。具体如何退费，须根据年金合约的约定来确定，保险人在确定退费金额时会考虑费用因素。

（2）若被保险人在年金保单给付阶段死亡，如果年金保单未附有保证给付期条款，则保险人无须退费；如果年金保单附有保证给付期条款，而且是在保证给付期（或已发放的给付总额未满保证给付总额时）死亡的，则保险人须按合约规定退费，如果是在保证给付期过后（或已发放的给付总额已满保证给付总额后）死亡的，则保险人无须退费。之所以进行这种规定，一是体现了年金保险的精算平衡原理，二是避免严重的逆向选择现象发生，以保护保险人的正常运营。

在给付期间的退费形式有两种：①退费直到年金实际给付总额等于保证给付总额为止。年金领取人在年金给付开始不久后就死亡的，如果年金合约含有已发放的给付总额小于保证给付总额就必须退费的条款，保险人即将保证给付总额扣除已经发放给年金受益人部分后的余额一次性或分期支付给指定受益人。无论是一次性退费，还是分期退费，保险受益人和指定受益人两者领取的年金总额等于年金的保证给付总额。但应注意的是，这种年金提供的保证给付总额一般不能超过年金基金或年金成本，否则保险人对寿命相对长者承担的给付责任将无法利用余缺保费来填补，这不利于保险人的正常运营，但具体为多少，要看年金保单条款是如何约定的。②退费直到年金实际给付期等于保证给付期为止。通常这种保证给付期为5年、10年或20年，以10年最常见，超过20年者罕见。如果被保险人是在保证给付期内死亡的，保险人则在余下未满的保证期内继续给付，向指定受益人提供年金，直到保证期满期为止。如果在保证给付期后继续生存，则保险人继续给付，直到被保险人死亡为止。

八、按照购买方式划分

1. 强制年金。年金保险购买的强制性通常体现为已享受税收优惠政策的养老金储蓄账户余额在政府的要求下，需要购买能带来一定给付水平的年金保险产品，以保证养老金计划，老年风险保障的最终目标能够实现，例如英国、智利等国对私人养老金账户基金就提出了向年金保险转化的要求，由此形成了一个强制性年金保险市场。

2. 自愿年金。自愿性年金保险是指个人直接向保险人购买年金保险产品，这种市场行为不受政府强制，其购买年金的资金来自适格退休计划之外的基金，由此形成了一个自愿性年金保险市场，它也是一个非适格年金市场。目前，强制性年金市场规模要比自愿年金市场发展得更加充分。

📖 **知识小结**

年金保险按照给付水平划分为定额年金、变额年金和递增年金；按照给付特征划分为保证性年金和非保证性年金；按照给付价值划分为名义年金和真实年金；按照缴费形式划分为定额或定期缴费年金、灵活缴费年金和趸缴保费年金；按照承保机构划分为商业保险年金和社会保险年金；按照保障对象划分为单生年金和连生年金；按照退费条件划分为纯生存年金和退费式年金；按照购买方式划分为强制年金和自愿年金。

📖 **考核**

【思考题】

1. 年金保险产品的基本分类是如何划分的？

2. 年金保险产品有哪些分类方式？

📖　拓展

【知识链接】

美国的私人养老金计划

美国的私人养老金计划建立于 1974 年，又称为职业养老金计划（Occupational Pension Plan）或雇主养老金计划（Employer Pension Plan）。美国的私人养老金计划基本上是企业自愿建立的，不具有强制性。企业有权不实行私人养老金计划，但在招用人员时必须说明。企业建立私人养老金计划，通常都是由雇员组织（如工会）与雇主集体协商谈判决定的，也有雇员个人与雇主谈判的情况。雇主一旦建立私人养老金计划，则须覆盖全体雇员。

美国的私人养老金计划是美国养老保险体系的"三根支柱"之一，是劳资双方矛盾斗争妥协的产物。雇主建立私人养老金计划，一方面，可以缓解劳资双方的矛盾，并有利于吸引和稳定优秀的雇员；另一方面，也确实有利于保障雇员退休后的基本生活。美国相当一部分退休人员的退休收入大部分来源于私人养老金计划，基本养老金只占其中很少一部分，个人储蓄养老保险金收入微乎其微。一般来说，私人养老金计划提供的养老金，加上公共养老金计划提供的养老金，可以达到雇员退休前收入的 50%～55%，低收入人员则可达到 70%～75%。由于雇员退休时绝大部分已不存在子女教育负担，偿清了住宅抵押贷款，完成了个人储蓄计划，并且支出和税赋相对工作时期减少，私人养老金计划加上社会保障计划提供的养老金，大体上可以保证退休人员的生活不低于退休前的标准。因此美国的私人养老金计划是劳资两利的举措，同时对活跃金融市场，促进经济发展，也发挥了重要作用。

【专业词汇】

递增年金保险 increasing annuity insurance　保证性年金保险 guaranteed annuity insurance　退费式年金保险 refund annuity insurance　股权连接年金保险 equity linked annuity insurance

任务 7 – 3　全面认识团体人身保险

📖　情境引入

客户询问单位集体购买相关产品是否有优惠，梁某怎样才能说明团体人身保险和个人人身保险的区别？并针对客户疑问进行解释？

📖　学习任务

一、团体人身保险的含义

1. 团体保险的含义。团体保险作为保险业务的一类，其成立的前提条件是存在符合一定条件的团体。因此，理解团体保险首先需界定团体的概念。

　　在一般意义上，团体是由为了达成特定目标或任务而结合在一起的两个或两个以上的个体所组成，其彼此间具有相互依赖的互动关系。在团体保险中，准备参与保险的团体是保险关系中的相对方（被保险人）。除了具有团体的一般属性外，团体保险中的团体还需要满足一定的条件。

　　（1）团体的组成。为了避免团体的逆选择，保证团体保险的承保质量，保险人必须选择"合格团体"。参加团体保险的团体不能是为投保团体保险而组成的团体，而必须是已经存在的、有特定业务活动、实行独立核算的正式法人团体。该项规定的目的在于，将以购买保险为目的而组成的团体排除在团体保险的承保范围之外，避免吸引大量高风险的人群组成团体，从而给保险人带来"逆选择"风险。例如，专为保险而临时集结在一起的一群老弱病残之人，保险公司是无论如何也不能将其作为团体而接受其投保的。

　　（2）团体投保人数。团体保险对团体投保人数的规定有两个方面的要求：一是为了保证团体风险水平的稳定性，对投保团体人数绝对数的要求。二是为了排除逆选择，即防止仅有风险程度较高的人员投保团体保险。一般来说，投保团体保险的团体的人数不得少于30人。早期团体保险的经营中对人数的要求是不少于100人，近年来的发展趋势是对投保人数的要求逐渐降低，对10人甚至10人以下的团体也可以承保，但通常需要这些人数较少的团体对其中的被保险人提供某些适合承保的证明。

　　（3）团体成员的参保资格。团体保险虽然不对单个成员进行风险选择，但为了合理地控制理赔成本和管理费用，避免逆向选择，通常对投保团体的成员资格作出如下限制性规定：①团体保险只针对团体中的全职或专职员工，兼职员工不能作为团体保险的被保险人。②参加团体保险的团体成员应为正常的在职工人，退休人员、病休员工和临时工等一般不能作为团体保险的被保险人。③团体中的成员应具有一定的流动性，使团体的平均年龄始终保持在相对稳定的水平；对于合法团体的新进成员则要求其必须工作一段时间后，即经过试用期成为正式成员后才有资格参加团体保险，其长短依据投保团体的流动性高低有所不同。

　　2. 团体人身保险的含义。团体人身保险有广义和狭义之分。广义的团体人身保险简称"团体险"，通常是指以团体为投保人，团体内的所有成员或部分成员作为被保险人，用一张总的保险单为上述人员提供人身保险保障的保险。

　　狭义的团体人身保险简称"团身险"，是负责被保险人在保险期限内因病死亡、或因意外伤害死亡或残疾的短期保险，类似于团体意外伤害保险。本章内容主要介绍广义的团体人身保险，对于狭义的团体人身保险，可以在意外伤害保险和健康保险等章节中了解。

📖 【拓展阅读】

团体人身保险的发展历程

　　团体人身保险起源于20世纪初。1907年，美国哥伦比亚大学教授海东锡格首先提出，企业的雇主应对其雇员因遭受不幸事故、疾病、衰老丧失工作能力、伤残、死亡、失业等所造成的社会问题承担一定的责任，而其中最佳的途径则是为雇员购买人身保险。

最早的一例团体人身保险是 1911 年美国公平人寿保险公司对新泽西州某企业签发的团体人寿保险。这一新的保险产品一出现，立即就引起了人寿保险业界的广泛注意，各类保险组织群起仿效，随之使团体保险在世界各地发展起来。第二次世界大战期间由于政府对物价和工资的管制，许多经济组织为提高员工福利，纷纷购买团体人身保单，而导致了 1940 年至 1945 年团体保单的保额增长了 50%。1949 年，美国高等法院颁布法令，指出雇员有权集体与雇主商议有关工资、工作时间、退休和有关购买保险的计划，这对美国团体寿险的发展起到了决定性作用。加之 1954 年美国联邦政府为其 250 万雇员提供死亡保险，最终导致了美国成为世界上最大的团体寿险市场。到 20 世纪 90 年代初，美国有 56% 的雇员通过雇主或工会参加了团体养老金计划，近 58% 的美国公民获得了团体健康保险计划的保障。早在 2001 年底，美国就有 1.63 亿份团体人身保险契约，保险达 6.8 万亿美元。在美国，团体人身保险与个人保险、社会保险并列为经济安全制度的三大支柱。

我国的团体人身保险业务，是自 1982 年中国人民保险公司恢复办理人身保险业务以后一直到 20 世纪 90 年代中期的主打业务，险种主要包括简易人身保险、独生子女保险、子女婚嫁教育金保险、养老金保险和学生、幼儿平安险等。近几年随着我国社会保障体制改革的不断深入，企事业单位保险意识不断增强，团体寿险尤其是企业补充养老保险业务更是面临前所未有的发展机遇。2000 年分红型团体保单和万能保单的出现，使得我国的团体保险的形式更加多样化，极大地满足了市场的多层次的需求。很多机关团体、企事业单位将团体人身保险纳入"员工福利计划"中综合考虑，使其成为重要组成部分。这对于完善我国的社会保障体系，提高人民生活水平和稳定社会都具有非常重要的意义。

二、团体人身保险的特征

从某种程度上而言，团体保险可以看做是一种具体的承保方式而不是一个具体的险种，保险人只与团体人身保险单的所有人发生合同关系，而不与团体内部的个人发生合同关系。团体保险相对于个人保险而言，有其自身的特点。

1. 特殊的风险承保规则。与个人人身保险的关注重点不同，团体人身保险的风险选择对象是团体而非个人，保险人关注的是团体的整体特征，如团体形成的原因、保险费缴纳的形式、团体的大小等，而不是团体中个体的年龄、健康状况等信息。在团体人身保险中，一般情况下保险人不会要求团体里的个体出示可保性证明，如在投保团体人寿保险时，被保险个体只被要求回答一些健康状况问题，并不像投保个人保险时需要身体检查。以团体的风险选择代替对个人的风险选择是团体保险最显著的特点。虽然以团体的风险选择代替个人的风险选择，但通过对团体及其成员的要求、对团体保险的续保和再保险安排可以有效降低团体保险的逆选择风险和业务风险，使得团体保险的风险水平比较稳定。

2. 只使用一份团体保单。团体人身保险可以用一份总的保险单为成千上万甚至更多的人提供保险保障，即统筹保单。在这份统筹保单中详细规定了保险的条款和保险保障的内容（包括每一被保险人的姓名、受益人的姓名、年龄、性别、保险金额等），投保人一般是保单持有人；每个被保险人仅持有一张保险凭证，保险凭证上并不包括全部的保险条款，仅有被保险人的姓名、受益人姓名、保险费、保险金额、生日、领取保险金的开始日期等内容，这份个人持有的保险凭证只有在统筹保单项下才对被保险的个体有保险保障效力。

3. 保障计划具有灵活性。团体保险单和个人保险单一样也要遵循一定的格式和包括一些特定的标准条款，但对于较大规模的团体，只要不使管理手续复杂化，不致引起逆选择，不违反法律要求，投保团体保险既可以根据企业的不同特点及需要用多个险种进行组合搭配，也可以针对保险条款的设计和保险内容的定制与保险公司进行协商。团体保险保障计划具有灵活性的特点，主要体现在：

（1）保额确定和保费交付的灵活。在遵守一定投保规则的前提下，保险人可以根据客户的具体情况和需求组合成很多种方案供客户选择，保费也随之变化。团体人身保险的保费既可以由单位或个人全部承担，也可以由单位和个人共同承担。既可以用支票或汇票形式支付，也可以用现金方式支付。

（2）保险合同的内容与形式灵活。与普通个人保险的保险单不同，团体保险单并非必须是事先印好而一字不可更改的。投保团体人身保险的投保单位，可以就保险条款的设计和保险内容的制定，与保险公司进行协商，形成特别约定。

（3）被保险人的变更具有灵活性。个人保险特别是人寿保险，投保人和受益人可以变更，但是被保险人是不能变更的，只能另外再签保险合同。但是团体保险中，由于单位的员工具有流动性，且对于被保险人的投保要求一般是跨度较大的年龄段，所以在业务处理中，投保单位只要以书面形式通知保险人，保险人就可以出具批单对原保险合同进行修改。

4. 费率厘定的特殊规则。在个人保险中，由于不同年龄、性别的被保险人的死亡率不同，费率的厘定以死亡表为依据。而团体保险的投保人是一个团体，同个人投保一样，每个投保团体的危险程度也不同，应根据危险程度的不同分别厘定费率。团体保险费率的制定规则主要考虑投保团体所从事工作的性质、职业特点、以往的索赔、理赔记录等，其中理赔记录是决定费率的主要因素。在团体保险中，一般以上一年度该团体的理赔记录决定次一年度的保险费率，即采用经验费率法。每隔一段时间，由保险双方参考实际的理赔情况，对费率加以修订，使其更好地与实际情况相一致。

5. 相对低廉的经营成本。一般情况下，对人寿保险公司而言，团体人身保险的经营成本要低于个人人身保险，这主要是因为：

（1）团体保险采取一份主保单承保群体的做法，这种集体作业的方法节省了大量的单证印制成本和单证管理成本。

（2）团体保险中，许多大型的团体投保人常常直接与保险人洽谈，免除了佣金支出，使得团体保险中的佣金占总保费收入的比例较个人保险低，降低了保险公司的经营成本。

（3）团体保险中，参加保险的人员比例较高，逆选择的风险较低，因此个人保险中所要求的体检等一些核保要求在团体保险中适当予以免除，使得团体保险的核保成本降低。

当然，团体保险的低成本并不意味着保险公司经营团体保险的利润就高，同团体保险的低成本相对应的是低费率，它意味着投保人和保险公司一起分享了团体保险低成本的好处。

6. 专业化的服务和管理。各个保险公司一般都设有专业的管理与服务团队来专门进行团体人身保险业务的营销与经营。团体保险的投保人是团体，其对保险的要求、谈判能力往往高于个人。因此，在团体保险市场的激烈竞争中，要获得更多的客户，就要求从业人员必须具有相关的社保、法律、财务、医疗、金融等方面的知识。团体保险的专业服务人员应成为投保团体的福利保险顾问，从保障、福利、法律、财税等方面向投保团体提出保险建议，为投保团体提供设计科学的工资福利、保险计划的专业服务。

📖　**知识小结**

广义的团体人身保险简称"团体险"，通常是指以团体为投保人，团体内的所有成员或部分成员作为被保险人；狭义的团体人身保险简称"团身险"，是负责被保险人在保险期限内因病死亡、或因意外伤害死亡或残疾的短期保险，类似于团体意外伤害保险。团体人身保险的特征包括：（1）特殊的风险承保规则；（2）只使用一份团体保单；（3）保障计划具有灵活性；（4）费率厘定的特殊规则；（5）相对低廉的经营成本；（6）专业化的服务和管理。

📖　**考核**

【思考题】

1. 团体人身保险的含义和特征是什么？

2. 团体保险里面的团体是怎样规定的？

3. 对比说明团体人身保险和个人人身保险的关系。

4. 举例说明团体人身保险有哪些好处。

📖　**拓展**

【知识链接】

保安保险公司诚信团体补充医疗保险（基金型、附加险、短期）

投保范围：

1. 凡机关、团体、企事业单位的员工，在参加当地城镇职工基本医疗保险后，均可作为被保险人，由其所在单位作为投保人向保安保险公司（以下简称本公司）投保本保险。投保时，投保人的在职人员必须有85%以上投保且被保险人人数不低于8人。

2. 被保险人出生满2个月至18周岁未参加工作的子女，经本公司同意，可作为附带被保险人，由投保人统一向本公司投保本保险。附带被保险人须与被保险人同时投保，在本合同有效期内，不得单独增加附带被保险人（出生满2个月的新生儿除外）。

3. 除非本合同有特别说明，本合同中所指的被保险人均不含附带被保险人。

保险时间：3年

交费方式：定期或不定期

保险账户：为每一被保险人建立个人补充医疗保险账户（以下简称个人账户）。如果投保人要求，也可以为投保人建立公共账户。

保险责任：（1）门诊、急诊医疗费用，按门诊医疗费用的给付比例给付门诊保险金，但以该被保险人个人账户余额为限。

（2）住院、急诊观察室医疗费用，按住院医疗费用的给付比例给付住院保险金，但以该被保险人个人账户余额为限。

（3）（可选择项目）投保人建立公共账户当本公司累计给付的保险金达到被保险人个人账户余额时，经投保人同意，按照规定在公共账户余额内给付保险金，但以公共账户余额为限。

（4）对于被保险人及附带被保险人在指定或者认可的医疗服务提供单位就医或者配药所支出的、并在当地社会医疗保险部门规定的基本医疗保险范围内应由被保险人自理的医疗费用，按照合同约定给付保险金。

【专业词汇】
团体保险 group insurance　团体人身保险 group life insurance

任务 7 - 4　团体人身保险的不同产品

📖　情境引入

客户主管选择具体哪类团体人身保险产品时有些不知所措，梁某怎样说明团体人身保险产品的不同类别划分？

📖　学习任务

根据保险期限的长短，团体人身保险产品可以分为长期保险和短期保险，简称"长险"和"短险"。再根据保险保障的范围不同具体划分，长险主要包括团体人寿保险和团体年金保险，短险主要包括团体意外伤害保险和团体健康保险。

一、团体人寿保险

（一）团体人寿保险的概念。团体人寿保险简称团体寿险，是以团体的方式投保定期或终身死亡保险。团体寿险是美国、加拿大等发达国家员工福利计划的一种最主要的形式，市场比重在 50% 左右。传统团体人寿保险计划，主要是向员工提供退休前的人寿保险保障。退休后，员工只能面临两种选择：要么团体定期人寿保险终止，要么将其转换成个人保险。但是近年来，越来越多的团体人寿保险计划，不只是能够提供退休前的人寿保险保障，而且能够提供退休后的人寿保险保障。有些是通过延续团体定期人寿保险来达到目的，有些是通过提供永久福利的终身保险方式达到目的。

（二）团体人寿保险的险种。

1. 团体定期人寿保险。团体定期人寿保险是一种以投保人为团体、被保险人为团体内成员，保险期限为定期的人寿保险。它以被保险人的死亡为给付条件，保险期限为一年，期满后可以办理续保。在美国约有 90% 的团体寿险保单是以团体定期寿险的形式签订的。一般来说，该险种在每年续保时，团体被保险人无须提供可保证明，并且这些定期保险单没有现金价值，保险公司每年可以根据团体的构成情况而相应地改变费率。

2. 团体终身寿险。团体终身寿险是以定期保险为基本形式，搭配以个人长期保险（如终身保险、养老保险等）的一种团体寿险。与团体定期寿险相比，团体终身寿险不享有税收方面的优惠，因而其受欢迎的程度远远不如团体定期寿险。但是，由于雇主可以利用团体终身寿险，为其雇员在定期寿险终止时购买退休后的人寿保险保障，可以作为定期寿险的补充，所以又叫补充保险。

团体终身寿险的种类有很多，但比较常见的主要有以下三种：

（1）团体缴清保险。该险种是由一年定期死亡保险和终身死亡保险相结合而成的，属于贡献性保险，即一年定期死亡保险的保费由雇主缴纳，该部分保险金额随着雇员年龄的增长而逐渐递减，而雇员则每年以趸缴保费的形式购买一次终身死亡保险，因此随着时间的推移，终身死亡保险的保费将逐年递增。

（2）团体均衡保费终身寿险。团体均衡保费终身寿险通常是由雇主为其雇员投保的限期缴费的终身死亡保险，缴费期可到被保险人50岁、55岁或60岁等退休时为止。由于这种保险单具有累积现金价值，所以雇主经常利用它为雇员提供退休福利。

（3）团体万能寿险。团体万能寿险是以团体保险的方式投保的万能寿险，这种险种在很多方面与个人万能寿险保单的功能相似。因为投保团体万能寿险的团体中的被保险人是根据自己的意愿来确定保险金额的，保费则完全由雇员自己承担而雇主一般不承担任何保费，所以与其他的团体寿险不同，在成员脱离团体时，仍然享受该团体保险计划的保障，而不必将团体保险转变为个人保险。

3. 团体债权人寿险。团体债权人寿险是债权人（如银行）为其当前和将来的债务人购买的一种保险，由于其签订合同的基础是债权人与债务人之间的信用关系，故又可将其称为团体信用人寿保险。与其他团体寿险保单最大的不同点是，团体债权人是保单的持有人同时也是受益人，当团体被保险人死亡时，保险公司给付的保障金由债权人受领，以抵偿被保险人（债务人）所负债务。团体债权人保险采用定期寿险的方式，保险金额受贷款余额的限制，一般要求被保险人的保险金额等于其所欠债权人的债务数额，并且随着贷款的偿还保险金额将逐渐减少，贷款全部归还时保险责任也就随之终止。

4. 团体遗嘱收入给付保险。团体遗嘱收入给付保险是指当参加该团体保险计划的员工死亡时，保险公司可以以年金的方式向死者的家属给付保险金的一种团体寿险计划。对于此类险种，保险公司就是根据员工的工资来确定被保险人的保险金额，并且以一定的比例向死者的家属支付保险金，如配偶领取死者工资的30%，子女取得10%。但对于家属给付有一个限额，这个最高限额是死者工资的40%，并且有一定的给付期限。

【知识链接】

团体人寿保险的特殊条款

1. 受益人指定条款。保险给付除了不得付给雇主、工会或投保团体外，可以付给任何指定的受益人。指定的受益人可经过书面通知保险人而变更。一般团体寿险保单还规定，无论员工在保险人收到书面通知当天是否仍生存，只要保险人不因变更通知而发生给付问题时，变更受益人在通知书签发当天即告生效。

2. 转换权条款。大多数团体人寿保单都允许保险证持有人在因雇用关系终止或在合格团体的会员关系终止时，无须提供可保性证明就有权将团体保险变更为个人保险。当然变更权力必须在团体保单终止的一段时间之内（一般是1个月）行使，而此期间团体保单还提供展延死亡给付的保障。除了团体定期寿险之外，申请更换者有权变更为任何形式的个人寿险，但保险金额以原团体保单的保金为限。这种变更选择权是保险公司增扩业务量的手段。

3. 保险金给付选择权条款。与个人寿险保单的给付选择相似，团体保险的给付通常是一次性给付保险金，也有可供被保险人选择的其他给付方式。如果被保险人未进行选择时，由受益人在被保险人死亡后行使选择权。通常可供选择的给付方式有：①定期分期给付选择，即在固定期间，按月或按年等额分期给付，总给付额是本息之和。②定额分期给付选择，即选定金额分期领取，至本息摊尽为止。③终身年金选择，即受益人可以在低于一般的费率下，以可领取的保险金购买终身年金。④储存利息选择，即将保险金储存生息，在生存期间或特定期间领取利息，直至死亡或满期领取本金。⑤终身收入选择，即受益人在生存期间内领取保证的等额分摊给付款，并附带保证至少给付达到某一总额。

二、团体年金保险

（一）团体年金保险的概念

团体年金保险简称团体年金，又被称为团体补充养老保险，是以团体方式投保的年金保险。团体年金的合同由团体与保险人签订，被保险人只领取保险凭证，保险费由团体和被保险人共同缴纳或主要由团体缴纳。

随着我国社会养老保险制度改革的深化，各经济组织普遍参加了社会养老保险统筹。由于社会养老保险仅提供退休人员的基本生活保障，因此较高水平的养老保障需通过商业途径的团体年金保险来实现。许多寿险公司都设计出各种形式的团体年金保险，以适应各种经济组织建立年金保障的需要。

我国规定，在团体年金保险业务中，保单约定的被保险人年龄必须达到国家或特殊行业规定的退休年龄。被保险人办理退休手续后，才可凭投保人有关证明到保险公司以现金等形式领取年金。被保险人因特殊情况提前退休的，可在办理退休手续后重新计算领取金额。被保险人因其他原因提前离开投保人的，必须在投保人出具有关证明后，才能到保险公司按养老计划规定的比例以现金等形式领取年金。如被保险人缴纳了部分保费，则在退保时，被保险人可根据投保单位的证明到保险公司领取相应部分的退保金。

（二）团体年金保险的种类

在我国当前的保险市场上，常见的团体年金险种主要有以下几种：

1. 团体延期年金保险。这是一种最古老的团体年金形式，由团体组织一次或每年按员工工资的一定比例缴存保费至保险公司，保险公司对投保的每一个团体分别建立一个账户，当团体中的成员生存至约定时间，保险公司一次或每年按约定的金额给付保险金。在此年金中，保险人对团体的人数有所要求，以降低管理费用。团体的规模越大，管理费用比例也越低。保险人一般对团体年金所积存的资金进行长期资金应用，投资风险由保险人承担。

2. 预存管理年金保险。投保的团体每年向保险公司缴纳保险费，在该团体的账户下形成一笔基金，即预存管理基金，这笔基金由保险公司对其加以投资运用并保证其收益不低于某一约定的利息。当该团体的某个员工退休时，从基金中划出一定比例作为其趸缴保险费，为该员工投保个人即期终身年金保险。

3. 团体分红年金保险。与传统团体年金保险不同的是，团体在签订保险合同时与保险人约定，投保人所缴纳的保险费扣除管理费后记入缴费账户，保险人对其进行投资，当账户的投资出现盈利时，保单所有人享有红利的处分权。红利可以退还给投保人，也可转入缴费账户，在被保险人领取年金时，其个人账户中既有单位缴费的资金也有个人缴费积累的资金，按照被保险人所选择的年金领取形式和所对应的年金转换标准，决定其每年按年领取或者按月领取的金额。目前团体分红年金保险以其灵活性和有账户保证收益的优势，受到团体客户的广泛欢迎。

4. 团体投资年金保险。投保团体在签订保险合同时与保险人约定，投保人所缴纳的保险费扣除营业费用后记入投资账户，保险人对其进行投资，保险人对投资收益率不作任何保证，把所有投资风险都转嫁给保险单所有人。在投资年金保险中，保险人除按保费的一定比例收取营业费外，还按被保险人的人数每月收取保单管理费和投资账户管理费。与团体分红保险相比，账户的透明性更高，但风险相对也大。

三、团体意外伤害保险

（一）团体意外伤害保险的概念

团体意外伤害保险简称"团意险"，是以团体方式投保人身意外伤害保险，对被保险人因意外事故而导致死亡、残疾给付全部或部分保险金的保险。团体意外伤害保险的保险责任、保险期限和给付方式与个人投保的意外伤害保险基本相同。

意外伤害保险与其他人身保险险种相比，更适合采用团体方式投保，因为意外伤害保险的保险费率与被保险人的年龄和健康状况关系不大，而是取决于被保险人的业务活动范围和职业的危险程度。保险费率在不同的寿险公司划分的等级也有所不同。保险金额根据投保单位的需求和保费支付能力确定，一般以每千元为单位进行增减变化，有的保险条款也限定最低保额。例如，有的保险公司规定最低保额为 3 000 元。保险金额一旦确定，中途不得变更。保险期限一般为 1 年。团体意外伤害保险既可以作为主险，又可以作为附加险，作为附加险时，保险费率比作为主险要低一些。"团意险"作为主险时，可以在此基础上附加健康保险，形成保险组合计划。例如，附加团体意外伤害医疗费用保险或住院医疗保险等。"团意险"也可以作为团体人寿保险的附加险。

按照我国对商业保险的分类，意外伤害保险属于人身保险业务，由人寿保险公司经营，但是，从 2009 年 10 月 1 日开始，根据最新修订的《保险法》第九十五条规定：保险人不得兼营人身保险业务和财产保险业务。但是，经营财产保险业务的保险公司经国务院保险监督管理机构批准，可以经营短期健康保险业务和意外伤害保险业务。财产保险公司经营这类保险业务多数都是以团体保险的形式运作，而且保险产品与寿险公司的产品基本相同。

（二）团体意外伤害保险的险种

团体意外伤害保险可以分为两大类：一类是通用型的，保险责任单一，费率取决于被保险人的职业类别，保险金额选择的幅度较自由，适合与团体健康险组合成灵活多变的保险计划，我们可以通过信息资料和下一节中的内容来介绍这部分知识。另一类团体意外伤害保险就是可以"对号入座"的"现成品"，专为某个行业或特定人群设计的具有某种特色的产品。主要有以下险种：

1. 建筑工程团体人身意外伤害保险。凡在建筑工地施工现场从事管理和作业并与施工企业建立劳动关系的人员均可作为被保险人，以团体为单位，由所在施工企业或对被保险人具有保险利益的团体作为投保人，在保险期限内，合同保障被保险人在从事建筑施工及与建筑施工相关的工作时，或在施工现场或施工期限指定的生活区域内遭受意外伤害，保险人负责给付相应的保险金。

这个险种保险期限较灵活。保险期间一般为一年，也可以根据施工项目期限的长短确定，保险合同到期，工程仍未竣工的，须办理续保手续；在工程因故停顿时，保险责任可以中止，重新开工后，可以申请复效，保险期限顺延。保险费的计算形式多样，可以按职业类别计收，也可以按照建筑工程项目总造价的一定比例计算，还可以按照建筑施工总面积计收。

2. 执法人员团体意外伤害保险。这是为加强法制建设、维护社会安定，保障执法人员及其家属的人身安全，解除其后顾之忧而推出的"团意险"。本保险的投保范围是：年龄在18周岁至60周岁，身体健康、能正常工作的公安、检察、司法、国家安全、工商、税务、物价、海关、城管、卫生检疫等部门的执法人员，这些人可以作为被保险人，他们的配偶、子女及父母作为连带被保险人。

保险责任是：在保险合同有效期间内，被保险人遭受意外伤害造成死亡、残疾或因意外事故下落不明，保险人负责给付相应的保险金。连带被保险人因被保险人的职务行为遭受他人故意侵害以致死亡或残疾的，保险人负责给付相应的保险金。连带被保险人的保额为被保险人保额的20%左右。这个保险对被保险人进行了扩展，体现了对执法人员的人文关怀。

3. 旅游意外伤害保险。旅游意外伤害保险简称"旅游险"，是以我国境内的旅行社组织的旅游团队的全体成员，包括旅游者及旅行社派出的导游、领队人员等作为保险对象，负责被保险人在保险期间内，由于发生急性病发作7日内因同一原因死亡、或因遭受意外伤害造成死亡或残疾、或因意外事故下落不明等事故，保险人负责给付相应的死亡保险金、残疾保险金、医疗费用以及丧葬费用。其保险期间为行为时间，根据履行期限而定，从被保险人乘上由旅行社指定的交通工具开始，至本次旅游结束离开旅行社指定的交通工具为止。如果旅途中因故延长日期，可以补交保险费，保险责任继续有效。严格地说，旅游意外伤害保险是集人寿保险、人身意外伤害保险和健康保险为一体的综合型极短期团体保险。在我国旅游业日趋发达的今天，旅游险有着广泛的市场，各保险公司主要采用通过旅行社等团体进行行业代理的方式营销，使得本保险开展得较为普遍。

类似险种还有"学生、幼儿平安保险""乘客人身意外伤害保险""病员安康保险"

等，都是根据特定人群在特定场所因遭受意外事故造成意外伤害，保险人负给付保险金责任的团意险。

四、团体健康保险

（一）团体健康保险的概念

团体健康保险是以团体或其雇员为投保人，以其所属员工作为被保险人（包含团体中的退休员工），约定由团体雇主独自缴付保险费，或由雇主与团体员工分担保险费，当被保险人因疾病或分娩住院时，由保险人负责给付其住院期间的治疗费用、住院费用、看护费用，以及在被保险人由于疾病或分娩致残疾时，由保险人负责给付残疾保险金的一种团体保险。

经济组织所面临的健康风险主要包括：医疗费用支出的风险、收入损失的风险、丧失劳动力的风险和重大疾病等风险，这与个人健康保险基本相同，但是通过以团体形式的运作，员工可以享受到更全面更优惠的保险保障。由于团体健康保险是以负责医疗费用为主，这就与社会医疗保险有交叉，成为两个互相有替代性的险种，社会医疗保险是采取法定形式强制实施的，而团体健康险属于商业保险，投保是自愿的，所以许多保险公司出台了与社会医疗保险相衔接具有互补性的"团体补充医疗保险"。

（二）团体健康保险的险种

团体健康保险产品很多，根据经济组织面临的不同健康风险，主要有以下四个类型：

1. 团体（基本）医疗费用保险。团体（基本）医疗费用保险是以团体为投保人，团体成员为被保险人，当被保险人因为疾病住院治疗时，保险人负责给付因此而发生的住院费用、治疗费用、医生出诊费用及透视费用和化验费用的一种团体保险。在该团体保险中，住院费用的给付按照住院天数乘以每日住院给付金额进行计算，每日住院给付金额以及每次住院的天数在团体雇主与保险人签订的合同中都予以规定。

2. 团体补充医疗保险。团体补充医疗保险，又称团体高额医疗保险，是以团体为投保人，团体成员为被保险人，当被保险人因疾病住院时，保险人负责给付保单限额下，保险责任范围内的各项费用的一种团体保险。由于大部分基本医疗保险（包括团体医疗费用保险）不仅对于如药品、器材、假肢及其他很多费用均不予承保，并且对于各种承保的医疗费用也有许多限制（包括时间以及金额的限制），团体补充医疗保险产品正是为了排除基本医疗保险中的诸多限制，满足人们综合医疗保障需求而产生和发展起来的。团体补充医疗保险通常由团体或雇主与保险人共同协商医疗费用的限额，为了规避医疗费用过高的风险，保险人在团体医疗保险合同中常附加免赔额条款及共同保险条款。

3. 团体特种医疗费用保险。团体特种医疗费用保险是以团体为投保人，团体成员为被保险人，团体的特种医疗费用支出为保险人给付责任的一种团体保险。团体特种医疗费用保险主要包括团体长期护理保险、团体牙科费用保险、团体眼科保健保险等。

4. 团体失能收入保险。团体失能收入保险又称为团体残疾收入保险，它是以团体为投保人，以团体下属员工为被保险人，由保险人承担补偿被保险人因遭遇意外伤害或疾病而丧失工作收入能力为保险责任的一种团体保险。

知识小结

团体人寿保险的险种包括团体定期人寿保险、团体终身寿险、团体债权人寿险和团体遗嘱收入给付保险；团体年金保险的险种包括团体延期年金保险、预存管理年金保险、团体分红年金保险和团体投资年金保险；团体意外伤害保险的险种包括建筑工程团体人身意外伤害保险、执法人员团体意外伤害保险、旅游意外伤害保险；团体健康保险的险种包括团体（基本）医疗费用保险、团体补充医疗保险、团体特种医疗费用保险和团体失能收入保险。

考核

【思考题】

1. 团体人身保险产品的基本分类是如何划分的？

2. 团体人身保险产品有哪些具体的险种？

拓展

【知识链接】

团体人身保险方案

团体人身保险方案，又称为团体人身保险保障计划，是保险公司的展业人员根据展业对象的具体情况和需求，将相关的保险产品组合在一起，并汇入公司介绍和服务承诺等内容，为准客户量身定做的保险宣传材料，也称为“团体保险计划书”或“团体保险建议书”。

一份完整的团体人身保险方案应该努力做到，既为潜在客户提供了详尽周到的具有针对性的保险建议和风险管理方法，又是人寿保险公司开展对外宣传和扩大自身影响的有效手段和工具。具体而言，团体人身保险方案应该包括如下内容：

1. 保险方案的标题。根据所设计的保险方案的风险保障的侧重点，取一个贴切、吉祥、富有创意的方案名称，给客户以亲切感不致产生厌恶情绪。如《诚信保险诚信安康保险计划》《诚信保险医疗无忧保障计划》等。

2. 保险公司简介。俗话说“隔行如隔山”，由于保险行业相对来说是一个新兴行业，在我国的发展历史不长，人们普遍对保险业不是很了解。另外，保险合同所提供的风险保障是客户在购买时无法感知的，若没有对保险公司的充分信任和了解，团体投保者不愿将一大笔资金交给保险公司，因此业务员对所推荐险种的公司进行必要的介绍就显得十分重要。

公司简介中主要包括以下几方面的内容：(1) 该寿险公司成立的时间、地点、公司性质和注册资本金数量。(2) 该寿险公司的发展历程、发展思路、服务理念、业务规模、信誉等级。若已取得国际权威评级机构的认证，加以例证则更能取得客户的信任。(3) 该寿险公司的服务承诺。客户在购买时最担心的就是一旦发生风险事故，索赔困难。因此对公司的售后服务情况特别是理赔情况加以介绍，解除客户的后顾之忧就很有必要。

3. 团体风险状况分析。由于缺乏风险管理的知识，更多时候团体对自身所面临的各类人身风险并没有一个全方位的认识，更不知如何应用经济手段进行合理处置，以最小的成本获得最大的安全保障。所以要站在客户的角度分析团体面临的风险和亟待解决的保障问题，应该将保险保障计划置于该团体整个风险管理计划当中，并考虑到客户已有的保障计划和风险管理方式，以理财顾问的身份协助客户进行风险管理。

4. 保险产品组合方案。保险产品组合方案即投保方案建议。投保方案是一份团体保险保障计划的核心，它的质量好坏，对最后合同的签订有着决定性作用。产品组合既要考虑保障全面，又要考虑客户的缴费能力。险种不能太多，多则显得乱，且有只顾收保费之嫌；险种也不能太少，太少则保障功能不全，且在与客户协商时无回旋余地。在制订团体保险保障方案时，还要注意在每个保险产品中保险金额的定位，保险费可以根据保险金额的变动而变动。在对保障计划进行说明时，可以图文并茂，既有实事求是的说明性文字，又有富于感染力的宣传用语，真正发掘出客户的保险需求。

5. 其他方面的风险管理建议。从根本上说，这一部分的内容与本次保险方案内容有关系，甚至与人寿保险公司的业务活动都不发生关系，但是这一部分的内容是人寿保险公司作为专业经营与管理风险为潜在客户提供的具有较高附加值的额外服务，是体现人寿保险公司提供风险管理专业价值的最佳方式，是借以拉近与潜在客户间距离的有效营销手段。

【专业词汇】

团体定期人寿保险 group term life insurance　团体终身寿险 group life insurance

📄 **项目测试题**

（一）单选题

1. 年金保险的保险人给付责任开始的条件是（　　）

A. 客户生存　　　B. 客户死亡　　　C. 客户患病　　　D. 客户残疾

2. 社会养老保障体系中一般所称的"三个支柱"不包括（　　）

A. 政府年金　　　B. 商业年金　　　C. 企业年金　　　D. 个人年金

3. 团体保险对于团体的限定不包括（　　）

A. 团体组成　　　B. 投保人数　　　C. 参保资格　　　D. 团体性质

4. 团体保险对人数限制最少为（　　）

A. 100 人　　　B. 10 人　　　C. 30 人　　　D. 7 人

5. 团体人身保险的特征不包括（　　）

A. 团体成员都拥有保单　　　　　　B. 保障计划具有灵活性

C. 相对低廉的经营成本　　　　　　D. 专业化的服务和管理

（二）多选题

1. 年金按其每次收付款项发生的时点不同可以分为（　　）

A. 普通年金　　　B. 即付年金　　　C. 递延年金　　　D. 永续年金

2. 年金保险按照给付水平划分包括（　　）

A. 保证年金　　　B. 定额年金　　　C. 变额年金　　　D. 增额年金

3. 年金保险与一般的寿险的差异表现在（　　）

A. 给付条件　　　　B. 逆向选择　　　　C. 道德风险　　　　D. 费率厘定

4. 团体人身保险的险种大类包括（　　　）

A. 团体寿险　　　　B. 团体年金　　　　C. 团体意外　　　　D. 团体健康

5. 团体人身保险的特征包括（　　　）

A. 只使用一份团体保单　　　　　　B. 保障计划具有灵活性

C. 相对低廉的经营成本　　　　　　D. 专业化的服务和管理

（三）判断题

1. 年金是以年为单位定期发放的保险金。　　　　　　　　　　（　　　）

2. 预期寿命短的人更倾向于购买人寿保险而非年金保险。　　　（　　　）

3. 客户购买年金保险无须体检或健康证明。　　　　　　　　　（　　　）

4. 年金保险合同的解约既可以发生在积累期也可以在清偿期。　（　　　）

5. 兼职员工也可以作为团体保险的被保险人。　　　　　　　　（　　　）

（四）名词解释

递延年金　年金保险　共同灾难条款　变额年金　连生年金

团体人身保险　团体意外伤害保险

（五）简答题

1. 年金和年金保险的含义是什么？

2. 年金保险的比较特征有哪些？

3. 团体保险的含义是什么？

4. 团体人身保险的特征有哪些？

5. 团体人身保险有哪些主要的险种？

（六）论述题

1. 团体人身保险的含义和特征。

2. 举例说明年金保险的不同分类。

📄 综合案例分析

环宇公司的做法是否恰当

高某是某公司的专职司机，由所在单位在诚信保险公司统一投保了团体人身意外伤害保险，保额每人 2 万元。保险合同中受益人处注明为"某公司"，但是没有被保险人认可字样，也没有被保险人的签章。

在保险期限内高某因车祸死亡，高某的家属在得知存在这份保险之后向诚信保险公司提出索赔，保险公司回复说明，这是团体人身意外伤害保险，需要投保人所在公司出具保险单和相应的证明文件。高某所在公司认为，保险费是公司缴纳的，保障的是公司的员工，员工出事，公司的利益也遭受损失，保险金自然应该归公司所有。该公司拒绝给高某的家属出具有关证明，使其不能向保险人领取保险金。

【分析】

案例当中高某所在公司的做法是不恰当的，甚至是违法的。根据 2009 年新修订的

《保险法》第三十九条第二款规定："投保人指定受益人时须经被保险人同意。投保人为与其有劳动关系的劳动者投保人身保险，不得指定被保险人及其近亲属以外的人为受益人。"环宇公司指定自己为受益人是违法的，而且没有征得被保险人的同意，这样的约定是无效的，保险金应该归属于高某的家属所有。

📄 **实训活动设计**

将全体学生分成小组进行实际市场调查：针对你所在地区的保险市场进行保险产品种类与渠道调查，识别、区分、归类不同的年金保险产品和团体人身保险产品；共同讨论并完成一篇不少于1 000字的年金保险和团体人身保险产品市场销售情况的调研报告。

📄 **职业技能训练**

编制团体人身保险方案

【模拟场景】

假如你是一家人寿保险公司团险部门的一位营销业务人员，今天准备到市内的一家大中型企业做首次拜访。与该企业的人力资源总监约定了见面的时间和地点之后，在做拜访准备的过程中，你应当如何准备一份团体人身保险方案，让这位总监对你以及你的公司留下深刻的印象。

【情景分析】

人寿保险公司的专业营销人员在设计团体保险方案时，除了要遵守商务往来文书的一般规则以外，还应遵循如下原则。

1. 以满足客户需求为中心的原则。每一团体保险保障计划，都应以保险需求为中心，想客户之所想，急客户之所急。例如客户想要一个以年金保险为中心的保障计划，那么在险种挑选与组合时就要选取几种年金保险作为中心，其他短险为辅助，如果客户暂不需要短险，营销人员也应尊重客户的选择，不能搞搭售。

2. 保险保障计划的针对性原则。每个客户的情况不同，需求不同，团体保障计划要针对该客户的具体情况进行风险分析，提出商品组合建议。这就要求事先做好调研工作，保障计划要量身定做，而不能千篇一律。对于第一次投保的新客户，团体保险保障计划书不仅应该内容丰富，还应该包装精美，表示对客户的尊敬和重视。对于续保的老客户，保险保障计划应当简明扼要，便于协商和操作。

3. 保障与提高保险公司效益原则。制定保险保障计划时应遵守投保规则，要符合风险分散原理，杜绝逆选择情况，争取以较少的投入，使保险人获得较大经济效益和社会效益。

【实务操作】

〈保险方案标题〉

团体人身意外伤害保险保障计划建议书

〈保险公司简介〉

略

〈团体风险分析〉

在企业中，生产安全和经济效益是同等重要的事情。由于现场的工作环境和机械设备的特点，以及工人疲倦和偶尔的疏忽，都可能出现意外伤害的情况，职工的身心受痛苦，还会影响工作。"天有不测风云，人有旦夕祸福"，在上下班路上，在游玩、娱乐，甚至做家务时，意外伤害事情也时有发生。参加"团体人身意外伤害保险保障计划"，可以用少量资金转嫁巨额风险责任，将许多不确定因素和后顾之忧一扫而光。

〈保险方案设计〉

一、保险责任

1. 被保险人因遭受意外伤害身故，或因意外事故下落不明，人民法院宣告死亡，本公司按照保险金额给付全部身故保险金。

2. 被保险人遭受意外伤害致残，本公司按照条款规定给付相应的伤残保险金。

3. 被保险人因意外伤害支出的医疗费用，扣除 100 元免赔额后，按 80% 的比例负责。

二、索赔事宜

1. 出险后请于 3 日内向本公司报案登记。

2. 请保存好诊断、病历、检查报告单和医疗票据等材料，保险公司将上门服务。

3. 在确定给付金额后 10 日内，将保险金送到保户手中。

三、保险金额及保险费

保额　　　保费		一类职业	二类职业	三类职业	四类职业	五类职业	六类职业
团体人身意外伤害	附加意外医疗费用						
3 000	1 000	10.00	13.50	17.00	23.50	33.00	42.00
3 000	2 000	14.00	18.00	25.00	32.00	45.00	57.00
3 000	3 000	18.00	25.50	33.00	43.50	57.00	72.00
4 000	4 000	24.00	34.00	44.00	58.00	76.00	96.00
5 000	5 000	30.00	42.50	55.00	72.50	95.00	120.00
10 000	10 000	60.00	85.00	110.00	145.00	190.00	240.00

〈风险管理建议〉

略

团体定期寿险保费计算

环球公司（职业类别为三类）投保团体定期寿险，每人保险金额为 1 万元，在 31 ~ 40 岁年龄段里共有 20 人，应缴纳多少保险费？（相应数据参考下表）

团体定期寿险保险费率示例

（每千元保险金额）　　　　　　　　　单位：元

职业类别 年龄	一类	二类	三类	四类	五类	六类
16～30 岁	1.0	1.3	1.5	2.3	3.5	4.5
31～40 岁	2.5	3.1	3.8	5.6	8.8	11.3
41～50 岁	5.0	6.3	7.5	11.3	17.5	22.5
51～55 岁	8.0	10.0	12.0	18.0	28.0	36.0
56～60 岁	13.0	16.3	19.5	29.3	45.5	58.5
61～65 岁	20.0	25.0	30.0	45.0	70.0	90.0

根据保险费率表可知，31～40 岁年龄段 1 万元的保额每人保费应为 38.00 元，则这 20 人的保费为 38.00×20＝760.00（元）。

📄 **进阶阅读**

1. http：//baike. baidu. com/link？url = bzIHvAEHjzGxeL7Pme2cfDq7vazpA0YvNHlVXDW RQyf － 0POV9EKWI3OcOcb2RhWBXlHiOleyyZEjk7RKlo338ew7cR9v8IqMgdKc2rcvtGXOqfW tnRig6vtfgTHAXgUm，年金保险，百度百科。

2. http：//baike. baidu. com/link？url = CQnEHPJvvvbhWkjdGm3yjYBw － RWDO54HJ SCrUtisL9pyGUhviPCmPwtm04LH2RPOf3aPJFlcP ＿ DZ2lS1Y ＿ HtsgcKgErKRilVEKj5LG8 － 2iu6Hkntq4nOsv4XQ371ymjA，团体保险，百度百科。

3. http：//www. circ. gov. cn/web/site0/tab5225/info164460. htm，《变额年金保险管理暂行办法》，中国保监会。

项目八
人身保险的投保与承保

知识结构图

人身保险的投保与承保
- 人身保险的投保
  - 人身保险业务特点
  - 人身保险业务流程
  - 人身保险投保流程
    - 明确保险需求
    - 选择保险产品
    - 确定保险金额
    - 明确保险期限
    - 筛选保险公司
    - 保险合同谈判
    - 填写投保单据
    - 缴纳首期保费
- 人身保险的核保
  - 人身保险核保含义
  - 人身保险核保因素
  - 人身保险核保资料
  - 人身保险核保流程
    - 营销人员的初次审核
    - 审单内勤的书面审核
    - 体检医师的体检审核
    - 业务系统的电脑审核
    - 核保人员的专业审核
    - 对客户进行生存调查
- 人身保险的承保
  - 人身保险承保含义
  - 人身保险承保流程
    - 人身保险的核保结论
    - 审核检验后接受业务
    - 收取人身保险保险费
    - 缮制单证和签发保单
    - 复核签章和存档备查
- 人身保险的保全
  - 保单的现金价值
  - 人身保险保全含义
  - 人身保险保全原因
  - 人身保险保单状态
  - 人身保险保全方式
    - 保单变更
    - 保费续缴
    - 保单复效
    - 补发保单
    - 附加险加保
    - 利用现金价值
    - 减保退保

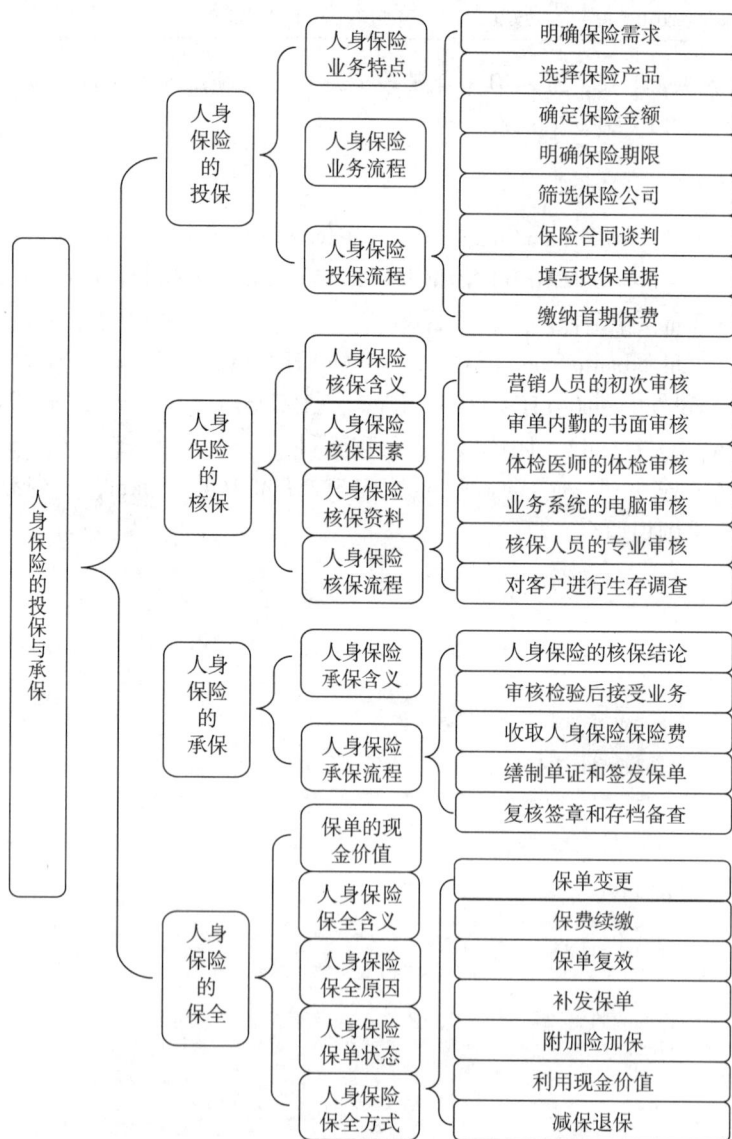

图 8 - 1　人身保险的投保与承保的知识结构

学习目标

【能力目标】：能够掌握人身保险的业务流程及特点；能够根据客户的实际需要选择对应的保险产品；能够熟练掌握人身保险核保的重要因素；能够掌握生存调查的情形和内容；能够理解掌握人身保险保单的不同状态；能够掌握区分不同的保险保全方式。

【知识目标】：理解并能解释人身保险业务的特点及流程；掌握并能区别说明人身保险的核保和承保的关系；理解并能解释人身保险核保的重点因素和资料；掌握并能说明人身保险核保的流程及各自职责；解释并能说明人身保险的承保流程及每个步骤的重点；解释并能计算和说明保险单的现金价值；解释并能举例说明人身保险保全的方式和做法。

【素质目标】：能够从客户和保险公司两个角度解释人身保险业务的流程；能够帮助不同客户分析其保险需求，设计保险保障计划；能够理解区分不同核保部门或者人员的不同核保职责；能够根据不同的核保结论进行不同的业务处理；能够解释人身保险保全的原因和恰当运用不同的保全方式。

工作任务

➢ 画图详细说明人身保险业务投保和承保的流程；
➢ 画图详细说明人身保险业务承保和保全的具体做法。

项目导入

寿险公司疏漏引发业务流失

人身险投保人冯小铁（化名）于 2011 年 8 月 18 日向环宇安康保险公司投保终身保险 1 份，附加住院医疗险 1 份。在投保时营销业务人员将附加险的费率由 340 元错算成了 190 元，而当时公司核保人员亦未查出其错误便通过核保。另外，在保险单上又将投保人的姓名打错。2013 年 8 月公司发现了上述费用的计算错误，通知冯小铁在缴纳第 3 年保费时，附加险费率按正确的数目 340 元缴纳，并且要补交前两年的差额保险费。冯小铁获知后，在电话中与环宇安康保险公司的营销业务人员交涉未果，怒气冲冲地到保险公司客户服务部，以公司屡屡出错对保险公司失去信任为由，要求全额退保。

【分析】

人身保险公司的核保和承保工作对于保险业务的经营有着至关重要的作用。过去两年少收的费用应由保险公司承担，打错的名字应立即予以纠正。同时，经办人员应向客户反复宣传保险的意义及客户投保终身寿险的优越之处，尽力劝阻客户退保。

任务 8 - 1　认识人身保险的投保

情境引入

客户认可了梁某推荐的保险产品，但不太清楚如何操作，梁某怎样才能说明人身保险的业务流程和步骤?

📖 **学习任务**

人身保险业务流程是指人身保险的承保人从展业到承保和理赔的全过程,是人身保险合同的主体各方通过一系列紧密相关的活动,使得保险标的的风险从投保人转移到保险人并得到有效处理的风险管理过程。

展业是人身保险经营活动的起点,保险人通过展业可以提高社会公众的保险意识,明确保险需求,使面临同种风险的大量的潜在保险客户能借助保险手段来转嫁风险,并通过保险人的承保使被保险人的风险转嫁由可能变成现实;通过保险理赔,则使被保险人的费用及有关利益的损失,能在保险责任范围内得到补偿,实现维护社会再生产顺利进行和国民生活安定的目标。

一、人身保险业务的特点

人身保险业务是围绕着人的身体、生命和健康这些保险标的展开的,与财产保险业务关于财产物资及其有关利益为保险标的性质具有本质上的差别,因而有着自身的运行规律和特点。

(一)人身保险展业更具营销特性

财产保险的险别包括财产损失保险、责任保险、信用保证保险和农业保险,具体的险种则数以千计。财产保险的保险标的,既包括有形的财产物资,又包括无形的法律责任和利益。保险人的补偿既有各种财产损失的补偿,又有民事损害赔偿责任的承担,还有权利人(被保险人)因被保证人(义务人)的信用风险而致损失的补偿以及短期的人身意外伤害保险等。而人身保险尽管分为人寿保险、意外伤害保险和健康保险三大类,但保险对象却都是自然人,保险人仅对被保险人的生、老、病、死、残等承担相应的保险责任。因此,相对于财产保险展业的专业性而言,人身保险的展业更具有营销特性,消费学、社会学、心理学、市场营销学等方面的知识在人身保险的服务营销过程中作用更加突出,只有对这些相关的知识有更深入的了解,才可能为被保险人制定出切实可行的投保方案,才可能吸引更多的投保人投保。另外,世界范围内的保险营销大师也都是出现在人身保险领域。

(二)人身保险核保内容更加专业

核保是指承保人对投保人及投保标的等进行审核,以决定是否承保以及怎样承保的过程。核保是承保的关键,保险人只有全面、认真、细致地核保,才能科学地识别、衡量投保人及投保标的等的风险程度或风险等级,才能科学地作出是否承保的决策。财产保险审核的内容包括:投保财产是否是合法财产、是否正处于危险状态;投保财产的主要风险隐患、重要防护部位及防护措施情况,投保财产所处的环境状况,投保人对投保标的是否制定有各种安全管理措施、各措施以往被落实的情况等。人身保险的保险标的是被保险人的寿命和身体,因此,对人身保险的保险标的的审核,主要体现为对被保险人进行年龄、性别、身体状况、个人及家庭成员病史、职业和习惯嗜好、道德风险因素等的审核,有些险种甚至要求投保人提供体检证明和生存调查的结果,核保内容很多已经达到了专业医疗机构的水平,以确定被保险人的风险程度,并作出相应的承保或拒保的决定。

（三）人身保险理赔结果是给付保险金

财产保险合同是补偿性合同，无论是财产损失保险还是责任保险、信用保证保险、农业保险，保险人理赔的结果都是对被保险人遭受的保险责任范围内的损失给予经济补偿。而人身保险合同却是给付性合同，它不是对意外事故和疾病、分娩等原因致被保险人的残废、死亡给予经济损失的补偿，而是按保险合同的规定，在被保险人死亡、伤残、疾病或者达到合同约定的年龄、期限时承担给付保险金的责任。财产保险合同与人身保险合同性质的不同，决定了两者的理赔结果不同，前者是支付赔款、补偿损失，后者是给付保险金。

二、人身保险业务流程

人身保险的业务流程，包括人身保险业务的全过程，即人身保险运行是保险关系不断成立和消灭的连续过程，表现为不断地进行展业、承保、保全和理赔。其具体运行程序如图 8-2 所示。

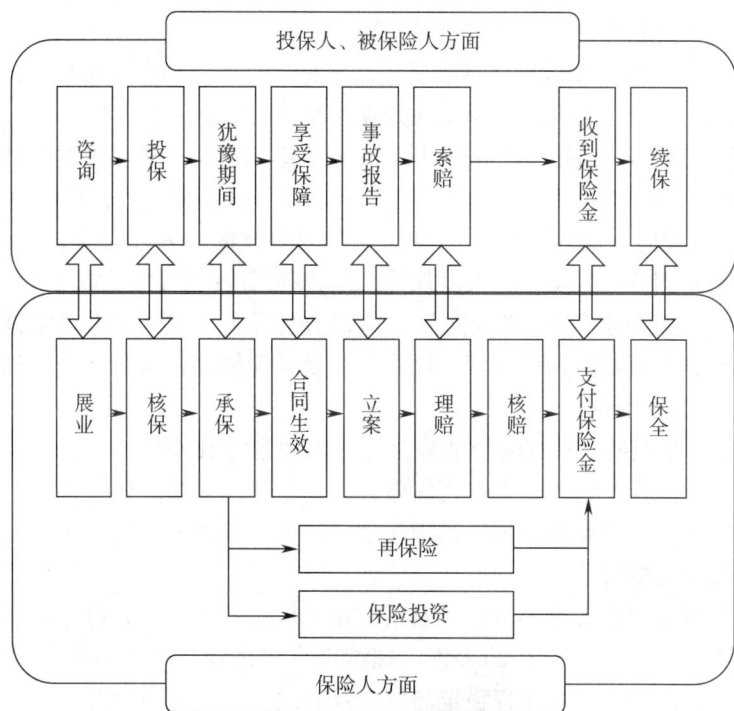

图 8-2　人身保险业务流程

从图 8-2 中我们可以看出，人身保险的业务进行，其实是保险合同主体共同参与的结果，几乎每一个步骤都会涉及双方的不同活动，就像一枚硬币的两面一样，不同主体的不同活动，却有着内在的必然联系。

1. 保险人及其业务代表的展业过程同时也是保险潜在客户了解与明确自身保险需求，不断向保险人及其业务代表咨询协商的过程。

2. 经过充分的沟通协商，保险潜在客户向保险人发出转移风险、订立保险合同的要约，即投保人的投保过程。

3. 保险人接到投保人的投保申请，立即组织专业人员对投保人及其保险标的，根据业务性质和公司的业务政策进行审核，以决定是否接受投保人的风险转移，即保险人的核保过程。

4. 经过核保，保险人决定接受投保人的风险转移，人身保险合同达成，即保险人的承保步骤。在一些人身保险合同当中，投保人或者被保险人还存在一个犹豫期间，此时保险合同尚未生效。

5. 经过犹豫期间之后，保险合同正式生效，保险人开始承担保险责任，同时也是被保险人享受保险保障的开始。

6. 在财产保险的有效期间内一旦发生保险责任事故造成保险标的的经济损失，被保险人须立即向保险人报告事故，这同时也是保险人的立案受理过程。

7. 保险合同有效存续期间，可能会由于投保人或者被保险人的分期缴费问题，导致人身保险合同的中止、失效和复效等一系列的保险保全问题，在此过程中保险人会给予最大程度的支持，包括保单抵押贷款或者险种转换。

8. 发生保险事故后，被保险人或者受益人根据保险人的要求组织相关的材料向保险人主张相应权利的过程是索赔，而保险人处理该案件的过程就是理赔。

9. 在被保险人提交全部的案件材料后，保险人组织专业人员，根据事故性质和人身保险合同的约定，对相关的责任和损失范围进行界定，就是保险人的核赔过程。

10. 经过审核保险人决定，根据人身保险合同向被保险人或者受益人给付保险金，被保险人或者受益人获得保险金，人身保险合同转移风险的目的达成。

11. 在人身保险合同到期或者合同目的达到的情况下，被保险人对于该保险标的的再次进行风险转移，也就是续保的过程，保险人接受风险转移，保险保全，则保险业务进入一个新的业务流程循环。

12. 整个业务流程过程中有两个部分是保险人独自与其他机构进行往来，而不需要投保人或者被保险人参与的，一个是再保险过程，是保险人与另外一家保险公司进行风险的再次转移；另外一个是保险投资过程，是保险人与其他金融机构或者是实体企业进行的资金使用权让渡的过程。

人身保险业务流程的各个环节相互联系、相互依赖。展业是人身保险运行的前提和基础，承保是人身保险业务运行的关键，理赔则直接体现了人身保险经营的宗旨和目的。总之，要使人身保险业务流程稳定高效，就必须从人身保险业务流程的各个环节入手，不断地加强经营管理。

三、人身保险的投保流程

(一) 明确保险需求

1. 单身期。单身期（一般为 2～5 年，从参加工作至结婚的时期）的生活特点：经济收入比较低且花销大。这个时期是未来家庭资金积累期。年纪轻，主要集中在 20～28 岁，健康状况良好，无家庭负担，收入低，但稳定增长，保险意识较弱。

保险需求分析：这一阶段保险需求不高，主要可以考虑意外风险保障和必要的医疗保障，以减少因意外或疾病导致的直接或间接经济损失。保费低、保障高。若父母需要赡养，需要考虑购买定期寿险，以最低的保费获得最高的保障，确保一旦有不测时，用保险金支持父母的生活。

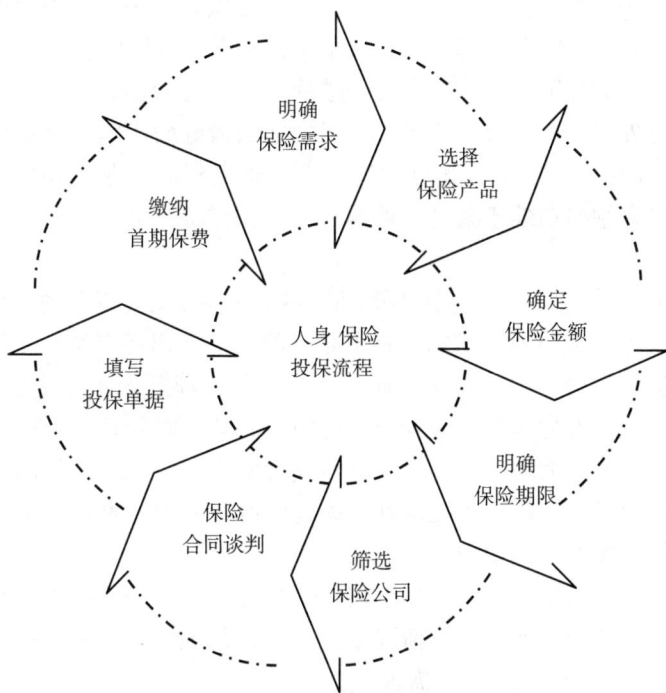

图 8-3　人身保险投保流程

【实务操作】

单身青年的保险需求分析

张先生 1989 年出生，未婚。同大多数年轻人一样，爱交朋友、好玩，但与同龄人相比，性格中多了一份沉稳和内敛，也许正因为如此，张先生工作两年多居然积攒下了十多万元存款。他的家庭状况较宽裕，张先生无任何生活负担。本人职业为 IT 行业白领，月收入 1 万元，月开支情况如下：娱乐健身费 1 200 元；交通费 300 元；通信费 200 元；旅游消费月均 250 元；上交家人 2 500 元。现有银行定期存款 16 万元，参加社会保险保障，无任何投资经验。风险偏好：性格较沉稳，属理智型投资者，不愿冒高风险，但也希望尝试投资。目标：希望近期购置按揭住房一处，首付加装修约花费 10 万元；购置小轿车一辆，价值 10 万元以内。

年轻的张先生身故或患重疾的可能性很低，但是发生意外事故的风险也不可忽视。所以，一份可保终身意外的保险是十分必要的。由于年龄越低，保费越少，所以及早购买那种以重大疾病为主险，住院医疗、重大意外为附险的险种，为自己安排重病、意外方面的保障不失为明智之举。购买方式建议采用分期缴费（年缴）的方式。至于养老型保险品种，在目前通货膨胀率较高、名义利率较低的时期不宜急于购买。

2. 家庭形成期。家庭形成期（指从结婚到新生儿诞生时期，一般为 1～5 年）的生活特点：这一时期是家庭的主要消费期。经济收入增加而且生活稳定，家庭已经有一定的财力和基本生活用品。为提高生活质量往往需要较大的家庭建设支出，如购买一些较高档的用品，贷款买房的家庭还须一笔大开支——月供款。夫妇双方年纪较轻，健康状况良好，家庭负担较轻，收入迅速增长，保险意识和需求有所增强。

保险需求分析：为保障一家之主在万一遭受意外后房屋供款不会中断，可以选择交费少的定期险、意外保险、健康保险等，但保险金额最好大于购房金额以及足够家庭成员 5～8 年的生活开支。处于家庭和事业新起点，有强烈的事业心和赚钱的愿望，渴望迅速积累资产，投资倾向易偏于激进。可购买投资型保险产品，规避风险的同时，又是资金增值的好方法。

3. 家庭成长期。家庭成长期（从小孩出生到小孩参加工作以前的这段时间，18～22 年）的生活特点：家庭成员不再增加，整个家庭的成员年岁都在增长。这一时期，家庭的最大开支是保健医疗费、学前教育、智力开发费用。理财的重点适合安排上述费用。同时，随着子女的自理能力增强，年轻的父母精力充沛，时间相对充裕，又积累了一定的社会经验，工作能力大大增强，在投资方面鼓励可考虑以创业为目的，如进行风险投资等。夫妇双方年纪较轻，健康状况良好，家庭成员有增加，家庭和子女教育的负担加重，收入稳定增长，保险意识增强。

保险需求分析：在未来几年里面临小孩接受高等教育的经济压力。通过保险可以为子女提供经济保证，使子女能在任何情况下可接良好的教育。偏重于教育基金、父母自身保障。购车买房对财产险、车险有需求。

4. 家庭成熟期。家庭成熟期（指子女参加工作到家长退休为止这段时期，一般为 15 年左右）的生活特点：这一阶段自身的工作能力、工作经验、经济状况都达到高峰状态，子女已完全自立，债务已逐渐减轻，理财的重点是扩大投资。夫妇双方年纪较大，健康状况有所下降，家庭成员不再增加，家庭负担较轻，收入稳定在较高水平，保险意识和需求增强。

保险需求分析：人到中年，身体的机能明显下降，在保险需求上，对养老、健康、重大疾病的要求较大。同时应为将来的老年生活做好安排。进入人生后期，万一风险投资失败，会葬送一生积累的财富，所以不宜过多选择风险投资的方式。此外还要存储一笔养老资金，且这笔养老资金应是雷打不动的。保险作为强制性储蓄，累积养老金和资产保全，也是最好的选择。通过保险让您辛苦创立的资产保持完整地留给后人，才是最明智的。财产险、车险的需求必不可少。

5. 退休期。退休期（指退休以后）的生活特点：这段时间的主要内容应以安度晚年为目的，理财原则是身体、精神第一，财富第二。那些不富裕的家庭应合理安排晚年医疗、保健、娱乐、锻炼、旅游等开支，投资和花费有必要更为保守，可以带来固定收入的资产应优先考虑，保本在这时期比什么都重要，最好不要进行新的投资，尤其不能再进行风险投资。

保险需求分析：夫妇双方年纪较大，健康状况较差，家庭负担较轻，收入较低，家庭财产逐渐减少，保险意识强。在 65 岁之前，通过合理的规划，检视自己已经拥有的人寿保险，进行适当地调整。

（二）选择保险产品

投保客户可以在专业人员的帮助下，判断自己的风险类型、概率、风险发生时可能造成的损失大小等相关情况。在对风险进行合理的评估之后，就可以进行保险产品的选择了。由于同一个保险标的可能会面临多种风险，因此，在确定购买保险产品时，应注意合理搭配险种。投保人身保险可以在保险项目上进行组合，如购买一个至两个主险附加意外伤害、重大疾病保险，使投保人得到全面保障。但是在全面考虑所有需要投保的项目时，还需要进行综合安排，应避免重复投保，使用于投保的资金得到最有效的运用。也就是说，如果投保人准备购买多项保险，那么就应当尽量以综合的方式投保，因为这样可以避免各个单独保单之间保额可能出现的重复，从而节省保险费，得到较大的费率优惠。

保险市场险种和产品十分丰富，而且还在不断地推陈出新，因此，购买保险产品前必须根据家庭的实际需要和经济购买力，有选择地投保险种。例如，在购买力有限的情况下，成年人或家庭的主要收入者的保险应该优先于子女或纯粹的受抚养人；年轻时应该侧重于保障型的险种，随着年龄的增长，应该将投保的重点转向健康保险和具有储蓄功能的保险。

1. 学龄儿童和青少年。小孩子由于年龄比较小，风险辨别能力比较差，发生意外的可能性较成年人稍大，所以儿童或学生的意外险是相对有必要的。另外，如果孩子生病住院，家长要承担医疗费用和陪同，这会给家长带来经济上的负担（医疗费和单位扣工资、奖金）。这可以通过儿童的医疗险和住院补贴来缓解。当然现在市场卖得最好的，还是儿童教育年金险，这个适合学龄前儿童，因为交费期较长，所以年交费较少，易于承担。而已经上学的学生，不是很适合这个险种，一般是交费到 13 岁或 15 岁的，交费期太短，达不到储蓄教育金的目的（意外险、医疗险、教育年金）。

2. "初入社会"的年轻人。这部分人群大多处于 20～22 岁，大学刚刚毕业，已有收入，开始独立地承担自己的风险和对父母的责任，但收入较少。这时候建议以"定期寿险"为主，附加意外险和医疗险。这些险种价格都相对低廉，都是纯粹的保障性产品。因为年轻人已经有收入，在经济上相对独立，但对于养育自己多年的父母又缺少一定的"反哺"能力。如果自己的赚钱能力不受影响的话，养育父母一定不成问题。怕的就是万一有疾病或意外的发生，赚钱能力受影响，父母晚年的生活（从道义和责任上来讲）就会受影响。这些险种的受益人为父母，可以缓解这方面的责任（定期寿险、意外险、医疗险）。

3. 单身贵族。这部分人已经工作了一段时间，有一定的积蓄，开始为以后的二人世界做准备，一般是 25～30 岁。这个阶段比较适合的险种是定期生死两全险、养老年金、意外险和重大疾病险；这个阶段相对于"初入社会"的人，最大的区别是支付能力的改善，主要的风险和责任并没有太大的改变，所以险种可以是费用较高的、具有储蓄和一定的投资价值的生死两全险，并且可以为自己的养老开始打算了，购买一定数量的养老年金。从保障的角度来讲，意外险和重大疾病保险显得非常重要。这一阶段的人要注意，不要因为自己手头有足够的钱，就花很多钱去购买保险。因为单身的生活成本相对较低，要为婚后和有孩子情况考虑。在保障足够的情况下，考虑养老和投资问题。因为养老保险和投资型保险都是长周期的产品，一旦购买，短时间难以退出。

4. 二人世界。二人世界相对于单身贵族而言，最大的区别是对配偶多了一份责任，而这份责任往往支撑着整个家庭。对于这个阶段的家庭，往往要看夫妻的收入在家庭总收入中的比重，把保额尽量放在收入较高的人的身上（主要是保额的调整）。很多新婚夫妻，在主险的配置上，一般考虑是丈夫购买终身性寿险，太太购买定期生死两全险。这样的考虑是，一般丈夫比妻子大 2 岁，而人口统计数据表明女性比男性寿命长 5 岁左右，这样的婚姻，经常是丈夫比妻子早过世 7 ~ 8 年，为了保障妻子的晚年生活，丈夫购买终身性寿险在身故时能为妻子留下一笔钱，而妻子的生死两全险让她在年纪大的时候有笔养老金。这样的组合保障重点是妻子的晚年生活。很多家庭能够接受这样的组合。其他险种包括意外险和重疾险，支付能力允许的，考虑养老年金。

5. 三口之家。一般来说，"二人世界"期不会太长，很快就会进入"三口之家"。这个阶段的保险组合就是"二人世界"加上"无忧童年"，区别就是父母的保额要加大。因为现在的责任里又加上了孩子的养育责任。

6. 金秋时节。这个阶段主要指退休之后的人群。对于以前没有购买保险的人来说，现在买保险是个问题。主要原因是保费太贵，财务安排的功能弱化。如果要买，可以考虑意外险和重大疾病险，但是重疾险的价格这时也比较高，60 岁以后购买寿险的，大多会出现"保费倒挂"现象，即交费比保额还要高。

除此之外，在考虑保险产品时，还要决定是否使用免赔额及其大小，因为免赔额可以消除小额索赔及其理赔费用，从而降低保险费。

（三）确定保险金额

保险金额是当保险标的的保险事故发生时，保险公司所赔付的最高金额。一般来说，保险金额的确定应该以人身的评估价值为依据。严格来说，人的价值是无法估量的，因为人是一种社会性生物，其精神的内涵超过了其物质的内涵。但是，仅从保险的角度，可以根据性别、年龄、配偶的年龄、月收入、月消费、银行存款或其他投资项目、银行的年利率等，计算虚拟的"人的价值"。目前，对"人的价值"的评估方法主要有生命价值法、财务需求法、资产保存法等。需要注意的是，这些方法都需要每年重新计算一次，以便调整保额。因为人的年龄每年在增大，如果其他因素不变，那么他/她的生命价值和家庭的财务需求每年都在变小，其保险就会从足额投保逐渐变为超额投保，如果他的收入和消费每年都在增长，而其他因素不变，那么其价值会逐渐增大，原有保险就会变成不足额投保。

（四）明确保险期限

在确定保险金额后，就需要确定保险期限，因为这涉及投保人的预期缴纳保险费的多少与频率，所以与个人未来的预期收入联系尤为紧密。对于意外伤害保险、健康保险等保险品种而言，一般多为中短期保险合同，如半年或者一年，但是在保险期满之后可以选择续保或者是停止投保。对于人寿保险而言，保险期限一般较长，例如 15 年、20 年、30 年，甚至直到被保险人死亡为止。确定保险期限时，应该将长短期险种结合起来综合考虑。

（五）筛选保险公司

购买保险不同于购买一般商品，投保人在缴纳保费之后，保险保障能否如期实现取决于整个保险期间保险公司是否具有充足的偿付能力，能否提供良好的保险售后服务。因此，选择一家合适的保险公司以及获取保险的渠道至关重要。考察保险公司的优劣可以从公司经营理念、财务实力、理赔记录、管理水平、服务质量等方面加以考察。一般来说，个人获取相关信息的渠道包括以下几个方面。

1. 保险公司和销售人员披露的信息。这类信息主要包括各种广告宣传资料、对外公布的财务报告、保险销售人员的介绍等。这方面的信息是最为普遍的，但由于商业利益的驱使，这些信息容易言过其实，产生误导作用，消费者必须保持清醒的头脑，仔细辨别。通过业务员的言行举止、业务知识、资格证书等多个方面来进行判断和选择。

2. 监管机构披露的信息。这类信息主要包括关于保险公司的统计信息、年度报表、监管与处罚信息等。这些信息对发现没有偿付能力或有问题的保险公司具有最直接和权威的作用。

3. 社会监督范畴的信息。这类信息主要包括商业评级机构提供的信用等级、媒体报道、社会舆论等方面的信息。随着信息技术的普及，媒体报道和社会舆论在行使社会监督功能方面发挥着越来越重要的作用。消费者应该通过多途径的信息收集方式，更加全面和及时地衡量和选择保险公司及其保险产品。

（六）保险合同谈判

由于保险合同具有附和性合同的性质，即保险险种、承保条件、保险费率等都是保险公司单方制定的，是已经完全设计好的"标准化"产品，所以在个人和家庭客户的保险规划实施中，很少存在保险合同谈判的问题。

对于团体人身保险的公司企业客户，如果使用印制好的保险单、批单和附属保险单，企事业单位的风险管理者与保险公司必须对这些文件达成一致意见，以此作为合同的基础。如果使用特约保险单，合同条款的语言和文义必须清楚。如果投保人是大企业，还可以邀请理财规划师或者保险经纪人帮助企业与保险公司就保险费和条款进行谈判，以争取对客户最为有利的保险条件。

（七）填写投保单据

一般而言，前述相应的保险条件都确定下来之后，填写投保单的部分可以由保险客户自己来完成，在投保过程中客户也能得到保险公司的帮助与指导，还可以邀请理财规划师或者保险经纪人帮助自己完善投保手续。填写投保单时还需要注意以下事项：

首先，信息填写完整。投保单上要求填写的各项信息如姓名、出生日期、职业等，均需按照要求填写完整。证件号码须与有效身份证明文件一致；通信地址为可邮寄地址。尤为重要的是，投保人及被保险人应如实回答投保单上所提的问题，必要时应在投保单备注栏中说明详情或提供相关的书面材料。如果您没有如实告知，发生保险事故时，可能得不到保险公司的赔付，保险公司也有权解除保险合同。

其次，慎重确定受益人。如果受益人明确，发生保险事故后，保险金将直接给付受益人，否则保险金就由保险公司按照法定的继承顺序进行分配，进入遗产范围，有可能引起纠纷。确定受益人需要被保险人亲笔签字认可（如未成年，由法定监护人签名）。

最后，需要亲笔签名。填写完毕后，还应对投保单内容进行复核，确认真实完整，并应亲笔签名确认。投保人、被保险人切勿在空白或未填写完整的投保单上签字。

（八）缴纳首期保费

从某种程度上来说，填写完成投保单，并在投保单上签章，就可以视为投保人完成了投保的手续。但是从完整的意义上来讲，只有投保人缴纳了首期人身保险的保费（趸缴保费需要一次交齐），投保的手续才算是切实履行完毕。因为缴纳保费是使得保险合同生效的前提条件，同时也是投保人愿意与保险人达成有效保险合同的真实意愿的一个有效组成部分，才能构成一个完整的要约。

📖 **知识小结**

人身保险业务流程是指人身保险的承保人从展业到承保和理赔的全过程，是人身保险合同的主体各方通过一系列紧密相关的活动，使得保险标的的风险从投保人转移到保险人并得到有效处理的风险管理过程。人身保险业务的特点包括：（1）人身保险展业更具营销特性；（2）人身保险核保内容更加专业；（3）人身保险理赔结果是给付保险金。人身保险的投保流程包括：（1）明确保险需求；（2）选择保险产品；（3）确定保险金额；（4）明确保险期限；（5）筛选保险公司；（6）保险合同谈判；（7）填写投保单据；（8）缴纳首期保费。

📖 **考核**

【思考题】

1. 人身保险的业务流程有哪些特点？

2. 人身保险的投保流程有哪些步骤？

3. 对比说明人身保险业务流程与财产保险的区别。

4. 举例说明不同年龄阶段的保险需求。

📖 **拓展**

【知识链接】

成熟家庭的保险需求分析

刘先生，45岁，国内某商业银行中层管理人员；妻子李女士，在政府机关工作。儿子在国内沿海城市某重点大学读三年级，计划本科毕业后考研深造。家中双方老人均为原国企退休员工，身体硬朗，且均有退休金，但退休金处于偏低水平。

刘先生家综合月收入近6千元，月总支出约1千元。现有家庭现金储蓄50万元，股票基金产品合计30万元。今年购置一辆家用汽车，无房贷，刘先生夫妇有基本的社保及福利保障。

从风险保障上讲，当下生活中除"意外"外，"大病"便是最大的杀手。根据刘先生的家庭情况，大病险保障领域可根据其健康状态选择全面型大病保障或特定重疾保障。保额方面，由于目前大病治疗费用一般集中在20万~40万元，考虑到通货膨胀因素，保额建议不低于50万元。

妻子可重点考虑选择特定重疾保障，比如防癌险，虽然保障领域小，但保的都是最高发的重疾，保费少，保额高，更加经济，保额在 20 万~30 万元即可。除大病保障外，建议刘先生夫妇还要各自添加一份意外险和定期寿险保障。

孩子方面，由于儿子两年后考研或者走向社会，未来最大的开销可能会集中在儿子的前途上，建议刘先生用年终奖金的一部分给儿子买一份 10 年交费的返本型年金保险，缴费方法最好是月缴。比如选择一份每月投入 5 000 元交费期为 10 年的年金保险，其每月的年金可能会有 1 000 元，可以解决儿子后期教育或者创业资金的缺口。

双方父母重点投保医疗保险，弥补社保的不足。据测算，老年人消费的医疗卫生资源是一般人的 3~5 倍。伴随着老龄化的加快，老年人医疗卫生消费支出的压力将会越来越大，由此带给社会的经济压力也将越来越大，其中住院医疗给住院者及其家庭带来的经济压力尤其突出。在医保体系尚不完善的情况下，商业保险是解决老年人"看病贵"的重要途径。

家庭自用轿车在投保前，需要综合考虑车辆本身的风险程度、驾驶员的技术情况和个人的经济承受能力。考虑到刘先生是新手，"新车新手"一般发生事故的可能性稍大，一般建议投保"全险"。按照保障范围的全面程度对车险进行简单分级，分为法定型、经济型、精英型、尊贵型四种。具体投保事宜可咨询当地财险公司相关营销员办理，总的投保原则是适宜最好。

【专业词汇】

人身保险业务流程 personal insurance business process　人身保险投保 personal insurance application

任务 8-2　掌握人身保险的核保

📖　情境引入

客户对保险公司的内部审核工作非常好奇，梁某怎样解释人身保险业务核保的流程和步骤？

📖　学习任务

一、人身保险核保的含义

人身保险核保，是指保险人对新业务的风险加以全面的估计和评价，决定是否予以承保，以及以什么条件（保险费率）承保。核保的过程就是保险人对风险进行选择的过程，因此有时核保也被称为风险选择。

在人身保险经营过程中，为了实现安全收益，维护公平合理的原则，不仅需要拥有数量规模巨大的被保险人群体，同时还需要对被保险人群体存在的风险种类、风险程度有相当的认识，对风险所在及风险大小作出正确的评估和分类，以符合风险被最佳分散的需要，并收取适当、合理的费率。在人身保险中，保险人必然要对投保的保险标的（即人的生命、健康或身体）的风险加以审核、筛选、分类，以决定是否接受投保，承保的条件如何，采用何种费率，以便使同风险类别的个体危险达到一致，从而维持保费的公平、合理，这一风险选择的过程就被称为核保。

二、人身保险核保的因素

由于提出保险申请的人各自所处的生活工作环境不同，各自的生活习性和职业类别也不同，而且健康状况各异，甚至每个人影响生命或身体的危险因素更不同，所以有必要对申请购买保险的各个风险个体加以分类筛选，并对不同的个体采用不同的承保条件，以维持保险合同的公平合理性。一般情况下，人身保险的核保需要考虑以下几个方面的因素。

（一）健康因素

1. 年龄。年龄是风险选择时所要考虑的最重要的因素之一，因为死亡概率和人身伤害概率一般随着年龄的增加而增加。当年龄达到一定程度时，死亡率急剧提高。因此，寿险公司都会规定某一人身保险险种的最高承保年龄，超过这个年龄的被保险人则不接受其投保。

年龄除了影响死亡率外，也会影响患病率。人到中年，出现生理性衰老，疾病发生率也逐年递增，慢性病发生率明显高于年轻人，且治疗效果较差。因此高龄者罹患重大疾病的概率与死亡的概率上升的趋势几乎是相同的，对申请保险金额超过一定额度的客户，保险人就要求被保险人按相关制度体检，来筛选其风险。对于 40 岁以上的投保人，特别是其第一次投保时，核保人员应首先考虑他的投保动机，即为何 40 岁才想起投保重大疾病险。

2. 性别。女性除妊娠期间死亡率较高外，其他时间死亡率均较男性低。对于重大疾病保险中所承保的多数疾病来讲，男性的患病率较高，这可能与男性工作压力较大、社会活动频繁、生活习惯和规律性较差、对身体轻微不适的重视程度不够等因素有关。因此，同等年龄投保重大疾病险，男性费率高于女性。

对妊娠期妇女来说，因妊娠期女性容易患上糖尿病、高血压、肾病、心脏病等妊娠并发症，这些因素会增加妇女患重大疾病的可能性，同时也会增加她们的死亡率。所以保险人通常对女性妊娠期间投保重大疾病保险不予承保，待产后一个月体检健康方可投保。

3. 家族病史。在风险评估时，家族病史是一个重要依据，因为有些疾病是很容易遗传的，例如糖尿病。家族病是指遗传因素起主导作用的疾病，这些疾病在出生时，甚至在胚胎时由于基因遗传就已形成。如果被保险人的父母均因心脏病在 60 岁以前死亡，那么被保险人患心脏病的概率就会很高。

4. 既往病史。既往病史是指被保险人曾经患病治疗的病史。一些疾病治愈后对被保险人的身体无严重影响，如病毒性疱疹，可以按标准保费承保。但也有许多既往病症对被保险人的身体有重大影响，如冠心病，即使临床治愈，其复发可能性也较大，死亡率也远远高于正常人群。因此，在核保时对既往病史应特别注意。

5. 现存病状。个人现存病状，是指被保险人投保时正患有的疾病，包括客户投保时告知正患疾病和体检发现的疾病。对未来被保险人身体状况不产生较大影响的病症，如白癜风等，可按标准体承保。对重大疾病有直接影响的危险因素，如肺结核、心肌炎等应予以拒保。对于现存病状不能判断是否会发展变化的疾病，如胸部肿块，不知是良性还是恶性，应延期承保，待手术确诊后再进行选择。

6. 身体状况。身体状况的评定主要依靠体检报告提供的相关数据。客户是否需要体检，以及做何种体检项目是根据投保金额及健康告知书所反映的情况决定的。一般大致可分为体格、血压、心电图、尿液和血液等方面的检查。

（1）体格。体格即体型，一般通过身高、体重的比例来衡量。过胖、过瘦都会对核保结论有影响。体重过轻的客户即使体检无异常发现，但其体质往往较差，免疫力较弱，患病的概率也较大。体重过重的原因很多，主要与遗传、内分泌异常、进食过多而活动过少有关。肥胖客户的血糖、血脂、血压及心脏都会受到影响，而这些体检项目异常直接影响到健康保险保单所承保的保险责任。

（2）血压。血压的高低对患病率、死亡率都有很大影响，是保险人进行风险评估的重要指标之一。血压的正常值为：收缩压在 90～140mmHg，舒张压在 60～90mmHg。血压大于等于 140/90mmHg 即为高血压。高血压病是最常见的疾病之一，其本身不直接引起重大疾病，但会引起多种并发症，引起患病率及死亡率的增加。

（3）心电图。静止心电图是中年以上客户投保常规检查项目之一，是初步筛选心脏疾病后遗症情况及目前治疗状况最常规的检查方法。

（4）尿液检查。这是一种初步筛选泌尿系统疾病及全身疾病的检查方法。肾脏是人体排泄废物和排出毒素的重要器官，许多疾病可通过尿液检查筛选出来。尿蛋白阳性应考虑肾脏损害，尿糖阳性则应怀疑患有糖尿病的可能性。

（5）血液检查。血液检查的指标较多，有二对半检查、肾功能检查、血糖检查和血脂检查等，可根据被保险人的具体情况实施。

（二）非健康因素

1. 保险利益。保险利益是指投保人对保险标的具有的法律上承认或者认可的利益，可以理解为，被保险人身故或伤残等事故的发生会给投保人带来实际的经济损失。根据新修订的《保险法》第31条规定，投保人对下列人员具有保险利益：本人；配偶、子女、父母；前项以外与投保人有抚养、赡养或者抚养关系的家庭其他成员、近亲属。除前款规定外，被保险人同意投保人为其订立合同的，视为投保人对被保险人具有保险利益。

在核保操作中，关于被保险人同意规定的应用范围相对严格，必须要求投保人与被保险人之间存在一定的经济利益关系。主要包括以下关系类型：①雇佣关系。企业对于具有合法雇佣关系的人员具有保险利益。②合伙人关系。一方合伙人对另一方合伙人具有保险利益。③债权债务人关系。债权人对其债务人具有保险利益（私人之间的借贷除外）。④其他合法关系。合理的经济利益关系。

2. 职业状况。职业是影响死亡率的主要因素，从整体来看，职业带给人寿保险的风险来源主要包括意外风险和疾病风险两大类。在核保时应对客户曾经从事过的职业类别、岗位、工种、时间等及其相关风险进行了解。职业风险主要存在于以下两个方面：①职业意外事故风险。易发生意外事故的职业一般包括：航空航运、高处作业、高压电作业、爆破作业、海上作业、潜水作业、防暴警察、消防人员、矿业采石、坑道作业、化工制造、特技演员以及赛车、登山等高风险运动职业。②职业健康风险。某些职业会带来一定的健康危害，长期从事该职业的人员甚至会患有职业疾病。

3. 习惯爱好。习惯爱好指被保险人的消遣娱乐或业余运动，没有报酬。吸烟、酗酒是个人生活习惯审核的重点。另外，某些无业人员生活糜烂，与社会不良人员及非法组织来往密切，也要引起核保人员的高度警惕。据临床医学统计显示：吸烟导致肺癌的比例要比其他致癌因素高，而且患其他癌症的概率也较常人高，而长期饮酒过量会造成严重的消化系统和神经系统障碍，还可导致肝硬化。

4. 驾驶记录。在意外伤害保险和意外伤害医疗保险中，驾驶常常被视为一个重要的考虑因素。驾驶分为职业驾驶和非职业驾驶。非职业驾驶的危险和职业驾驶的危险基本相似，但前者发生危险的频率肯定低于后者。核保时应考虑以下因素：①被保险人年龄。年纪较轻、驾龄较短的驾驶员较易开快车，年纪太大的驾驶时不易保持警觉状态，应急反应能力较慢。②交通违规的次数、性质、时间。发生过多次交通意外的人极易发生致命的交通事故。③饮酒情况及药物和毒品滥用情况。在酒精和药物的影响下很容易发生交通意外。④某些疾病。例如，某些心血管疾病、神经症、精神神经系统疾患都会导致意外发生。

5. 投保履历。了解过去是否曾投保保险或目前正在申请保险，是否曾被加费、延期或拒保，是否有过理赔记录等，都应作为这次核保要考虑的重要因素。

6. 药物滥用。药物滥用，是指人们非医疗目的反复、大量地使用一些具有依赖性潜力的药物。其结果是导致使用者对该药品产生依赖性状态，迫使他们无止境地寻求用药，由此造成健康损害，并带来社会问题，这种行为俗称吸毒。静脉注射的使用者中，感染乙型肝炎及艾滋病的概率非常大。

7. 道德风险。当客户故意隐瞒某些不利于自己的信息，甚至扭曲信息或制造虚假信息，以求签订保险契约或获得保险赔款，就可以认为发生了道德风险。由于保险公司的信息相对不对称，道德风险总是大量存在。

（三）财务因素

财务核保在核保中占据着重要地位。其目的在于确定合理的保额，减少逆向选择、骗保骗赔和退保等情况的发生。财务核保时，核保人员需要综合分析影响保险需求的诸多因素，包括被保险人的年龄、职业、收入、性别和婚姻状况等，据此来综合判断被保险人的真实财务状况和合理保险需求。

财务核保的审核资料如下：（1）投保单的收入告知。（2）财务问卷：被保险人累计风险保额在50万元以上的，填写《高保额财务问卷》。（3）生存调查资料中包含的财务资料。例如，生存调查问卷，生存调查报告。（4）其他收入证明资料（或复印件）。

财务核保的要点包括：（1）投保人所投保的险种，期缴方式年缴保费一般应控制在本人年均收入的20%以内。（2）被保险人的合理累计风险保额由被保险人的经济价值确定，即由其本人的收入能力决定，核保中一般根据其本人年均收入的倍数确定。（3）如果投保申请超出上述比例计算的保险金额，核保人员应综合分析其投保动机、保障需求、收入状况，如果并未发现有异常情况，可以考虑予以承保，但此类超额幅度应控制在20%以内。

【案例】

保险公司会接受这样的投保吗

被保险人：周某；年龄：55周岁；性别：女。

职　　业：家庭妇女；健康：告知正常；家族史：无异常，丈夫已身故。

投保人：女儿；职业：农民；受益人：女儿；年收入：1万元。

所缴保费：每年0.6万元。

保险经历：无任何投保经历。

投保计划：诚信保险公司世纪长乐分红保险10万元；

诚信保险公司附加意外有害保险特约10万元；

诚信保险公司吉祥相伴定期保险10万元。

体检结果：被保险人健康状况良好。

【分析】

初步审核投保单后，从中可以看出该单被保险人的保障需求应以养老为主，而本单的保险计划却以意外伤害死亡保障为主，核保人对此单发出生存调查通知，主要了解投保人的投保动机、经济来源及该保险计划设计者是投保人还是保险业务员。

在本案中，女儿为母亲购买保险，投保人年收入仅1万元，每年需拿出0.6万元来支付保费。投保人为家庭经济收入来源者，最需要保险保障，但未购买任何保险，而被保险人无收入。非投保人家庭经济的提供者，本次投保以意外死亡保障为主，而不是以被保险人的养老或医疗为保障，若发生保险事故，不会给投保人带来经济上的损失，投保人反而会因此受益。据此，本案例无论从保险需求还是保险动机上来看都不合乎情理。通过生存调查，该单的投保意愿是良好的，由于投保人、被保险人不甚了解保险，而营销员仅从个人利益出发，没有根据客户的实际情况设计投保计划。对此，应对投保人重新设计投保险种，同时对营销员进行核保教育。

三、人身保险核保资料

核保时主要考虑的因素有可保利益、保险金额、客户身体状况和财务状况。保险人通过对各种资料信息进行分析和判断，划分危险程度，确定承保条件。这些信息的取得主要依据以下一些资料：

（一）投保单

1. 投保单。投保单是保险合同的重要组成部分，是被保险人申请投保的要约文件，是记载被保险人年龄、性别、职业及健康状况等告知信息的书面材料，因此也是核保人员评估被保险人风险程度的最基本和最主要的核保资料。

2. 投保单的构成。人寿保险的投保单一般由两部分组成：一是询问被保险人的基本情况，包括投保人和被保险人的姓名和地址、被保险人的性别、出生日期、职业、婚姻状况、习惯、业余爱好，是否购买其他保险公司保单和以前是否被其他公司解约，以及受益人的姓名、受益人和被保险人关系、投保的险种和保险金额等；二是询问被保险人过去和目前的健康情况，包括被保险人的身高、体重、过去和现在所患的疾病和残疾情况，最近看病的情况和原因，甚至还会询问被保险人是否饮酒、吸烟、吸毒及家族病史等有关投保单的具体内容。

（二）营销业务人员报告书

营销业务人员报告书并非保险合同的一部分，保险公司有义务对其内容保密。因此代理人可以无所顾忌地在其中披露有关被保险人各方面的详细信息。因为只有代理人面见过被保险人，对被保险人的健康状况、家庭情况、身体缺陷等有真实地了解，代理人的如实告知有利于核保员保证核保质量。

（三）体检报告书

根据投保书所获得的信息，有的申请人会被要求进行体检，以仔细核查其风险状况。体检的内容与被保险人的年龄、保额有关，体检后应填写体检报告书，以供核保人员审核。体检报告书包括三部分内容：①被保险人对体检医师的书面健康陈述。②医师对被保险人进行体检结果的记载。③体检医师对被保险人的综合健康评价。

（四）生存调查报告

由于部分投保人对重大告知事项有可能隐瞒，或保险金额较大或保险人认为需要对被保险人的有关情况做进一步的了解的，在此情况下，有时需要进行生存调查。

在投保大额人寿保险的情况下，如果承保人员想了解被保险人更多健康状况以外的情况，如职业、品质、习惯及经济情况，则需要进行实地调查。通过调查，可以对投保单中未涉及信息加以了解，还可以对已掌握的信息进行证实。这项调查可以由代理人、保险公司的调查人员或专业调查机构进行。

【营销工具】

生存调查报告样例

本次生存调查为例行抽样调查。投保人赵某，男，今年33岁，被保险人李某，女，今年34岁，投保人赵某与被保险人李某为夫妻关系，受益人指定为他们的独子赵某。此次投保险种为诚信保险公司福禄双喜两全保险（分红型），保额30万元，年缴保费10 000元。

生存调查人员6月5日与被保险人取得联系，于当日下午在被保险人家里面见了投保人和被保险人。调查人员通过被保险人的身份证核实确为被保险人本人。被保险人身高约164cm，体重53kg左右，体型适中，脸色红润，身体无残疾，四肢活动灵活，行动自如，言语流利，思维敏捷，否认既往病史、家族病史，否认身体不适症状，且无赌博、无吸毒不良习惯，无嗜烟、嗜酒嗜好，无危险运动嗜好。交谈中可见被保险人性格开朗，乐观纯朴，平日做家务，生活习惯良好。

被保险人家居住地址为沈阳市某小区，居住面积118平方米，三室一厅，中档装修，家用电器齐全，实木家具，小区有保安，居住环境良好。被保险人三口之家（丈夫、儿子），家庭和睦，生活幸福。儿子赵晓伟现为高三学生。

调查人员通过询问得知，被保险人是辽宁华宇售后服务有限公司的客服人员，年收入为3.5万元左右，被保险人的爱人为辽宁日报社的美术编辑，年收入为6万元左右。家庭年收入共计约9.5万元左右。被保险人的爱人驾驶一辆奇瑞汽车，购置价为6万元左右，驾驶区域为沈阳市区内，属小康之家。

经询问得知被保险人与业务员是多年的朋友，经推荐投保此重疾险种，被保险人此次是首次投保，以前没有任何保险。此次由其丈夫作为投保人，为其投保获得更多保障，受益人指定其儿子。被保险人本人了解保险条款并在投保单上亲笔签名。

经调查核实，投保人经济收入稳定，具有交费能力。被保险人身体健康，无不良投保动机，受益人指定合理。投保人家庭年收入来源稳定，有交费能力，被保险人身体健康，投保单是本人签名，投保目的明确，受益人指定合理，无逆向选择风险及道德风险。

（五）病历摘要报告书

核保员可能会在以下情况索要病史资料：告知近期有常规体检史；告知有特定疾病；根据各公司核保规程的要求，符合一定保额的高额保件；某些人身保险公司还会在核保规程中要求超过一定年龄的被保险人提供病史资料。

对于存在严重既往病史的客户，有时有必要通过其曾就医过的医院，查看其病历报告，才可能对危险作出恰当评估。病历摘要报告书应包括现病就诊详情和以往就诊记录。

四、人身保险核保流程

核保的过程就是保险人对保单申请人的风险状况进行评估、选择和分类的过程，由于个体的差异性和相关信息在申请人和保险人之间的不对称分布，使得核保的过程较为复杂。一份人身保险合同的成立，通常需要多个流程步骤。

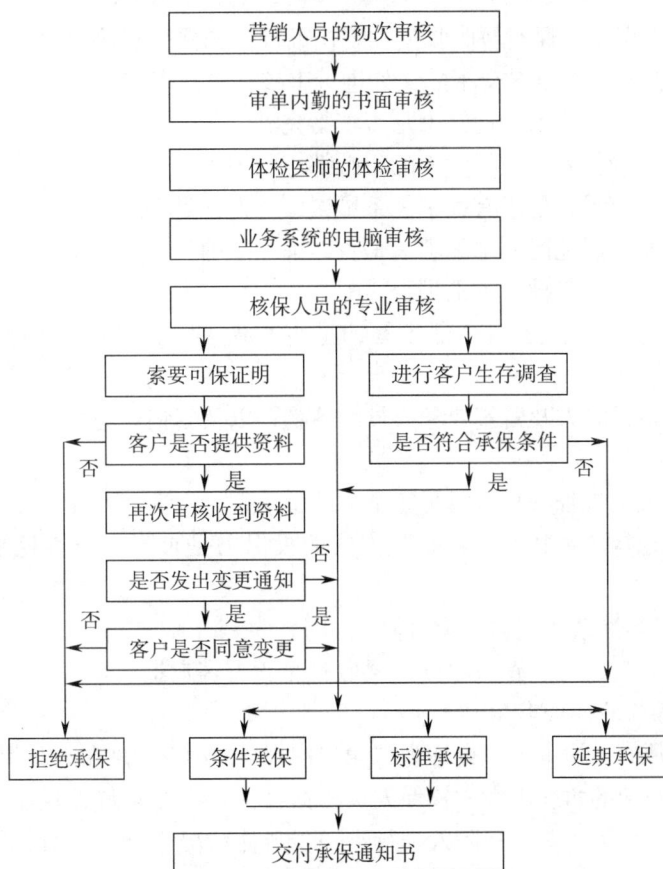

图8-4　人身保险的核保流程

（一）营销人员的初次审核

营销人员核保称为"第一次风险选择"，目前，国内的寿险营销模式始自 1992 年，是由友邦人寿保险公司引进的国际通行的个人代理的营销方法。营销人员在推销保单的过程中，直接与投保人、被保险人接触，对其职业、生活环境及健康状况等有较直观的了解，因此他们对保险标的的初步选择和向保险公司的核保人员提供的信息在核保过程中起着重要的作用。营销人员的初次审核包括以下几个方面：

1. 详细观察被保险人的健康状况及生活环境，并对被保险人的既往病史和现病史加以了解记录，避免带病投保和逆向选择。

2. 指导投保方准确填写投保单等投保资料。营销业务人员要引导投保人、被保险人做如实书面告知；投保单要由投保人亲自填写。

3. 了解投保人的经济能力，排除道德风险。营销业务人员一定要亲自面见被保险人；所建议投保金额应与其经济能力相适应；如实告知客户情况，有可疑因素及时反映给公司核保人员。

4. 完成营销业务人员报告书。报告书应实事求是、内容完整；对被保险人及投保人的特殊情况要做补充说明；完成时间要及时；营销业务人员要亲笔填写并签字。

（二）审单内勤的书面审核

营销人员将投保书、保费暂收收据和委托银行代扣保险费协议书等投保文件交审单内勤，审单内勤按公司规定对交来的文件进行审核，书面审核的主要内容有：

1. 投保书及相关报告书、通知书是否填写完满。

2. 年龄审核。投保人与被保险人的年龄都应为周岁。

3. 身份证是否填妥，是否有性别关系错误，身份证是否过期。

4. 收费地址及所属地区的邮编填写是否详细、准确。

5. 被保险人职业、工种与类别是否匹配。

6. 健康与财务告知栏是否全部填写，是否有说明，说明是否同投保书提示项目相符。

7. 投保人、被保险人及营销业务人员的签名，以及营销业务人员所属部门标记是否完备。

8. 营销业务人员报告书是否填写完全。

9. 缴费方式选择"委托银行转账"方式的投保书是否附有《委托银行代扣保险费协议书》。

10. 是否有过多涂改或应重填项目。

11. 暂收收据回收时，"正式收据"签收栏是否有客户签字。

（三）体检医师的体检审核

所谓体检医师的体检审核，也称为"第二次风险选择"，是在人身保险核保过程中，体检医师从保险医学的角度出发，核保人员根据被保险人的年龄、身体健康状况、既往病史及现病状况，认为需对被保险人进行进一步身体状况检查的人员，实施体检，必要时进行器械检查、X 线检查和化学检查等，以判断其是否符合保险公司的承保要求，是否要特别加费，或予以延期、拒保。体检范围的确定需从既要控制风险又要节约成本两方面考虑。

必须采用体检核保的几类情况包括：

1. 投保时健康告知存在隐患。例如，被保险人告知有高血压症，则必须进行体检，检查血压控制是否良好，并附带了解心血管方面有无其他并发症；近期接受过手术、家庭成员因遗传病而去世等告知的被保险人应进行相应体检，防止带病投保。

2. 年龄较大申请健康险或定期寿险保单的被保险人。人的健康状况随着年龄的变化而变化较大，特别是人过中年后身体逐渐衰弱，也易遭受疾病的侵袭。仅凭营销人员的接触、询问是很难了解他们是否患有某种疾病的，因此需要进行体检，防止带病投保和适用费率不当。

3. 因职业、嗜好等因素需加费的保单。职业与嗜好对被保险人健康影响很大，单从投保单上无法确认是否诚实告知，只有通过体检才能作出准确的判断。

【实务操作】

人身保险核保体检中的注意事项

第一，在体检时，如发现健康状况不正常的，应正确评价，详细说明，切勿受任何人为因素影响，更勿草率从事。

第二，需要证明参加体检人确为需体检人员本人，以防冒名顶替。

第三，应注意观察被保险人的体格、姿势、面貌、精神状态、有无行动障碍、腹水与水肿等症状。

第四，体检的最后结果，应由核保人员综合判断，体检医师切勿将可能结论先行告知被保险人。

第五，对于既往病史，体检医师应详细询问并要求客户填写清楚，不可漏记或误记，并请客户签字确认。

第六，检验结果由体检医院密封后，及时直接寄送或转交保险公司指定人员，不可交受检人或营销业务人员代转。

（四）业务系统的电脑审核

随着电子信息技术的普及和发展，业务系统的电脑审核已在各家人身保险公司得到广泛应用。电脑核保也称为"第三次风险选择"，主要是通过内勤人员对投保单中被保险人基本信息的录入，将投保单所载信息与电脑相应模块中的标准信息进行对比的过程。电脑核保通过者为电脑标准件，不能通过者为非标准件。

与以往的人工核保相比，电脑核保具有准确率高、速度快、成本低廉的优点。但是电脑核保也存在一些不可克服的缺点：只能对简单的、定量化的、客观的信息进行分类审核，而无法对那些较为复杂的、定性的、主观的信息进行分析和判断。

（五）核保人员的专业审核

核保人员的专业审核是人身保险核保过程中的"第四次风险选择"，是指核保人员根据营销业务人员的报告和客户填写的投保单，在业务系统的电脑审核的基础上再次进行审核，判别是否可以承保或者以何种方式进行承保的过程。

核保人员专业审核的一般程序如下：

1. 收集客户基本资料。投保资料是核保人员准确核保的重要依据，一般情况下，核保人员需要了解的基本投保资料有：投保单、营销业务人员报告书、体检报告、财务报告、财务证明资料、生存调查资料、公司系统已有的有关投保人或被保险人的资料、其他资料，如以往病历等。

2. 基本风险因素的审核。主要内容有：投保目的；被保险人、投保人的财务状况；被保险人的健康状况；被保险人的职业、生活环境；被保险人的生活习惯、嗜好；被保险人已购买保险的情况；被保险人是否亲笔签名等。

3. 核保人员认为有疑问的保件，有必要进一步收集资料。①告知有遗漏、有疑问的，可要求填写补充问卷、进行生存调查等。②健康状况有疑问的，可要求被保险人做相应项目的体检。③投保金额较大、财务状况有疑问的，可要求进行生存调查。④核保人员认为有必要进一步收集资料的核保件。

4. 根据被保险人的危险程度，按照有关人身保险核保手册和核保业务指导书确定其保险费率和其他承保条件。

通过人工的再次核保，一方面可以筛选符合寿险公司预定死亡率的被保险人，淘汰危险性较高的劣质被保险人，以确保公司经营的安全；另一方面，可以根据被保险人的风险程度对被保险人进行细分，划分为标准体、次标准体、附加除外责任和不保体，并采用不同等级的费率，以保证被保险人之间的公平合理性。

（六）对客户进行生存调查

对客户进行生存调查是"第五次风险选择"，指的是保险人为保证保险公司业务经营的稳定性，在承保前和承保后，对被保险人的健康状况、财务状况，以及投保动机等实施的全方位调查。

对于绝大多数的被保险人来说，已通过营销人员的初次审核、电脑核保、核保人员核保及体检医师的核保后，风险选择基本已经结束，但是对于那些有特殊情况的被保险人则还需继续下去。例如，有既往病史或家族遗传病的被保险人并未如实告知保险人，通过体检也没发现其所患有的疾病或缺陷；再如，被保险人在保险期间是否更换工作，而使其从事的工作更具危险性。对于这些被保险人，生存调查是必要的。

1. 生存调查的时机。生存调查主要有保险合同成立前的调查和保险合同成立后的调查。①保险合同成立前的调查。进一步收集资料，辅助核保人员作出可否订立保险合同和承保条件的决定。针对保额较大或有疑问的保件，为了避免投保人、被保险人过失未如实告知或故意隐匿、不如实告知，需要进行生存调查。②保险合同成立后的调查。保险合同成立后，调查人员可在客户申请复效、变更、加保等项目时进行生存调查，或者进行抽样跟踪观察。如有疑问或核保结论不正确，可对已成立的保险合同做相应的处理。

2. 生存调查的方法。根据调查的对象划分，生存调查分为直接调查和间接调查。直接调查法和间接调查法各有利弊，一般来说，在生存调查中，可视具体情况决定采用哪种调查方法。①直接调查法。通过与投保人或被保险人直接面晤的方式，了解被保险人的健康状况、经济状况，并听取受访者的告知。直接调查是最直接、最经济的调查方法，但是当受访者有意隐瞒时，则不易获得事实的真相。②间接调查法。通过与被保险人生活圈中人群的接触，调查被保险人的身体状况和经济条件是否符合投保条件的要求，特别是在健康核保时，可以通过去被保险人就诊过的医院向医生咨询，或调阅被保险人的既往病史，可以比较客观、准确掌握被保险人过去的健康状况。但间接调查时效慢，成本高，且如果被客户知悉可能引起不必要的误会，影响公司形象，故在实际运用中一般仅对投保金额过高，或是有特别危险顾虑的保件采用。

3. 生存调查中注意的问题。在生存调查中应注意以下一些问题：①调查人员对访问前的准备要充分，如投保书的各项资料、声明及必须查证的重点等内容，以确定调查方式。②对需要直接接触调查的客户，先通过电话与受访者联系约定后再前往访问。③在与受访者谈话时，态度要诚恳有礼貌，语言亲善，并注意着装整洁端庄，切勿使受访者产生不良印象。④访问的时间长短应视实际情况及受访者对调查人员的态度好坏而定。如实际情况显示被保险人有身体、道德上的危险时，应作深入调查；如受访者对调查工作已发生反感时，切忌逗留过久，或改用侧面调查方式；对应调查的要点要把握，以客观超然的立场为主，不能夹杂主观成见。⑤调查中注意防止出现以下几种情况：对医学、法律、保险常识不知而引起的不实告知；故意隐匿、伪造、避重就轻的不实告知；因体检医师误解而遗漏某些体检项目；营销业务人员的人情干扰；冒名顶替等。

📖　**知识小结**

人身保险核保，是指保险人对新业务的风险加以全面的估计和评价，决定是否予以承保，以及以什么条件（保险费率）承保。核保的过程就是保险人对风险进行选择的过程，因此有时核保也被称为风险选择。人身保险核保的因素包括：（1）健康因素；（2）非健康因素；（3）财务因素。人身保险核保资料包括：（1）投保单；（2）营销业务人员报告书；（3）体检报告书；（4）生存调查报告；（5）病历摘要报告书。人身保险核保流程包括：（1）营销人员的初次审核；（2）审单内勤的书面审核；（3）体检医师的体检审核；（4）业务系统的电脑审核；（5）核保人员的专业审核；（6）对客户进行生存调查。

📖　**考核**

【思考题】

1. 人身保险核保的风险审核因素有哪些？

2. 人身保险的核保流程包括哪些步骤？

3. 对照不同的人群说明人身保险风险审核因素的审核重点。

4. 将现实业务中的各项单据进行核保资料的归类。

📖　**拓展**

【知识链接】

核保中需要进行生存调查的情况

在人身保险的核保中，生存调查不是每一单业务都需要进行的步骤，需要进行生存调查的情况具体包括：

第一，累计意外险保额达到 100 万元以上的；

第二，寿险风险保额在 50 万元以上的；

第三，职业类别在 5 类以上的；

第四，年龄 55 周岁以上的；

第五，既往赔付率较高或有不良理赔记录的；

第六，健康告知有疑点的；

第七，残疾人作为被保险人或作为投保人投保的，核保人对保额或告知情况存有疑问的；

第八，核保人员判定为异地投保的业务。异地是指未在当地工作生活一年以上且户口未在当地者；

第九，核保人员认为需要生存调查的其他情况。

【专业词汇】

人身保险核保 personal insurance underwriting   生存调查 survival survey

任务 8-3   了解人身保险的承保

📖 **情境引入**

梁某已经帮助客户成功地购买了保险产品，也让客户了解了核保的操作流程，但是客户认为核保之后就没有什么工作了，梁某怎样才能用通俗的语言解释人身保险承保流程中各个步骤的操作要点？

📖 **学习任务**

一、人身保险承保的含义

人身保险承保，是相对于人身保险业务中投保人的投保而言的，指的是人身保险公司从接到投保人填写的投保单开始，经过人身保险核保的一系列步骤和流程，由人身保险公司决定按照一定的条件接收投保人的风险转移，并收取保险费、出具保险单和建立保险基金的全部过程。

人身保险承保，是保险经营的重要环节，是指保险人对被保险人的选择，即保险人决定接受或拒绝投保人投保的行为。承保的基本目标是为保险公司安排一个安全和盈利的业务分布与组合。人身保险承保工作中最主要的环节为核保，核保的目的是避免危险的逆选择，实现企业有效益的发展。核保活动包括选择被保险人、对危险活动进行分类、决定适当的承保范围、确定适当的费率或价格、为展业人员和客户提供服务等几个方面。

人身保险承保的概念有广义和狭义之分。

（一）广义的人身保险承保

广义的人身保险承保，除了包括上述的流程和步骤之外，还包括人身保险营销人员寻找潜在客户，开发准客户，说服客户参加保险的寿险营销过程。

（二）狭义的人身保险承保

狭义的人身保险承保，仅指人身保险公司在经过核保之后，根据核保的结论，对于可以接收的风险转移，确定具体的保险条件，出具保险单，收取保险费，建立相应的保险责任准备金，并将业务记录和相关单据分卷存档的过程。寿险展业和核保的内容已在相关章节中进行了介绍，本部分内容主要介绍狭义的人身保险承保。

二、人身保险承保流程

（一）人身保险的核保结论

核保人员根据定量的危险程度分类后，对每一类危险单位作出是否承保以及以何种条件承保的决定，这种决定就是人身保险的核保结论。

核保结论最终将申请参加保险的被保险人分成两类：一类为可保体，是指保险公司可以接受的危险体。可保体又分为标准体和次标准体。另一类为非保体，是指至少此次投保时，因危险过大或危险程度难以确定而不能被保险公司接受的群体。非保体又可分为延期体和拒保体。

1. 标准体。标准体，是指被保险人的危险程度在寿险公司可以接受的正常范围内，有着正常的预期寿命和健康状况，以标准保险费率承保。一般来说，寿险公司90%以上的被保险人属于标准体。

2. 次标准体。次标准体，又称弱体，是指被保险人面临健康或非健康损害因素，致使其死亡率高于平均水平，寿险公司对次标准体依据其所面临的特别风险程度，收取高于标准保险费率的保费。

3. 延期体。当被保险人危险因素的程度不明确，无法给予准确合理的风险评估时，核保人员常采用暂时不予承保，即延期处理。对于延期承保的投保申请，可在到达延期年限后或资料依据齐备能够供核保人员正确评估被保险人风险时重新投保。

4. 拒保体。拒保体是指被保险人的预期死亡率超过了通常规定的范围，其危险程度超过了次标准体。在采用拒保方式处理保件时，核保人员要慎之又慎，除非万不得已，一般不予采用。

【知识链接】

人身保险的拒保疾病

在人身保险的核保中，不是被保险人患有疾病就会遭到拒保，实务中只有被保险人患有下列疾病，才有可能遭到拒保：癫痫、弱智、精神病患者；恶性肿瘤；慢性活动性肝炎、肝硬化；慢性肾功能不全、尿毒症、曾接受过肾脏移植者；严重心脏病和心脑血管疾病患者；性病、艾滋病或 HIV 抗体阳性；核保人员根据核保规则认为不能承保的。

（二）审核检验后接受业务

人身保险的投保业务，在经过前述的核保环节后，形成了确定的核保结论，根据寿险公司的业务选择规则和核保手册要求，对于可以承保和可以附加条件承保的投保业务，在审核检验后决定接受业务。如果投保金额或标的风险超出保险人承保权限，则无权决定是否承保，只能将该笔业务逐级上报，并向上一级主管部门提出承保建议。

1. 标准件。标准件是指符合核保部门所认可的承保条件，即使无核保人员签字，仍可认为符合承保标准并予以出单的寿险业务。这些保件的被保险人均为核保人员评估确认为具有标准体或临界标准体的人，保险公司所承保的被保险人大多采用这种方式，直接按照寿险公司承保手册承保即可。

2. 非标准件。为了扩大承保面，在竞争中赢得主动，保险公司不但对具有标准体的被保险人来者不拒予以承保，而且在一定限度内，也要对具有某些缺陷的被保险人附加条件予以承保。非标准件包括核保结论确定为次标准体、延期体和拒保体的寿险业务。

3. 附加险承保。人寿保险附加险的承保要求是：（1）一般来说，各家寿险公司都将住院补贴保险作为附加险承保。（2）附加险的保额不得超过主险保额的一定比例，且不得超过该附加险规定的最高限额。（3）附加险保额一经确定，一般情况下中途不办理变更及退保手续。（4）附加险的缴费方式和缴费日应与主险相同。（5）除非遇到特殊情况，一份主险保单最多只能有三个附加险。

（三）收取人身保险保险费

目前，在我国人身保险市场上的保险实务中，根据交易的对象划分，投保人缴纳首期保险费的方式主要有三种：现金、银行支票和银行直接划账。而根据是否经过中间环节，寿险公司收取保险费主要有以下两种方式：

1. 通过营销人员收取首期保险费。营销人员收取首期保险费的过程中应当注意：①营销业务人员依据投保书的有关内容及相应的费率表收取首期保费。缴纳现金投保和缴纳支票投保应采用暂收收据方式进行。②营销业务人员只能使用自己领用的暂收收据，暂收收据不允许转借，凡有遗失或作废应参照有关规定处理，营销业务人员不得代客户在暂收收据上签字。③营销业务人员填写的首期暂收保费收据必须做到：所有项目填写应与投保书一致；字迹工整、清晰，不得涂改，否则作废；收据金额大小写必须顶格，大小写金额必须相符，不得涂改；保险险种填写必须为险种全称，并将暂收收据第一联留给客户。

2. 首期保费通过银行直接划账缴纳。营销业务人员在辅导客户正确填写投保书后，对选择首期保费银行划账的保户应协助其到保险公司指定的联网银行开立活期存款账户，并应确定账户的金额在保费足额划账后，账号所留余额不得少于银行的最低要求，以免被清户而影响续期保费的收取。

（四）缮制单证和签发保单

缮制单证和签发保单即为寿险公司接受业务后缮制保险单或保险凭证的过程。缮制单证是在接受业务后印制保险单或保险凭证等手续的程序。保险单或保险凭证是载明保险合同双方当事人权利和义务的书面凭证，是被保险人向保险人索赔的主要依据。因此，保险单证质量的好坏，约定事项的明确与否，往往直接影响人身保险合同的顺利履行。填写保险单的要求有：单证相符、保险合同要素明确、数字准确、复核签章、手续齐备。

（五）复核签章和存档备查

每种人身保险单证上都应该要求复核签章，如投保单上必须有投保人的签章；人寿保险公司缮制的保险单证还要求交叉复核签章，如验险报告上必须有具体承办业务人员及负责人的签章；保险单上必须有承保人、保险公司及负责人的签章；保险费收据上必须有财务部门及负责人的签章；批单上必须有制单人与复核人的签章等。

对于人寿保险公司缮制的保险单证，以及组成保险合同的各项资料，要求人寿保险公司立卷归档，妥善保管。案卷资料按照监管部门的要求至少要保存 10 年，对于保险金额巨大和影响寿险公司经营管理的重要案卷资料，则根据公司内部档案资料管理的规定，至少保存 20 年。

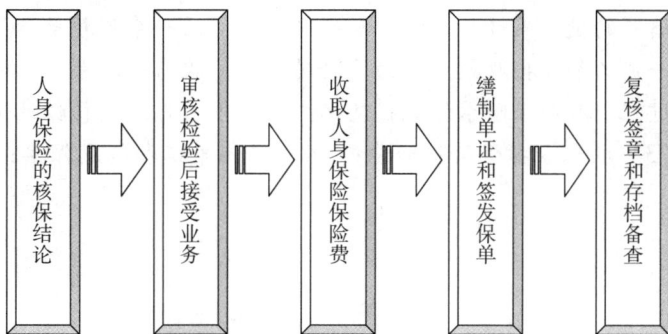

图 8-5 人身保险承保流程图

📖 【拓展阅读】

人身保险欺诈

保险欺诈主要表现为投保人、被保险人或受益人以骗取保险金为目的，以虚构保险标的、编造保险事故发生原因、夸大损失程度及故意制造保险事故等手段，致使保险人限于错误认识而向其支付保险金的行为。人身保险欺诈的表现形式主要有：

（一）违背如实告知义务

预谋诈骗者往往通过隐瞒或提供不实资料的手法来骗取保险公司承保。例如，隐瞒病症诈取保险金，隐瞒真实年龄，有的被保险人已患有重疾或身体残废或有其他不可保风险，但为了获得保险保障，却让他人代替自己体检，冒名顶替蒙混过关。

（二）伪造保险损失

这类欺诈的主要手段是伪造死亡证明、编造保险事故证明材料。欺诈人通过欺诈手段取得证明，或与保险公司内部人员及其他证明机关工作人员串通，制造被保险人死亡的假象。其他证明机关工作人员包括公安机关、医院或基层政府的工作人员。

（三）故意制造保险事故

1. 故意杀害被保险人。为了获得高额保险金，受益人亲自或雇用杀手杀害被保险人，作案后伪造现场。常见的伪造方法有：伪装抢劫杀人，伪装溺水死亡，伪装交通事故死亡，伪装中毒死亡，伪装失火烧死等。

2. 被保险人自杀。在保险法律中一般都规定在投保后的一段时间内发生的自杀，保险公司不负赔付责任。我国《保险法》将这一时间定为两年。两年内发生的自杀，保险公司不承担给付责任。这种规定可能促使决定自杀的被保险人，为了使遗属获得给付而伪装成其他的原因死亡。常见的伪装有抢劫杀人，交通事故，其他意外和疾病死亡等。

（四）出险在先投保在后

由于意外险投保手续简便，费率较低，保障金额高，又不需健康体检，故比较容易骗赔得逞。行为人一旦发生意外事故，为弥补损失或额外获利，马上投保，更改出险日期或与保险业务员勾结更改投保日期，以达到骗取保险金的目的。

📖 **知识小结**

人身保险承保，是相对于人身保险业务中投保人的投保而言的，指的是人身保险公司从接到投保人填写的投保单开始，经过人身保险核保的一系列步骤和流程，由人身保险公司决定按照一定的条件接收投保人的风险转移，并收取保险费、出具保险单和建立保险基金的全部过程。人身保险承保流程包括：（1）人身保险的核保结论；（2）审核检验后接受业务；（3）收取人身保险保险费；（4）缮制单证和签发保单；（5）复核签章和存档备查。

📖 **考核**

【思考题】

1. 如何理解人身保险的承保？

2. 人身保险的承保流程包括哪些步骤？

3. 对照不同的标准说明说明人身保险核保后的业务种类。

4. 说明现实业务中的人身保险承保流程各个步骤中的操作要点。

📖 **拓展**

【知识链接】

人身保险非标准件的业务处理

对于延期体经过适当时间间隔可以按照标准件进行承保；对于拒保体则选择放弃、拒绝该笔寿险业务；对于次标准体通常采用以下方法承保：

1. 加收保费法。对于身体上有缺陷或从事危险职业的次标准体，可以用增加保险费的方法加以承保。一是年龄增加法。按被保险人的危险程度对其年龄加算一定年数，以加龄后的年龄为标准收取保险费的方法。例如，被保险人45岁患有高血压，经诊断认为其与正常50岁的人死亡率相同，那么就可以按照50岁的费率承保。这种方法容易引起投保者心理上的反感，目前核保实务中极少使用。二是增收额外保险费法。对于一时性或短暂性危险（如妇女妊娠期）、递减性危险（如手术后）在订立合同后一段时间内征收特别保费；对于递增型风险，整个缴费期内以一个固定数目增收保费。

2. 削减保险金法。削减保险金法是指缔约后一定期间内发生的保险事故，保险公司对保险金削减一定比例后支付。此方法适用于递减型风险。保险人对额外风险不加收保费，而是视风险的大小减少保险金。

3. 保险期限缩短法。对于递增型风险，即随着年龄的增长，风险因素增加，如肥胖、高血压、糖尿病等，为了避免在高危险期间承担过高风险，对于风险较大的保件可采用缩短保险期间的方法。

4. 附加特别约定或批注法。对于某一种危险加以限制而不增加其他承保条件的方法，如身体某部分有缺陷，则因此部分发生的保险事故保险公司不承担给付责任。对于从事危险职业的被保险人因在现场工作而发生的保险事故，也可以用特别批注形式，将此保险责任予以除外。此种方法应慎重使用，因为在实务上较易引起理赔纠纷。

【专业词汇】

人身保险承保 personal insurance acceptance　出具保险单 issue an insurance policy

任务 8-4　了解人身保险的保全

情境引入

梁某已经帮助客户成功地购买了保险产品，但客户还想知道承保期间有什么问题和再次购买将如何操作，梁某怎样解释人身保险业务保全的流程和步骤？人身保险保全流程中可以为客户提供哪些服务？

学习任务

一、人身保险保单的现金价值

（一）保单的现金价值的含义

保单的现金价值指投保人要求解约或者退保时，保险公司应该返还给投保人的实际金额，保单现金价值又称解约退还金或退保价值，或者可以说是在现在这个时点上，某一特定的人身保险的保险单在客观上究竟值多少钱。

因为在保单生效后，前期多缴纳的保费连同其产生的利息累计后便形成了人寿保险的责任准备金，除去用于支付保险人的必要费用（如制单费、运营费等管理费用）外，剩余的就是人寿保险保单的现金价值。在解约退保时，保险人应当将这部分价值返还给投保人。故而，现金价值又可以称为不丧失价值或者不丧失的赔偿权。通俗一点说，保单的现金价值是寿险保单所特有的，对于投保人长期投保，并在到期前退保所制定的利息计提补贴，这样就相当于在银行的定期存款在到期日之前提前取款时，虽然损失了一定的利息，但仍然较当初的本金和活期要略高的道理一样，只不过在缴费之前就已经对每一年份退保时所得的返还保费都进行了精确的约定。

【拓展阅读】

一张保单的现金价值

刘先生 2010 年给儿子投保了一份保额为 10 万元的某人寿保险公司的重疾险，当时孩子 22 岁，年缴保费 1 980 元，20 年缴完（即 39 600 元）。最初几年由于保险公司需要扣除佣金、保单管理费等，保单的现金价值低于其所缴保费。直到第 17 年，所缴保费和当时的现金价值相当，如果刘先生想要退保就可以拿回相当于自己所缴保费的现金价值。在 17 年之后，保单的现金价值就高于投保人所缴纳的保费。所以，对于一张长期的人身保险保单而言，保单的现金价值在最初的几年是低于所缴纳保险费的数量总和的，也就是说，在投保的前几年退保，非常"不划算"。

（二）保单现金价值的计算

一般意义上的现金价值是指储蓄性质的人身保险产品独有的。一般来说，两全保险、终身寿险、两年以上的定期寿险、养老险、万能险以及分红保险等，在保险合同生效两年以后，保单相应就开始具有现金价值，缴费时间越长，累积的现金价值就越高。像短期意外险、费用报销型健康险和家财险一般不具有现金价值或者现金价值较低。

保单的现金价值 ＝投保人已缴纳的保费
　　　－保险公司的管理费用开支在该保单上分摊的金额
　　　－保险公司因为该保单向推销人员支付的佣金
　　　－保险公司已经承担该保单保险责任所需要的纯保费
　　　＋剩余保费所生利息

由于长期寿险产品前期扣除的各项费用较多，一般情况下，保单生效最少两年以后才具有现金价值，缴费不满两年的，保单的现金价值一般情况下几乎为零，一般投保人缴费时间越长，累积的现金价值相应越高。换种说法可能更好理解一点，即保险公司的管理费用开支和向推销人员支付的佣金，在各保单年度的分布是不均匀的，第一年最高，第二年会降低一些，以后则逐年降低，并稳定下来。如果采用分期缴费，保险公司在第一个保单年度的管理费用开支加上向推销人员支付的佣金及承担保险责任所需的纯保费，往往接近甚至超过当年所收的保费（依不同产品而不同），这样保险公司对于在投保后第一年内退保的，有可能无退保金，也就是保单未产生现金价值；对于第二个保单年度内退保有可能给付少量退保金，也有可能仍无退保金给付（若采用每月或每季度缴纳一次保费，在第二个保单年度的上半年，尚未缴足两年保费），也就是保单仍未产生现金价值。

【知识链接】

保单现金价值计算的规定

我国《保险法》规定，缴足两年以上保费的寿险保单，已产生现金价值，若退保，保险公司应退还保单现金价值。缴足两年以上保费与合同成立两年以上是不同的概念。假设某寿险保单于 2007 年 1 月 1 日签发，保险期间 10 年，到 2008 年 12 月 31 日合同成立两年，若采用一次缴清保费（趸缴）方式，于 2007 年 1 月 1 日缴清，当时已缴足两年以上保费，产生保单现金价值；若采用年缴保费方式，2007 年 1 月 1 日缴纳一次，2008 年 1 月 1 日再次缴纳，即缴足两年保费，产生保单现金价值；若采用月缴保费方式，每月 1 日缴纳，2008 年 12 月 1 日缴足两年保费，产生保单现金价值。寿险合同解除（退保）时，保险公司应退还保单现金价值，投保人为缴足两年保费的，保险公司在扣除手续费后退还保费。一句话，保单现金价值可以多于或者少于投保人已经缴纳的保费，关键取决于保险费、预定利率、投资收益率、保险险种和死亡率等因素。除此之外，还包括分红保险的分红率、意外事故发生率、残疾发生率、疾病发生率以及公司的营业费用率等因素。

二、人身保险保全的含义

根据 2010 年 1 月 26 日中国保险监督管理委员会审议通过的自 2010 年 5 月 1 日起开始实施的《人身保险业务基本服务规定》中第二条第二款的规定：人身保险的保全，是指人身保险合同生效后，为了维持合同持续有效，保险公司根据合同约定或者投保人、被保险人、受益人的要求而提供的一系列服务，包括但不限于保险合同效力中止与恢复、保险合同内容变更等。

从保险服务营销的角度来讲，人身保险的保全，就是保险人采取一切可能的措施，包括变更保险项目等，使得人身保险合同持续有效，使得被保险人能够继续有效的享受保险保障，并为其提供全面适合的保险服务。广义的保全指续期收费、理赔服务、咨询投诉及附加价值服务等，即寿险公司为已经生效保单提供的所有服务内容。狭义保全专指保全服务即围绕契约变更、年金或满期金给付等服务项目而开展的工作即通常意义上的保全。

人身保险保单保全所涉及的内容主要有：投保人受益人变更，一般错误更正，通信地址、电话、付费方式变更，领取方式变更，年龄、性别更正，职业、工种变更，交费方式的变更，主险或附加险减少保额，取消新增附加险或增加附加险保额，保险合同效力恢复，补发保险单，满期生存给付，利差返还，保单迁移等。

三、人身保险保全的原因

正如前面分析的一样，单身期、已婚青年期、已婚中年期和退休老年期的保险需求是不同的。因此，人身保险的客户渐渐地从单身期过渡到其他各个时期时，也都应该有不同的保险安排。保险人应该时常检视一下客户的保险资料，以确保保险都持续有效，并时常检视是否有需要调整的地方，这才是正确的保险观念。及时为客户提供保全服务的好处有两个：一是能够使得客户时刻享受到保险保障；二是能够使保险人有不断的保费收入。

一般而言，除了时常检查客户的保险资料之外，在下列特殊事件发生时，应该检查并修改客户的保险资料，为客户提供完善的保全服务。

1. 重要信息变更。保险客户的一些重要信息，例如受益人、家庭地址，工作性质等发生变化以后，需要及时更新保险单，否则可能会影响到将来的保险金给付。

2. 经济状况改变。客户的经济状况改变，会影响到既有和将来的保险项目。例如，收入增加或减少，债务增加或减少，买了房子或车子有许多的贷款需要缴付等。

3. 家庭责任改变。结婚、离婚、丧偶、分居等婚姻状况的重大改变；生子、孩子独立生活及结婚、家庭成员死亡等家庭成员的增加或减少，只要是家庭责任加重或是减轻，都可能会影响到既有和将来的保险项目。

4. 工作环境变动。创业、更换工作，也就是工作场合的危险性加重或是减轻时，都会影响到既有和将来的保险项目，而且应当调整意外伤害保险的保险金额。

5. 职业生涯变动。初次就业、退休、由职场重回校园生活时，也都应该检视既有的保险安排。例如，在退休时，家庭责任最轻，因此可以将保障重点放在养老保险与医疗保险方面，减少人寿保险的保障。

四、人身保险保单的状态

人身保险保单所处状态不同，其间可进行的保全操作内容也不同。一般来说，寿险保单的状态有以下几种：

1. 标准状态。标准状态，也称为正常状态，是指保险责任尚未终止且保险合同依然有效，投保人也未申请迁出、保额变更等的保险单。此状态下可受理投保人各项信息变更，如养老金领取、满期给付、保单补发、续期交费、转换险种等各项操作。

2. 退保状态。退保状态，即在保险合同自然终止前，投保人提出提前终止保险合同：领取保单的现金价值，保险人不再承担相应责任。在此状态下，保险公司不受理任何保全申请。

3. 终止状态。终止状态是指保险合同所约定的保险期限已届满，保险合同自然终止。在此状态下，保险公司不受理任何保全申请。

4. 保单迁出状态。保单迁出状态是指被保险人因工作或其他原因从一地迁往异地，为交费和领取保险金的便利，因此向保险人提出变更托管公司的状态。在此状态下，保险公司不受理任何保全申请。

5. 保单失效状态。保单失效状态是指对于非趸交保单，投保人可能会因各种原因而欠交保费，在超过约定的宽限期后，保单处于失效状态，投保人可在两年内提出复效申请，并补交欠交的保费及利息。当保单处于失效状态时，投保人只能申请办理复效。

6. 领取状态。领取状态，是指年金类保单和其他返还性保单已经进入领取期的状态。在此领取状态下，除可受理领取方式的变更和基本信息变更外，不能受理其他变更操作。

五、人身保险保全的方式

1. 保单变更。人身保险保全的首要，也是较为普遍的方式是根据客户的实际情况和主动申请，进行保单信息的变更，这种变更多的是用批单的形式体现，以保证保险合同持续有效，免去发生保险事故支付保险金时的各种麻烦。

（1）投保人及相关信息变更。由于人寿保险的合同期限较长，在较长的交费期限内，投保人可能丧失交费能力，投保人或投保人的姓名、住址等信息也可能发生变化，此时就需要到保险公司的客户服务部门申请变更。

投保人及相关信息变更时申请人应准备的文件有保险合同变更申请书、保险单、投保人身份证件（新、旧）、投保人签名（新、旧）、被保险人身份证明，若为他人代为办理的则需提供委托授权书及受托人身份证件。变更投保人需相应变更下列信息：姓名、性别、身份证号码、与被保险人关系、联系电话、通信收费地址、邮政编码、开户银行、账户姓名、账号和工作单位等。

投保人及相关信息变更可在保险合同有效期内任意时间提出申请。若存在保单抵押借款、保费豁免或失效，不受理投保人的变更。投保人变更应由原投保人提出并经被保险人同意后方可办理。若投保人身故，则申请资格人为被保险人本人，被保险人为未成年人时，由其法定监护人代为行使权利。更改后的投保人对被保险人应有可保利益。

（2）被保险人相关信息变更。在个人人寿保险合同中不存在被保险人的变更，只能在保险合同的有效期内对被保险人的基本信息进行更改。但是对于团体寿险合同而言，由于团体中的个体众多，在保险合同的有效期内，有人离开团体，也有新人加入，就会存在被保险人的变更。

申请变更应该准备的文件包括：一般应备文件有保险合同变更申请书、保险单和被保险人身份证明。若为他人代为办理的则需提供委托授权书及受托人身份证件。

申请变更时的注意事项：被保险人相关信息变更可在保险合同有效期内任意时间提出申请；变更可由投保人或被保险人提出申请；被保险人职业的变更可能影响费率的变更；对于个险保单不受理被保险人的变更。

（3）受益人变更。在寿险合同中最常见的就是受益人的变更。受益人变更应备文件与投保人变更所需文件相同，但应注意以下问题：①受益人变更可在保险合同有效期和领取期内任意时间提出申请；②受益人变更可由投保人或被保险人提出，投保人变更受益人需征得被保险人书面同意方可办理，若投保人身故，则申请资格人为被保险人，被保险人为未成年人时，由其法定监护人代为行使权利；③变更受益人需相应变更下列信息：姓名、性别、身份证号码、受益人与被保险人关系；④对于疾病类保险产品及保单状态为自动垫交保费状态，或保单存在借款，不受理受益人的变更；⑤变更后的受益人与被保险人的关系若为直系亲属且保额在规定的范围以内者不需重新核保，否则需重新核保；⑥受益人为数人时，被保险人需指定受益顺序和各自份额。

（4）其他信息的变更。除保险合同主体的变更之外其他一些基本信息也常有变更。常见的有：地址、职业、工种的变更要求投保人在合同有效期内提出申请；交费方式的变更一般要求投保人在交费对应日前30日内提出；领取形式变更要求投保人或被保险人在合同有效期内提交被保险人身份证明申请变更。

2.保费续缴。分期缴费的人身保险保单效力中断或者终止的一个重要的原因是，保险客户由于各种各样的原因，停止了继续缴费。在这种情况下，保险人一方面要及时提醒客户按时缴纳分期保费；另一方面，也要展开营销，说服客户按时缴纳保费，不要让人身保险失效。

在交费期限内，若投保人的经济状况有所改善，常会向保险人提出申请，要求及早交清保费，或由长期交费变为短期交费，或由期交变为趸交。

（1）交费期限的变更。交费期限的变更可在交费对应日前30日内提出；交费期限变更申请的资格人为投保人；投保两年内，交费期限的变更，直接核收变更后与变更前保费（含职业加费和健康加费）的差额及利息；投保满两年后，投保人申请交费期限的变更，保险人核收变更后和变更前责任准备金的差额；保费豁免或失效的保单不受理交费期限的变更。

（2）特殊情况的处理。如申请交费期限变更的客户为采取非年交保费的客户（月交、季交、半年交），客户可在交费整年度的交费对应日的前30日内提出申请。寿险公司在进行业务处理时，一般先将交费方式变更为年交，然后进行交费期限的变更。如申请交费期限变更的客户的原保单需要职业加费，在进行业务处理时，则需相应变更职业加费的比例。

3.保单复效。保单复效的申请只能在保单失效之日起两年内办理；保单复效申请的资格人为投保人；若保单尚有未清偿的垫交保费或借款，应通知保户在办理复效时一并清偿。当主险失效时，其附加险同时失效；办理复效时，如客户仍需要投保附加险，附加险部分应办理加保手续，附加险保费按被保险人申请复效时的年龄计算。

4. 补发保单。保险单是证明保险人和投保人之间合同关系的有效文件，应妥善保管。若不慎遗失、污损，则需重新办理。保险单的补发可由投保人提出，如属业务人员遗失、污损，业务人员也可申请补发保单。申请补发保单应注意的事项：若保单失效后申请补发，则应先办理复效手续；新保单号码与原保单号码一致，但内容为保单最新状态；申请补发保单，保险公司一般要收取相应工本费；办理相关手续时，核对投保人与被保险人的签章是否与预留签章一致。

5. 附加险加保。附加险加保应在主险交费对应日前 30 日内提出申请；附加险加保申请的资格人为投保人，但需经被保险人同意；加保后的附加险累计保额不能超过主险的保额，一般寿险公司对具体险种的加保保额有具体规定；附加险保费应按申请时被保险人的年龄计算。在交费对应日前收到保费的保单生效日为交费对应日；在交费对应日后收到保费的保单生效日为收到保费的次日。

6. 利用现金价值。分期缴费的人身保险保单在经过了正常缴费的两年以后，就具有了一定的现金价值，在这个时候如果发生退保，无论是对保险客户（投保人、被保险人或者受益人）而言，还是对保险人而言，都是一件令人惋惜的事情。如果此时发生的客观情况真的导致保险客户无法继续按照时限分期缴费，那么利用人身保险保单的现金价值进行如下几种方式的保全也不失为是一个不错的选择。

7. 减保退保。在保险合同的有效期内，投保人可能会因经济状况发生变化，或对风险的认识发生变化而要求减少保险金额或者退保。减退保的申请可在保险有效期内任何时间办理，但应注意以下事宜：

（1）投保人若在新合同保单的犹豫期内提出减退保，保险人应退还客户全部保险费。

（2）投保人若在犹豫期外退保，保险人按合同约定比例退还保单现金价值；犹豫期外减保，退还减少保额部分的现金价值。若存在健康加费和职业加费，则对加费部分按一定比例退还。

（3）若主险的保险余额减少，附加险保额也应按寿险公司的内部投保规则作相应调整。

（4）对于非一年期附加险的其他险种，按保险条款约定的退保处理办法退保。

（5）以下情况不予办理减保：发生过伤残、医疗赔付的保单；已完全进入生存领取的保单。

📖　知识小结

人身保险的保全，是指人身保险合同生效后，为了维持合同持续有效，保险公司根据合同约定或者投保人、被保险人、受益人的要求而提供的一系列服务，包括但不限于保险合同效力中止与恢复、保险合同内容变更等。人身保险保全的原因有：（1）重要信息变更；（2）经济状况改变；（3）家庭责任改变；（4）工作环境变动；（5）职业生涯变动。人身保险保全的方式包括：（1）保单变更；（2）保费续缴；（3）保单复效；（4）补发保单；（5）附加险加保；（6）利用现金价值；（7）减保退保。

📖 **考核**

【思考题】

1. 人身保险保单的现金价值如何计算？
2. 人身保险的保全有哪些方式？
3. 对照不同的分类标准说明人身保险保全的原因。
4. 说明现实业务中的人身保险保全业务的操作方式及要点。

📖 **拓展**

【知识链接】

如何有效利用保单的现金价值

经过了一段时间的缴费以后，人身保险的长期保单产生了现金价值。在无力继续缴费，或者不想继续缴费的情况下，如何有效利用保单已经产生的现金价值，对被保险人和保险公司来说，都是一项非常重要的决定。

（一）缴清保费

缴清保费，又称减额缴清保险，是指投保人不能按照合同约定缴纳保费时，为维持原保险合同的保险责任、保险期限不变，将当时保单现金价值作为趸缴保费，从而计算新的保险金额。弊端是保险金额将会大幅度降低。这种方式比较适合预计经济困难情况将持续一段时间，但是仍然想保留原来的保障形式的投保人。

（二）展期保险

展期保险较为特殊，它指将现金价值仅用来缴纳未来所需的纯死亡保险费，这在一定程度上改变了原来的保险计划。由于以死亡为给付条件的保单通常保费较低，则该方式下死亡保险金额可以保持不变，保障期限较长，但其他保险利益可能受损。因此，展期保险比较适合长期经济困难同时又特别需要身故保障的被保险人（如家庭支柱）等。

（三）保单质押贷款

投保人还可以利用寿险保单向保险公司或者具有办理保单质押贷款的银行申请贷款。这需在保险合同生效两年后申请，一般来说，保险公司贷款额度为寿险保单现金价值的90%，而银行贷款额度可达到寿险保单现金价值的90%。申请保单质押贷款后，保单责任依然有效。保单贷款的程序较银行贷款简单，贷款利息的计算参照银行的商业贷款利率发放，期限要求不超过半年。但投保人要注意的是应及时还款，否则可能造成保单失效等不利后果。

【专业词汇】

人身保险保全 preservation of life insurance　人身保险续保 life insurance renewal

📄 **项目测试题**

（一）单选题

1. 人身保险的投保流程的起点是（　　　）

A. 弄清保险产品　　　　　　　　　　　B. 了解保险公司

C. 明确保险需求　　　　　　　　　　　　D. 填写投保单据

2. 人身保险产品中保险期限最长的是（　　　）

A. 寿险产品　　　　B. 意外保险　　　　C. 医疗保险　　　　D. 健康保险

3. 寿险产品风险选择时所要考虑的最重要的因素是（　　　）

A. 健康状况　　　　B. 家族病史　　　　C. 性别　　　　　　D. 年龄

4. 人身保险核保中的"最后一次风险选择"指的是（　　　）

A. 电脑核保　　　　B. 体检核保　　　　C. 人员核保　　　　D. 生存调查

5. 一般来说，寿险公司90%以上的被保险人属于（　　　）

A. 标准体　　　　　B. 次标准体　　　　C. 延期体　　　　　D. 拒保体

（二）多选题

1. 人身保险业务的特点包括（　　　）

A. 最大诚信性　　　B. 更具营销性　　　C. 核保更专业　　　D. 给付保险金

2. 人身保险的核保需要考虑以下几个方面的因素（　　　）

A. 健康因素　　　　B. 财务因素　　　　C. 情绪因素　　　　D. 非健康因素

3. 人身保险核保中的非健康因素包括（　　　）

A. 保险利益　　　　B. 职业状况　　　　C. 驾驶记录　　　　D. 药物滥用

4. 人身保险核保中需要重点审核的资料包括（　　　）

A. 投保单　　　　　B. 业务员报告　　　C. 体检报告　　　　D. 生调报告

5. 以下哪种情况需要进行生存调查（　　　）

A. 累计意外险保额150万元　　　　　　　B. 寿险保险金额达到300万元

C. 职业类别属于5类　　　　　　　　　　D. 核保人员判定为异地投保

（三）判断题

1. 家庭形成期的保险需求不高，主要可以考虑意外风险保障和必要的医疗保障。

（　　　）

2. 购买保险产品应当根据家庭的实际需要和经济购买力。　　　　（　　　）

3. 计算人身保险金额可以根据性别、年龄、配偶的年龄、月收入、月消费、银行存款的年利率等，计算虚拟的"人的价值"。　　　　　　　　　　　　　（　　　）

4. 有关投保人的个人收入等情况属于人身保险核保中经常要予以关注的非健康因素。　　　　　　　　　　　　　　　　　　　　　　　　　　　　　（　　　）

5. 人身保险核保中的"第一次风险选择"指的是专业核保人员根据公司核保政策和规则进行的人为核保。　　　　　　　　　　　　　　　　　　　　（　　　）

（四）名词解释

人身保险投保　人身保险核保　人身保险承保　人身保险保全　生存调查

（五）简答题

1. 人身保险业务的特征是什么？

2. 人身保险的投保有哪些步骤？

3. 人身保险的核保包含哪几部分的内容？

4. 人身保险的核保结论有哪几种情况？

5. 如何利用保单的现金价值进行人身保险的保全？

（六）论述题

1. 人身保险核保的因素和流程。

2. 举例说明人身保险业务如何进行保全。

📄 综合案例分析

不实申报导致人身保险拒赔

陈某有一女儿（11岁）经常生病，所以当保险营销人员向其推销保险时，陈某毫不犹豫地答应为其女投保。陈某于2010年6月29日主动到诚信寿险公司为其女儿投保50份重大疾病终身保险，保险金额合计50万元，约定分期缴费20年，受益人为小双。

在签订保险合同时，业务人员向了陈某详细介绍了该保险有关知识及规定，并要求其在投保单被保险人资料栏内如实填写被保险人的健康状况，陈某对其女所患疾病隐瞒未填。2012年5月18日，被保险人因病情加重住院治疗，被确诊为脑瘤，随后住院接受治疗，但后因医治无效死亡。

11月28日，陈某向保险人索赔死亡保险金，但仅提供了医院出院介绍信一份。理赔人员让其提供此前病历和其他材料，陈某声称被保险人此前从未就医。理赔人员调查时，陈某夫妇仍坚持以前被保险人未曾因病就医的说法。核赔人员根据被保险人所患疾病特征，认为其可能有病史，随即展开调查，了解到真实情况后，作出了拒赔的决定。

【分析】

在本案中，虽然是由于投保人陈某的不实申报，最终导致了保险拒赔，但是保险公司的营销业务人员和核保人员也存在操作的不当之处。50份的巨额保险，业务人员应全面了解客户情况，核保人员应对客户进行体检，而且应该进行生存调查，有了上述的步骤，就不会出现客户带病投保的情况，将风险扼杀在摇篮里。

📄 实训活动设计

联系一家人身保险公司，请这家公司资深的核保专家来给学员进行一场讲座，专题讲授人身保险核保的趣闻和案例，同学们进行讨论；或者将学员分成小组到人身保险公司进行调研：保险公司核保的政策、核保的流程、核保的案例；完成一篇不少于1 000字的调研报告。

📄 职业技能训练

"肥胖客户"如何进行核保

【模拟场景】

假设你是一家寿险公司的专业核保人员，一天从营销展业人员那里接到这样一份投保资料：被保险人孙某，身高168cm，体重94kg，年龄34岁，体检结果血压、血脂都处于正常范围内的偏高临界值。对于这样的投保业务，身为核保人员的你应如何处理？

【情景分析】

　　肥胖症通常是指体重超过参考体重20%或更多，肥胖症可以通过测量身高和体重来诊断，或用体格指数（BMI）加以描述。BMI 的定义为体重（kg）／身高的平方（平方米）。假设一位男子身高1.8米，体重75kg，那么 BMI 就是23.1（$75/1.8^2$）。

　　男性 BMI 的理想范围是20.1~25.0，超过30.0则定义为肥胖。

　　女性 BMI 的理想范围是18.7~23.8，超过28.6则定义为肥胖。

　　肥胖不仅影响形体美，而且给生活带来不便，更重要的是容易引起多种并发症，加速衰老和死亡，是疾病的先兆、衰老的信号。据统计，肥胖者并发脑栓塞与心衰的发病率比正常体重者高1倍，冠心病发病率比正常体重者高2倍，高血压发病率比正常体重者高2~6倍，糖尿病发病率较正常人约高4倍，胆石症发病率较正常人高4~6倍。更为严重的是，肥胖者的寿命将明显缩短，据报道，超重10%的45岁男性，其寿命比正常体重者要缩短4年。如果被保险人的 BMI 超出了理想范围，保险公司会要求其体检，根据体检结果再决定是否加费，加多少费用。

【实务操作】

　　保险公司对体重超标者进行体检，还要综合考虑其血脂、血压的数值，身体状况及其年龄，才会决定是否对其上浮保费。如果肥胖者处于"肥胖指数"的临界点，体检又合格，一般是不会对其增加保费的。

　　而一旦客户在体检后被认为"肥胖"且发现一些健康隐患，保险公司除了可能会加收保费之外，还有可能会与客户约定相关的责任免除协议。如果认为过于肥胖不适合承保，甚至会拒保。

进阶阅读

　　1. http：//www. chinalawedu. com/falvfagui/fg21829/522788. shtml，《人身保险业务基本服务规定》，正保法律教育网。

　　2. http：//baike. baidu. com/link？url = t _ gEZ _ YqB2OXqvtwR05STJyzsA63qrsZKPcSHedSCGx77eqhFPkbeGC － ewevTWfBd1RTZ _ LSpR6S5wp4YizAi3ow4r97LgeDyH6YHfKsSsZgzOJIyJG38fbiqcB66Z9W，保险保全，百度百科。

　　3. http：//baike. baidu. com/link？url = KDvx1xk5Gc5lg _ 98Q6PkUEM9QVKZ8uEYcchZxHeAjogbCsh － KmnGJggJeDfrqexcbTa6pdgV6oJ _ rZmH0WYiR5yP － qnXQQi － pyq8SGZluMo3uL8gqidiD8StKy4AKjL8，保险需求，百度百科。

项目九
人身保险的索赔与理赔

```
                                        人身保险        伤害事件属于保险责任范围
                                        索赔含义
                              人身                      保险事故发生在保险有效期
                              保险      人身保险
                              的        索赔流程        由有效的索赔申请人提出
                              索赔
                                        有效索赔        向正确的保险人提出索赔
                                        构成要件
                                                        准备齐全的书面索赔单证

                                        人身保险        重合同、守信用
                                        理赔含义
                                                        实事求是
                              人身      人身保险
                              保险      理赔原则        主动、迅速、准确、合理
                              的
                              理赔      人身保险        接案
                                        理赔机构
                                                        立案
                                        人身保险
                                        理赔流程        初审
              人身
              保险                      理赔的注        调查
              的                        意事项
              索赔                                      理算
              与
              理赔                                      复核

                                                        结案
                                        人身保险
                                        核赔含义
                              人身                      疾病死亡的核赔
                              保险      死亡给付
                              的        的核赔          意外伤害死亡的核赔
                              核赔
                                        重大疾病        宣告死亡的核赔
                                        给付核赔
                                                        自杀死亡的核赔
                                        残疾给付
                                        的核赔          残疾的评价

                                        豁免保险        残疾给付的核赔要点
                                        费的核赔

                                                        公司建立欺诈防范制度

                              人身      人身保险        保险合同设计时的防范
                              保险      欺诈种类
                              欺诈                      开展业务承保时的防范
                              防范
                                        人身保险        保险合同有效期间的防范
                                        欺诈防范
                                                        案件理赔处理时的防范

                                                        两大类业务的欺诈防范
```

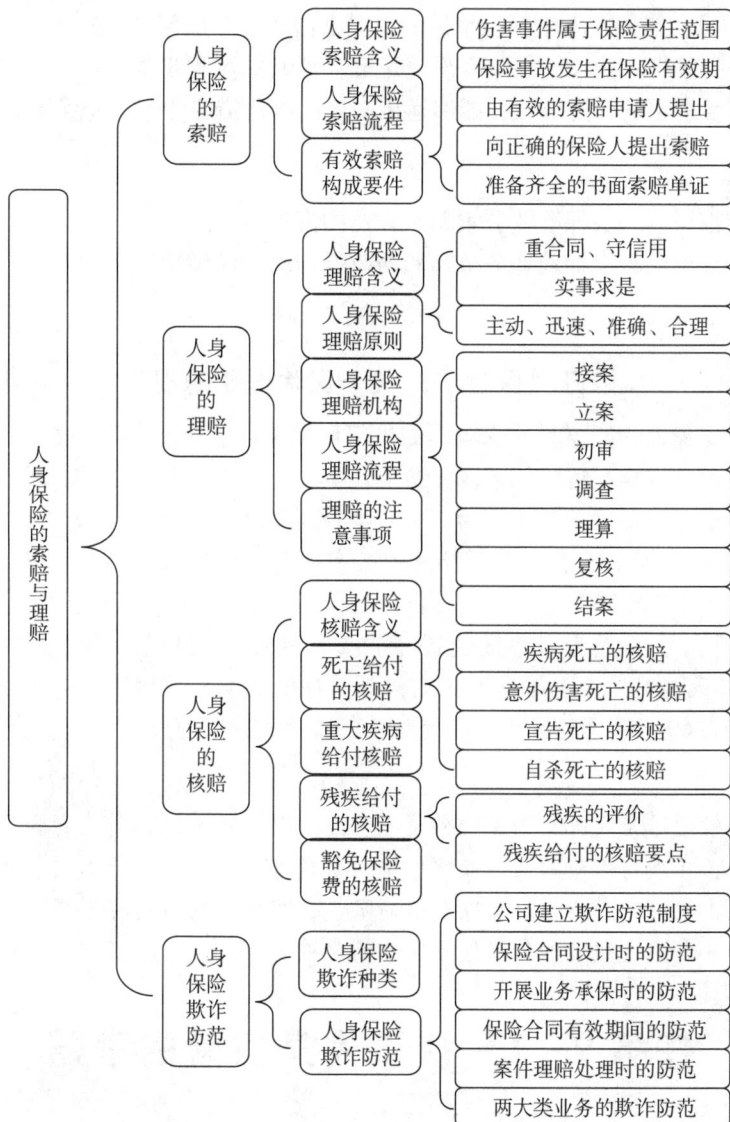

图 9-1 人身保险的索赔与理赔的知识结构

📄 **学习目标**

【能力目标】：能够分析人身保险有效索赔具备的条件；能够分析区别人身保险索赔、理赔和核赔的关系；能够熟练掌握人身保险索赔和理赔的操作流程及步骤；能够掌握人身保险理赔时需要注意的事项；能够掌握并区分不同人身保险欺诈的种类和形式；能够掌握各种情况下人身保险欺诈的防范措施。

【知识目标】：理解并能解释人身保险索赔的含义、流程步骤和注意事项；掌握并能解释人身保险理赔的含义和基本原则；理解并能掌握人身保险理赔的流程步骤及各步骤的要点；了解并能指明人身保险理赔的注意事项；理解并能区分人身保险理赔和核赔的关系；解释并能分析不同情况下的核赔要点；解释并能分析人身保险欺诈的种类及防范措施。

【素质目标】：能够在发生保险事件的情况下清楚了解如何进行索赔；能够举例说明构成有效索赔的条件；能够向保险客户清楚解释理赔的流程步骤及所需材料；能够了解掌握不同索赔要求下的核赔要点；能够运用有效的防范措施化解人身保险欺诈的风险。

📄 **工作任务**

➢ 画图详细说明人身保险业务索赔和理赔的流程；
➢ 画图详细说明人身保险业务核赔和防范欺诈的具体做法。

✍ **项目导入**

修订《保险法》关于保险理赔的规定

修订后的《保险法》在解决保险理赔难问题上进行了较大修改，健全了有关理赔程序和时限的规定，为提高理赔效率，新法修改集中表现在"1、3、10、30、60"这五个数字上。明确了理赔前后的时限，为保险公司拖欠保费的种种借口断了"后路"。"1"是"及时一次性通知"，当保险公司接到理赔申请时，如果认为材料不完整，一次性通知投保人、被保险人或者受益人补充提供完整。"3"和"10"分别为"如果拒赔，3天内发出通知书"和"达成赔付协议后10天内支付赔款"。"30"，即除合同另有约定外，保险人应在30天内对保险理赔及时核定，并应将核定结果书面通知被保险人或者受益人。"60"，即"60天内保险人无法确定赔款数额的，应预付赔款"。

【分析】

人身保险的理赔是人身保险保险公司经营最重要的环节，也是人身保险保险保障职能的最大体现，在人身保险的实务操作中越来越被重视。所以监管部门和有关当局才会以法律的形式，对这方面的内容加以严格的限制，根本性的目的在于规范人身保险公司的经营行为，从而最大程度的保障保险客户的利益。

任务9-1 认识人身保险的索赔

📖 **情境引入**

客户认可并购买了梁某推荐的保险产品，但客户担心将来发生保险事故后不知道如何操作，梁某怎样向客户介绍人身保险的索赔过程？

📖 学习任务

一、人身保险索赔的含义

人身保险的索赔是指在被保险人发生保险事故造成人身伤亡时，索赔申请人根据保险合同的规定请求保险公司给付保险金的法律行为。这里的索赔有狭义和广义之分：狭义的索赔，指的是索赔申请人根据人身保险合同向保险人提出领受保险金，要求保险人履行合同义务的行为，以填写并交付索赔申请书为标志性事件。广义的索赔，则是在狭义索赔基础上，从保险事故发生，索赔申请人报案一直到保险人赔案处理完毕，索赔申请人领受了人身保险的保险金，这样一系列的过程和步骤，以领受保险金为标志性事件。

根据我国《保险法》的相关规定：

1. 投保人、被保险人或者受益人知道保险事故发生后，应当及时通知保险人。故意或者因重大过失未及时通知，致使保险事故的性质、原因、损失程度等难以确定的，保险人对无法确定的部分，不承担赔偿或者给付保险金的责任，但保险人通过其他途径已经及时知道或者应当及时知道保险事故发生的除外。

2. 保险事故发生后，按照保险合同请求保险人赔偿或者给付保险金时，投保人、被保险人或者受益人应当向保险人提供其所能提供的与确认保险事故的性质、原因、损失程度等有关的证明和资料。保险人按照合同的约定，认为有关的证明和资料不完整的，应当及时一次性通知投保人、被保险人或者受益人补充提供。

3. 人寿保险以外的其他保险的被保险人或者受益人，向保险人请求赔偿或者给付保险金的诉讼时效期间为 2 年，自其知道或者应当知道保险事故发生之日起计算。人寿保险的被保险人或者受益人向保险人请求给付保险金的诉讼时效期间为 5 年，自其知道或者应当知道保险事故发生之日起计算。

二、人身保险索赔的流程

1. 发生保险事故及时报案。如果发生的事故符合被保险人所参加的人身保险的保险责任，申请人可在合同约定的时间内通过电话或上门向保险公司理赔部门报案。申请人在报案时应说明如下内容：被保险人姓名、保险单号码（或被保险人出生年、月、日，被保险人身份证号），保险金额；事故发生的时间、地点、事故的原因及损害状况，报案人的联络方法。

提供上述内容后申请人可询问办理索赔应该提供的证明资料名称及件数，然后注意收集所需的证明资料，一定要在《保险法》规定的时间内由索赔申请人向保险公司提出索赔申请。也可以由索赔申请人委托其代理人办理索赔。代理人需出具索赔申请人的委托书和身份证明以及代理人本人的身份证明。

2. 采取必要措施减轻伤害。保险事故发生后，被保险人及其关系人采取必要的合理措施减少保险事故对被保险人带来的伤害和损失，是被保险人的应尽义务。被保险人为减轻保险事故的损害而造成的其他财产的损失，以及因此支出的必要的、合理的施救、保护、整理费用由保险人在保险金额内合理承担。

3. 如有必要接受查勘检验。保险事故发生后，被保险人及其关系人有义务保护现场，并有义务协助保险人、保险公估人等勘查现场。保险人和被保险人可以聘请依法设立的独立评估机构或具有法定资格的专家，对保险事故进行评估和鉴定，上述机构、专家出具的查勘检验报告书，是被保险人索赔和保险人理赔的重要依据。被保险人应接受并尽力协助查勘检验，以便准确地确认保险事故发生的时间、地点、原因、伤残程度等。

4. 准备齐全索赔必要单证。根据保险人的要求准备好完全齐备的索赔相关单证，是保证成功索赔的一个关键步骤。这些单证作为书面证据，证明保险责任的存在，保险事故的发生和保险金支付的合理性，所以，提供完全齐备的索赔相关单证是人身保险索赔取得成功的最为重要的环节。索赔单证的缺失，极有可能导致人身保险索赔的失败。

5. 由索赔申请人提出索赔。索赔申请人是对保险金具有请求权的人，人身保险死亡案件应由保险合同约定的受益人提出申请。没有指定受益人时，则由法定继承人作为申请人提出申请；如受益人或继承人无民事行为能力，则由其法定监护人提出申请。

人身保险中伤残给付、医疗费（津贴）给付、重疾给付案件，受益人均为被保险人本人，应由被保险人本人提出申请；如被保险人无民事行为能力，则由其法定监护人提出申请。

6. 规范正确填写理赔申请书。索赔申请人规范正确的填写理赔申请书，并连同其他人身保险索赔单证一起交给保险人，虽然看起来是形式上内容更多一些，但确是人身保险索赔过程中必不可少的步骤，因为缺少了这一步骤，保险人的内部赔案处理系统会因为缺少必要的文件和条件，而无法继续处理赔案。将理赔申请书连同其他人身保险索赔单证一起交给保险人后，一般意义上理解的索赔，即狭义的索赔，就可以认为是完成了。

【实务操作】

人身保险理赔申请书

报案号：

申请人：　　　　申请人身份证号：　　　　与被保险人关系：

联系地址：　　　　联系电话：　　　　短信通知移动电话：

被保险人：　　　　被保险人身份证号：

保单号：　　　　投保险种：

申请给付事项：身故给付　　残疾给付　　重大疾病　　伤害医疗

住院医疗　　返还保费　　豁免保费　　其他

保险金领取方式：现金　　　转账

　　　户名：　　开户行全称（具体到分理处）：

　　　账号：

（注：如果转入多个受益人账户，勾选"转账"后，请填写《保险金转账授权委托书》，此处无须填写账户信息）

被保险人出险日期：

被保险人出险地点：

被保险人出险原因：

被保险人出险经过：

被保险人目前状况：

如罹患疾病出险，请注明就诊时间：

初次就诊医院：

其他：是否投保有其他保险公司险种，或就本次事故向其他保险公司或单位索赔（如有，请注明公司名称及保单号）

授权与声明：

1. 本人声明以上陈述均为事实，并无重大遗漏，可作为你公司理赔的依据。

2. 本人授权任何医疗机构、社保或农保机构、保险公司、公安机关、疾病防治中心等有关机构以及一切熟悉被保险人身体健康状况、相关事故的人士，均可将有关被保险人资料向中国太平洋人寿保险股份有限公司如实提供。

3. 本授权声明之影印本亦属有效。

4. 本申请书提供的账户信息有误而导致的转账纠纷，由申请人负责。

注：申请人必须是受益人或其法定代理人。

申请人签名：

日　　期：

经办业务员：　　　　　　　　　　　　　　　联系电话：

---

7. 领受人身保险的保险金。人身保险的赔案处理完成后，索赔申请人应带身份证件，到保险公司领取保险金。人身保险的保险单，在保险人就被保险人死亡、或保险期限届满而予以给付，或者保险单兑款给付后，保险单效力经保险人注销而终止；但是，对于被保险人残疾而给付的，保险单原则上继续有效至保险期限届满。有些赔案，保险公司需对保险事故相关情况作进一步了解核实，申请人、代理人以及相关人员应积极配合，以有利于尽快明晰案件事实，提高理赔时效。索赔申请人领受保险金以后，广义的索赔流程结束。

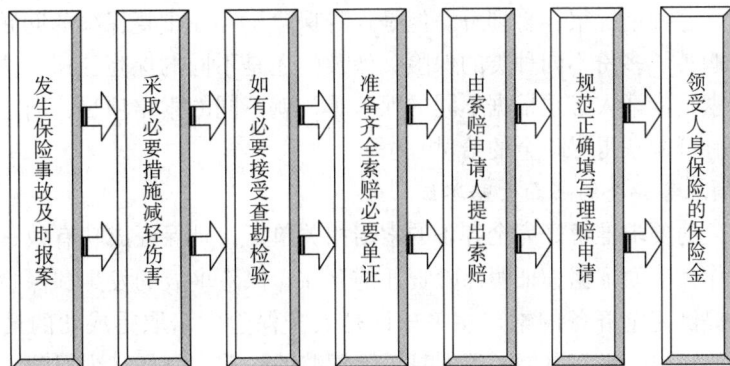

发生保险事故及时报案 → 采取必要措施减轻伤害 → 如有必要接受查勘检验 → 准备齐全索赔必要单证 → 由索赔申请人提出索赔 → 规范正确填写理赔申请 → 领受人身保险的保险金

图9-2　人身保险索赔流程图

三、有效索赔的构成要件

有效索赔指的是人身保险的索赔申请人提出的索赔能够被保险人所接受，按照正常的索赔流程和核赔手续，不必花费更多不必要的时间和步骤，而能够成功获得保险人支付的保险金的索赔。一般而言，有效的索赔需要以下几个条件：

（一）发生事件属于保险责任范围内

判断一件事情的发生是否属于保险责任范围内，这虽然是保险人本职范围内的工作，但是如果索赔申请人对于保险单仔细阅读，即使不是保险的专业人士也能够大体判断出一件事情的发生是否属于保险责任，因为保险单对于除外责任都会详细列明。

（二）保险事故发生在保险有效期内

保险事故必须是发生在保险合同（即保险单）的有效期间之内，保险人才会承担其给付保险金的责任，因此成功有效的索赔的前提因素是保险事故发生在保险有效期内。而判断保险事故是否发生在保险有效期内应该很容易做到，只要对照保险单和保险事故发生的时间就可以了解相关的信息。

（三）必须由有效的索赔申请人提出

发生了保险事故之后，保险人对于即将到来的索赔，并不是任何人（此处尤指近亲属）提出都会受理，而只会受理有效的索赔申请人提出的索赔，因为其他人都不具备这样的主体资格，也就没有权限提出索赔。有效的索赔申请人一般指被保险人、受益人和继承人及未成年人的监护人。

索赔申请人是对保险金具有请求权的人，人身保险中死亡案件应由保险合同约定的受益人提出申请。没有指定受益人时，则由法定继承人作为申请人提出申请；如受益人或继承人无民事行为能力，则由其法定监护人提出申请。人身保险中伤残给付、医疗费（津贴）给付、重疾给付案件，受益人均为被保险人本人，应由被保险人本人提出申请；如被保险人无民事行为能力，则由其法定监护人提出申请。

（四）必须向正确的保险人提出索赔

这一条件看似赘述，投保人从哪家保险公司购买的人身保险产品，与哪家保险公司签订的人身保险合同，索赔申请人自然会向哪家保险公司进行索赔。如果只是存在单一的保险合同时，这种情况很容易理解。但是人身保险不存在重复保险的问题，如果某个被保险人同时购买了多份不同种类的保险，涉及的还是不同的保险公司，情况看起来就有些复杂了，索赔申请人必须根据不同的保险单，就不同的索赔项目，向正确的保险人提出索赔，才有可能获得保险金的给付。

（五）必须准备齐全的书面索赔单证

根据保险人的要求准备好完全齐备的索赔相关单证，是保证成功有效索赔的关键步骤。这些单证作为书面证据，证明保险责任的存在，保险事故的发生和保险金支付的合理性，所以，提供完全齐备的索赔相关单证是人身保险索赔取得成功的最为重要的环节。索赔单证的缺失，极有可能导致人身保险索赔的失败。例如缺少保险人规定格式的理赔申请书，则会使得该保险赔案在保险人的业务系统内无法处理，从而导致索赔失败。

📖 知识小结

人身保险的索赔是指在被保险人发生保险事故造成人身伤亡时，索赔申请人根据保险合同的规定请求保险公司给付保险金的法律行为。人身保险索赔的流程包括如下步骤：（1）发生保险事故及时报案；（2）采取必要措施减轻伤害；（3）如有必要接受查勘检验；（4）准备齐全索赔必要单证；（5）由索赔申请人提出索赔；（6）规范正确填写理赔申请书；（7）领受人身保险的保险金。人身保险有效索赔的构成要件必须同时包括：（1）发生事件属于保险责任范围内；（2）保险事故发生在保险有效期内；（3）必须由有效的索赔申请人提出；（4）必须向正确的保险人提出索赔；（5）必须准备齐全的书面索赔单证。

📖 考核

【思考题】

1. 人身保险的有效索赔有哪些构成要件？

2. 人身保险的索赔流程有哪些步骤？

3. 举例说明客户怎样才能进行人身保险的有效索赔。

📖 拓展

【知识链接】

人身保险索赔需要提供的单证

在进行人身保险索赔时，无论是什么险种，必须准备最基本的单证为：保险单正本、被保险人或受益人的身份证证件的原件及最近一次缴费的发票、理赔申请书，若委托他人代为办理还需填写委托授权书。

（一）申请死亡保险金

1. 死亡证明书（区县级以上公立医院或公安部门、人民法院出具）

2. 户口注销证明（户籍所在地公安派出所出具）

3. 受益人身份证明或户籍证明

4. 保险单正本和最后一次缴费凭证

（二）申请伤残保险金

1. 司法鉴定机构出具的伤残鉴定证明

2. 出院诊断证明或门诊病历

3. 被保险人身份证明

4. 保险单正本和最后一次缴费凭证

（三）申请重大疾病保险金

1. 保险人认可的医疗机构出具的重大疾病诊断书

2. 被保险人身份证明

3. 保险单正本和最后一次缴费凭证

（四）申请住院医疗保险金

1. 县级或二级以上医院出院诊断证明

2. 住院费结账单、结算明细表和出院小结

3. 被保险人身份证明

4. 保险单正本（主险和附加险）及最后一次缴费发票

（五）申请意外伤害医疗保险金

1. 区县级以上（含区、县级）医院证明

2. 门诊诊疗收据、处方和病历

3. 住院费收据，结算明细表和出院小结

4. 被保险人身份证明

5. 保险单正本（主险和附加险）及最后一次缴费凭证

（六）申请住院补贴保险金

1. 县级或二级以上医院诊断证明和出院小结

2. 被保险人身份证明

3. 保险单正本（主险和附加险）及最后一次缴费凭证，还应提供公司认为必要的事故证明和其他有关材料。

如果被保险人有社会医疗保险，并且社保已经给报销了一部分，那么索赔时需事先向保险公司出示由社保开具的医疗费用报销分割单，并注明所花费的医疗费用总额和社保已支付的费用，连同原始单据的复印件一起交给保险公司，保险公司将依据上述材料在医疗费用的剩余额度内进行理赔。

【专业词汇】

人身保险索赔 life insurance claims　索赔申请人 claim applicant　索赔单证 claim documents

任务9-2　掌握人身保险的理赔

情境引入

客户对保险公司如何处理赔案比较感兴趣，梁某如何向客户解释保险公司的理赔操作？

学习任务

一、人身保险理赔的含义

人身保险理赔是指人身保险公司根据保险合同的规定，在被保险人发生保险事故后，对被保险人、保单持有人或者受益人的索赔申请受理立案，对事故原因和损害程度进行确认，并决定是否予以赔付和如何具体赔付的全部过程。在人身保险的理赔中保险金的给付大都是伤残给付和死亡给付，其除外责任和争议都较少，一般能尽快履行赔付责任；而在健康保险和意外伤害保险中由于需要有医疗检验报告和相关专家的判定和裁决，其中间过程较多，所以赔付相对较慢。我国《保险法》对于人身保险的理赔有着如下规定：

1. 保险人收到被保险人或者受益人的赔偿或者给付保险金的请求后，应当及时作出核定；情形复杂的，应当在 30 日内作出核定，但合同另有约定的除外。保险人应当将核定结果通知被保险人或者受益人；对属于保险责任的，在与被保险人或者受益人达成赔偿或者给付保险金的协议后 10 日内，履行赔偿或者给付保险金义务。保险合同对赔偿或者给付保险金的期限有约定的，保险人应当按照约定履行赔偿或者给付保险金义务。保险人未及时履行前述规定义务的，除支付保险金外，应当赔偿被保险人或者受益人因此受到的损失。任何单位和个人不得非法干预保险人履行赔偿或者给付保险金的义务，也不得限制被保险人或者受益人取得保险金的权利。

2. 保险人作出核定后，对不属于保险责任的，应当自作出核定之日起 3 日内向被保险人或者受益人发出拒绝赔偿或者拒绝给付保险金通知书，并说明理由。

3. 保险人自收到赔偿或者给付保险金的请求和有关证明、资料之日起 60 日内，对其赔偿或者给付保险金的数额不能确定的，应当根据已有证明和资料可以确定的数额先予支付；保险人最终确定赔偿或者给付保险金的数额后，应当支付相应的差额。

二、人身保险理赔的原则

1. 重合同、守信用。保险人与被保险人之间的保险关系是通过保险合同建立起来的。处理赔案，对保险公司而言，是履行合同中规定的给付义务；对投保人来说，是缴纳保费后享有的权利。保险公司应严格遵守保险合同条款，尊重被保险人的合法权益，认真处理好每一笔赔案。

2. 实事求是。被保险人提出的赔案千差万别，案发原因也错综复杂，有时很难作出是否属于保险责任的明确判断，加之双方对合同释义的理解、认识不同，可能会出现赔与不赔、多赔与少赔的纠纷，在这种情况下，保险公司的理赔人员既要严格按合同办理，也要合情合理、实事求是地进行具体分析，灵活处理赔案，做到不惜赔、不错赔、不滥赔。

3. 主动、迅速、准确、合理。理赔人员在接到保户出险通知后，应主动热情受理，对前来索赔的客户要热情接待，多替保户着想，保证理赔案件及时得到审理。任何拖延赔案处理的行为都会影响保险公司在投保人心中的信誉，从而影响其今后的投保行为，乃至造成极端恶劣的社会影响。各家人寿保险公司对理赔案件的工作时限都作出了较明确的规定。

【案例】

包头"11·21"空难航空意外保险理赔

包头"11·21"空难航空意外保险理赔结束，25 名遇难乘客共获赔 1 000 万元。在支付了最后一名遇难乘客家属 40 万元航意险后，包头空难航意险理赔工作近日正式结束，至此 25 名遇难乘客家属共领到了 1 000 万元的保险金。

据中国人寿保险股份有限公司包头分公司副总经理刘恩根介绍，2004 年 11 月 21 号，一架由包头飞往上海的 Mu5210 航班发生空难，在机上遇难的 47 名乘客中，有 25 人购买了航意险，他们每人可获得 40 万元赔付金。空难发生后，人寿保险包头分公司本着急事急办、特事特办的原则处理空难理赔事宜，从空难发生的第3天投入到第一笔赔付，到2004年的12月17号不足一个月的时间就赔付了920多万元。由于个别遇难乘客家里关系致使赔付不能正常进行。从2014年到2015年的这段时间，人寿保险包头分公司严格按照《继承法》《民法》进行剩余款项的赔付并于近期结束。至此，中国人寿保险股份有限公司包头分公司为本次"11·21"空难共赔付了1 046.4万元保险金。

【分析】

各家保险公司都很重视保险理赔工作，在发生重大灾害事故（如特大交通事故、重大自然灾害等）时，保险公司一般及时启动应急预案，通过建立快速理赔通道、预付赔款、送赔款上门等方式，提高理赔效率和质量，发挥保险的风险补偿和社会管理功能。

三、人身保险的理赔机构

1. 保险代理人。保险代理人对投保人和被保险人都比较熟悉，可以通过多种渠道来了解保险事故的真实情况，提出被保险人与保险人双方都满意的解决方法。因此，许多保险公司都要求自己的代理人从事理赔工作，但其权力通常只以小额给付为限。缺点是有一些代理人会无原则地赔付，使保险公司蒙受损失。

2. 保险公司理赔部门。每一家保险公司都有专门的理赔部门和理赔人员，即通常所说的理赔部。与保险代理人比较，理赔人员虽然不太了解被保险人的情况，但更熟悉理赔手续和技术。情况复杂或赔付金额较大的赔付案件通常由专业理赔人员进行。

3. 行业理赔服务机构。有时候在同一地区经营人身保险业务的几个保险公司，会联合起来设立专门处理理赔案件的机构，并在区内各地设置分支机构，形成一个处理赔付案件的网状组织。每一保险公司只需负担部分经费，就能为自己的客户赢得全面有效的理赔服务。美国的理赔局就是这种性质的理赔服务机构。

4. 独立的理赔人。独立的理赔人是拥有专业技术和丰富理赔经验并专门处理某一种赔偿问题的专业理赔人或者机构。借助独立理赔人理赔时，投保人一般会得到一张独立理赔人的名单，在保险事故发生时，可就近接洽相应的理赔人。这样的机构在国外的保险行业和保险市场上更加常见，也有可能是我国保险行业未来发展的趋势。

5. 理赔的辅助机构。除了上述的理赔机构以外，人身保险公司在进行理赔时，无论是通过自己的理赔人员还是通过理赔机构都需要借助一些中介组织或个人的服务：

（1）检验机构。当导致保险事故发生的原因比较复杂时，保险公司需要借助专业的、中立的、权威的检验机构来判断保险事故是否属于保险责任范围。由于检验机构的权威性，其出具的检验报告一般具有法律效力，往往作为最终的判决。

（2）保险公证行。它是由政府审批成立的专门为保险公司做公证的组织或者私人机构，它不代表任何一方的利益，也没有最终的裁判权，只是为保险理赔提供诉讼依据的证明，按赔款总数的一定比率收取公证费。

（3）律师行。有些保险赔付的解决不能使保险双方达成一致的协议，这往往最终要诉诸法律来解决，借助专业的保险律师组成的律师行。

📖 【拓展阅读】

放宽理赔标准 实行通融赔付

在 2008 年 5 月 12 日汶川大地震后,中国保监会主席吴定富两次表示目前保险业抗震救灾的中心任务就是做好理赔服务。各保险公司总公司要进一步将业务人员、理赔资金、通讯保障向灾区倾斜,注意协调安排好非受灾地区向地震灾区的支援工作。

而在抗震救灾的过程中多数保险公司也表示将对受灾的投保人实行特事特办进入融通赔付通道。最突出的一项实事就是对于保险责任的免责部分有些保险公司主动"撤销免责"放宽理赔标准。在绝大部分寿险公司的寿险和意外险产品中,地震本身是属于赔付责任范围内的。但有些公司的健康医疗险产品把地震列为除外责任。对此绝大多数寿险公司均已表示已经对部分险种适当放宽理赔标准实行通融赔付,主动承担社会责任,以实际行动支援灾区。此外,对于因受灾导致保单丢失的客户不少公司承诺提供无保单理赔服务。由保险公司查勘人员通过理赔系统调取保单资料,根据多方核实的情况,代填理赔申请书、死亡证明等单证,为客户及其家属办理理赔手续提供便利。

四、人身保险理赔的流程

从保险事故的发生到保险人作出理赔决定,再到受益人领取保险金,需要经过一系列工作环节和处理流程。除个别险种的一些小额且无须调查的案件可以采用"简易流程"完成理赔作业外,其余索赔案件处理一般要经过接案、立案、初审、理赔调查、理赔计算、复核审批、结案归档七个环节,每个环节都有不同的处理要求和规定。

当一个被保险人出险时,无论其持有几份保险合同,接案人员只对其作一个报案登记。如资料齐全,进行立案处理。核赔人员对每份合同分别初次理赔审核,对需要调查的案件提出调查要点并通知调查人员;无须调查的案件,直接将案卷移交核赔人员进行审核。调查人员经过调查,对本次出险事故形成统一的调查报告并移交核赔人员。核赔人员应对每份保险合同分别审核并进行理赔计算,形成理赔计算书,将案卷移交复核人员。复核人员对每份保险合同的理赔计算书分别复核后移交结案人员。结案人员进行领款人身份确认等结案处理,待领款人领款后,将案卷按结案时间归档,至此理赔流程结束。

(一) 接案

报案是指在被保险人发生保险事故后,知情人将该事故情况通知保险公司的行为。报案人的身份没有具体的限制,可以是被保险人本人,也可以是其他知情人,但报案是投保人、被保险人及受益人的法定义务。

报案方式包括上门报案、电话报案、传真或其他方式报案。报案人应在相应保险条款规定的时间内,及时将出险人的姓名、身份证号码、身份(是投保人还是被保险人)、出险人持有的保险合同号、险种名称、出险时间、地点、简要经过和结果、就诊医院、科室、床号以及报案人姓名与出险人关系、联系地址及电话等重要信息及时通知保险人。

报案环节应当引起理赔人员的高度重视。在接待报案的过程中,理赔人员可以了解到事故发生的第一手资料,通过详细询问凭直觉还可以发现案件存在的疑点和调查方向，为今后的理赔工作打好基础。在报案登记过程中，接案人应准确记录报案时间，以便判断是否因延迟报案而增加理赔查勘费用。

理赔人员确认出险人身份后，应详细记录报案事项、投保情况及事故者身份（被保险人或投保人）等报案信息，通过查询保险公司的系统，对出险人身份及其在公司的所有保单状态进行查询确认。根据查询结果分作下述处理：

1. 未查到与出险人相关的任何保险合同的，应尽快通知报案人，告知该出险人未在本公司参加任何保险，并将该报案信息置为撤销报案。

2. 如报案时，客户提供的资料不够齐全，应通知报案人补充提供出险人的身份资料，以确认出险人身份及其持有的保险合同；或在申请人提供理赔申请资料时一并补充，进一步进行出险人身份确认。

3. 对已确认身份的出险人，应进一步查明包括其作为投保人、被保险人在内的所有保险合同，以及保险公司应承担保险责任的合同在出险时的效力状态，如出险人持有的保险合同全部为效力终止已满二年的，应尽快通知报案人告知其不予立案的原因，通知客户不予受理。如出险人持有的保险合同为有效合同，应将这些合同置为"服案"状态，为核保、保全部门提供信息。如果是身故，经核实后，可以将保单的状态变更为"终止"状态，对该保单作出终止划账和终止续缴保费动作，并在保单中标记"有报案"。如需伤残观察，应书面告知客户有关伤残鉴定的注意事项。

人身保险公司的接案人员应注意礼貌周到，不要随意解释，不允许随意作理赔承诺；应当根据所掌握的案情，依相关的理赔规定，判断案件性质以及是否需要采取适当的应急措施，并在报案登记簿中注明；对于意外伤亡或其他需要紧急取证的案件，如预计赔付金额较高、社会影响较大的案件，接案人应尽决通知核赔人员；对于应保留现场的案件，还应通知报案人采取相应的保护措施。

（二）立案

立案是指人身保险公司理赔部门受理客户索赔申请，按照一定的规则对索赔案件进行登记和编号的过程，以使案件进入正式处理阶段。

1. 立案条件。人身保险公司的理赔人员对于符合下述条件的报案准予立案：保险合同责任范围内的保险事故已经发生；出险人是保险单上的被保险人；被保险人在保险有效期内出险；索赔申请在保险法规定的时效之内；提供的索赔资料基本齐全。

2. 申请人条件。除条款有特别约定外，各项保险金的申请人为：残疾、重疾、医疗保险金为被保险人；身故保险金为受益人，未指定受益人的由法定继承人申领；保费豁免为投保人、被保险人或被保险人的监护人；权利人也可委托他人代为申请，但必须向公司提交有权利人（委托人）和代理人签名认可、授权明确的《授权委托书》及双方的身份证明。

理赔人员在接待申请人时，要求其提供相关证明材料（原件）并按照条款规定及保单项目审核其是否具备申请人资格。如果申请人不具备资格，理赔人员应要求其转告有申请权之人提出理赔，或者让其提交由申请人签署的授权委托书；如果申请人具备资格，理赔人员应在理赔申请须知上注明须提交的原始单据及投诉电话，并将理赔申请须知交由申请人。

3. 申请材料。人身保险的索赔申请人应当根据理赔规定和理赔申请类别提供相应的证明材料。理赔申请书要求由权利人亲自填写，由代理人填写的应持有授权委托书及其委托人身份证明。在申请人提出理赔申请时，根据发生保险事故的性质和申请类别，申请人应提交不同的证明文件。申请人提交的证明资料由理赔人员在《理赔申请材料签收单》中签收，若需补交材料的，应在上述签收单中注明具体材料名称。

（1）身故保险金给付申请。保险单或其他保险凭证；受益人户籍证明及身份证明；最近一期保险费收据；公安部门或国家卫生部门所属的县级以上（包括县级）公立医院出具的被保险人死亡证明书，如被保险人为宣告死亡，受益人须提供人民法院出具的宣告死亡证明材料，如因意外事故导致被保险人身故的，还应提供有关单位出具的意外事故证明；被保险人户口注销证明；如为代理人的，应提供授权委托书。

（2）重大疾病给付申请。保险单或其他保险凭证；被保险人户籍证明及身份证明（被保险人生存时，受益人为其本人）；继承人户籍证明及身份证明（被保险人因重大疾病身故而未领保险金，则视为被保险人遗产）；最近一期保险费收据；由公司指定或认可的医疗机构或医师出具的附有病理检验、血液检验及其他科学方法检验报告的医疗诊断书或手术证明；如为代理人的，应提供授权委托书。

（3）住院医疗给付申请。被保险人在住院期间身故而未领取保险金的，保险金视为被保险人的遗产，由被保险人的继承人为申请人，填写给付申请书；保险单或其他保险凭证；继承人户籍证明及身份证明；遗产继承协议或其他合法的继承文件，如继承人之间的继承关系或份额不能达成协议或产生争议，应提供人民法院或仲裁机构出具的调解书、判决书、裁决书等法律文件；保险费收据；由公司指定或认可的医疗机构或医师出具的医疗诊断书、死亡证明书及住院医疗费用的原始凭证、结算明细表；被保险人户口注销证明；如因意外事故导致被保险人住院医疗的，还应提供有关单位出具的意外事故的证明。被保险人住院医疗的，被保险人或其代理人应于被保险人出院后，填写保险金给付申请书，并提供下列证明资料：保险单或其他保险凭证；被保险人户籍证明及身份证明；保险费收据；由公司指定或认可的医疗机构或医师出具的医疗诊断书及住院医疗费用的原始凭证、结算明细表；如因意外事故导致被保险人住院医疗的，还应提供由有关单位出具的意外事故的证明。

（4）暂缓立案。如出险事故类型为残疾给付的，应根据相关证明材料，进一步判断是否需要伤残观察。若需经180天观察期的案件，应暂缓立案，同时通知报案受理人出具《伤残观察通知书》一式两份，一份交申请人，另一份由立案人留存待查。对180天观察期满的案件，立案人应主动通知被保险人至保险公司指定或认可的司法、医疗机构进行伤残鉴定，根据伤残鉴定证明，视实际伤残程度决定是否立案（肢体缺失的无须伤残观察）。

（5）立案登记。经过立案审核符合立案条件的人身保险理赔申请，接案人员做如下立案登记处理：①对报案登记中记录不全的项目进行补充；对报案登记中记录不准确的项目进行补正，并计算预估赔付金额。②应对申请人提出理赔申请的保险合同分别立案登记，记录立案时间、接案人等。③助理核赔员根据理赔申请及事故证明材料，确认立案后，将理赔申请书、授权委托书、理赔申请材料签收单及所附证明材料入档，送交核赔人初审。进行案卷移出登记，记录移交案卷的赔案号、理算人员姓名及案卷移交时间，并由初审人员签名确认。

（6）不予立案。人身保险公司的理赔人员对于以下情况不予立案：出险人非保单上的被保险人；保险事故的发生不在保险期间内；理赔申请超过保险法规定的时效；申请人资格审查不合格；证明资料不齐全且在规定的期限内仍无法补全的。

上述情况及其他不符合立案条件的案件，立案人员必须填写《理赔申请材料签收单》，将处理决定及理由书面通知申请人，同时必须对申请人提交的原始单证复印留底后做退件处理，在复印件上注明日期及送件人姓名存档，并将处理日期在《理赔申请书》上进行登记。须强调指出，这种做法是为了防止申请人伪造其他证明材料重新进行索赔。

（三）初审

初审是人身保险公司的理赔人员对索赔申请案件的性质、合同的有效性、索赔材料等进行初步审查的过程。它是正确给付理算的基础，是人身保险理赔中极为关键的一个环节。

1. 审核内容。初审的内容是审核保单原始资料和保险金申请人提供的索赔证明材料的真实性、调查人员案情事实调查报告的正确性。通过相关资料的审核确定保险人是否承担保险责任及应承担多大的责任。

（1）审核保险合同的有效性。核赔人员从任务队列中接受审核任务后（作为对报、立案过程的审核），首先根据保单查询系统及相关证明材料判断申请理赔的保险合同在出险时是否有效。主要方法是：第一，根据保险合同及理赔申请书，检查出险日期是否在保险合同载明的保险期间内；第二，根据最近一次交费凭证和保单信息上的保险费交至日期，检查出险时保险合同的效力是否终止；第三，如申请理赔的保险合同在报案前曾办理合同效力恢复保全作业，应进一步查明出险日期是否在复效前的效力终止期间；第四，对健康险复效后设有免责期的保险合同，应进一步查明出险日期是否在免责期间。

（2）审核出险事故的性质。审核人员根据保险合同、理赔申请及相关证明材料，判断申请理赔的出险事故是否为保险责任范围内的事故。主要方法如下：首先，检查出险事故是否在保险合同保险责任条款约定的事故范围之内；其次，检查出险事故是否为保险合同责任免除条款约定的情形之一。经出险事故性质认定的保险合同，审核人员分作下述处理：对于出险事故在保险责任范围内的，应进一步审核申请人所提供的证明材料是否完整、有效；对于出险事故不在保险责任范围内的，应作出审核意见，同时记录审核人员及审核时间。

（3）审核事故证明材料。审核人员根据理赔申请及相关证明材料，判断出险事故的类型，检查申请人所提供的事故证明材料是否完整、有效。主要方法如下：首先，根据理赔申请书和赔案信息判断出险事故的类型，如医疗给付、疾病给付、残疾给付等；其次，检查证明材料是否为相应事故类型所需的各种证明材料；最后，检查证明材料的效力，即是否为公司认可的医疗单位、公安部门及相关机构所出具，证明材料的印章是否有效。

（4）审核案件是否需要调查。理赔员调阅被保险人的投保资料，根据报案情况，查看被保险人投保时的健康及财务告知、体检报告等事项，分析是否可能存在道德风险及责任免除的情况，以此确定是否需要进行调查及调查的重点。需重点进行调查的理赔案件包括：①预计赔付金额较高的赔案；②长期险合同订立 2 年内死亡的；③存在保险欺诈、恶意投保可能或有保险责任免除可能的；④核赔人认为其他确有必要进行调查的。如案件事实清楚、证据齐全、责任明确，可免于调查，但必须制作免调审核单写明免于调查的理由。

2. 审核结果。如保险事故发生在合同有效期内，属保险责任范围，且证明材料齐全、有效，理赔人员应结合调查结果，作出理赔结论后，计算理赔给付金额。理赔人员对案卷进行理赔计算前，应审核案卷所附材料是否足以作出正确的给付、拒付、豁免处理，并依审核结果分做下述处理：（1）证明材料不完整的，应通知申请人补齐证明材料。（2）对于资料尚有疑义的案件，如需进一步调查，应通知调查人员继续调查。（3）遇有不实告知、年龄误告或职业变更等，需请核保部门重新评估该保件的风险程度时，理赔员可交核保人员审核。（4）对于可能有法律纠纷的案件，理赔员可选择法务会签，请有关法务人员提出意见。（5）理赔计算前，需保全会签的案件，交保全部门会签。（6）上述资料均完整提供后，则可进行给付、拒赔、通融处理。

（四）调查

理赔调查就是对人身保险的保险事故或者申请赔案进行核实和查证的过程，调查的结论对理赔处理结果有决定性的影响。

1. 基本要求。调查必须本着实事求是的原则；调查应力求迅速、准确、全面；对案件的调查必须实行双人查勘制度；调查人员在查勘过程中禁止就理赔事项作出任何形式的承诺；调查应遵循回避原则；调查完毕后应及时撰写调查报告，真实、客观地反映调查情况；需要境外调查的案件应报总部业务管理部门批准。

2. 调查情形。理赔调查的重点应当放在投保动机不良、事故疑点多、风险大的索赔案件上，目的是防范理赔中出现的骗赔、保险欺诈和道德风险因素。以下类似的异常情况应该引起理赔人员的高度重视：

（1）有关保险合同内容。保险事故发生的最近，高度增加保险金额或投保低保费高保障的保单；保险合同失效后最近又突然复效；同一期间投保其他保险公司的同类保险。

（2）有关被保险人、受益人。申请索赔时，被保险人或受益人的行为举止有违常理，如要求迅速理赔或急于要求和解，或以要挟、投诉、登报、法律诉讼等向核赔人员施加压力；事故发生后很长时间才申请索赔。

（3）有关保险事故。保险事故发生时间与投保时间或签发保险合同时间间隔较短；保险事故发生时，被保险人仅与家人或朋友在一起；保险事故发生时无目击者；索赔申请人所陈述事故发生地点较偏僻，属于不易查证的地方。

（4）有关理赔申请文件。保险事故证明文件不正规、不合法；证明文件有删除、涂改或伪造的情况；不能提供完整的索赔资料或以丢失、不清楚为由拒绝提供。

3. 调查方法。对于不同类型的案件，调查人员应通过不同的途径及方法进行调查，方可取得满意的调查结果，为保险责任的认定及理算提供可靠依据。理赔调查的方法主要有：

（1）现场查勘。现场查勘的目的是推断保险事故的性质、保险事故发生的合理性和损失程度。查勘时发现能证明事故性质的痕迹或物品，应尽可能客观、完整地保全，可以采取照相、笔录、绘图、录像等形式。查勘工作质量的高低对及时、准确、合理地处理赔案起着关键的作用。

（2）调查询问。它是指调查人员为查明案情而用提问的形式向涉案人员所进行的取证活动。调查人员事先要拟定询问计划，掌握询问技巧，最大量地获取相关证据。调查询问的对象包括：投保人、受益人、被保险人；被保险人的家属、同事、邻居等有关知情人员；代理人、医生、相关机构人员等。

（3）聘请专业机构鉴定。有些理赔案件，理赔人员需要聘请专业鉴定机构对物证进行技术鉴定，一般包括死者身份鉴定、事故原因鉴定、事故性质鉴定、伤残等级鉴定、笔迹鉴定。

4. 证明核定。证明核定是指审核所有理赔申请证明材料的真实性、合法性和有效性，并以此决定是否作为认定事实的依据。

（1）死亡证明。死亡或验尸证明应由公安部门或国家卫生部门所属的县级以上（包括县级）公立医院出具被保险人死亡的原始证明，如只能提供复印件留存，应要求受益人先将证明材料原件交理赔人员审核，确定其效力后，由理赔人员在复印件上注明"原件已核"及复印日期，并分别由审核人员及提交证明人签字。如被保险人为宣告死亡，则受益人须提供人民法院出具的宣告死亡判决书。

（2）伤残证明。伤残等级鉴定报告应要求申请人提供证明材料原件，对于鉴定报告，理赔人员认为有必要重新鉴定的，可要求被保险人到公司指定医院或机构进行鉴定。鉴定人必须具有法定鉴定资格。对于功能丧失的鉴定，应在被保险人结束治疗后6个月进行。

（3）医疗证明。对于医疗给付案件，原则上要求被保险人提供医疗诊断书、出院小结或病历原件（复印件须加盖医院公章）；医疗费收据原则上要求提供原始收据，若有正当理由不能提供原件而只能提供复印件的，申请人须做书面说明，并交原件审核或附原件核销单位之证明。

5. 调查报告。经过调查取证后调查员应及时撰写调查报告，在调查报告中撰写查证途径，证据事实与结论，其内容必须真实、完整、不加主观臆断，并附有关证明材料呈交核赔员。审核或签批人员对调查报告的事实及结论持有异议，认为需要重新调查的，可照会调查人重新调查。理赔调查报告撰写完毕后应及时送交核赔人员。

（1）每次理赔调查后，调查人员应撰写理赔调查报告，注明赔案号、调查序次、出险人姓名、性别、身份证件名称及号码，详细记录调查时间、调查地点、出险时间、地点、原因、就诊医院、门诊时间、住院天数及起止时间、调查所取得的证明材料的名称及件数等调查情况，最后记录调查报告形成的时间。

（2）委托异地机构调查的案件，调查人员根据受托单位返回的代查勘结果判断是否需要进一步调查；确认调查完毕，依代查勘结果撰写调查报告。

（3）对于调查过程中发现需要申请人进一步提供证明材料的，调查人员应在理赔调查报告中做特别说明，提示立案人员通知申请人尽快补齐所需证明材料。

（五）理算

理算，即理赔计算，是指理算人员对索赔案件作出正常给付、不予给付、通融赔付、豁免处理和对给付保险金额计算的过程。理算人员根据保险合同以及类别的划分进行理赔计算，缮制"理赔计算书"和"理赔案件处理呈批表"。

1. 人身保险公司的理赔人员，根据保险合同的相关约定和人身保险公司的理赔政策，结合索赔案件的实际客观情况，分别作出如下不同的理算：

（1）给付理算。对于正常给付的索赔案件的处理，应根据保险合同的内容、险种、给付责任、保险金额和出险情况计算出给付的保险金额。如身故保险金则根据合同中的身故责任进行计算；伤残保险金则根据伤残程度及鉴定结果，按规定比例计算；医疗保险金则根据客户支付的医疗费用进行计算。

（2）拒付理算。对应拒付的案件，理算人员作拒付确认，并记录拒付处理意见及原因。对于保险合同由此终止的，应在处理意见中注明，并按条款约定计算应退还保费或现金价值，以及补扣款项及金额；对于保险合同继续有效的，应在处理意见中注明，将合同置为继续有效状态。

（3）通融赔付理算。在一些特殊情况下，对于被保险人的索赔，保险人还可通融赔付，即按照保险合同条款的规定，本不应由保险人赔付的经济损失，保险人在综合考虑各种因素的前提下，仍然给予一定的补偿或给付。这种通融赔付不是无原则的"送人情"，而是对保险原则的灵活运用。在考虑使用通融赔付时，必须注意要有利于保险业务的稳定和发展，有利于维持保险人的信誉和在市场竞争中的地位，同时要适时适度。

（4）豁免保费理算。对于应豁免保费的案件，理算人员作豁免确认，将保险合同作"已理算且保费豁免"处理。

2. 人身保险公司的理赔人员在计算、核定理赔给付一般的人身保险产品保险金的金额数量时，应注意下列各点：

（1）投保人是否有尚未归还的保单借款，如有，则应相应扣减借款本金及利息。

（2）保单是否处于保费垫缴状态，如是，则应相应扣减垫缴保费的本金及利息。

（3）是否有欠缴保费、预收保费，如有，则应相应扣减欠缴保费或退还预收保费。

（4）如申请人延误报案的，还可扣除因申请人延误报案而发生的核赔、查勘费用。

（5）如有未领取的满期保险金、红利、利差，应予以补付。

（6）如在宽限期出险，计算时应扣除欠缴保费。

3. 对于被保险人因意外伤害所致残疾或死亡的理赔案件，人身保险公司的理赔人员在理赔计算时还应注意以下事项：

（1）核实被保险人180天内有无伤残给付，本次死亡给付是否由于同一事故所致，如是，则应扣减已支付的伤残给付金额。

（2）在同一保单年度内有无伤残给付，如果已经存在，并且已经给付了相应的保险金，应对保险金额作减额处理。

4. 申请索赔的保单是否已申请了重大疾病提前给付，如果已经申请并且已经给付了相应的保险金，则应在核定给付时，按照保险金额作减额处理。

5. 医疗保险理赔处理和计算，在人身保险理赔过程中是重点和难点，除了涉及专业性的医疗知识外，还应注意的问题有：

（1）如医疗费用险在保险公司全额赔付时，须收取医疗原始收据。

（2）如医疗费用险在保险公司部分赔付时，医疗费收据原则上应按条款要求提供原始收据，经保险公司赔付后，如申请人索要原始收据，则由保险公司提供原始发票复印件及分割单。

（3）若有正当理由不能提供原件而只能提供复印件的，提供的复印件上需加盖支付单位的公章并出具收取票据原件单位注明已赔付金额的分割单。

（4）医疗补贴险赔付时，可审核医疗费原件后留存复印件，并注明"复印于原件"等字样和复印人签名。

（六）复核

所谓复核就是再次的检查核对。复核是理赔业务处理中一个关键的环节，具有后续把关的作用。通过复核，能够发现业务处理过程中的疏忽和错误，并及时予以纠正；同时复核对理赔人员也具有监督和约束的作用，防止理赔人员个人因素对理赔结果的影响，保证理赔处理的客观性和公正性，也是理赔部门内部风险防范的一个重要环节。

复核的内容要点如下：出险人的确认；保险期间的确认；出险事故原因及性质的确认；保险责任的确认；证明材料完整性与有效性的确认；理赔计算准确性与完整性的确认。

已复核的案件逐级呈报给有相应审批权限的主管进行审批。根据审批结果，进行相应的处理。批复需要重新理算的案件，应退回理算人员重新理算；批复需进一步调查的案件，应通知调查人员继续调查；批复同意的案件，则移入下一个结案处理环节。

（七）结案

结案指的是人身保险公司的理赔人员收到复核人员送交的理赔案卷后，进行案卷移入登记，并根据不同情况分别处理，结束赔案的过程。

1. 给付案件的结案。对于经复核审批后继续有效的合同，缮制"批单"一式两份，一份附贴在保险合同上，交还给客户以明示，另一份归档。缮制"理赔领款通知书"寄送申请人。将保险合同作"已结案且合同继续有效"处理。对终止的保险合同，缮制"理赔领款通知书"寄送申请人，同时注明保险合同效力终止的原因。将保险合同作"已结案且合同终止"处理。

领款人凭领款通知书到柜面出纳处领款，领款人在领款时要出示本人身份证、工作证等证件，由经办人员进行核对，确认其是否具有领取保险金的资格。如确有特殊原因，领款人本人无法亲自前来领款的，可委托他人代领，但必须向保险公司提交由领款人和代理人签名认可、授权明确的授权委托书及双方的身份证明。

2. 拒赔案件的结案。对于经复核后拒绝给付并继续有效的合同，缮制"拒赔通知书"寄送申请人。通知书中应注明拒赔的原因，措辞必须明确，并提示申请人取回保险合同等证明材料。将保险合同作"已结案且合同继续有效"处理。对效力终止的合同，缮制"拒赔通知书"并寄送申请人，通知书中应注明拒赔原因及保险合同效力终止的原因。如有退费款项，应同时在通知书中予以反映，并注明金额及款项归属人，提示前来领款，将保险合同作"已结案且合同终止"处理。结案人应要求申请人在《理赔申请材料签收单》副联上签字后，将其交回，以此换回保险单正本及有关材料。立案人应将退回的材料复印，注明审件日期，在卷宗留存以备案。

3. 豁免案件的结案。根据条款规定享受保费豁免的保单，由核赔人签发保费豁免的具体金额并通知申请人。另将通知单交客户服务部出批单批注后，一联转客户留存（加盖骑缝章），一联由业务员留存，粘贴于业务留存保单上。经审核不符合保费豁免条件的，核赔人应填写并送达《保费豁免决定通知书》，阐明不予豁免的具体理由，将保险合同作"已结案且合同豁免保费"处理。

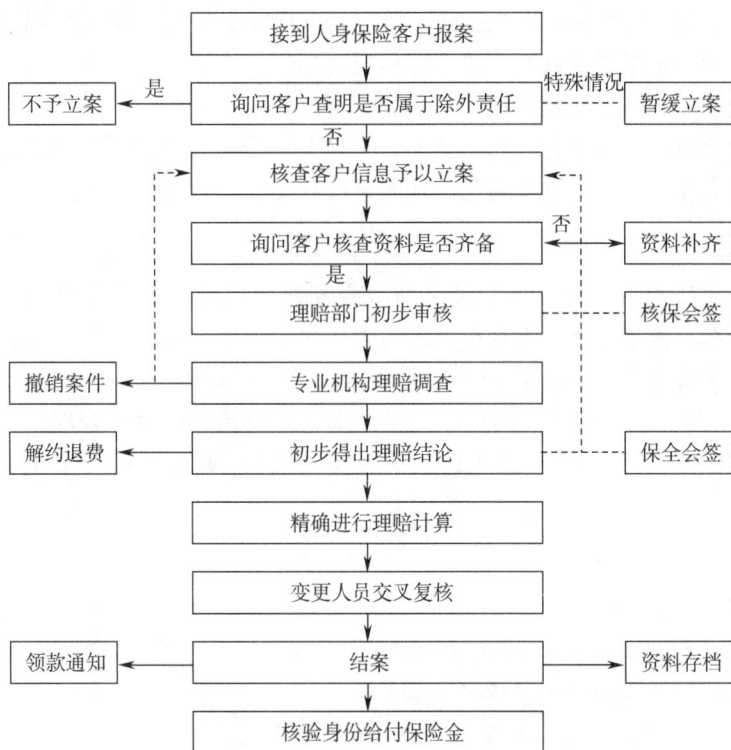

图 9 – 3 人身保险理赔流程图

4. 理赔档案整理归档。理赔案件结案后，人身保险公司的理赔人员应当对案卷中的材料与明细表内容进行核对后签收，按顺序将案卷进行装订后归档，并按业务档案管理的要求和时限进行归档管理，以便将来查阅和使用。

理赔归档的材料及装订顺序：理赔案卷目录；保险单正本或复印件；理赔申请材料签收单；委托授权书；理赔给付申请书；理赔调查报告书及相关调查材料；照会和各类会签结果；各类通知书；领款收据及批单；被保险人、受益人身份证明；申请人申请索赔的各种事故证明材料和医疗费用等有关单据；合议笔录；案件呈报或上报上级公司的报告书副本及上级公司批复文件；起诉书、应诉书、答辩状、法庭调解书和庭外和解议书。

五、人身保险理赔的注意事项

保险金应一次支付给合同的受益人或法定继承人，如合同受益人或法定继承人为数人时，公司应在受益人或法定继承人全部签名认可其相应份额的保险金或出具合法的授权委托书后，一次支付给申请人或受托人。

如受益人或法定继承人各方对保险金的分配发生争议时，公司不宜介入对保险金的分配。保险金分配待由有权利的各方商定形成书面文件或经仲裁机关仲裁、法院判决后，保险公司再据此进行给付。

如保单未指定受益人，且被保险人的法定继承人为两人以上时，公司应在法定继承人商定保险金分割方案并形成书面文件、签字认可后进行给付，并要求保险金领取人签署书面文件，说明："本保单未指定身故受益人，保险金按被保险人的遗产处理。本公司向被保险人的法定继承人履行保险金给付义务后，若有其他遗产继承人要求取得保险金，由保险金领取人与其协商解决。"

如为通融给付的，在履行给付手续前，必须要求受益人与公司签订给付协议书，由受益人保证放弃保单项下其他所有与本保险事故有关的权利或终止合同。

📖 知识小结

人身保险理赔是指人身保险公司根据保险合同的规定，在被保险人发生保险事故后，对被保险人、保单持有人或者受益人的索赔申请受理立案，对事故原因和损害程度进行确认，并决定是否予以赔付和如何具体赔付的全部过程。人身保险理赔的原则有：（1）重合同、守信用；（2）实事求是；（3）主动、迅速、准确、合理。人身保险理赔的流程包括：（1）接案；（2）立案；（3）初审；（4）调查；（5）理算；（6）复核；（7）结案。

📖 考核

【思考题】

1. 人身保险理赔的原则和机构有哪些？

2. 人身保险的理赔流程包括哪些步骤？

3. 对照不同的案件说明人身保险理赔时的审核重点。

4. 现实业务中保险公司处理赔案时有哪些注意事项？

📖 拓展

【知识链接】

人身保险理赔中的理赔结论

第一，正常给付。人身保险公司的理赔人员根据对保险赔案的审核、核保会签等意见，确认属于保险责任范围内的案件应正常给付。

第二，通融给付。对一些案情特殊、责任不够明确但具有重大社会影响的疑难案件，可做通融给付处理。通融案件是应严格掌握的极少数特别案件，不得任意通融。处理时必须掌握以下原则：第一，由于公司在展业、服务方面确实存在不足而无充分理由而拒赔，客户一旦提出诉讼，保险公司无望胜诉的，方可进行通融给付。第二，给付后确实能巩固和促进业务的发展，不会产生连锁反应，造成工作被动的，方可进行通融给付。第三，通融给付后不会造成不当得利，引发道德风险。第四，理赔员应详细说明通融理由、通融处理方法及拟通融给付金额，并按规定的程序，在规定的权限内逐级审核上报。第五，通融给付的金额最高为正常给付金额的100%。第六，通融给付有争执的，受理机构在履行给付手续前，必须要求受益人与公司订立和解书，并由受益人出具放弃保险单上所有权利的保证。

第三，解约给付。根据保险法或合同条款规定，对原保险合同做解约处理。下列情况可在解约时做全部或部分退还保费：（1）合同自始无效。（2）对于条款中列明全部或部分退还保费或退还现金价值。（3）按保险法规定应全部或部分退还保费或退还现金价值。（4）其他经协商、仲裁或法院判决等情况需全部或部分退还保费或退还现金价值。

第四，预先给付。在合同签署当地具有重大影响、责任明确的重大意外伤害保险以及补偿性的医疗保险事故，可视其具体情况申请预付保险金。人身保险公司各分支机构如有需要预付赔款的案件，应及时上报上级公司审批。上级公司接到申请后，如同意预付赔款，可授权分公司对案件进行快速审核。所缺的各项单证及资料可在事后补齐。如不同意预付赔款的，则分公司按正常理赔处理流程处理。

第五，不予给付。不予给付的情况主要包括两种：第一种是拒赔：依据条款、合同及相关法律不承担保险金给付责任的案件，可做拒赔处理。第二种是解约不退费：投保人故意不履行如实告知义务，在保险人对保险合同解除前发生事故，不承担赔偿或给付责任，解除合同时，不退还保险费。另外，若经查实，客户有保险欺诈的情况，根据保险法的规定解约不退费。

【专业词汇】

人身保险理赔 settlement of personal insurance claims　立案 put on record

任务9-3　了解人身保险的核赔

📖 **情境引入**

客户对保险公司赔案审核的处理比较感兴趣，梁某怎样才能向客户说明保险公司是如何审核赔案的？

📖 **学习任务**

一、人身保险核赔的含义

这里所说的人身保险的核赔，是指狭义的核赔，指的是在人身保险的理赔过程中，在索赔案件的各项资料都收集齐备的情况下，根据保险公司的理赔政策和保险赔案的实际情况，审核整个保险事故和索赔案件的各个事项和要点，以便作出是否给付保险金和如何给付保险金的决定。

而广义的核赔，还包括人身保险公司接受报案的人员对所接报案是都属于本公司案件受理范围；立案人员对于索赔申请人资格条件的审核；理赔人员对于索赔申请人递交的索赔资料的审核；财务人员对于保险金申领人资格的审核等众多方面，几乎涵盖了整个人身保险理赔的全部流程。

二、死亡给付的核赔

死亡给付，指在人身保险合同的有效期限内，被保险人发生保险事故以致其死亡，保险人依照合同规定向受益人或被保险人的法定继承人给付死亡保险金的过程。理赔人员的首要任务就是根据受益人提供的资料确定被保险人是否死亡，并判断被保险人死亡的原因。

目前，关于死亡的判定标准分为心脏死亡与脑死亡两种。心脏死亡的定义很简单，是指机体生命活动和新陈代谢终止，呼吸心跳停止，并没有复苏可能时所确认的死亡。至于脑死亡的判断，则须符合以下六项条件：严重昏迷、瞳孔放大、固定、脑干反应能力消失、脑电波无起伏、呼吸停顿，以上六项要连续出现 6 个小时而毫无变化。我国医学界和法律上现行采用的死亡标准是前者。

由于死亡给付的保险金额一般较高，因此对于该类理赔案件，应加强调查，以确保没有带病投保、未如实告知事项，若发现确实有未如实告知事项，应交由核保部门二次核保，根据其二次核保的结果完成理赔审核。

根据导致被保险人死亡发生的原因可将死亡分为四类：疾病死亡、意外伤害死亡、宣告死亡和自杀死亡。

（一）疾病死亡的核赔

被保险人若在保险合同生效或复效后短期内因病死亡，应注意该被保险人是否为带病投保或有其他不实告知事项。若被保险人在国外死亡，应自费取得所在国使领馆或当地政府机构确认的有效书面死亡证明材料原件，提供给保险公司以供审核。对于保险合同生效或复效满两年的，被保险人自杀身亡者可按照疾病身故保额赔付。

（二）意外伤害死亡的核赔

对于曾发生过意外伤害事件，然后死亡的被保险人，应根据意外伤害的定义判定是否属于意外伤害死亡，主要是遵循近因原则确定意外伤害事故与死亡之间是否存在必然的联系。同时要注重对造成意外事故的因素进行调查，特别注意对责任免除中的事项加以判定。给付死亡保险金时，应注意扣除曾经支付的残疾保险金。

有时，被保险人因不明原因突然摔倒而死亡，经医生诊断死亡原因是猝死的，受益人经常会向保险公司申请意外伤害死亡给付索赔。由于意外伤害死亡给付的保险金额往往要高于疾病死亡给付的保险金额，因此有必要精确地审核死亡原因是否为意外伤害事故。因为猝死有着明确的医学定义，即平素健康或有严重疾病但病情已基本稳定，而突然产生的非人为因素的死亡。故根据其定义，就可判定猝死并非意外伤害事故导致的，对于猝死应按照疾病死亡赔付。

（三）宣告死亡的核赔

宣告死亡是指公民下落不明满一定时间，人民法院依据利害关系人的申请，以审判程序宣告该公民死亡的法律行为。根据《民法通则》第二十三条的规定，公民有下列情形之一的，利害关系人可以向人民法院申请宣告他死亡：①下落不明满四年的；②因意外事故下落不明，从事故发生之日起满二年的。在理赔中，受理此类事故，必须让受益人提供法院出具的《宣告死亡判决书》，一旦人民法院宣告失踪的被保险人死亡，下落不明满四年的被保险人被宣告死亡的，保险公司应按疾病死亡保额给付；因意外事故下落不明满二年，被保险人被宣告死亡的，应按意外死亡保额给付。被宣告死亡的被保险人重新出现或确实知其没有死亡，保险公司有权追回已给付的保险金。

人民法院宣告被保险人死亡的宣告日期即为被保险人的死亡日期，因此在失踪后直至宣告死亡的日期，投保人应当持续缴纳保险费才能维持保险合同的效力，使得被保险人被宣告死亡时保险合同仍然有效而确保受益人能够得到保险公司的保险金赔偿。但是，很多保险合同的投保人和被保险人是同一人，若被保险人，也就是投保人失踪后，无人可以缴纳保险费，这时保险合同的失效是由不可抗力导致的，因此，若严格按照保险合同是否有效的标准来判定赔偿与否，对被保险人及投保人是不公平的。基于此，一些保险公司就按照宽赔付的原则予以赔偿，只是在赔偿的金额中扣除需缴纳的保险费。

【实务操作】

人身保险理赔中关于自杀死亡的审核

自杀即主观上有结束自己生命的意愿，并且在客观上亦实施了足以使自己死亡的行为。由于自杀者通常会在无旁观者的情形下实施自杀行为，所以受益人经常会向保险公司提出意外伤害死亡给付的索赔，甚至有些受益人明知被保险人是自杀身故，因利益驱使，也会向保险公司提出意外伤害死亡给付的索赔。

在这种情况下，就要求人身保险公司的理赔人员尽量做好调查核实工作，以便于掌握足够的依据来判断被保险人的死亡原因究竟是意外事故还是自杀导致。通常非正常死亡的案件，被保险人的家属会报警方立案，那么保险公司的调查方向主要是调阅警方的卷宗档案，以明确被保险人的死亡原因。若警方未明确被保险人的死亡原因，保险公司只能根据死亡现场的情况及向发生事故的相关人员进行调查来判断被保险人的死亡原因。

三、重大疾病给付的核赔

如果被保险人在合同约定期间被诊断初次患有合同约定的重大疾病，保险公司按照合同约定的保险金额给付保险金。目前国内各大保险公司都设定多种重大疾病，各公司根据其赔付的经验数据的不同，重大疾病包括的种类也不同。

（一）重大疾病的确诊

重大疾病给付在核赔时，首要问题是如何确定被保险人符合重大疾病的诊断。仅以"恶性肿瘤"为例，恶性肿瘤最直观的诊断依据是手术后标本取样的病理诊断报告。对于被保险人癌症发生于早期的，一般都以手术治疗为首选治疗手段，这时提供病理报告毫无问题。但是对于晚期癌症患者，手术治疗可能会加快被保险人的死亡，因此不能选择手术而使被保险人无法提供病理报告。这时，由于被保险人只能提供 CT、MRI、内窥镜、体液放射免疫等报告，缺乏恶性肿瘤的直观依据，确定被保险人是否符合恶性肿瘤的诊断就存在一定的困难,会成为被保险人和保险公司争执的焦点。由于现代医学对恶性肿瘤的非手术诊断能力已经较发达,诊断的准确率已经相当高,误诊率很小,因此门诊或临床上的诊断与病理检验诊断应当具有较高的准确性,保险公司应当在一定程度之内予以认可。

(二)重大疾病的资料

被保险人索赔重大疾病给付的时候,提供的住院病历要尽量详细,检查项目、报告要齐全,必要时被保险人应到保险公司指定的医院进行复查,以便于保险公司审核其疾病是否符合保险合同条款的约定。理赔人员审核时,应调查重大疾病的病理诊断报告是否为首次检查报告,以防止有未如实告知事项、带病投保的可能。

(三)重大疾病的免责期

理赔人员应注意免责期的界定,重大疾病只有初次发生和确诊都在免责期后,即该疾病确实发生于保险合同生效期间,才属于保险责任范围。对于重大疾病的给付责任,多数保险公司会在条款中指定一个期限,在此期限内发生的重大疾病属于保险公司的责任免除范围,这个期限即免责期。

(四)重大疾病的核赔举例

重大疾病核赔的审核重点应该是根据被保险人提供的病历资料或者鉴定材料,对其所患疾病是否属于保险合同约定的重大疾病加以判断。对于重大疾病的诊断,在每一份重大疾病保险合同中都有明确的定义,下面以某保险公司的重大疾病条款中急性心肌梗死为例讨论重大疾病的诊断。

急性心肌梗死,是指由于冠状动脉阻塞而导致部分心肌缺血性坏死。其诊断必须同时具备下列三个条件:

1. 突发性、持久而剧烈胸痛或胸骨后压迫性疼痛。
2. 近期心电图呈异常变化,常伴有严重心律失常和(或)急性循环功能障碍。
3. 心肌酶异常增高。

符合上述标准的情况才能确定为患有急性心肌梗死。首先必须有典型的突发性、持久而剧烈胸痛或胸骨后压迫性疼痛,这是急性心肌梗死的特殊症状。其典型的心电图表现是起病时(急性期)面向梗死区的导联出现异常 Q 波和 ST 段明显抬高,后者弓背向上与 T 波连接呈单向曲线,R 波减低或消失;背向梗死区的导联则显示 R 波增高和 ST 段压低。发病后数日至两周左右,面向梗死区的导联,ST 段逐渐恢复到基线水平,T 波变为平坦或显著倒置。异常 Q 波以后永久存在而 T 波有可能在数月至数年内恢复。但也有一些心肌梗死的心电图表现不如此典型。急性心肌梗死患者的血液中心肌酶系含量异常增高,血液心肌酶系主要由血清肌酸磷酸激酶(CK 或 CPK)、乳酸脱氢酶(LDH)和谷草转氨酶(AST 或 GOT)组成,在急性心肌梗死时,上述三种酶及其同功酶均有不同程度的升高。血清肌酸磷酸激酶发病 6 小时内出现,24 小时达高峰,48~72 小时后消失,由于血清肌酸磷酸激酶指标具有的特性,任何延迟超过梗死后 36 小时所做的心肌酶谱检查时,其血清肌酸磷酸激酶指标都有可能是正常的,但是乳酸脱氢酶会持续较长的异常反应,一般为 7~9 日。肌钙蛋白 I 或 T 的出现和增高也是反映急性心肌梗死的指标。

📖 【拓展阅读】

人身保险理赔中的恶性肿瘤

恶性肿瘤指由遗传性发生改变并伴有相对自主性生长能力的细胞所构成的新生组织，具有向周围正常组织浸润和向远处器官转移的特性。凡经病理检验确定，符合国家卫生部门公布的"国际疾病伤害及死亡分类标准"，就归属于恶性肿瘤的疾病。但下述除外：

1. 第一期何杰金氏病。何杰金氏病是一种淋巴瘤，多见于青年，儿童少见，首见症状是无痛性的颈部或锁骨上淋巴结肿大，其次为腋下淋巴结肿大。根据 1970 年 Ann Arbor 会议推荐的临床分期法，何杰金氏病可分为四期：Ⅰ期，病变仅限于一个淋巴结区（Ⅰ）或淋巴结以外单一器官（Ⅰe）；Ⅱ期，病变累及横隔同一侧两个或更多的淋巴结区（Ⅱ）或病变局限侵犯淋巴结以外器官及横隔同侧一个以上的淋巴结区（Ⅱe）；Ⅲ期、Ⅳ期在此简略。

2. 慢性淋巴细胞白血病。慢性淋巴细胞白血病是一种由于小淋巴细胞克隆性扩展，最终导致造血功能衰竭的一种恶性疾病，老年人高发。国际上分为三期。绝大多数该类病人处于休止期（G0 期），一般一期病人无须治疗，定期复查即可。二期、三期病人给予化疗，一般效果良好。

3. 原位癌。原位癌指癌细胞局限于上皮层内，尚未穿透基底膜，是癌的最早阶段。一般无临床症状，不浸润周围组织，不发生转移，可治愈。诊断主要依靠病理报告。常见的原位癌有宫颈原位鳞形细胞癌、乳房原位 Peget 病、皮肤 Bowen 氏病、膀胱原位移行细胞癌、喉原位鳞形细胞癌等。

4. 恶性黑色素瘤以外的各种皮肤癌。恶性黑色素瘤是唯一在皮肤癌中作为保险责任的癌症。恶性黑色素瘤是一种较易转移的恶性肿瘤，可由色素痣恶化形成，但也可原发于正常皮肤或原发于内脏等处。恶性黑色素瘤可以发生于任何部位，一旦转移，预期后果不良，死亡率极高。

四、残疾给付的核赔

残疾指永久丧失全部或部分劳动能力和身体器官技能。残疾给付，是保险公司根据保险合同的约定，以被保险人因意外伤害或因疾病造成残疾为给付条件，向被保险人履行给付保险金义务的行为。

（一）残疾的评价

被保险人因意外伤害或疾病造成身体残疾，保险人按保险单所载保险金额及该项身体残疾所对应的给付比例给付残疾保险金。在治疗结束后，由保险公司认可的鉴定机构进行鉴定。若自被保险人遭受意外伤害或患病之日起 180 天内治疗仍未结束，按意外伤害或疾病发生之日起第 180 天时的身体情况进行鉴定，并据此给付保险金。被保险人因同一意外伤害或同一疾病造成两项及两项以上身体残疾时，保险人给付对应项残疾保险金之和。但不同残疾项目属于同一手或同一足时，保险人仅给付其中一项残疾保险金；如残疾项目所对应的给付比例不同时，仅给付其中比例较高一项的残疾保险金。具体审核时应以条款的描述为处理依据。

（二）残疾给付的核赔要点

如果保险合同中残疾给付标准在不同时期的条款中所列项目和标准有所不同，在执行中应以当时条款为准。理赔或调查人员应面见被保险人，观察询问致残情况，并对被保险人的身体状况进行检查，判断是否符合保险条款所约定的残疾标准，若确实属于残疾，尚需核定其残疾的程度，按照保险条款中不同的残疾程度应给予不同的给付比例。理赔人员应侧面调查周围邻居或同学、同事，以排除逆向选择和未如实告知的可能。

五、豁免保险费的核赔

豁免保险费的保险范围是当被保险人或投保人（在保险合同中为未成年被保险人的父母）因为疾病或意外伤害而致残疾丧失从事一切工作或原来工作的能力，无法通过工作获得报酬，且此残疾情况持续超过 180 天而未能痊愈者，保险公司应从被保险人或投保人残疾诊断确定之日起，于其持续残疾期间，豁免投保人应缴的保险费，而该保险合同仍然有效。

（一）豁免保险费的条件

在不同的保险公司，其条款所约定的豁免保险费的条件各不相同，但不外乎以下几种情况：罹患重大疾病、二级至三级残疾、投保人身故等。

通常保险条款约定，对于为未成年子女投保的投保人或者被保险人本人（这时被保险人为成年人并与投保人是同一人）在死亡、高度残疾或重大疾病时，符合保险公司豁免保险费的条件。保险公司同意豁免保险费后，其豁免保险费的年限，须视该保险公司的条款约定。

（二）豁免保险费的核赔要点

理赔人员审核时，应判断投保人死亡、残疾或重大疾病是否属于责任免除范围，确认保险合同是否有免缴责任和该赔案是否符合免缴条款的约定。若保险公司最终同意豁免保险费，其生效日应当为保险事故发生日。

如该保险合同有预缴保险费，应全额退还该部分保险费。在被保险人或投保人提出豁免保险费的申请时，若已到续缴保险费的期限，应要求投保人或被保险人的法定监护人（原投保人死亡时，应有法定监护人继续履行缴纳保险费的义务）先缴纳保险费，待保险公司核定同意豁免保险费后，再退还该部分保险费，以免保险公司拒绝豁免保险费时保险合同失效。

📖 【拓展阅读】

保监会颁布《人身保险业务基本服务规定》

为适应近年来我国人身保险业务的快速发展解决理赔难、销售误导等影响保险业健康发展的问题，督促保险公司改善服务质量，建立和完善保护被保险人利益的工作机制，提升人身保险业务服务水平，保监会于 2010 年颁布实施了《人身保险业务基本服务规定》（以下简称《服务规定》）。《服务规定》共 33 条全面规范了开展人身保险业务的各个环节包括：电话服务、新单受理、客户回访、合同保全、理赔服务及投诉处理等。主要内容包括以下几个方面。

第一，规范电话服务。《服务规定》从五个方面规范了电话服务。一是规定保险公司、保险代理人应当公布、告知服务电话号码便于投保人能通过电话获得及时服务。二是规定电话服务应当至少包括咨询、接报案、投诉等内容满足投保人的服务需求。三是规定电话服务的时间和人工接听服务的最短时间确保对投保人服务需求作出及时响应。四是规定保险公司应当建立服务电话的来电记录及处理制度确保投保人服务需求能够被追踪处理。五是规定通过电话渠道销售保险产品的保险销售人员应当告知投保人查询保险合同条款的有效途径。

第二，规范客户回访。《服务规定》从三个方面规范了客户回访。一是要求保险公司建立回访制度指定专门部门负责回访工作并配备必要的人员和设施。二是要求保险公司在犹豫期内对一年期以上人身保险合同的投保人进行回访并且规定了回访形式。三是规定保险公司在回访中发现存在销售误导等问题的应当在 15 个工作日内由销售人员以外的人员予以解决。

第三，规范合同保全。《服务规定》从三个方面规范了合同保全。一是规定保险公司应当自收到资料齐全的保全申请之日起 5 个工作日内确定是否同意保全并且通知保全申请人。保险公司不同意保全的还应当说明理由。二是申请人提交的保全申请资料不完整或者填写错误的，保险公司应当在 5 个工作日内一次性告知保全申请人。三是规定了保险公司完成合同保全的期限。

第四，规范理赔服务。《服务规定》从五个方面规范了理赔服务。一是规定保险公司在接到报案后应及时指导当事人准备索赔资料和证明。二是要求保险公司在规定期限内核定保险责任。三是规定保险公司认为不属于保险责任的应在 3 日内通知被保险人或者受益人并且说明理由。四是要求保险公司对需要进行伤残鉴定的赔付请求及时通知投保人、被保险人或者受益人办理鉴定手续。五是要求保险公司在规定期限内履行赔偿或者给付保险金义务。

第五，强化保险公司的被保险人保护责任。一是强化客户隐私和商业秘密的保护要求，保险公司建立投保人、被保险人和受益人个人隐私和商业秘密的保护制度。二是要求保险公司根据《服务规定》要求制定服务标准与服务质量监督机制，每年定期进行服务质量的检查评估。

📖　知识小结

人身保险的核赔指的是在人身保险的理赔过程中，在索赔案件的各项资料都收集齐备的情况下，根据保险公司的理赔政策和保险赔案的实际情况，审核整个保险事故和索赔案件的各个事项和要点，以便作出是否给付保险金和如何给付保险金的决定。死亡给付，指在人身保险合同的有效期限内，被保险人发生保险事故以至其死亡，保险人依照合同规定向受益人或被保险人的法定继承人给付死亡保险金的过程。重大疾病给付是指如果被保险人在合同约定期间被诊断初次患有合同约定的重大疾病，保险公司按照合同约定的保险金额给付保险金。残疾给付是保险公司根据保险合同的约定，以被保险人因意外伤害或因疾病造成残疾为给付条件，向被保险人履行给付保险金义务的行为。

📖 考核

【思考题】

1. 如何理解人身保险的核赔？
2. 人身保险的核赔流程包括哪些步骤？
3. 对照不同的标准说明说明人身保险核保后的业务种类。
4. 说明现实业务中的人身保险不同业务种类的审核操作要点。

📖 拓展

【知识链接】

人身保险残疾程度与保险金给付比例与说明

表 9－1 人身保险残疾程度与保险金给付比例对照表

等级	残疾程度说明	最高给付比例
一级	双目永久完全失明的；两上肢腕关节以上或两下肢踝关节以上缺失的；一上肢腕关节以上及一下肢踝关节以上缺失的；一目永久完全失明及一上肢腕关节以上缺失的；一目永久完全失明及一下肢踝关节以上缺失的；四肢关节机能永久完全丧失的；咀嚼、吞咽机能永久完全丧失的；中枢神经系统机能或胸、腹部脏器机能极度障碍，终身不能从事任何工作，为维持生命必要的日常生活活动全需他人扶助的	100%
二级	两上肢、或两下肢、或一上肢及一下肢，各有三大关节中的两个关节以上机能永久完全丧失的；十手指缺失的	75%
三级	一上肢腕关节以上缺失或一上肢的三大关节全部机能永久完全丧失的；一下肢踝关节以上缺失或一下肢的三大关节全部机能永久完全丧失的；双耳听觉机能永久完全丧失的；十手指机能永久完全丧失的；十足趾缺失的	50%
四级	一目永久完全失明的；一上肢三大关节中，有两关节之机能永久完全丧失的；一下肢三大关节中，有两关节之机能永久完全丧失的；一手含拇指及食指，有四手指以上缺失的；一下肢永久缩短5厘米以上的；语言机能永久完全丧失的；十足趾机能永久完全丧失的	30%
五级	一上肢三大关节中，有一关节之机能永久完全丧失的；一下肢三大关节中，有一关节之机能永久完全丧失的；两手拇指缺失的；一足五趾缺失的；两眼眼睑显著缺损的；一耳听觉机能永久完全丧失的；鼻部缺损且嗅觉机能遗存显著障碍的	20%
六级	一手拇指及食指缺失，或含拇指或食指有三个或三个以上手指缺失的；一手含拇指或食指有三个或三个以上手指机能永久完全丧失的；一足五趾机能永久完全丧失的	15%
七级	一手拇指或食指缺失，或中指、无名指和小指中有两个或两个以上手指缺失的；一手拇指及食指机能永久完全丧失的	10%

【专业词汇】

人身保险核赔 audit personal insurance compensation 死亡给付 die to pay

任务9-4 人身保险欺诈的防范

📖 **情境引入**

客户对一些特殊情况有些疑问，梁某怎样才能向客户说明保险公司如何预防保险欺诈？

📖 **学习任务**

一、人身保险欺诈的种类

（一）人身保险欺诈的含义

人身保险欺诈主要是指为投保人、被保险人、受益人以骗取保险金为目的，采取各种不诚信和欺诈手段，致使保险人限于错误认识而向其支付保险金的行为。人身保险欺诈具有极强的隐蔽性和严重的社会危害性。

（二）人寿保险欺诈的种类

常见的人身保险欺诈类型有如下几种。

1. 为欺诈做准备。

（1）主动投保：投保人主动到保险公司或找保险代理人投保，详细了解索赔事项及要求。在我国目前状况下，一般人的风险意识还不强，对保险、保险产品和保险服务了解甚少，绝大多数的投保人都是在保险代理人的反复讲解、分析后才决定投保。但也确有一些人经过自我学习和经别人讲解后主动来公司投保的。因此，主动投保单独出现并不一定具有道德危险，但是具有道德危险的保单主动投保的较多。

（2）超额保险：超额保险是指投保人所投保险的保险费超过了其经济承受能力。超额保险不一定是高额保险，它是以投保人自身经济能力来做衡量标准的。人寿保险多是长期缴费的保险，每年的保险费都是一笔固定的支出，超出每年的经济支付能力购买保险是不正常的。非高额的超额保险是因为考虑周全，只想到了保障而没有考虑好自己的经济能力，不一定有道德危险，但是高额的超额保险道德危险很大。非高额的超额保险会给投保人造成经济困难，生活水平下降，最后会因不堪重负而退保，高额的超额保险则可能隐含着杀机，所以两种情况都不应该承保。

（3）高额保险：高额保险就是指保险金额很高。具体的标准因各国、各地的经济状况而有不同。因为人的生命无价，所以人寿保险的一大特征是保额可以很高。高额保险中不属超额投保的部分是正常的投保行为，表明投保人经济实力强，保险需求高。高额保险中属超额投保的部分道德危险很大，特别是以集中购买、分散投保方式获得超额的高额保险更是保险诈骗的前奏。

（4）没有保险利益。保险法规定投保人对保险标的应当具有保险利益。投保人对保险标的不具有保险利益的，保险合同无效。投保人必须对被保险人具有可保利益，这本是人身保险经营的一条最基本原则，但是某些地区在发展人身保险业务的初期，未必严格按照保险原则进行运作，这就在无形中为保险欺诈提供了生存的土壤。

（5）隐瞒投保资料。保险公司为了风险选择的需要，在承保以前会要求投保人、被保险人就被保险人的身体状况、财务状况、职业状况及已经参加保险的情况作出说明或回答有关的问题。预谋诈骗者则往往通过隐瞒或提供不实资料的手法来骗取保险公司承保。当保险公司要面见被保险人或请被保险人进行身体检查时，预谋者多会百般阻拦，寻找各种原因推脱、拒绝。当保险人坚持这样做时，他则会寻找替身，顶替被保险人面晤或体检。也有的预谋诈骗者用其他理由欺骗保险人进行体检。个别人还用伪造的体检合格表格来说明情况，避免体检。

2. 伪造保险损失。伪造保险损失的人寿保险诈骗多是由被保险人主谋，受益人及其同伙协助进行，主谋者首先以自己为被保险人投保高额保险，再与受益人等一起制造被保险人死亡的假象。被保险人藏匿后由受益人出面申请死亡保险金。获赔后瓜分，迁居他处、隐姓埋名。

（1）利用第三者尸体。利用别人的尸体谎称是被保险人死亡。活要见人，死要见尸，有尸体为证的死亡人们深信不疑。诈骗者利用这一观念用拣来的、偷来的、买来的尸体向保险公司索赔。

（2）捏造被保险人遇难、失踪。此类情况没有尸体。事件多发生在海岸、河边、船上等可能找不到尸体的地方。当同伴与被保险人单独在以上地点时，突然发生意外，被保险人不见踪影，搜寻尸体不着，从而申请宣告死亡。

（3）提供虚假的死亡证明。这种情况较为多见，虚假证明的来源地多在远离公司的偏远地区或是国外。

（4）被保险人装死。被保险人假装死亡，由其家属操办葬礼，然后空棺下葬，骗取死亡证明和保险公司的给付。

3. 故意制造保险事故。

（1）故意杀害被保险人。为了获得高额保险金，受益人亲自或雇用杀手杀害被保险人，作案后伪造现场。常见的伪造方式有：伪装抢劫杀人；伪装交通事故死亡；伪装失火烧死；伪装自杀等。

（2）被保险人自杀。在保险法律中一般都规定在投保后的一段时间内发生的自杀，保险公司不负赔付责任。我国《保险法》将这一时间定为两年。两年内发生的自杀，保险公司不承担给付责任。这种规定可能促使决定自杀的被保险人，为了使遗属获得给付而伪装成其他原因死亡。常见的伪装有抢劫杀人、交通事故、其他意外和疾病死亡等。

4. 伪造变更保险期间。在时间问题上的道德危险常见的有涂改、伪造保险事故的发生时间。如已经投保，事故发生时刚好在健康观察期内或是宽限期之后，为了获得给付，涂改、伪造事故时间。还有"先出险，后投保"方式。事故已经发生了，然后到保险公司投保，谎称保险标的正常。然后再涂改、伪造事故发生时间，骗取给付。我国还有一种"倒签单"方式。事故发生以后再投保，在保险公司人员或代理人的配合下，将保险单的承保时间提前到事故发生以前。

（三）意外伤害保险欺诈的种类

在意外伤害保险中，根据保险合同的规定，投保人、受害人与保险人之间建立保险合同关系后，发生意外伤害结果，才能形成理赔案件。在为获取理赔案件的形成与发展中行为人要达到骗取保险金的目的，通常是在保险合同规定的要件上做些手脚，即"制作"意外事件、"制作"伤害结果、"制作"投保日期。

1."制作"意外事件。

（1）把故意行为编造成意外事件。行为人在投保有效期限内为了获取定额保险金而故意损害自己身体的某个部位，把自伤说成是意外事故所造成的，这就是人们常说的"苦肉计"或"自残"方式。

（2）故意扩大保险责任，把合同列为除外责任的行为编造意外事件。根据保险合同及其补充文件规定，行为人在实施某些行为过程中发生的伤害事件不属于保险业务范围。如在相互殴斗中被保险人被致伤，而编造是突然受到自然性质的外力袭击所形成的。

（3）串通相关人员出假证，编造意外事件。骗赔行为人采用各种手段，让证人、医生或保险公司业务人员捏造事实、虚构意外事件的证据资料，也有骗赔行为人恶意利用现成的残疾征象，编造意外事件，企图达到骗赔目的。

（4）用冒名顶替的办法"租借"意外事件。行为人没有发生意外伤害的事实，把未办理保险合同的他人的意外伤害事件的资料以金钱租用。如：一民工在办理保险合同后，让同工地摔伤的人员用他的身份证明办理就医手续和事故报告，并借此向保险部门索赔。

2."制作"伤害结果。

（1）把疾病情况编造为外伤伤情。行为人在发生意外的外力作用后，把自身的疾病硬说是本次外伤所致。如：在雪地滑倒后，把医院检查发现的脊椎退行性变说成是外伤所致，并要求保险部门支付保险金。

（2）夸大意外伤害程度。这种欺诈手法在我国人身意外伤害保险的赔付中是使用最多的一种。根据规定，在意外伤害发生过程中，人体所受损伤应有一定的剧烈程度，即创伤要有质和量的标准，如果只是轻微损伤，就不构成人身伤害的标准。行为人为了能使自己伤情达到保险部门的相应评残标准，会有意让医疗部门夸大伤情，出具不客观的医疗证明材料，或私下涂改、自填单证，以假充真，以骗取意外伤害保险金。

3."制作"投保日期

由于意外险投保手续简便，费率较低，保障金额高，又不需健康体检，故比较容易骗赔得逞，行为人一旦发生了意外事故，为弥补损失或额外获利，马上投保，更改出险日期或与保险业务员勾结更改投保日期，以达到骗取保险金的目的。

形成欺诈骗赔的原因是多方面的，虽然是外因为主，但保险公司的一些内在原因也是不容否认的，特别是保险行业在体制上和经营管理上有不少的漏洞，如临时招聘上岗人员、业务定额、竞争拉投保客户、内部纪律管理制度不健全等都会造成保险金流失现象发生。

（四）健康保险欺诈的种类

在各种形式的健康保险欺诈中，行为人为了额外获取保险金，一般多有利用"人情关系"，伪装和制造伪证，有的投保人或被保险人与医生串通合谋，蒙骗保险公司，由于有医院的参与，健康保险欺诈的识破就显得更加困难。

1. 被保险人真实患病。

（1）将非医疗保险责任转化为医疗保险责任。有的被保险人在投保了住院医疗保险以后，采取五花八门的欺诈手段。一般的医疗保险责任不包括门诊医疗费用和基本医疗保险规定的自费费用，但有的被保险人通过医生或者收费人员，将门诊费用改为住院医疗费用或将自费费用改为可报销费用或在发票中不标明自费金额，遂向保险公司进行索赔。

（2）拖延治疗，额外获利。此类案件多发生在没有正当职业，较为闲散的人群中。他们购买了人身保险以后，为了不吃"亏"，希望很快将保险费收回，采取小病大养，借一次轻微的外伤而做无限期的治疗，把扭伤、软组织伤等难以检验、鉴定的伤作为索赔的借口多领取住院补贴保险金。利用个别医院管理混乱的情况，随意开具诊断、治疗证明书，从而领取大量无关药品。

（3）夸大病情，骗取医疗保险金。这类骗赔手法是故意夸大伤害程度，如一般软组织伤，很长时间仍诉苦痛，拖延出院和治疗时间，或故装视力、听力减退，甚至伪盲、诈聋，以达到诈领保险金的目的。

（4）被保险人患病后，再投保医疗保险。这种情形实际上就是隐瞒病史，违反保险合同规定的告知义务，"带病投保"。投保时隐瞒已患的合同不保疾病，伪装成投保后才摧患疾病或事后推说自己不知道已患此病。

（5）被保险人利用重复保险方式欺诈。在这种情况下，被保险人可能是就同一险种向同一家保险公司投保两次保险，也可能是向同一保险公司投保两次保险，在发生保险责任范围内的事故后，通过两套保险单据，向保险公司索赔高于其实际支付的医疗费用。

2. 被保险人并未患病。

（1）利用关系，瞒天过海制造伪证。有些被保险人，为了达到给付目的，采取托熟人、走后门等不正当渠道，要求县、乡卫生院为其出假证明，无中生有，根本没有住院却伪造住院证明、医疗费收据。

（2）假冒真实被保险人向保险公司索取医疗保险金。此类型的保险欺诈为一人投保，多人受益，出险后张冠李戴，移花接木。还有一种情形是，真假被保险人将医疗费用单据混同在一起骗赔。

【知识链接】

人身保险理赔中的除外责任

除外责任是保险条款中列明的，保险公司不承担赔付责任的事项。除外责任的订立是为了限制对非偶然事故的赔付，以保护保险制度的健康运行，维护法律和社会公德，保护被保险人的安全。人身保险中一般将下列情况列为除外责任：

1. 投保人、受益人故意伤害、杀害被保险人。
2. 被保险人故意犯罪或拘捕，故意自伤、酗酒、斗殴所引起的死亡或者伤害。
3. 被保险人服用、吸食或注射毒品所引起的死亡或者伤害。
4. 被保险人在合同成立后或复效之日起两年内自杀。

5. 被保险人无证驾驶，酒后驾驶及驾驶无执照的机动交通工具所引起的死亡或者伤害。

6. 患艾滋病或感染艾滋病期间所患的疾病。

7. 战争、军事行动、暴乱或武装叛乱所引起的死亡或者伤害。

8. 核爆炸、核辐射或核污染所引起的死亡或者伤害。

当上述原因引起的死亡或者伤害发生时，受益人为了获得赔付，则可能破坏、伪造现场，提供虚假、伪造的证明文件，隐瞒真实的死亡原因和伤害性质。

二、人身保险欺诈的防范

（一）公司建立欺诈防范制度

人身保险欺诈的防范，对于保险公司而言，并不仅仅是针对某一项具体的业务而进行的临时工作，而是应该形成一项制度，成为人身保险公司日常工作的一个有效的组成部分，将人身保险的欺诈扼杀在摇篮里，有效的保障保险人和其他合法保险客户的利益。

1. 建立专业资格认定制度。承保和理赔人员是防范、揭露保险诈骗的专业工作人员。其专业素质、思想品德的高低直接影响着承保、理赔的质量，直接影响经营风险的控制。国外的经验表明：行业内健全的核保、核赔人制度、专业资格认定制度是现代保险业风险防范、风险控制的关键之一。另外，应加强保险赔案的稽核和审计工作，为那些在索赔中没有被保险公司识破的欺诈案又设立一道"筛网"，使保险公司能有理有据地收回所支付的错赔款项。

2. 组建高素质的理赔队伍。保险公司必须按照承保和理赔分离的原则，建立专门的、高水平的理赔队伍。保险公司的各级理赔人员都必须严格依照规定的程序和权限进行理赔，每一起理赔都必须经过主管领导或上级公司的审批，必要时还应经过专家论证。保险公司还要建立规范的理赔制度，实行接案人、定损人、理算人、审核人、审批人分离的制度和现场查勘双人制，做到人人把关、各司其职、互相监督、严格防范，以确保理赔质量。在理赔工作中，若发现以赔谋私或内外勾结欺诈，必须严肃处理。只有这样，才能把好理赔关，有效制止和杜绝保险欺诈行为的发生。

3. 加强与其他机构的合作。加强保险行业与公、检、法及医疗卫生、防疫等部门的合作，发挥各自优势。当保险公司自身的理赔人员不足以侦破一项高技术的保险犯罪活动，或者当保险公司认为值得动用一批有经验和专业技术的人员来参与反保险欺诈时，就可以考虑使用合作经营组织。在其他保险业发达的国家与地区，保险市场的周边组织数量比较多（如：调查公司、鉴定中心、专家系统等）。

4. 建立行业数据资源库。建立人身保险同业的承保档案或者信息中心等数据共享资源库的主要作用是，为保险人提供有关投保人的个人档案，及早察觉和发现投保人使用伪造凭证欺诈手法，尤其是当捏造意外死亡时，可及时发现他在多家保险公司所投保的保险金总额，还可以为将来合理拒赔提供详细的资料。反欺诈信息的共享能够使一些惯犯更早被发现，能使一些犯罪手段及时被识别，从而减少各家公司的损失。通过建立中央数据库，各公司将承保情况及理赔信息存入中央数据库，通过交换网络，各公司的核保和理赔部门共享这些信息，从而防止别家公司发生的诈骗在自己公司内重演。

5. 开展反保险欺诈的研究。应该设立专门的反保险欺诈研究机构，针对不同保险的要求和特点，开展如何防范、揭露保险诈骗行为的研究工作。为防范、揭露保险诈骗提供手段和技术上的支持。

（二）保险合同设计时的防范

人身保险合同的设计是防范欺诈的开始，不完善的合同也可以是诱发保险欺诈的一个原因。设计、订立保险合同时应考虑到多方面的因素，在保险责任范围、保险期限、除外责任、各种概念等方面用清楚、精确的文字加以界定。意思含糊的条款可能为保险欺诈留下可乘之机，由此引出的双方争议最终会对保险人不利。

投保书属于保险合同的一部分，是投保人申请投保时的要约。除一般项目和申请投保的情况外，还有一部分是"被保险人告知及健康声明书"。这一部分内容也是本着公平互利的原则，按照《保险法》第十七条的规定，保险人就保险标的的风险状况提出的询问，对这种询问，投保人和被保险人应当如实告知。

这部分内容既是保险公司了解被保险人风险状况、为风险选择提供的资料，也是日后揭穿可能发生的不实告知行为留下的法律依据。所以在设计中要提出合适、全面而准确的问题，并要求对方作出明确的答复。如果一些可能隐含危险的问题没有提出询问，就可能给保险欺诈提供可乘之机。

（三）开展业务承保时的防范

人身保险以人的生命、身体和健康为保险标的，受到的威胁和面临的风险多种多样，承保时考虑的主要有道德危险、健康危险和职业危险。为了获得正常的保件，人身保险公司通过风险选择和核保等方法进行承保风险的控制。

1. 业务人员的第一次风险选择。第一次风险选择是由业务人员在保单营销的过程中进行的。在营销的过程中业务人员总是直接、间接地与投保人和被保险人接触，通过交谈、观察、询问获得大量关于投保人、被保险人的第一手资料，包括一般状况、既往病史、职业、家庭经济状况、家庭背景、生活方式、投保动机等内容。如果能够仔细地了解投保人、被保险人的有关资料，就能发现许多有违常理的现象而及时防范道德危险的发生。要做到这点，应特别注意以下几点：投保者的动机是否纯正；是否存在保险利益；保险金额是否适当；是否有酗酒、吸食毒品、赌博等恶习者和自由职业、无固定收入、无固定居住场所等情况。

2. 体检医师的第二次风险选择。对于那些需要体检的人身保险的险种，第二次风险选择由体检医师进行，是在保险公司的体检中心进行的体格检查。这是从医学的角度对被保险人的生理及心理状况作出评价，确定其健康状况、精神状态、性格及生活态度。检查的项目和涉及的器官、系统根据性别、年龄、保险金额及既往、现患的病史而各有侧重。根据检查的结果出具体检报告书。

体检时的道德危险多发情况是冒名顶替。保险欺诈为了给身患重病的人投保或是为了瞒着被保险人投保，多请人代替体检，骗取公司承保，然后诈骗保险金。应该强调体检时应验明身份，杜绝冒名顶替的发生。

3. 核保人员的第三次风险选择。第三次风险选择是核保人员审核投保单、业务员报告书和体检报告书，并据此确定承保条件的过程。其内容主要是进行健康核保和财务核保，从中发现并剔除道德危险和健康危险。第三次选择的重点还是防止道德风险的发生。

4. 复核人员的第四次风险选择。第四次风险选择是指对已经承保或正在核保中的保件进行调查的过程。在一般的程序中，经过业务人员、体检医师和公司核保人员的三次风险选择之后，多数保件被承保。但这并不是说风险选择结束了。在很多国家的保险法中仍留给保险公司两年的时间进行调查核实。在保险合同成立后两年时间里，保险公司如果发现存在道德危险的情况，仍可以主动解除保险合同。

（四）保险合同有效期间的防范

人身保险合同的有效期间，是被保险人处于一种被保障的状态，一般情况下不大可能会发生保险欺诈的事件，但是，当有下列事情发生时，保险公司的核保核赔人员应当特殊注意，因为这有可能是人身保险欺诈的前期表现。

1. 增加保险金额。投保时属于正常承保，但在经过一段时间后，投保人要求增加保险金额，如果出现集中、超额、高额的特征时，则要提请注意。保险期间增加保额仍要按承保风险防范的步骤进行风险选择和核保，剔除道德危险的可能。

2. 变更受益人。保险期间内受益人的变更可能隐含道德危险。我国《保险法》规定投保人申请变更受益人时必须经被保险人同意。保险公司如果发现受益人与被保险人的关系可疑、被保险人同意书可疑或者被保险人的意思表达不明确，应该面晤被保险人以明确被保险人的真实意思。

3. 保单质押贷款。在保险期间内受益人将保险单质押，也可能招致道德危险。我国《保险法》第五十六条明确规定：依照以死亡为给付保险金条件的合同所签发的保险单，未经被保险人书面同意，不得转让或质押。

（五）案件理赔处理时的防范

人身保险理赔是保险过程的最后环节，也是保险公司防范保险诈骗的关键步骤。理赔部门一方面要为绝大多数的客户提供主动、迅速、准确、合理的给付，努力实现公司重合同守信誉、服务优良的承诺；另一方面要保持警觉，及时准确地发现诈骗行为，做到对广大投保人负责，对社会负责，安全地保护好保险基金。

对保险公司来说，防范保险诈骗最有效的方法之一是拥有一个高素质、高效率的理赔部门。寿险理赔是专业性很强的工作，要求具备保险、医学和法律的相关知识，要求有经验的积累和较好的能力素质，要求熟知给付的处理程序和公司的条款内容。

1. 发现线索。在欺诈防范中，核赔人员发挥着重要作用，经过训练的核赔人员能以敏锐的目光发现道德危险的线索。当可疑线索较为集中时，应进行必要的调查。核赔人员在核查资料的过程中，要坚持有疑必查的原则。

2. 深入调查。寿险理赔的调查称为死亡调查。死亡调查的主要目的是确定死亡发生的时间、地点、性质等是否在保险责任范围之内；是否存在道德危险的可能；是否有投保人、受益人的故意行为。特别是在我国目前的情况下，保险公司的死亡调查对保护被保险人安全、揭露犯罪行为、震慑潜在罪犯有相当重要的作用。每一例死亡保险金给付之前都应进行死亡调查。

快速反应是死亡调查的重要原则。快速反应往往会使诈骗者措手不及，使诈骗者来不及毁坏现场；来不及销毁、隐匿证据；来不及订立攻守同盟；凶手来不及逃离本地等。事情刚发生，知情者、目击者和可能提供证据的人还易于找到并记忆犹新，对事实的核准和证据的收集非常有利。

调查的技术方面应用最多的是询问。询问是了解案情、发现线索、收集情报和证据的主要手段。它虽以谈话的方式出现，但与日常的谈话不同。如果不掌握询问的艺术和技巧，很多被询问人都会不予合作，常使调查一无所获。调查应由有经验的人员进行并按明确任务、分析案情、提出假设、收集情报、查证核实的步骤完成。死亡调查要求针对被保险人的死亡，将有关的人、事、时间、地点、原因、结果等进行调查核实。可疑的事件更应进行全面的调查。

理赔人员还应注意，在可能涉及犯罪的死因中，如他杀、意外事故、自杀等，如果是由公安局的刑警队直接负责，结论值得信赖。但是在可能不涉及犯罪的死亡原因中，如自然灾害死亡、自然疾病死亡、自然衰老死亡，由于思想上放松，不经过刑警办理或是尊重家属的意见而不做尸检以进一步明确死因，这类情况有可能出现误差。一些狡猾的罪犯利用这一点，将他杀伪装成自然灾害、疾病或是衰老死亡。针对这一类的死因，保险公司的理赔人员应迅速展开调查，争取在尸体火化前得出结论，必要时应阻止火化，进行尸体解剖，确定死亡原因。

3. 长期追踪。对于疑为利用第三者尸体骗赔，但尸体已经火化，无法辨认者或是可疑的被保险人遇难失踪案，应该立即着手收集被保险人生前资料及识别特征，开始调查失踪人。查找失踪人或是已经"死亡"的人是十分困难的工作，被寻找者总是想方设法地隐瞒身份和地位。对调查人员来说查找的过程涉及调查工作的全部技能，如收集情报、跟踪、监视、密拍、询问、收买情报和窃听等，还要能得到警方的积极合作。

4. 诉诸法律。对保险诈骗的行为要用公之于众的方法惩罚，如果涉及犯罪行为，更应诉诸法律，给其刑罚的处理。目前，多数保险人因各种原因不愿发生法律纷争。主要是认为保险公司上法庭不光彩，害怕对公司的声誉产生负面影响；有的不愿承受诉讼所花费的时间、精力和费用；有的因宣传、展业中有些过失而不愿张扬等。很多欺诈者掌握了保险公司这种心理后就抱着骗成了能得钱，骗不成也没有损失的想法进行诈骗活动。对于这类行为如果不追究，只能使越来越多的好逸恶劳之徒铤而走险。

为了保护好保险基金，坚决打击诈骗行为，保险公司应该拥有自己的法律部门或顾问，在处理诈骗案中与理赔部密切合作。一个成熟、负责的保险公司不应该回避保险中的犯罪行为，而应该积极地与之斗争。打官司是吸引公众视听的好办法，通过公开的案件审理过程可以展示公司保护公众利益的勇气和决心；可以让公众熟悉、了解保险的知识；还可以明确行业规范、教育广大投保人；更能在公众的面前揭露骗赔者的丑陋行为。

5. 公司联手。通过国家立法和各保险公司的防范措施，大部分保险欺诈可以防止和揭露，特别是偶然作案、初次行骗的新手。但是对于惯犯和集团作案的行为，一家公司的力量就显得单薄。有些惯犯作案手段狡猾，经常以相同的犯罪手法一次又一次地诈骗多家保险公司；有些案犯作案前采用分散投保的方法，在几家甚至几十家保险公司投保。单从一家保险公司的承保情况看，多不能发现问题。这样的事件提醒我们，保险业界应该联合起来，共同遏制保险诈骗的发生。国外的保险界已经这样做了，一些较好的经验值得我们参考。

（六）两大类业务的欺诈防范

人身保险按照被保险人的数量区分的两大类保险业务是团体保险和个人保险，这两大类保险业务在执行过程中，各有自身的欺诈防范重点，保险业务员应对准备采用的保险条款严加审核，绝不可只为最大限度地扩展业务，而使自己被动地陷入保险条款的陷阱之中，为欺诈者提供犯罪的"温床"。

1. 团体保险业务的欺诈防范。团体投保具有很多优越性，它可以简化保险手续，节省保险公司的人力、物力和财力。但是，有利就有弊，由于一张保险单可以承保几十个甚至几百个被保险人，无须一一进行审查，也不对被保险人体检，这样轻而易举地就将道德危险带入了保险公司。

（1）弄清楚投保团体的性质可以帮助保险公司识别团体欺诈意外伤害保险金的行为。保险公司在接受承保时，要注意到：由众多被保险人组成的团体应该是在投保前已经存在的团体，如企业、事业单位、机关、学校和社会团体等，而不是为了参加人身意外伤害保险而临时凑合在一起的乌合之众。

（2）一个团体内参加人身意外伤害保险的人数须达到或者超过保险公司规定的最低人数，达不到就不能采用团体投保方式。比如，保险公司规定团体投保的人数最少为30人，而某个群众性的社会团体投保的人数为七、八个人，全部参加保险也达不到最低人数，那他们就只能以个人投保方式参加保险。

（3）一个团体参加人身意外伤害保险的人数必须达到或者超过团体总人数的一定比例，达不到这一比例就不能采用团体投保的方式。例如，当规定最低比例为80%时，如果一个事业单位有2000人，那么，该事业单位必须至少有1 600人参加保险才能进行团体投保。因为个人投保和团体投保所使用的保险费率会有一定的差异，有些欺诈者在达不到最低比例的情况下，会谎称团体投保，进行欺诈。

（4）一个团体内参加人身意外伤害保险的被保险人的保险金额应相等或者相差不超过一定的倍数，如1～5倍，而且应该是职务高和工资高的被保险人保险金额高，不能是危险系数大的被保险人保险金额过高，这样规定可以防止危险程度高的被保险人故意制造保险事故，以诈取高额保险金。

（5）一个团体内被保险人的保险期限起止时间应该统一。在承保后，如果有新加入该团体的人要求参加保险，可以办理加保手续，但保险期限结束的时间应与其他被保险人相同。如果有退出该团体的被保险人，应该办理退保手续。这样就可以避免新成员不参加保险，而出险后以"移花接木"的方式，冒名顶替欺诈保险赔偿金。

2. 个人保险业务的欺诈防范。对于投保的被保险人，保险公司不可采取"凡来者一概不拒"的原则，同样要求多方面进行审核，以决定是否接受其投保。审核的项目包括：

（1）对投保人行为能力的审核。作为保险合同当事人之一的投保人，他（她）必须是具有完全的民事行为能力的自然人或者是具有法人资格但不足以采用团体保险方式的企业、事业单位、机关、学校和社会团体等。对于不具备完全民事行为能力的人，保险公司不能与之签订保险合同。

（2）对被保险人投保条件的审核。被保险人是意外险合同的保险标的，是受合同保障的对象，当投保人和被保险人二者分离时，对被保险人的审核要比对投保人的审核严格得多，主要是对被保险人年龄和健康状况的审核。虽然各家保险公司在具体的业务做法上有所不同，但一般都包括如下几项：被保险人是无民事行为能力的精神病人，不予承保；被保险人因疾病或者伤残永久丧失全部劳动能力，不予承保；被保险人的年龄低于一定限度或者高于一定限度不予承保等。

（3）对于投保资格的审核。与人寿保险的承保规定相似，就是投保人对被保险人必须具有保险利益，意外伤害保险合同才能生效，这主要是针对投保人为他人投保而言的，如果投保人为自己投保意外伤害保险，就不存在这个问题。

（4）对被保险人职业危险程度的审核。如果被保险人的职业危险程度过高，而且安全保护措施极差，发生意外伤害事故的可能性就大，在一般情况下保险公司不予承保。但在约定的特殊情况下，也有的保险公司愿意在较高的保险费率条件下承保，这主要是随行就市，高风险高费率。

（5）对保险金额的审核。被保险人的保险金额应与其实际生活需要相适应，意外伤害保险的伤残保险金额应视具体情况而定，一般来说，可以是被保险人年收入的5～20倍。

📖 知识小结

人身保险欺诈主要是指为投保人、被保险人、受益人以骗取保险金为目的，采取各种不诚信和欺诈手段，致使保险人限于错误认识而向其支付保险金的行为。人身保险欺诈具有极强的隐蔽性和严重的社会危害性。人身保险欺诈的防范措施与手段包括：（1）公司建立欺诈防范制度；（2）保险合同设计时的防范；（3）开展业务承保时的防范；（4）保险合同有效期间的防范；（5）案件理赔处理时的防范；（6）两大类业务的欺诈防范。

📖 考核

【思考题】

1. 人身保险的欺诈有哪些表现形式？
2. 人身保险欺诈的防范有哪些方式？
3. 对照不同的业务种类说明人身保险欺诈的情形。
4. 说明现实业务中的人身保险业务欺诈防范的操作要点。

📖 拓展

【知识链接】

人身保险欺诈案件中故意杀人

在人身保险的欺诈案件当中，保险合同中的受益人，为了获取高额的保险金，常常采取故意杀害被保险人的方式，并伪装成意外死亡，以下是经常遇到的几种伪装方式：第一，伪装成抢劫杀人；第二，伪装成溺水死亡；第三，伪装成失足摔死；第四，伪装成交通事故死亡；第五，伪装成海上遇难死亡；第六，伪装成中毒死亡；第七，伪装成失火烧死；第八，伪装成疾病自然死亡；第九，伪装成自杀。

【专业词汇】

人身保险欺诈 life insurance fraud　人身保险欺诈防范 prevention of personal insurance fraud

项目测试题

（一）单选题

1. 广义的人身保险索赔的标志性事件是（　　）

A. 出险报案　　　　B. 准备材料　　　　C. 递交申请　　　　D. 领受保险金

2. 人身保险理赔的起点是（　　）

A. 接案　　　　　　B. 立案　　　　　　C. 初审　　　　　　D. 理算

3. 以下不属于人身保险理赔中的理赔结论的是（　　）

A. 正常给付　　　　B. 延后处理　　　　C. 通融赔付　　　　D. 不予给付

4. 人身保险理赔流程中不包括哪个环节（　　）

A. 理算　　　　　　B. 生存调查　　　　C. 复核　　　　　　D. 立案

5. 哪种情况下更容易发生人身保险的欺诈（　　）

A. 重复保险　　　　B. 超额保险　　　　C. 不足额保险　　　　D. 足额保险

（二）多选题

1. 人身保险索赔必备的单证包括（　　）

A. 保险单正本　　　　　　　　　　B. 被保险人或受益人的身份证明

C. 最近一次缴费的发票　　　　　　D. 理赔申请书

2. 人身保险理赔的原则包括（　　）

A. 重合同、守信用　　　　　　　　B. 实事求是

C. 主动、迅速、准确、合理　　　　D. 最大诚信

3. 人身保险理赔初审的审核内容包括（　　）

A. 审核保险合同的有效性　　　　　B. 审核出险事故的性质

C. 审核事故证明材料　　　　　　　D. 审核案件是否需要调查

4. 人身保险理赔中的理赔结论包括（　　）

A. 正常给付　　　　B. 预先给付　　　　C. 通融赔付　　　　D. 不予给付

5. 人身保险理赔调查的具体内容包括（　　）

A. 保险合同　　　　B. 保险事故　　　　C. 被保险人　　　　D. 申请文件

（三）判断题

1. 人寿保险的被保险人或者受益人向保险人请求给付保险金的诉讼时效为 4 年，自其知道或者应当知道保险事故发生之日起计算。（　　）

2. 提供完全齐备的索赔相关单证及资料是人身保险索赔取得成功的最为重要的环节。（　　）

3. 保险人作出核定后，对不属于保险责任的，应当自作出核定之日起 7 日内向被保险人或者受益人发出拒绝赔偿或者拒绝给付保险金通知书，并说明理由。（　　）

4. 人身保险公司对于不符合有效索赔的报案不予立案。（　　）

5. 审核保险合同的有效性是理赔初审的首要工作。 （　　）

（四）名词解释

人身保险索赔　人身保险理赔　死亡给付　人身保险欺诈

（五）简答题

1. 人身保险索赔的含义和流程是什么？

2. 人身保险的有效索赔由哪些要件构成？

3. 人身保险的理赔流程有哪些步骤？

4. 人身保险的欺诈有哪些表现形式？

5. 如何对人身保险欺诈进行有效防范？

（六）论述题

1. 人身保险理赔的流程和要点。

2. 举例说明如何对人身保险欺诈进行有效防范。

综合案例分析

故意杀人意图骗赔巨额人身保险

高某今年 37 岁，案发前暂住成都市某小区。2015 年 8 月 2 日，她先后在中国太平洋人寿保险公司等 4 家保险公司投保了 150 余万元的巨额人身意外保险。为了获取高额保险费，高某在 2016 年 3 月 10 日找了一个与自己相貌年龄相仿的妇女到家中做保姆，并拿出自己的衣服给保姆穿。两天后，高某将保姆带到一家美容院，让美发师比照自己的发型将保姆的头发修剪了一番。3 月 15 日深夜，高某开着借来的奥拓车带保姆外出，到达双流县九江镇境内后，她将车停在一处乡村道上，然后用牵引锤砸向坐在后座的保姆头部，直到面目全非，她还用剪刀将保姆嘴上非常明显的一颗痣剪掉，并将自己的身份证、通讯录等物塞进保姆衣兜；最后她将保姆推下车，又启动汽车碾轧。这之后，她驾车逃离现场，由于慌乱撞在了公路边的石墩上，头部受伤。当村民发现车祸后，高某被先赶来的急救车送进双流县医院，由于害怕计划暴露，她便从县医院打车逃回成都，并化名在成都市六医院住院接受治疗。3 月 17 日，她再次从成都市六医院逃走，并与妹妹见面商量理赔事宜，后藏匿于成都市郊区一农民家中，与妹妹保持着电话联系。4 月 21 日二人再次见面时被警方双双抓获。

【分析】

为了获得 150 万元保险金，高某精心策划，预先寻找替身，并将替身杀死，毁容制造现场，伪造自己已死的假象，向保险公司要求理赔。可她苦心谋划了一切，却忘记了一点，在法律面前，罪恶永远只能低头。2016 年 5 月 27 日，企图骗保 150 万元的高某姊妹二人被成都市双流县检察院分别以故意杀人罪和包庇罪批准逮捕。该案已移送到成都市检察院审查提起公诉。

实训活动设计

可以邀请人身保险公司专业的理赔人员到课堂来给学生做一次专题讲座，讲解典型的理赔案例或者是保险欺诈防范的案例；也可以将学生分成小组到保险公司的理赔部门进行实地调查：分析和讨论人身保险理赔的实务流程和这家保险公司关于保险欺诈的防范措施；完成一篇不少于 1 000 字的调研报告。

📄 职业技能训练

人身保险公司的拒赔通知

【模拟场景】

客户李先生所在的单位福利不错，除了各个节假日期间，单位会发放一些福利用品外，还为单位的职工购买了团体的意外伤害保险。保险的有效期间内，某日李先生在家里休息，煤气管道意外泄漏，导致李先生煤气中毒身亡。

在处理完李先生的葬礼之后，李先生的家属想起来，李先生的单位还曾经为李先生购买过团体的意外伤害保险，于是找到了单位，取得了相应的书面证明和单据，向保险公司提出索赔，却遭到了保险公司的拒绝，并收到了保险公司的拒赔通知

【情景分析】

李先生所在单位购买的团体意外伤害保险有效，但是李先生的死因是煤气（即一氧化碳）中毒，不属于意外伤害的情况，在没有其他保险保障的前提下，在这种意外伤害的保险中，李先生的死因属于除外责任，所以遭到保险公司的拒赔。

【实务操作】

保险公司根据李先生家属的索赔请求，在进行相关的调查和核实之后，对于团体意外伤害保险的除外责任，经审核之后作出拒绝赔付的决定，制作并送达拒赔通知。

拒绝给付通知书

保单号码：2017TTYW21010088195

险种名称：人身意外伤害团体保险

申 请 人：李先生家属高女士

被保险人：李先生

尊敬的客户高女士阁下：

您好！本公司对贵被保险人遭遇的不幸深表同情。

您递交的理赔给付申请书已收悉。经理赔调查 2017 年 3 月 1 日在寓所内发生的贵被保险人因一氧化碳中毒身故属实，但事故过程中并不存在任何意外伤害致其身故的原因。您在申请给付时也未能举证贵被保险人因意外伤害的原因致其身故。

根据本合同格式条款第 5 条第 7 款的约定，本公司遗憾地表示不承担给付保险金的责任，退还未满期保费，本合同效力终止。

如有任何查询请与本公司联系。

特此函达。

公司咨询电话：123456789

理赔部门电话：987654321

诚信保险公司沈阳市分公司

2017 年 3 月 25 日

【实务操作】

展业中的人身保险欺诈防范

人身保险的第一次风险选择是由营销业务人员在展业的过程中进行的。在营销过程中业务人员总是直接、间接地与投保人和被保险人接触，通过交谈、观察、询问获得大量关于投保人、被保险人的第一手资料，包括一般状况、既往病史、职业、家庭经济状况、家庭背景、生活方式、投保动机等内容。如果能够仔细地了解投保人、被保险人的有关资料，就能发现许多有违常理的现象而及时防范人身保险的欺诈。要做到这点，应特别注意以下几点：

第一，投保者的动机是否纯正：对于主动投保者，营销业务人员必须了解投保动机是否纯正，结合其他情况，如果发现投保动机可疑时，要提高警惕，小心从事。

第二，保险利益是否可疑：对于如表亲关系、干妈干女儿等非直系亲属为被保险人的，应该详细了解情况并应面晤被保险人，询问有关情况，了解署名是否为被保险人亲笔签名，必要时在业务员报告书上给予说明。

第三，保险金额是否适当：超额保险会影响续期缴费能力、超额的高额保险可能含道德风险。职业有高度意外或疾病危险者，其投保金额不宜过高，投保金额与其职业、资产收入状况要相称。应该对投保人进行善意的引导，必要时要加以拒绝。

第四，对有酗酒、吸食毒品、赌博等恶习者和自由职业、无固定收入、无固定居住场所者应慎重接受投保，并要限制保险金额，因为有恶意投保的可能。

第五，对被保险人的健康状况应有所了解。通过面晤、交谈观察被保险人的神态、智力、体质、肢体有无残缺、步态是否正常，通过询问了解过去患病情况和现在的健康状况。

第六，解说事项：对于一个负责任的营销业务人员，应该向保户解释保险条款和与之相关的法律事项，如保险利益、告知义务、除外责任等。这样做除了能消除误解、减少纠纷外，也能起到防范欺诈风险的作用。

进阶阅读

1. http：//finance. sina. com. cn/money/insurance/bxfw/20140425/153018925579. shtml，《人身保险欺诈分类及表现形式分析》，新浪财经。

2. http：//baike. baidu. com/link? url = qar2mMN8RQaszTtOxsESMz _ DucZTE2xtLL NMAX2NjlsSudWbQxbj _ AdtEAQW _ hA7yfcy7M7vXDVh6hYcoWQnIvf4CVo2LIRti7ID80FNIIL - ougqIk0pOfEt4I7W2j3F，人身保险欺诈，百度百科。

习题参考答案

项目一　测试题部分参考答案：

1. 单选题

1.1 A	1.2 D	1.3 A	1.4 B	1.5 D

2. 多选题

2.1 ABCD	2.2 ABCD	2.3 ABCD	2.4 ACD	2.5 ABC

3. 判断题

3.1 √	3.2 √	3.3 ×	3.4 √	3.5 √

项目二　测试题部分参考答案：

1. 单选题

1.1 C	1.2 D	1.3 C	1.4 A	1.5 D

2. 多选题

2.1 ABCD	2.2 ABD	2.3 ABC	2.4 ABCD	2.5 BD

3. 判断题

3.1 √	3.2 ×	3.3 √	3.4 ×	3.5 ×

项目三　测试题部分参考答案：

1. 单选题

1.1 D	1.2 B	1.3 C	1.4 D	1.5 A

2. 多选题

2.1 ABCD	2.2 AC	2.3 ABCD	2.4 ABCD	2.5 ABCD

3. 判断题

3.1 ×	3.2 √	3.3 √	3.4 ×	3.5 √

项目四　测试题部分参考答案：

1. 单选题

1.1 A	1.2 D	1.3 D	1.4 D	1.5 A

2. 多选题

2.1 ACD	2.2 ABD	2.3 ABC	2.4 ABCD	2.5 ABD

3. 判断题

3.1 ×	3.2 √	3.3 √	3.4 √	3.5 √

项目五 测试题部分参考答案：

1. 单选题

1.1 C	1.2 A	1.3 D	1.4 D	1.5 B

2. 多选题

2.1 ABC	2.2 ABCD	2.3 ABCD	2.4 ABC	2.5 ABCD

3. 判断题

3.1 ×	3.2 ×	3.3 √	3.4 √	3.5 √

项目六 测试题部分参考答案：

1. 单选题

1.1 A	1.2 D	1.3 B	1.4 B	1.5 A

2. 多选题

2.1 ABC	2.2 ABCD	2.3 ABCD	2.4 ABD	2.5 ABCD

3. 判断题

3.1 √	3.2 √	3.3 √	3.4 ×	3.5 √

项目七 测试题部分参考答案：

1. 单选题

1.1 A	1.2 B	1.3 D	1.4 B	1.5 A

2. 多选题

2.1 ABCD	2.2 BCD	2.3 ABCD	2.4 ABCD	2.5 ABCD

3. 判断题

3.1 ×	3.2 √	3.3 √	3.4 ×	3.5 ×

项目八 测试题部分参考答案：

1. 单选题

1.1 C	1.2 A	1.3 D	1.4 D	1.5 A

2. 多选题

2.1 BCD	2.2 ABD	2.3 ABCD	2.4 ABCD	2.5 ABCD

3. 判断题

3.1 ×	3.2 √	3.3 √	3.4 ×	3.5 ×

项目九 测试题部分参考答案：

1. 单选题

1.1 D	1.2 A	1.3 B	1.4 C	1.5 B

2. 多选题

2.1 ABCD	2.2 ABC	2.3 ABCD	2.4 ABCD	2.5 ABCD

3. 判断题

3.1 ×	3.2 √	3.3 ×	3.4 √	3.5 √

参 考 文 献

[1] 梁涛，南沈卫. 保险实务 [M]. 北京：中国金融出版社，2012.

[2] 郑祎华，辛桂华. 人身保险理论与实务 [M]. 大连：东北财经大学出版社，2011.

[3] 庹国柱. 保险学 [M]. 北京：首都经济贸易大学出版社，2011.

[4] 刘金章，王晓珊. 人寿与健康保险 [M]. 北京：北京交通大学出版社，2010.

[5] 李丹，田佳佳. 人身保险 [M]. 北京：科学出版社，2013.

[6] 张洪涛. 人身保险 [M]. 北京：中国人民大学出版社，2008.

[7] 荆涛. 人寿与健康保险 [M]. 北京：北京大学出版社，2011.

[8] 陶存文. 人寿保险理论与实务 [M]. 北京：高等教育出版社，2011.

[9] 魏华林，李金辉. 人寿保险需求研究 [M]. 北京：中国财政经济出版社，2009.

[10] 刘金章，王晓珊. 人寿与健康保险 [M]. 北京：北京交通大学出版社，2010.

[11] 李丹，田佳佳. 人身保险 [M]. 北京：科学出版社，2013.

[12] 徐静. 人身保险 [M]. 北京：中国人民大学出版社，2012.

[13] 翁小丹. 人身意外伤害和健康保险 [M]. 北京：中国财政经济出版社，2007.

[14] 曹晓兰. 健康保险 [M]. 北京：中国人民大学出版社，2012.

[15] 李琼. 解读健康保险 [M]. 武汉：武汉大学出版社，2009.

[16] 曾鸣. 人身保险及案例分析 [M]. 北京：清华大学出版社，2005.

[17] 张美中. 企业年金 [M]. 北京：企业管理出版社，2004.

[18] 陈文辉. 团体保险发展研究 [M]. 北京：中央编译出版社，2005.

[19] 吴定富. 保险原理与实务 [M]. 北京：中国财政经济出版社，2010.

[20] 朱佳. 人身保险实务 [M]. 北京：中国金融出版社，2008.

[21] 魏巧琴. 保险公司经营管理 [M]. 上海：上海财经大学出版社，2010.

[22] 万峰. 寿险公司经营与管理 [M]. 北京：中国金融出版社，2002.

[23] 潘瑾，徐晶. 保险服务营销 [M]. 上海：上海财经大学出版社，2008.

[24] 国际人寿保险管理协会. LOMA 人寿保险管理师资格考试 290 保险公司的运作 [M]. 北京：中国财政经济出版社，2004.